DEL MEDITERRANEO AL PLATA

Historias de Familias

.

Isabel García Cintas

© 2011 por I. Jakovljevic
Amancay Publisher
Miami, Florida
© *Del Mediterráneo Al Plata*
(*From the Mediterranean Sea to La Plata River*)

Amancay ISBN # 978-0-9838523-2-2

Carátula:

Vapor León XIII, en 1894, perteneciente a la hoy
desaparecida Compañía Tras-Atlántica de vapores
correos de España. Foto de la revista La Naturaleza,
tomada de la página Web http://vidamaritima.com

Impreso en los Estados Unidos de Norte América
Agosto de 2011

Dedicado a Adriana, para que ella haga suyos los jirones de memorias que me llegaron de nuestros mayores.

Dedicado también a mi nieta Sofía Ana y a mis sobrinos y sobrinos-nietos, quienes son los encargados de que la llama se mantenga viva.

Para Anne,
Con todo cariño
a mi cuñada, quien
tanto nos brindó cuando
inmigramos a esta hermosa
patria,

Isabel

RECONOCIMIENTO

Para escribir este volumen basado en las memorias que me llegaron de la familia conté con la asistencia de muchas personas, sin el aporte de las cuales me habría sido imposible llevar a cabo la labor.

En primer lugar, mi sincero agradecimiento a Tomás, por su diaria, constante e inagotable paciencia, apoyo y crítica constructiva durante los dos años que insumió la obra.

También a mi hija Adriana, siempre dispuesta del otro lado de la línea a escuchar mis comentarios y darme su aliento para seguir adelante en los momentos en que más lo necesité.

Gracias en especial a todos los familiares que colaboraron en el período de recopilación: Rosita Taborda, Judith y Ruth Vargas, Humberto Fabián e Isabel Del Ré y Carlos Zabala. Los datos verbales, fotografías y documentos que me hicieron llegar fueron de inmenso valor para mi trabajo.

Por fin, mi infinito agradecimiento las escritoras de Miami que componen el grupo *Magaletras*. Por estar siempre dispuestas a contribuir con sus críticas y análisis al mejoramiento del texto. En particular a Gloria Noriega y Madeleine De Cubas, quienes se ofrecieron a comentar y revisar el material, y a todos quienes aportaron su granito de arena a lo largo de esta gratificante jornada que emprendí, siguiendo los pasos de los familiares que me precedieron.

Florida, 2011

INDICE

Prólogo

Los italianos y los españoles

Filomena Demarco era apenas una adolescente cuando se enamoró del apasionado y resuelto Carmen Yanicelli, un sencillo guardabosque de un pueblito montañés de la provincia calabresa de Cosenza, al sur de Italia. Sucedía a mediados del Siglo XIX y aunque los padres de ella se opusieron con firmeza, después de vicisitudes novelescas ambos llegaron a ser mis bisabuelos maternos.

Ese romance prohibido ejerció un gran atractivo para mi hermana Rosita y para mí, ávidas escuchas de las historias familiares narradas por nuestros mayores. En aquel mundo pre–televisión de nuestra infancia las imágenes eran creadas en su mayoría por las lecturas y el cine. Recuerdo con deleite cómo nos deslumbró *Costa Brava,* la primera película en cinemascope y tecnicolor que vimos cuando yo tenía once años. Trataba de pescadores de esponjas en las claras costas del sur de España.

A pesar de la distancia, el Mar Mediterráneo siempre fue para nosotras algo cercano y concreto, la cuna de nuestros antepasados. Nos sentíamos identificadas con todo lo europeo y con las leyendas de un *Mare Nostrum* en el que nunca habíamos estado.

Mi padre nació en la ciudad de Cartagena, España, y mi madre, a pesar de ser segunda generación argentina, se reconoció siempre como italiana. En el hogar de mis abuelos maternos se hablaba el dialecto calabrés, y si el idioma de mi padre hubiese sido otro, ése se habría hablado en su casa. Con mis padres y entre los niños hablábamos en castellano. Amábamos la música folklórica y el tango pero también sabíamos pertenecientes a una familia internacional más extensa que la que estaba a nuestro alrededor.

A mi madre, la historiadora de la familia, le deleitaba evocar episodios vividos por sus abuelos o sus padres mientras tomábamos mate o refrescos caseros en la cocina de casa, en Córdoba, la ciudad del centro de la Argentina donde yo nací. En ese conservador y tradicional ámbito la gente que nos rodeaba era en su mayoría italiana como mamá, o mitad italiana y mitad española como Rosita y yo. Muchos de mis amigos y vecinos tenían abuelos o bisabuelos tenaces, determinados, que habían cruzado el *charco del Atlántico* desde Europa al Río de la Plata, para hacer *"l'América"*. Todos soñando con una nueva vida y tal vez, un futuro de riquezas. Pero ninguna de sus historias me parecía más fascinante que el romance y el casamiento de mis bisabuelos italianos.

Después que mamá falleció y durante uno de nuestros esporádicos encuentros, tuve oportunidad de preguntarle a mi padre por los detalles que él recordaba, o que le habían relatado sobre el pasado de su familia. Yo grabé sus memorias, algunas curiosas que incluían roces accidentales con personajes de la nobleza y otras tristes o dramáticas, incluyendo una dolorosamente trágica. Papá y yo nos debíamos esas charlas desde largo tiempo atrás y él, un meticuloso tomador de notas durante toda su vida, contribuyó de buena gana.

El trabajo de composición

Recién a comienzos del 2009, cuando decidí escribir relatos cortos sobre las historias que había recopilado a lo largo de los años surgió la necesidad de ampliar la información que tenía en mis manos. Así tomó cuerpo este proyecto, mucho más vasto que las originales transcripciones de charlas con mis padres.

Busqué la ayuda de mis familiares, indagando acerca de cualquier detalle que enriqueciera mi material: fotos antiguas en mi poder y en el de mis primos y verificando datos sobre las épocas y costumbres que me habían llegado, en libros, blogs y publicaciones. Pero la fuente de información más rica, los miembros de la generación de mis padres, ya había casi desaparecido.

Para transmitir estas memorias con la mayor fidelidad, las he separado en cuentos independientes tal como las recibí, ubicándolas en forma cronológica, e imaginando los nombres que no conozco o que he olvidado. También he conjeturado los detalles que me faltaban para hilar las historias. Excepto por los miembros de ambas familias, en su mayoría los nombres y apellidos de los demás personajes son ficticios. Al investigar los limitados documentos marítimos de inmigrantes italianos a la Argentina a mi alcance, no encontré el apellido Yanicelli escrito con Y, pero sí en cambio es frecuente el nombre deletreado como Ianicelli. Como el siglo XIX era habitual la mala o descuidada transferencia de apellidos en la

Aduana, decidí usar esa posibilidad cuando convertí en relato la primera historia.

El romance de mis bisabuelos en Cosenza es el comienzo de este volumen por mi lado materno, *Los Italianos,* y el encuentro de mis abuelos ibéricos en una casona señorial cerca de Cartagena inicia el de la rama paterna, *Los Españoles.* Al investigar esta última, me encontré con la sorpresa de que la calle Montanaro de Cartagena, donde nació mi padre, ha sido demolida junto con algunas otras antiquísimas callejuelas vecinas a la Plaza de Toros. Por fortuna, Tomás, Adriana y yo tuvimos oportunidad de visitar el viejo barrio años antes de que lo demolieran.

Una vez inmersa en la búsqueda de antecedentes fidedignos, la perspectiva desde la que encaré el trabajo cambió y decidí ficcionalizar los relatos, sin cambiar los hechos. Estas son historias simples de gente común y al traerlas de nuevo a la luz y darles cuerpo con el material a mi disposición, se pusieron en evidencia dos cosas: La primera es que la cronología de las memorias y los datos que llegaron a mí en forma oral después de dos o tres generaciones coinciden casi exactamente con nombres y sucesos reales y documentados en sus países y ciudades. La segunda es que durante este proceso se desarrolló en mí un sentido de misión y de propósito, al conectarme con mis antepasados y sumergirme en lo que debe haber sido su vida cotidiana, sus sacrificios y pequeños triunfos.

Mientras daba cuerpo a los relatos, inspirada por los gestos, tonos de voces y personalidades que recuerdo de todos ellos, puedo decir que me sentí guiada a cada paso, y darles vida resultó un proceso más fluido y gratificante de lo que supuse al emprender esta labor.

Por último, espero sinceramente que este modesto volumen motive a algún miembro de las generaciones más jóvenes de la familia a mantener encendida la llama votiva del hilo histórico. ♦

Familias Aversa-Yanicelli

y García Cintas

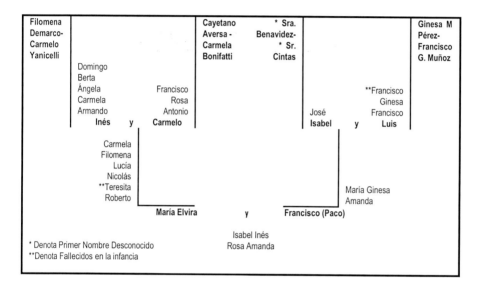

Filomena Demarco-Carmelo Yanicelli			Cayetano Aversa - Carmela Bonifatti	* Sra. Benavidez- * Sr. Cintas			Ginesa M Pérez-Francisco G. Muñoz
	Domingo Berta Ángela Carmela Armando	Francisco Rosa Antonio			José	**Francisco Ginesa Francisco	
	Inés y	**Carmelo**			**Isabel** y	**Luis**	
	Carmela Filomena Lucía Nicolás **Teresita Roberto					María Ginesa Amanda	
	María Elvira		y		**Francisco (Paco)**		

Isabel Inés
Rosa Amanda

* Denota Primer Nombre Desconocido
**Denota Fallecidos en la infancia

LOS ITALIANOS

Historia de un amor casi imposible

Buenos Aires, otoño de 1880

Carmelo se atusa el espeso bigote, carraspea y trata de respirar hondo para aflojarse. También para probar otra vez si la extraña tenaza que le estruja por dentro a la altura del pecho deja de ahogarlo. Está de pie en la explanada del puerto y los andamios de la pasarela por donde descenderán los pasajeros han sido ubicados en su sitio.

Corre un rumor que se hace exaltado griterío entre la gente apretujada a su alrededor sofocándolo, a pesar de que por su altura él sobrepasa a casi todos. Aguza la vista hacia el ancho río sin límites, que a la distancia le recuerda el mar pero que de cerca es agua marrón, sucia. Ahí está, todavía lejos, el vapor italiano que trae a bordo lo más preciado del mundo para él, la razón de su presente y el origen de todas sus ilusiones para el futuro. Las primeras que ha tenido en su vida.

"*Filumé...*" musita con ternura, ese sentimiento que lo desarma y que conoció por primera vez allá en su pueblo, el Castrovillari ahora lejano, aquel día cuando se cruzó con ella y la luz de sus claros ojos verdes lo electrizó de arriba abajo.

De pronto las voces se convierten en gritos de espanto y él, confundido, ve con desesperación e impotencia que el vapor se va hundiendo hasta desaparecer entre las aguas color de león del río, y la tenaza ahora ha subido y le aprieta la garganta y él grita, Carmelo grita el nombre amado con una voz sin sonido, mientras quiere correr y no puede moverse, paralizado de terror....

Cuando abre los ojos está empapado, con el corazón latiendo como loco, y al apartar las cobijas el aire frío del cuarto lo calma. Prende un fósforo para ver la hora en el reloj de bolsillo que le diera su padre al despedirse. Son las cinco de la mañana y todavía no entra claridad por las persianas de madera del ventanuco que tiene frente a la cama. Suspira con alivio. Tiene tiempo de sobra para vestirse y llegar al puerto. El estómago le duele de hambre, anoche no pudo probar bocado. La anticipación lo tiene loco, a él, quien hasta hace solo un par de años era un rudo guardabosque, un mocetón corajudo y aventurero para el que los cerros alrededor de Castrovillari no tenían misterios ni lugares silvestres peligrosos.

Aspira hondo, todavía conmovido por la pesadilla, prende la vela en la mesa de luz y se calza las ajadas pantuflas. Caminando con cautela para no tropezar con la silla levanta la voluminosa jarra de agua de cerámica de la mesa, cuidando de no golpear el descolorido lavatorio que le hace juego. Gira la pesada llave de bronce en la cerradura y se encamina al baño común al fondo del pasillo, donde pronto habrá una fila de huéspedes como él, esperando para hacer sus necesidades. Los anchos listones de madera que forman el piso crujen bajo el peso, porque Carmelo ya ha recuperado su habitual paso elástico.

A bordo de un vapor entrando al Rio de la Plata

Tres fuertes golpes en la puerta del pequeño camarote de segunda clase hacen saltar de la cama a su padre, pero Filomena, despierta desde temprano, cierra los ojos otra vez, esperando a que él termine de vestirse.

El cansador ronroneo de las máquinas, que los ha acompañado durante el largo mes de navegación sigue estable. Aunque esta mañana es distinta a las otras. Con un sobresalto recuerda que éste es el día. El día por el que ha sobrevivido los últimos tres años, el día en el que va a ver a Carmen otra vez después de tanto tiempo. El día en que piensa saciar esa nostalgia casi insoportable por sus fuertes brazos y su piel dorada por el sol de la montaña.

Escucha al padre despertar a la madre, pero espera hasta que él salga del camarote para dejar las cobijas tibias de la cucheta superior que es su cama. Tiene miedo de levantarse, miedo de lo que va suceder y también ansiedad. Siente un deseo irrefrenable de que todo ocurra de una buena vez, que las horas pasen rápido, para que llegue la noche y ya todo lo que tiene que ser ya habrá sido y ella podrá dejar de temblar ante el vuelco que sabe va a dar su vida hoy. Para la noche las cartas ya habrán sido jugadas y ella será la gran perdedora o la mujer más feliz de la tierra. O, peor, un purgatorio entre medio ya que conoce a su padre y eso la mantiene en vilo.

Baja de la cucheta después que don Demarco cierra la puerta tras de sí. Su madre ya está vestida y preparada para salir. Ahora el bamboleo del vapor se ha calmado casi por completo.

–Buen día, *Mamma* –murmura, y espía por el sucio vidrio del ojo de buey, pero todo lo que ve es una superficie interminable de agua marrón, barrosa y calma que ha suplantado al oleaje azul profundo y espumoso del mar.

–Estamos entrando en el Río de la Plata –explica la madre, suspirando con alivio–. No veo la hora de bajar de esta caja flotante.

Mamma tuvo varias violentas descomposturas cuando el mar se puso picado, y ahora se la ve pálida y macilenta después de tanto tiempo de comer lo mínimo indispensable para no vomitar. Veinte días de incómoda navegación hicieron estragos en la delgada y musculosa mujer, quien ha pasado muchas horas recluida en el modesto e incómodo camarote de seis cuchetas angostas y apiladas una sobre la otra, por el que han pagado una pequeña fortuna.

El viaje ha sido tremendamente fatigoso para todos. Las incomodidades y la inesperada promiscuidad de tener que compartir las actividades diarias con una multitud de desconocidos fueron humillantes. *Mamma* en particular lo ha sufrido como ninguno de ellos. Ama de casa pulcra y prolija, con un ordenado ritmo de vida, hoy es una sombra de la mujer que subió a bordo en Nápoli. La mala alimentación obtenida penosamente en la sucia cantina, las dos tormentas con las que se encontraron y las inesperadas muertes de un anciano y de un bebé del pasaje la desmoralizaron totalmente.

Por su parte, el padre se siente estafado por una pésima organización y un vergonzoso servicio a bordo después de gastar gran porción de sus ahorros en los pasajes. Veloz con los números, Don Demarco hizo una estimación de las ganancias de la compañía naviera y dictaminó que está robándoles a los pasajeros. Ninguno pudo alcanzar a ver en qué condiciones viajan los de primera en los escasos camarotes de la cubierta superior, pues no existe ningún paso accesible para que las dos clases se mezclen. Pero él ha visitado a escondidas el peor lugar del barco, los cuartos de la tercera clase, donde se amontonan en un caos dantesco cientos de personas con una falta de higiene total. Ha visto los rostros cansados y macilentos por las malas noches pasadas, con huellas de las descomposturas producto de la comida infecta e impura agua para beber. Y se promete presentar una formal queja ante las autoridades portuarias cuando lleguen.

Madre e hija salen a la cubierta, y Filomena tiene que detenerse un instante a descansar antes de cruzar el alto zócalo de la puerta metálica. El aire es reconfortante, pero también húmedo y frío, y la hace tiritar. Se echa sobre los hombros la pañoleta de lana para salir detrás de la madre.

Avanzan buscando a la familia y más allá se unen a Teresa y Antonio. Ellos se han escurrido temprano y en silencio del camarote y están compartiendo el frugal desayuno de a bordo, servido de mala gana en un mostrador rústico, después la habitual espera con sus platos y tazones de lata tras una larga fila de pasajeros. Los encuentran mirando el infinito río mientras la costa del Uruguay va quedando atrás. Pronto llegarán a tierra firme.

Filomena no puede probar bocado y el vaso de agua oscura que pasa por café hoy le cae como una piedra en el estómago. Se sienta al lado de la madre, en un rincón, tiritando por el frío aire que corre a pesar de lo concurrida que está la cubierta.

–¿Cómo se siente hoy, *Mamma*? –pregunta Teresa con cariño.

–Mejor. Hoy el barco no se mueve tanto, y por fin estamos llegando, –responde la madre con una sonrisa triste y agotada.

–Me alegro por usted –y volviendo hacia la hermana, dice con reproche –. ¡Hoy estás peor que nunca, *Filumé*! Ya estamos llegando, ¿Qué te pasa? ¿No te da alegría? Yo no veo la hora de bajar en Buenos Aires.

–Sí, claro que me da alegría, pero ya te dije, me da miedo este nuevo país.

–A todos nos da miedo, tonta, pero va a ser mejor que allá, en casa. Acá hay trabajo y no miseria. Todo va a salir bien, vas a ver. Vamos a *hacernos l'América*, estoy segura.

Hay una palpable inquietud en el aire. Los pasajeros con sus cajas y bultos preparados se mueven sin razón aparente de un lado a otro, hablando a gritos, excitados, hasta que ubican un rincón donde esperar quietos las horas que faltan para bajar a tierra en el puerto. Hasta los niños que siempre corrían y metían bulla están silenciosos, atentos, conscientes de la magnitud del momento. Los edificios de Buenos Aires se atisban solo a través de la bruma húmeda más allá de las aguas barrosas, pero ya las grúas del puerto se perfilan con claridad.

–¿Caminamos un poco, para estirar las piernas? –propone Teresa y la madre acepta, poniéndose de pie. *Tata* se pasea de un lado a otro, inquieto, esperando.

Filomena se sienta ahora sobre una de las muchas maletas y baúles que su padre y cuñado han arrastrado debajo de una escalera, fuera del paso de los que se mueven en cubierta.

–Me quedo aquí. Vayan a caminar si quieren –dice.

Necesita estar sola, no quiere tener cerca los ojos inquisitivos de su hermana o su madre. ¿Sospecharán algo? Hubo momentos del viaje en los que hubiera jurado que ellas adivinaban su secreto. Pero es imposible. Hay un pacto sellado entre ella y Berta Ferrero, su amiga del alma, su hermana espiritual. No tiene dudas de que los Ferrero no han traicionado su confianza durante todos estos años. Pero *Mamma* está dotada de una intuición muy aguda, rayana en lo increíble, y muchas veces ella baja los ojos ante su mirada porque es como si le leyera los pensamientos. Seguramente siente que algo pasa, pero no puede imaginar lo que va a suceder hoy. Filomena tiembla otra vez bajo la gruesa pañoleta. Está sudando en frío, y se pone a rezar en silencio una ristra de oraciones para serenarse.

La aguda sirena del vapor saludando al puerto la hace saltar de la maleta y el ulular largo y sostenido incrementa su impaciencia. Entre Avemarías extrae con cuidado, furtiva, la última carta recibida desde Rosario y la lee, acariciándola con los ojos, como lo ha hecho casi a diario en los últimos meses, solo para mirar las palabras desparejas, dictadas por su amado, que sabe de memoria.

Aquel invierno de 1875 fue duro, brutal con la gente y con los animales en las serranías que rodean a Castrovillari. Por fin la primavera llegó con su bálsamo tibio y con ella la semana de la feria anual del pueblo. Los gitanos ambulantes con sus puestos y carromatos coloridos se instalaron en el terreno todavía sin sembrar de don Cayetano Balducci.

Durante uno de esos atardeceres de feria, entre el olor de las frituras, los chillidos de los animales traídos para la venta y las alcohólicas risotadas de los muchachones jugando a las bochas, Carmelo se cruzó de golpe y frente a frente con los ojos de Filomena,. Ella venía caminando entre dos amigas hacia el puesto de tiro de pelotas al cesto, pero por alguna razón se detuvo un instante y lo miró. La experiencia lo sacudió como un rayo. Hacía mucho que no se sentía así, perturbado, con las piernas flojas, como cuando su padre preparaba el cinturón grueso de cuero porque había que pagar alguna barrabasada que él se había mandado en sus andanzas por el pueblo. De puro hombre que estaba ensayando ser desde hacía un tiempo, y por imitar a los muchachones mayores que él, le sostuvo la mirada y sin saber cómo, averiguó que los ojos eran verdes brillantes, que decían cosas, reían y al mismo tiempo lo invitaban a hablar, desafiantes. Carmelo no atinó más que a levantar la cabeza y forzar las acuosas rodillas a seguir caminando sin trastabillar o caerse.

Después averiguó su nombre. Filomena, la hija menor de los Demarco, una de las familias del pueblo. No la había reconocido porque la última vez que recordaba haberla visto fue unos cinco años atrás, tal vez más. Estaban en la misa de Pascua en la Iglesia de San Giuliano y ella era una mocosa de diez o doce años, sentada en la fila delante de él, hablando alto y cuchicheando con otras de la misma edad. El señor cura estaba recitando un largo sermón y él había cabeceado, dormitando un poco. Las chiquillas lo despertaron con sus voces agudas. Carmelo les chistó fastidiado y la atrevida Demarco le sacó la lengua, burlándose de él.

Filomena era una de las niñas del pueblo que iban a la escuela, compraban sus ropas pretenciosas en Cosenza y tenían coche con caballo en casa. Para pasear. No como él, que vivía en las afueras y sus padres apenas podían mantener los animales de trabajo y un carro desvencijado con un viejo buey para mover la carga. Pero el ser pobre no lo intimidaba. De puro metido se había ganado la confianza del intendente local y le hacía de mandadero. El intendente lo había recomendado al *signore* Morressi, dueño de las tierras de los alrededores y así Carmelo se ganaba unos centavos para sus gastos. Más de una vez recibía ropa de segunda mano y hasta podía contribuir con algunas liras cuando las cosas se ponían difíciles en casa.

A los dieciséis años era más alto que todos sus amigos. Por no quedarse quieto y andar siempre trepando por los cerros cercanos y cruzando el río a nado, tenía unos músculos bien desarrollados que le fueron útiles para defenderse más de una vez y ganarse el respeto de varios matones de la zona. Bailaba bien y las muchachas del pueblo buscaban su compañía. Había tenido su primera experiencia amorosa en un revolcón sobre el heno de un granero con una bonita y coqueta ayudante de cocina de la única posada del pueblo. Después tuvo asuntos pasajeros con varias jovencitas que se mostraron dispuestas, pero él tenía planes grandiosos para su futuro, en los que no aparecía ninguna mujer. Hasta que se cruzó con los ojos verdes.

Carmelo era un mozo de pocas palabras porque en casa no se hablaba más que lo necesario, pero su mente volaba como las aves de los bosques cercanos. El *signore* más de una vez le había dado una palmada en el hombro después de algún servicio bien hecho, y comentado riendo que iba a llegar lejos. Él disfrutaba en silencio el gesto, que reafirmaba su esperanza en un destino mejor que el de su padre y los demás hombres de la familia.

Berta Ferrero y Filomena Demarco habían compartido todos sus secretos desde niñas. Si bien tenían otras amigas en el pueblo y en la escuela, juntas vivieron las experiencias importantes de sus vidas: cumpleaños, enfermedades, pruebas de materias difíciles, y fueron madres substitutas y protectoras de sus muñecas preferidas. Ahora, casi quinceañeras, extendieron sus actividades sociales de la misa dominguera a las ferias del pueblo, con autorización para ir, acompañadas de un adulto, hasta que se hiciera de noche. Ninguna niña bien nacida permanecía fuera de su casa después de que bajaba el sol si no estaba con sus padres, y ellas ni soñaban discutir algo tan razonable.

La semana anterior a esa feria en particular, Filomena se había sentido más excitada y feliz que nunca. Se echaba furtivas miradas en el espejo, ya que *Mamma* no aprobaba la coquetería, y éste le devolvía la imagen de una mujer. Empezaría a salir como Teresa, con las amigas, en vez de ir con sus padres. Planearon reunirse con Rossina, otra amiga de la escuela y la madre de Berta se ofreció para acompañarlas. El día de la feria Filomena puso especial énfasis en su peinado. Había dormido toda la noche con su largo cabello castaño enrulado en anillos atados con cintas y esa mañana al soltarlo lucía bellísimo y brillante, gracias a las cien cepilladas diarias que su madre le había aconsejado hacer desde niña. *Mamma*, una estoica mujer, fuerte, delgada y llena de energía, con un don para las manualidades, le había enseñado a coser su propia ropa. Hoy iba a estrenar el vestido de lino blanco que ella misma se había confeccionado, bajo los ojos atentos de la madre, quien le ayudó a pegar las puntillas, un trabajo demasiado delicado para sus manos de principiante.

La feria estaba llena de cosas deliciosas para comprar y también de jovencitas conocidas de Filomena, arremolinándose en los quioscos de los gitanos, gastando los centavos que les habían dado sus padres y echando ojeadas a los muchachos. Ellos también se paseaban en grupos exhibiendo su hombría a gritos y luciendo sus melenas recién peinadas, ya que la mayoría de los de la edad de Filomena no tenían más que una breve sombra de bigote. Lejos estaban de que les broten esos magníficos, varoniles manubrios de bicicleta engominados que lucían los veinteañeros.

Seguidas por la mirada atenta de la señora Ferrero, Berta y Filomena iban de puesto en puesto, cuchicheando con risas nerviosas y rubores inevitables acerca del espectáculo que habían visto minutos atrás. Para deleite de las azoradas niñas del pueblo, un gitano joven, con un físico escultural y un pantalón ajustado que dejaba notar atributos que no debían ponerse tan en evidencia frente a damas decentes, de pie en un escenario había tragado fuego de una forma asombrosa. Finalizado el audaz espectáculo, tomadas del brazo y riendo turbadas, ellas se encaminaron hacia el puesto de las pelotas al cesto, que exhibía una serie de coloridos premios prendidos de una madera.

Cuando se disponían a seguir adelante, Filomena y Berta se anticiparon a las otras. Ahí fue donde lo vio. Él venía caminando en sentido opuesto y se enfrentaron. Un temblor la sacudió desde los bucles hasta la punta de los menudos pies calzados con las botitas domingueras. Carmelo Ianicelli. Estaba ahí, frente a ella, y por un instante que le pareció eterno, él la había mirado y ella supo que él la veía por primera vez. Después de tantas oportunidades desperdiciadas en las que hubiese querido plantarse frente a él y decirle *aquí estoy, te miro por la ventana pasar, te conozco desde que eras un crío, desde que un día en la fuente de la plaza me tiraste del pelo y me hiciste llorar a los seis años. Te veo en la iglesia, y no me ves. Aquí estoy.*

Sí. Ahí estaba, y paralizada por la felicidad de verlo así, inesperadamente, no pudo despegarse de esos ojos oscuros y ardientes hasta que Berta le dio un codazo para que siguiera caminando, muerta de risa, conocedora de lo que ella sentía en ese momento. El hechizo se rompió y él siguió su adelante. Aunque había clavado su intensa mirada por un momento en la de ella, Filomena se dijo que seguramente no significaba nada. Un buen mozo como Carmelo miraría a todas así. Pero a pesar de las dudas, el encuentro llenó muchas horas de charlas y posibilidades de acercamiento barajadas en secreto entre las dos amigas.

A fuerza de vigilar de lejos y con disimulo la casa de los Demarco por algunos días, Carmelo descubrió la rutina que seguían las dos señoritas de la casa, Teresa y Filomena, y a quiénes visitaban. Debido a estas investigaciones, se le hicieron escasos los ratos libres para ver a sus amigos o para su tarea favorita, tallar maderitas con el cuchillo mientras planeaba aventuras imposibles en las que él era el protagonista y comandaba respeto de todos, como el *signore* Morressi. Cuando las niñas Demarco se marchaban a la ciudad o a hacer visitas, él se iba a su roca, en una loma cercana a su casa, frente al magnífico Pollino con su cumbre todavía nevada, e imaginaba situaciones en las que siempre conquistaba el corazón de Filomena.

Lejos de la calle de su amada las horas se arrastraban interminables. Distraído en su trabajo, olvidó un par de cosas importantes, lo que sumó humillación a su miserable estado. La madre había notado algo raro, pero como de costumbre, le aconsejó que comiera más, después de tocarle la frente para ver si tenía fiebre. Su padre lo reprendía y le gritaba por su falta de atención, pero Carmelo no podía borrar los ojos verdes de su mente y lo desesperaba comprender la imposibilidad de sus sueños. Porque Filomena jamás repararía en él, un pastor analfabeto. Pronto tendría montones de pretendientes de Castrovillari o de los pueblos vecinos, si no estaban ya en línea, acechándola. O peor, alguno podría haber hablado con don Demarco ya. De solo pensarlo la angustia lo consumía.

Un domingo se vistió temprano y acompañó a su familia a la misa. Hacía mucho que no iba a la iglesia, pero si sus padres se sorprendieron del repentino interés religioso, no dijeron nada. Se sentó atrás con un grupo de amigos, asegurándose de poder verla desde allí. Giuseppe, el único que sabía algo de sus zozobras y era partidario de actuar inmediatamente, lo miraba con lástima. Después de una hora y media de sufrimiento incrementado por el asfixiante olor del incienso, Carmelo se decidió a llevar a cabo un plan de acción que, a la salida de misa su amigo, eje vital del proyecto, aprobó al instante.

Esa semana el *signore* Morressi lo llamó a su residencia, una inmensa casona de tres plantas y más de veinte habitaciones en las que la cochera-establo superaba en tamaño a la casa más grande de Castrovillari. El intendente del pueblo estaba sentado en un cómodo sofá de la biblioteca a donde lo hicieron pasar. Ambos tenían copas de vino en sus manos y había un plato con quesos caseros sobre el inmenso escritorio de caoba. Morressi lo recibió con una palmada en el hombro. Carmelo había estado varias veces allí, y después de los nervios por la impresión de la primera visita ya se sentía cómodo en el salón que olía a cigarros de calidad. Su única preocupación en ese momento era el par de errores que había cometido en los últimos días. Corría el riesgo de perder su trabajo de mensajero. Respiró hondo y esperó lo peor con la frente alta, como correspondía a un hombre.

–Carmelo, sabes cuánto valoramos tu ayuda –comenzó Morressi, y él sintió su estómago latir de golpe, como si el corazón hubiese bajado unos centímetros–. Cada vez que te hemos pedido algo lo has hecho con discreción y madurez para tus años. Te hemos visto manejar la escopeta de tu padre desde niño y más de una vez has ganado competencias de tiro al blanco en el pueblo.

Carmelo respiró aliviado, no parecía que iban a reprenderlo.

–Sí, *commendatore*, mi padre siempre dice que soy el mejor con la escopeta.

–Ya sabes que hemos tenido muchos ladrones de ovejas, cabras y animales de corral por aquí. Los bosques están llenos de forasteros que se esconden, y no nos alcanzan los *carabinieri* de la zona para controlar a las bandas de desertores y vagabundos que pasan por los montes.

Carmelo sabía que éste era un problema grave, todos hablaban de ello. La reciente guerra Franco Prusiana había sumado una buena cuota de sospechosos a los mendigos y merodeadores que dejaron los movimientos de tropas de la década anterior, cuando el magnífico Garibaldi había cruzado históricamente estas montañas camino al norte, a unificar Italia. Él escuchaba atento, inseguro de qué vendría después del preámbulo.

–Así es que el señor intendente y yo hemos decidido contratarte para que trabajes todo el tiempo para nosotros. De ahora en adelante serás el *gualano* del pueblo y los alrededores. Todos sabrán que tienes autorización para colaborar con la policía de Cosenza y que en mis tierras de ahora en más representas la ley.

El aleteo del corazón, que se había serenado, comenzó nuevamente con una velocidad que lo alarmó. Respiró hondo y trató de recuperar la calma. Nunca esperó que le vinieran con esta proposición, ni sabía que estos hombres le tenían tanta confianza, a él, un muchacho sin escuela. Con la voz un poco temblona a pesar del esfuerzo, agradeció la oferta que en realidad era un mandato al que no podría decir no. Tampoco hubiera soñado con negarse. Era un honor demasiado grande para él.

Carmelo corrió excitado, feliz, hasta la casa y al escuchar las noticias su padre lo miró por primera vez con un gesto de orgullo que lo llenó de optimismo. Para su sorpresa, abandonó lo que estaba haciendo y juntos se encaminaron adentro. Por primera vez en muchos años le puso la mano en el antebrazo, un gesto que usaba con sus amigos, y así lo acompañó hasta la cocina, a contarle a la familia que Carmelo estaba oficialmente empleado por el *commendatore* Morressi.

Más tarde Giuseppe festejó la noticia en forma estentórea, como era su estilo, con muchos golpes en la espalda y risotadas. Las sinceras palabras de felicitación y la voz conmovida le confirmaron a Carmelo lo que ya intuía; que podía confiar en él totalmente. Y ahora lo necesitaba más que nunca, pues a su amigo le habían permitido ir a la escuela y sabía leer y escribir.

–Giusé –comenzó Carmelo cautelosamente– ¿Me harías un favor gigante?

–Manda nomás.

Dos semanas después del encuentro en la feria, la creciente ansiedad de Filomena se hizo notable. No tuvo apetito por varios días y *Mamma* comenzó a perder la paciencia con su hija menor.

–Come un poco más. No te vas a levantar de la mesa hasta que no termines este plato.

–Sí, *Mamma* tiene razón –se inmiscuyó Teresa, siempre atenta a meter una púa cuando se presentaba la oportunidad –. ¿Qué te pasa, Filumé?

–Estoy comiendo, pero no me siento muy bien.

–Te doy otra vez un par de cucharadas de aceite de hígado de bacalao. Eso te hizo bien cuando estabas mal del estómago.

–No, *Mamma*, por favor, voy a vomitarlo como la otra vez.

La madre miró a Teresa, impotente. La hija mayor se encogió de hombros y dijo, por decir algo que pusiera nerviosa a su hermana:

–Debe andar enamorada de alguno de esos tontos con tres pelitos en la barba que se pasean por la plaza.

Filomena dio un salto y con furia la llamó mentirosa, lo que desató una escena que *Mamma*, como siempre, cortó muy pronto.

Sabía que todos intuían algo, pero estaba tranquila ya que nunca podrían averiguar la verdad de su silencioso e imposible sueño. No estaba enojada con Teresa. La envidiaba. Hacía muy poco que Antonio, uno de los dos maestros de la escuela de Morano, a unos kilómetros de Castrovillari, había mandado a decir por una casamentera que estaba enamorado de Teresa y quería acercase a hablar con los padres. Teresa lo conocía desde hacía años y siempre habían bailado en las fiestas locales. Filomena sabía que su hermana estaba enamorada de Antonio y hubiese dado cualquier cosa por estar en su lugar, y que el maestro fuese Carmelo, con sus ojos de fuego y coraje a toda prueba.

Las pocas esperanzas de llamar la atención del muchacho de sus sueños se habían reducido a cero el día anterior. Berta, agitada, le trajo la noticia del nombramiento de Carmelo como *gualano* de los bosques aledaños. Ahora estaba segura de que él nunca la miraría con interés. Imaginó a todas las muchachas del pueblo tratando de conquistarlo. Descuidó las tareas domésticas que le correspondían y la tensión entre ella y Teresa se hizo insoportable, con pellizcos a escondidas y algunos gritos y lágrimas que *Mamma* trató, esta vez sin éxito, de controlar con amenazas nunca cumplidas.

El miércoles a la tarde se vistió para ir con su amiga a la tienda a comprar broches e hilos para la costura y aún no había terminado de peinarse cuando Berta abrió la puerta del dormitorio de golpe, con la cara enrojecida y la respiración agitada por subir corriendo la escalera. Miró a su alrededor para cerciorarse de que Teresa no estaba allí, y se sentó con un resoplido en la cama.

—Ay, Filumé, ay, no sabes lo que pasó... Yo misma ni lo creo todavía...

—¿Qué? ¿Qué pasó? —pero la sonrisa pícara y el brillo en los ojos canela la tranquilizaron. No parecía nada malo, por suerte.

Bajando la voz e inclinándose hacia ella Berta le susurró:

—No sabes lo que guardo en mi bolsillo. Nunca lo vas a adivinar, así que te lo digo nomás. ¡Tengo una carta de tu amor, una carta de Carmelo, te la mandó ayer pero recién hoy me la dieron!

Hubo un silencio en el que Filomena se sintió suspendida en el aire, incrédula. Cuando vio asomar un sobrecito del bolsillo del delantal de Berta sintió pánico, felicidad, todo junto aunque no atinó a moverse. Miraba fascinada como le tendían el sobre. Necesitó un momento para calmarse y después, con temor, forzó el sello rojo y sacó un papelito. Con una letra despareja y grande, firmada "C" la formal nota dirigida a "la honorable señorita Demarco" le pedía que el domingo en misa, si es que a ella no le disgustaba su presencia, se volviera tres veces a mirar a la última fila, donde él estaría sentado esperando ansiosamente por esa seña para saber que era correspondido. Si es que no había interés de su parte, que no volviera la cabeza en toda la misa y eso sería suficiente para que él no la importunara nunca más.

Hubo risas sofocadas, abrazos emocionados y hasta lágrimas de alegría entre las dos amigas, y por fin, la pregunta necesaria fue planteada.

–¿Quién te dio esta carta? ¿Él? ¿Cuándo lo viste?

–No, tonta. Jamás me habló en la vida y no me hablaría, no se animaría a pedirme una cosa así. Me la pasó Doménica.

–¿Tu vecina? –preguntó Filomena, incrédula.

–Shh, ¡te van a escuchar! El hermano de Doménica la trajo. Giuseppe, el que siempre anda con Carmelo y los otros. Él no sabe leer ni escribir, se la dictó a Giuseppe y le pidió a él que Doménica me pasara el sobre para dártelo. Shhhh, bajemos la voz. Guarda la nota, tengo miedo que aparezca alguien. Doménica me hizo jurar que nunca le diría a nadie este secreto. Yo juré contenta.

–Vamos a la tienda –dijo Filomena alzando su bolsita de mano –. Necesito aire fresco.

Le impresionó el coraje exhibido por su amado al mandar una cosa así sin saber primero cómo reaccionaría ella. ¿Y si lo acusaba, dándole la nota al padre? Don Demarco podía haberle hecho pasar un buen disgusto por importunar a su hija.

Además de guapo era valiente, y eso le reafirmaba que estaba acertada en sus sentimientos. Caminaron juntas y ella iba acariciando con ternura la ajada nota bajo la pañoleta.

Aquel domingo ahora lejano, arrodillado en el último banco de la iglesia y después de la tercera mirada de esos ojos que lo tenían loco, Carmelo creyó tocar el cielo con las manos. Rezó ferviente su Acción de Gracias dedicándolo a todos los santos del calendario, por las dudas. Al volver del altar después de recibir la comunión, Filomena lo obsequió con una sonrisa breve que a él lo conmovió profundamente. Y decidió hablar con ella. Pronto. Sabiendo que lo aceptaba él no podía esperar más.

El mensaje de Carmelo, pidiéndole que pusiera los términos de un posible encuentro, porque él necesitaba hablarle llegó un par de días más tarde. Después de mucha deliberación con Berta, resolvieron que lo mejor era organizar una caminata a la plaza un atardecer e incluir a Doménica. Nadie sospecharía si sucedía que Giuseppe y Carmelo pasaban por casualidad y se detenían un minuto a saludarlas mientras ellas tomaban un refresco sentadas en un banco de la plaza.

Después del circunspecto y tenso primer encuentro vinieron otros, con más tiempo a solas y en lugares más discretos. El día en que él se acercó aprovechando que los otros caminaban delante de ellos y le dio un beso en la boca, Filomena no atinó a responderle por la sorpresa, pero también porque no sabía cómo hacerlo. Nunca la habían besado. El resto de la tarde tuvo fuego en los labios, y se sorprendió de que nadie se diera cuenta de lo que había sucedido. Entonces se atrevió a soñar que las dos hermanas salían en pareja, iban a fiestas, a la misa, felices, acompañadas por los hombres que amaban y con la bendición benevolente de *Mamma* y *Tata*. Hasta imaginó dos bodas seguidas en la imponente Iglesia de San Giuliano... ¿Por qué no? Todo era posible.

Así había comenzado la historia de este imposible amor que los mantuvo en vilo por cuatro años, los años más felices y dolorosos de sus vidas. Una mezcla de sentimientos que los llevó a las cumbres de felicidad más embriagantes pero también los sumió en pozos negros de desesperanza.

Carmelo baja las escaleras del hospedaje iluminadas por una temblona bombilla de gas, y entrega la llave al adormilado sereno sentado tras la ventanilla enrejada del sencillo saloncito de madera oscura. Ha pagado dos noches por adelantado. Quién sabe cuándo va a volver a Rosario. Siente otra vez la tenaza en el estómago al pensar en lo que está por hacer. Sale a la calle, respira el fresco y húmedo aire y camina resuelto, evocando la voz amada prometiéndole esperarlo. Y sus ojos. Los intensos ojos de Filomena.

Es muy temprano pero ya hay coches transitando sobre el empedrado brillante y por el rocío nocturno. En la esquina un grupo de silenciosos, hoscos trabajadores esperan el tranvía. Un bar con mortecinas luces está abierto y él se atreve a comprar por unas monedas un tazón de café con leche humeante y un pan de dudoso aspecto. Con el estómago fortalecido, se ubica en la línea. El tranvía, una caja de madera rectangular con ruedas que giran sobre rieles metálicos se acerca con su retintín de campanillas. Los dos faroles de querosén cuelgan a ambos lados de la ventana del conductor, ubicado detrás de los caballos que tiran del coche al unísono. El guarda parado en el pescante, con el dispensador de boletos y la bolsa para el cambio colgando del cuello le cobra la moneda del viaje y Carmelo se echa pesadamente en uno de los asientos vacíos. A estas tempranas horas el pasaje está compuesto en su mayoría por obreros y pronto el tranvía se llena de anónimos seres que se apretujan en el pasillo. Las ventanillas tienen los vidrios bajos porque es invierno y hay olor a humedad y a ropa con el tufo acre del sudor acumulado.

Falta un largo trecho hasta el puerto. El vapor llegará cerca del mediodía, y quién sabe a qué hora instalarán la pasarela para descender. Pero él quiere estar ahí cuando todo eso suceda. Mirando los interminables edificios y las luces de gas de las calles recuerda la impresión que le dio Buenos Aires cuando llegó por primera vez, dos años atrás, solo y con unas pocas liras que no valían mucho en el bolsillo. La inmensidad de las avenidas, la altura impresionante de los edificios, el bullicio, como en Nápoli, de donde zarpó.

Evoca con ternura la solidaridad que encontró entre la gente que viajó con él en el lento barco con que cruzó el Atlántico; desconocidos compartiendo las increíbles incomodidades y humillaciones del viaje, en el que casi todos los momentos eran públicos y la proximidad de los otros pasajeros se volvía insoportable. Hacinados en las hediondas y asfixiantes instalaciones de la tercera clase, justo cerca de las máquinas que rugían continuamente. Hoy se admira de que no estallaran más peleas y enfrentamientos entre los agotados y ansiosos pasajeros.

Con una amarga sonrisa recuerda las malas épocas vividas en Italia, la falta de medios, los conflictos políticos, la unificación que costó tanta sangre y tanta lucha fratricida, hasta que los estados pudieron librarse del Imperio. Las guerras Austro-Prusiana de los 1860s y luego la Franco-Prusiana afectaron a la península de norte a sur, con un costo humano y económico enorme. A ello se sumó el conflicto sobre Roma, en el que el Papa Pio IX se negó a ceder los derechos de sus tierras y permitir que la Ciudad Eterna fuera la capital de lo que ya estaba unificado de Italia. Su padre y la mayoría de los hombres que Carmelo conocía, paisanos y montañeses, eran garibaldinos de alma. Habían aceptado al unificador rey Víctor Manuel II pero mantenían el sueño de Garibaldi, de que Roma se convirtiera en la capital de los estados ya unidos, lo que recortaría en forma notable el poder del Papa sobre las tierras italianas.

El tranvía se bambolea, trayéndolo al presente, y ya las luces de gas de las calles han sido anuladas por la claridad del día. Entra frío por la ventanilla que él ha entreabierto para respirar, y se abotona el abrigo, reacomodándose en el duro asiento de madera.

Después de su primer año como *gualano*, Carmen había desarrollado un buen instinto de guardabosque y generalmente imponía orden y controlaba situaciones sin necesidad de usar su escopeta. Aunque en raras oportunidades tuvo que acudir a la fuerza, el peligro estaba siempre latente y su madre respiraba aliviada cada noche cuando él volvía a casa. Todo lucía promisorio en su vida, excepto por la obstinada oposición de los Demarco a que él se acercara a su hija.

Filomena y él se amaban cada día más, pero ella debía superar incontables obstáculos para poder verlo. En público debían ignorarse ostensiblemente porque un error sería inmediatamente reportado a los padres de ella a través de las innumerables chismosas del pueblo, quienes disfrutaban sabiendo del frustrado romance.

Lleno de celos y dudas, Carmelo había intentado averiguar si es que alguno de los candidatos que aparecían continuamente en el horizonte tenía algún atractivo para ella. Pero no, Filomena era de una sola palabra y se lo había probado. Carmelo le correspondía su fidelidad. No había habido más mujeres en su vida desde que ella lo aceptó, y la oposición familiar actuaba como aglutinante que reforzaba los sentimientos de ambos. Ella lloró inconsolable cuando Teresa y Antonio pusieron fecha de boda. El noviazgo llevaba dos años y los Demarco recibieron al hijo político con brazos abiertos. Un maestro, culto, educado, con futuro y al mismo nivel de ellos. Carmelo compartió la frustración de Filomena, pero acrecentada por su amor propio herido, y la certeza de que no importaba cuánto fuera respetado en el pueblo por todos, nunca iba a ser suficiente ante los ojos que quién él más necesitaba ganarse.

Fue por entonces que ella, su amada, la mujer que por la fuerza de voluntad y valor que mostraba lo merecía todo de él, le dio una prueba contundente del amor que le tenía.

—Carmé —le dijo un día, después de haber estado abrazados un largo rato en su preferido escondite, la piedra frente al Pollino, rodeados de las flores silvestres de la primavera y el trino de los pájaros organizando sus nidos—. Carmé, quiero que sepas que si no podemos casarnos, no voy a casarme con nadie.

Él la miró con ternura; pocas veces ella hacía promesas. Ella prosiguió, mientras saludaba con la mano a Berta y Doménica, que discretamente charlaban sentadas unos cien metros más abajo y que con su presencia justificaban las salidas de ella para los encuentros furtivos.

—Ayer hablé con mis padres y con los tíos Grimaldi, aprovechando la cena de cumpleaños de Tata. Los reuní a todos y les dije que había decidido declararme soltera. Que no me busquen más candidatos. No voy a casarme nunca. Seré solterona y feliz de serlo, si es que así podemos seguir así, queriéndonos tanto, aunque sea de lejos.

Conmovido, él la abrazó fuerte, con ganas de llorar y gritar de odio por la injusticia de quienes los obligaban a una vida de miseria, con pocos momentos felices de encuentros furtivos que no llevaban a nada y que serían cortados apenas los Demarco se enteraran de los engaños. Ella suspiró, acariciándole la mano, pensativa.

—Sabes, los Grimaldi se van. Mi tío no tiene trabajo y está furioso con la unificación que ha dejado a varios estados afuera de la nueva Italia. Los que piensan como él están indignados y quieren anexar a todos en un solo país. Pero mi tío está harto de esto, no ve futuro y como varios amigos suyos se van a la Argentina, él también presentó una solicitud para toda la familia. *Mamma* está triste, ella se lleva bien con sus primas y ahora se irán todos, hasta los hijos.

Carmelo no respondió de inmediato. Todavía emocionado por la declaración de soltería de ella, apenas podía concentrarse en esa gente desconocida que, como tantos otros, estaban huyendo de la patria, como decía su padre, cobardemente, abandonando la tierra que los vio nacer.

—¡Trasbordo al puerto!

El grito del guarda lo saca de sus recuerdos y se pone de pie, abriéndose camino entre los pasajeros para bajar a tomar el tranvía que finalmente lo llevará al muelle de Las Catalinas, una construcción larga, de madera, que se adentra en el barro del río, detrás de la Plaza de la Victoria a donde está el Cabildo. Allí se descarga mercadería y también bajan los que pasan por la Aduana y podrán optar por hospedarse en el Asilo de los Inmigrantes, recién construido. La costa es un fangal. Contiguo al muelle las lavanderas de la ciudad se amontonan haciendo su agotador trabajo, y en los días de sol se pueden ver los largos tendederos de ropa blanca secándose al sol sobre la barrosa orilla.

Maldice su tacañería. Si no hubiera mezquinado en la renta, podía haber alquilado algo más cercano, pero la idea de gastar de más cuando iba a necesitar cada centavo lo había frenado. Baja del pescante e inmediatamente reconoce la calle. Unas cuadras más adelante había vivido durante un par de meses, apenas bajó del barco, en un hotelucho de los que el gobierno rentaba en ese entonces para recibir a los recién llegados de Europa hasta que encontraran una ruta para ubicarse dentro del país. Recordó sonriente los malentendidos al comunicarse con los locales y la imposibilidad de entenderse con los de las otras nacionalidades.

Babel. Eso es lo que el hotelucho era, una Babel de paso. Se estaba construyendo entonces el gran hospedaje para todos, el Asilo, en los bajos del Retiro, un edificio circular de madera que ahora alberga a los recién llegados hasta que salen a la calle a buscar su suerte. La cruda realidad del inmigrante en este país es totalmente distinta a lo que se escucha en Europa. Aquí hay miseria y amarguras también. Pero hay posibilidades de un futuro mejor, y eso es lo que mantiene a Carmelo optimista y lleno de energía.

El sol debe estar asomando ya. No se lo ve por los altos edificios, pero pronto entibiará el húmedo aire porteño. Saca de su bolsillo una de las tarjetas que el Secretario del Juez le ha dado. Los dos hombres lo esperarán en el mostrador de Inmigración de la Aduana. La tenaza del estómago que le había impedido comer todo el día de ayer, ahora ha vuelto y le oprime hasta el pecho.

El barco ha apagado sus motores y el humo ya sale escaso de la alta chimenea. Filomena sigue sentada en su rincón, pero ahora la gente se arremolina frente a las barandillas de hierro de la cubierta y le impiden ver la ciudad. Los curiosos miran la actividad del puerto, que bulle más allá con una multitud de gente parada esperando a los viajeros. Las altas grúas están listas para la acción y el vaporcito, que increíblemente remolca al gran transatlántico a través de los canales del barroso Río de la Plata, hace oír su sirena casi constantemente, dando instrucciones, señalando la ruta. La algarabía de a bordo se ha tornado insoportable para ella, totalmente invadida por el pánico. Teme por lo que va a suceder y al mismo tiempo la aterra la idea de que no suceda.

Camina hasta el baño y se lava la cara otra vez. Necesita calmarse. No puede escuchar más a *Mamma* y *Tata* regañarla por lo nerviosa que está. Teresa y Antonio se ríen de su ansiedad, tranquilos, felices en su mundo, un mundo que le negaron a ella. El sucio espejo le devuelve una cara pálida, sus ojeras ahora totalmente marcadas, el pelo desaliñado. Saca de su bolsita un peine y se hace un nuevo rodete, con más hebillas, para que soporte la tormenta que va a ser el largo día que tiene delante de sí. Se pellizca las mejillas para darse color, sin éxito. Si él la ama realmente, va a ser así, pálida y ojerosa como es ella, no hay otra Filomena, es ésta o nada. Pero él, ¿la querrá todavía como antes, después de tanto tiempo sin verse?

Cuando Filomena se declaró oficialmente solterona, Carmelo había valorado inmensamente el desinteresado acto. Para ella fue la paz. No más justificar los constantes rechazos a los candidatos que aparecían en el horizonte. No más explicaciones a la familia, no más miradas condescendientes de la gente del pueblo porque no había conseguido marido a su edad.

La vida continuó por un tiempo entre encuentros furtivos alternados con notas de amor llevadas a uno y otro a través de Doménica y Giuseppe. Hasta que un domingo, en la mesa, *Mamma* y *Tata* anunciaron que habían decidido seguir a los Grimaldi a la Argentina. Los tíos ya estaban ubicados en Rosario, una ciudad fabulosa, al norte de Buenos Aires, junto al Río Paraná, que recibía con los brazos abiertos a los miles de italianos que llegaban y en la que para todo uso práctico el italiano era el idioma local.

La noticia fue un balde de agua fría para Carmelo. Ella lloró en sus brazos un largo rato, escuchando con cariño el latir acelerado del corazón de él, que parecía querer saltársele del pecho. Cuando se calmó un poco, la separó de sí y, mirándola a los ojos con esos carbones encendidos de los suyos le prometió seguirla a donde fuera, así la llevaran al fin del mundo. Porque él sabía que ella no iba a desafiar a la familia para quedarse en Castrovillari sola. Pero él no podía pensar en una vida sin ella. Esa misma noche Doménica vino a la casa antes de la cena con una excusa tonta y en un aparte le dio un mensaje de él. Le pedía verla al día siguiente. Acudió a la cita, nerviosa, acompañada por Berta quien tuvo que justificarse con la madre otra vez y cancelar un ensayo en el coro de la iglesia.

Él las esperaba caminando de un lado a otro frente a la piedra habitual. Berta se quedó atrás, discreta, se sentó a la sombra de un inmenso pino albanés y sacó un libro de la bolsa.

Con voz agitada y nerviosa Carmelo le dijo a Filomena que al día siguiente iría a buscar los papeles para emigrar a la Argentina. Como era una sola aplicación y él no tendría que sufrir las demoras de desprenderse de casa y pertenencias pues no tenía nada propio todavía, confiaba en que el trámite saldría pronto y viajaría antes que los Demarco. Una vez en Rosario la esperaría trabajando y haciendo un futuro para ambos. Mientras él hablaba, ella, hechizada, leía en sus ojos la intensidad del amor con que él le correspondía. Hablaba de dejar todo lo que tenía ahora, las promisorias perspectivas con los *commendatore* del pueblo y abandonar el futuro casi cierto de escalar posiciones a pesar de su humilde origen para seguirlos a ellos a una tierra remota, que, aunque tuviera las calles empedradas en oro como muchos aseguraban, era un salto al vacío, un sacrificio inmenso.

Nada pudo disuadirlo.

–Quiero escuchar de tu boca, que me lo digas frente a frente, que no quieres que vaya yo también adonde te lleven.

–¿Cómo puedo decirte esa mentira? –lloró ella, y le confesó que sí, que era tan egoísta que no deseaba nada más en el mundo que estar cerca de él, y que si ella se marchaba sola era para morir adentro, porque nadie iba a suplantarlo jamás.

–Eso es todo lo que quería escuchar. Ya está decidido. Cuando me marche te escribiré, te contaré todo lo que esté haciendo. Ya hablé con Giuseppe. Doménica te va a pasar las cartas y despachará las tuyas. Y te aseguro que en América las cosas no van a ser como aquí. Allá la gente es distinta y te prometo que cuando nos veamos otra vez va a ser para unirnos para siempre. No tengo dudas.

Tal como lo anticipaba Carmelo, lo aceptaron de inmediato y en tres meses estaba preparado para partir. Giuseppe cambió la actitud con Filomena. Dolorido, apenas se tocaba el sombrero y bajaba la cabeza cuando se cruzaba con ella.

–Anda triste y amargado porque el mejor amigo se va. Justo ahora que se ha puesto de novio y quiere que Carmelo sea su padrino de boda. Ya se le va a pasar –dictaminó Doménica– se va a consolar con su noviecita y seguramente la tendremos que aguantar en casa los domingos también. No tiene nada en contra tuyo, *Filumé,* es que *Giusé* no tiene muchos amigos.

La despedida fue terrible. Carmelo trataba de mantener la calma pero al final terminaron los dos llorando uno en los brazos del otro. Ella temía todo, la distancia, la gente desconocida, el largo viaje en barco por el mar inmenso, el país extraño al que iba.

En los largos meses que pasaron después de la partida, y luego el año y medio que les llevó a los Demarco subir en Nápoli al vapor que se dirigía a la Argentina, Filomena respiró y existió solo con la esperanza de una nueva carta de Carmelo. El casamiento de Teresa con Antonio, un gran acontecimiento en el que ella participó como una autómata, no le trajo alegría. Se preparó durante meses, ensayando un gesto amable y una sonrisa que a fuerza de practicarlos en el espejo para el día de la boda lucieron naturales.

Las detalladas cartas de él, con caligrafías diferentes y escritas por conocidos o tal vez por escribientes pagos, la motivaron a enviarle largas respuestas, contándole hasta lo más insignificante, admirada de lo rápido que él se adaptaba a todo lo nuevo y los grandes planes que hacía para el futuro.

En la última misiva que Doménica le trajo, un mes antes de partir, Carmelo le daba instrucciones precisas de cómo iban a desarrollarse las cosas cuando el vapor llegara al puerto de Buenos Aires. Y le pedía que se preparara mentalmente para ello. Que se acostumbrara a la idea de lo que harían y que mantuviera la calma. Además, que no olvidara llevar encima la partida de nacimiento al llegar al puerto. Ella obedeció fascinada por lo atrevido de la empresa, pero estaba dispuesta a todo para terminar con esta angustia de vivir lejos de él.

Un toque de sirena largo, sostenido, la sorprende cuando está terminando de arreglarse. Filomena sale de los baños con un redoble de tambor dentro del pecho. Pronto van a descender. Cuando se acerca al espacio bajo la escalera de cubierta a donde está la familia reunida levantando ya los bolsos y paquetes, un marinero se acerca recorriendo la cubierta con un megáfono, llamándolos a ellos.

–¡Familia Demarco! ¡La familia Demarco que se presente!

Los pasajeros todavía no están descendiendo, las autoridades han subido para los controles oficiales y lo extraño de la situación la pone aún más nerviosa. Los padres, sorprendidos, se miran un instante y se acercan al hombre quien deja el megáfono en el suelo y saca un papelito del bolsillo.

–Demarco, ¿de Castrovillari, Cosenza?

–El mismo –dice *Tata*, intrigado, mirando a *Mamma* y encogiéndose de hombros.

–Síganme –señala el otro, leyendo el papelito otra vez–. Usted, su esposa y la señorita Filomena.

Al escuchar esto el corazón de ella da un brinco y por un instante le falta el aire. Pero sabe que algo así debía esperar y recuerda la carta de Carmelo. Lleva en su bolsita la partida de nacimiento que sacó de la maleta de sus padres en el camarote cuando ellos no estaban presentes. No sabe cuál emoción la domina ahora: si lo que está por suceder, o la felicidad de saber que va a verlo nuevamente.

Cuando Carmelo se acerca al mostrador de inmigraciones para preguntar por el Secretario del Juzgado y por el señor Juez de Paz, quienes han prometido esperarlo allí, un muchacho de su edad, con un traje de corte impecable y un peinado con brillantina se le aproxima sonriente.

–¿Carmelo Ianicelli? –Carmelo asiente. Tiene la boca seca pero no es momento de buscar nada para tomar. Traga saliva con dificultad. El joven secretario tiene una sonrisa tranquilizadora.

–Aquí estamos con el señor Juez de Paz. Hemos traído la papelería necesaria y vamos a cumplir, de acuerdo a su solicitud y a la ley de este país.

El juez se aproxima y circunspecto le estrecha la mano. Los tres se encaminan guiados por el secretario hacia el amarradero lleno de gente que espera a los pasajeros. En silencio observan cómo las dos grandes estructuras que sostenían las pasarelas son acarreadas hacia los puntos en que serán calzadas a la altura de la cubierta del buque.

Un escalofrío le recorre la espalda. Recuerda la pesadilla que ha tenido, pero se tranquiliza. Este buque se acerca en forma estable y Carmelo recupera la seguridad en el éxito de su plan. El futuro de ambos está en juego.

Dos vaporcitos remolcadores se acercan pitando y señalando el camino y detrás, con los motores apagados, viene el inmenso barco italiano que lentamente es encaminado al punto de anclaje paralelo al embarcadero. Los movimientos en tierra llevan alrededor de media hora durante las que los tres hombres en el muelle intercambian solo unas pocas palabras. Carmelo apenas se contiene por la emoción y los deseos de saltar, volar, hacia la cubierta y llamarla a gritos. ¿Estará ella viéndolo, entre tanta gente que se apretujaba contra la barandilla? Él no puede distinguir a nadie desde donde están, tiene los ojos cegados por el sol y la ansiedad. El juez parece tranquilo, y cada tanto le palmea el brazo, como dándole valor al verlo tan nervioso.

Finalmente, después de esperar lo que le parece una eternidad, dos representantes del puerto se acercan a la rampa y ascienden lentamente hasta la altura de la cubierta. Allí ya hay un grupo de marineros y oficiales de abordo esperándolos en formación, con el capitán al frente de la puertecilla de la baranda abierta. Hay un intercambio de palabras y papeles que parece no terminar nunca. Por fin el juez les hace una seña y el secretario y Carmelo lo siguen hasta el pie de la rampa.

–Quédese tranquilo, hombre, todo va a salir bien –dice el juez sonriendo.

Carmelo tiembla por dentro y siente las piernas muy flojas. Ante una señal de arriba, los tres suben hasta la cubierta a donde él divisa funcionarios ejecutando trámites de papelería con los oficiales de a bordo. En un costado se ha abierto un espacio donde están algunas autoridades rodeadas por una multitud que guarda respetuosa distancia. Entonces él divisa a Filomena, bellísima, de pie, la cabeza alta sonriendo tímida, seguramente que con el mismo terror por lo que van a hacer que él siente. Los Demarco, uno a cada lado de su hija, miran sin comprender bien qué sucede y es evidente que ella no les ha anticipado nada. Un marinero les señala que se acerquen y los tres avanzan.

Carmelo tiene que contenerse para no saltar el corto trecho que los separa y abrazarla con fuerza. Tantas veces ha soñado, planeado, idealizado este momento. Siente la mano del secretario sobre su antebrazo y se vuelve con una sonrisa nerviosa, para darle a entender que no piensa moverse de allí hasta que le digan.

Después de un corto intercambio de palabras con el capitán, el juez se aclara la garganta y levantando la voz se dirige a los tres pasajeros y al marinero que los acompaña:

—La señorita Filomena Demarco. Que dé un paso al frente por favor.

Un oficial traduce inmediatamente al italiano y el marinero le indica a Filomena, quien está paralizada mirando a Carmelo fijamente, que se adelante.

—¿Es usted Filomena Demarco? —ella asiente con un gesto. No le sale ni una palabra—. ¿Tiene papeles de identificación?

Carmelo le sonríe, alentador. Ella abre con manos temblorosas la bolsita de tela que lleva colgada del brazo y saca la partida de nacimiento, extendiéndosela al juez. El hombre se calza el monóculo en el ojo y lee el ajado papel después de desplegarlo con cuidado. Hace un gesto afirmativo con la cabeza y se lo devuelve a Filomena.

—Veo que la señorita Demarco tiene ya veintiún años cumplidos y bajo la ley argentina, es mayor de edad. Aquí tengo al señor Carmelo Ianicelli, quien manifiesta que desea contraer enlace con ella. Señorita Demarco, acérquese.

Filomena da un paso, después otro y el juez le toma una mano, acercándola y guiándola al lado de Carmelo. Él extiende una mano y ella siente su helada manito dentro de la protectora, inmensa mano de él. Ambos miran al juez fijamente, porque no pueden mirarse sin caer uno en los brazos del otro.

–Filomena Demarco, ¿quiere usted por esposo al señor Carmelo Ianicelli?

Ella dice sí, aunque no está segura de que haya salido un sonido audible de su seca garganta. Ahora toda la cubierta está en silencio y atenta al juez, quien prosigue:

–Carmelo Ianicelli, ¿quiere usted por esposa a la señorita Filomena Demarco?

Él dice un sí rotundo, en voz bien alta, triunfal.

–Con el poder investido en mí por la ley de la República Argentina, los declaro marido y mujer. Que esta ceremonia sea la precursora de una bendición Cristiana en el futuro inmediato.

Los novios se miran sin atinar a nada, todavía tomados de la mano. *Mamma*, que ha llorado en silencio desde que comprendió lo que sucede, es la primera en correr al lado de su hija. Filomena recibe con mano trémula la pluma que le presentan para firmar el libro del Registro Civil. Carmelo apoya el pulgar húmedo de tinta ya que no sabe firmar su nombre. Y por ello no detecta el error ortográfico que han cometido, dados los nervios de la inusual escena, al copiar su apellido del pasaporte al libro, cambiándolo de Ianicelli a Yanicelli.

Don Demarco ha mostrado sorpresa y luego furia, pero si dijo algo en voz alta sus palabras se pierden en la explosión de aplausos y gritería de los pasajeros que han presenciado la ceremonia civil de la pareja que ahora se abraza, prudentemente, y se mira a los ojos con ternura.

Agnese

Rosario, Provincia de Santa Fe, Verano de 1906

La aguja de bordar se clava otra vez en la superficie tensa del lino sujeto al bastidor. Agnese da un tirón distraído al brillante hilo rojo que luego de muchas subidas y bajadas rellenará los pétalos de la delicada rosa que Ángela le ha dibujado a lápiz sobre la tela. Quiere acercase a la ventana pero ya lo ha hecho varias veces esa tarde, y no tiene más excusas para espiar otra vez tras el *voile* hacia la calle vacía y abochornada bajo el implacable sol de enero.

Y sin embargo, él está allí, en frente, esperando apostado en la ventana de su taller. Los intensos ojos oscuros que la devoraron en la misa de diez durante tantos domingos, buscando ansioso otro cruce de miradas furtivas, de sonrisas culpables, de corazones galopando acelerados bajo las húmedas camisas, el incipiente pecho de ella ceñido bajo el tieso corpiño de ballenitas y el alto escote de encaje, sofocante.

–*Maurizio... bello nome... Maurizio,* –susurra. ¿Cómo será su voz? ¿Qué inflexiones tendrá llamándola *Agnese* con acento de Génova? ¿Hablarán cara a cara alguna vez? Se imagina frente a él, temblando y sin nada qué decir. Pensar en Maurizio le quita la respiración, le hace sentir cosas nuevas, estremecimientos deliciosos e inesperados que por puro instinto ella no menciona a nadie. Ni a sus hermanas. ¿Qué diría Ángela, si supiera? Con un gesto rechaza la idea. Ángela es distante. Berta la hubiera comprendido, pero ahora está muy ocupada con su vida de señora y desde la boda, sin explicación, ha dejado de confiarse en Agnese, aunque sus ojos delataban algo que nadie parece haber notado, un brillo cómplice, un resplandor que le recuerda al gesto de su hermana en los cumpleaños o en las Navidades cuando abrían los regalos. Algo debe pasar en la noche de bodas, si tan solo ella pudiera averiguar qué es.

A Berta se la ve feliz, y se lo ha ganado. Ojalá ella hubiera nacido con esa fuerza de carácter para desafiar al padre. Cuando se opusieron a su noviazgo con Benito Scalona, su hermana se declaró enferma y cayó en cama sin comer por más de una semana. Tomó solo agua hasta que el doctor de la familia dijo que si no le permitían casarse con él, la niña podría llegar a morirse de tristeza y debilidad. Y *Tata* dijo sí, como siempre que su hermana se encaprichaba con algo. *Mamma* rezongó, mencionó una y otra vez la mala fama de libertino del pretendiente, pero no pudo con la presión que ejercieron de mutuo acuerdo la familia de él y su hija. Ahora su hermana resplandece, vive en su propia casa y Agnese ha perdido su única confidente y ganado un hermano político que le guiña el ojo a espaldas de Berta y se le acerca desenfadado al hablar cuando están a solas, haciéndola sentir vagamente incómoda.

La rosa en el bastidor se va cubriendo de puntadas parejas, desinteresadas, mientras ella cuenta los minutos para volver a acercase a la ventana. *Mamma* se abanica lentamente mientras lee una página del periódico *Vocce d'Italia* que *Tata* ha dejado en la sala. Ángela escribe en su diario íntimo, y el pequeño Armando duerme plácidamente en el sofá, abrazado a Caruso, quien ronronea indolente. La limonada en la jarra sobre la mesa ha perdido la frescura que el agua tuvo cuando la sacaron del cántaro que descansa a la sombra en la galería de atrás. Es una siesta como tantas, interminable, con ese calor húmedo que sube desde el Río Paraná y cubre a Rosario como un manto pesado y sofocante. El *voile* de la ventana se mueve apenas, mecido por el escaso aire que corre por la casa de puertas abiertas de par en par.

El reloj cucú marca los minutos y Agnese equivoca las puntadas esperando otro cuarto de hora para acercase a la ventana, cuando el maravilloso e inesperado sonido del organillo acercándose por la calle la hace saltar de la silla. Caruso da un respingo y baja del sofá, atento.

–¡*Mamma*, el organillero! ¿Le hago señas para que pare enfrente? –Agnese ya está apretando con mano trémula el voile y mirando hacia la ventana de enfrente, arrebolada, latiéndole el corazón de dicha, porque él está allí, esperándola y le hace un gesto con la cabeza, y a la distancia ella siente los ojos quemándola entera.

–Y, sí, pedile que nos toque un valsecito –responde sonriendo Filomena Yanicelli.

–*Pañuelito Blanco* –dice Ángela sin levantar la cabeza, apurándose a terminar el párrafo para asomarse a la ventana también–, que toque *Pañuelito Blanco*–. Pero Agnese no la escucha, concentrada en los ojos negros que le producen vértigo, dicha, risa y lágrimas, todo a la vez.

Esa noche *Tata* intercambia miradas furtivas y comentarios sueltos con *Mamma* durante la cena, pero como los hijos no hablan en la mesa si no se les pregunta algo, nadie rompe el silencio. Agnese tiene la impresión de que Ángela sabe de qué se trata. Doménico y Carlos, los hermanos mayores, le hacen gestos interrogantes que a los que ella no puede responder en voz alta.

Mamma le hace una señal a Caterina, quien ceremoniosa retira los platos de postre. Es la hora en que *Tata* prende su cigarro, de modo que los muchachos se levantan de la mesa y Agnese se prepara a seguirlos.

–Tenemos que hablar con vos, *Añé* –le dice *Tata* con ese vozarrón que siempre le infunde un vago temor. *Mamma* le hace un gesto amable, tranquilizándola. Ángela y los otros se marchan sonriendo misteriosamente.

Carmelo Yanicelli, quien ahora se llama así porque su apellido, gracias a un error del escribiente que copió sus documentos en el puerto de ingreso al país cambiando una i latina por una y griega sin ninguna consideración, se acomoda en la silla. Con parsimonia abre la caja de los puros y comienza la ceremonia nocturna, entreteniéndose un poco más que de costumbre en cortar el cigarro, buscando las palabras hasta que por fin lo enciende, carraspea y mira a su hija de frente.

–Mañana viene de visita doña Giovanna, me habló hoy en el negocio.

La piel de Agnese se eriza de golpe. ¿Por qué le habla de doña Giovanna? Doña Giovanna, la casamentera, la mujer que intercede de palabra cuando un buen muchacho italiano está enamorado y quiere casarse. ¿Maurizio? No, no es posible, está soñando, *Tata* nunca aceptaría que le hablaran de él. Ella sabe que las miradas furtivas en la misa y desde la ventana son un pecado, porque Maurizio nunca podrá hablarla. Y no porque es un sastre, una profesión honorable ante los ojos del padre, sino porque es el hijo de una mujer soltera, una pecadora que se ha atrevido a tener *un hijo del destino*, que ha desafiado a todo el mundo viviendo sola y criando a Maurizio con la frente alta, una mujer de lo peor, la hija de una buena familia que dio un mal paso. Agnese ha escuchado esa historia desde niña, y no se engaña ni por un momento. La vieja Giovanna viene a interceder por otro, seguramente. Siente un nudo en la garganta, tiene miedo de las lágrimas y respira hondo, aunque tarde. Su madre le palmea la mano con ternura y sonríe, pero ese gesto no la tranquiliza en absoluto. *Mamma* y *Tata* actúan al unísono y casi siempre tienen la misma opinión.

–Doña Giovanna es de toda confianza, hijita, estoy segura que tiene un buen candidato para vos.

–*Mamma*, no quiero, no quiero casarme–, por fin los ojos azules acuosos se deshacen en lágrimas.

–Ya tenés dieciséis años, Agnese, ¿Qué es eso? –*Tata* retrocede en la silla, molesto. El dialecto calabrés en el que hablan en casa adquiere ese ritmo rápido y fuertemente acentuado que vaticina tormenta–. Ya no sos más una niñita, sos una mujer.

–Ángela se casa en tres meses –intercede *Mamma*– y después será tu turno. Parece que es un muchacho bueno. Aversa se llama, Carmelo Aversa. Hace poco que vino de Italia y ya tiene su coche, caballo, y abrió un puesto de carnicería en un mercado de Córdoba.

La angustia la ahoga. ¿Córdoba? ¿Tan lejos? En Córdoba hay indios todavía. Es una pesadilla, no puede estar sucediéndole a ella. Por fin junta energías para hablar, temblorosa:

–*Tata, Mamma*, por favor, no. *Tata*, usted echó a los gitanos cuando vinieron tantas veces al negocio a comprarme, cuando el gitanito ése se encaprichó conmigo. ¿Se acuerda? Dígale a Doña Giovanna que no quiere que me case todavía. Que soy muy joven. *Tata*, ¡Por favor!

Él sonríe, recordando con simpatía al empecinado jefe de la tribu de gitanos que hace un par de años insistió en comprar a Agnese para que se casara con su hijo, enamorado de ella sin esperanzas. El gitanito tenía buen gusto, apuntando a la más bonita de sus hijas. Buena gente y astutos, esos gitanos, si uno sabía negociar con ellos, pero no tan buenos como para pertenecer a la familia, por supuesto. Nómades y poco higiénicos en sus costumbres, vivían moviéndose de un lado a otro, como los indios de las pampas y hablaban con un idioma gutural. Se parecían mucho a los gitanos que él conoció en Calabria.

Vuelve su atención a Agnese, quien todavía lo mira implorante.

–Nada. Ya está resuelto–. Las palabras en dialecto salen aún más rápidas y fastidiadas– Si el muchacho es bueno vamos a pensarlo seriamente. Y portate bien, parecés una nena, llorando. Tendrías que estar contenta. Empezá a preparar el ajuar. No quiero escuchar más quejas.

Con un gesto imperioso les indica que deben retirarse. *Mamma* se levanta de la silla al instante, haciéndole una seña a su hija, quien todavía mira a su padre con desesperación aunque no se anima a desafiar su orden, y ambas salen del comedor, cerrando la puerta cuidadosamente.

Doña Giovanna llega de visita dos días después con el candidato y pasan a la sala. Se sirven refrescos y masitas caseras y Agnese, con el pecho oprimido de angustia y miedo espía al desconocido por el agujero de la llave del comedor, tratando de escuchar la conversación. Suenan risas amables y Catarina, llevando unas copas con licor en una bandejita, le cuchichea al pasar que el muchacho no es tan mal parecido, si bien es mayor que ella, por lo menos diez años. Habla poco, eso sí, y no parece saber mucho castellano. No que tenga importancia, porque en la casa no se habla más que el dialecto calabrés, e italiano de Roma cuando están frente a compatriotas de otras provincias.

—Es honesto y ambicioso —dictamina *tata*— y viene de Cosenza, se llama Aversa, de buena familia. Los Aversa tienen terrenos allá y crían cabras y ovejas.

Y da la conversación por terminada.

Una vez decidida la fecha de la boda el tímido pretendiente comienza a visitarla en la sala. Los menores, Armando y Carmela están siempre a mano, por si *Mamma* tiene que ausentarse a otro cuarto. Agnese apenas mira a su prometido mientras borda el ajuar en el bastidor. Su corazón y pensamientos están puestos en Maurizio y en el amor imposible que ahora está obligada a ahogar para siempre. Es para su bien, como le dicen una y otra vez Ángela y Berta. Claro, para ellas es fácil, enamoradas y felices como están. Pero no le hablan de la noche de bodas, ni ella se atreve a preguntar.

A pesar de sus ocultos terrores, el lunes 14 de octubre de 1907, fecha del casamiento por civil, llega inexorable. El sábado siguiente, 19, se realizará la boda cristiana y la fiesta de esponsales. La novia tiene listo su ajuar gracias a la celosa supervisión de *Mamma* y a la contribución de las hermanas, quienes revolotean entusiasmadas ante la nueva boda que es una gran oportunidad para llenar la casa de luces, música y amigos.

La ceremonia civil se lleva a cabo una mañana soleada y primaveral. *Tata* ha dejado a cargo a sus hombres de confianza en el corralón y, como hiciera para las bodas de sus hijas mayores, ha organizado un copioso almuerzo en el gran patio de la casa.

Como en un sueño, Agnese responde afirmativamente a la pregunta del Juez de Paz. Luego, con mano temblorosa, firma su nombre en el inmenso libro después de los testigos don Fidel Alfano y don Fernando Alessandria, amigos de Carmelo y de *Tata*. Cuando le llega el turno al padre, éste autoriza a Benito Scalona a firmar en su nombre, ya que a pesar de lo exitoso que ha sido y es en los negocios, nunca ha querido aprender a leer y escribir.

Los días que siguen pasan veloces para ella. Hay gran algarabía en los preparativos de la fiesta. Está rodeada de hermanos y familiares que colaboran para que el sábado todo esté a punto y se sigue la rutina de los casamientos anteriores. Se siente como una extraña, involuntaria protagonista de un acontecimiento que a todos hace feliz pero que a ella la llena de temor y angustia. Por las noches pide té de valeriana, lo que le ayuda a conciliar el sueño.

El día del casamiento por la Iglesia Agnese sale de la casa natal con su traje de brocado negro brillante, a la moda de Calabria, y el pelo castaño claro recogido en dos flojas ondas alrededor de la cara, atado atrás en un rodete alto. La palidez de las mejillas está oculta bajo un poco de carmín que Berta le ha desparramado, experta, con un trozo de algodón y golpecitos suaves bajo los pómulos. Los vecinos se reúnen en la vereda, frente a la puerta cancel, como es costumbre para saludar y admirar a la novia y ella se prepara para mirar por última vez a Maurizio. Está segura de verlo allí.

Camina lentamente del brazo de *Tata* hacia el coche descapotado que la espera, sube, y después de acomodar vestido, miriñaque y enaguas, busca con sus ojos la casa de enfrente. Ahí está él, asomado. Tiene la ventana abierta de par en par y está parado, mirándola, desafiante, los brazos abiertos, las manos apoyadas en los marcos. La opresión que Agnese trae en el pecho se le hace casi insoportable. Desde la primera visita de Carmelo a la sala ella ha cesado los furtivos intercambios silenciosos en la ventana. Ahora los fieros ojos negros, interrogantes, y los celestes húmedos y sumisos se cruzan por última vez. Un par de segundos antes de volver su mirada hacia los vecinos que la saludan con afectuosos "¡Viva la novia!", Agnese nota que las angulosas mejillas de Maurizio brillan con las lágrimas que desde hoy en adelante ella ya no podrá verter por él.

Nupcias y premoniciones

Los caballos del cabriolé de alquiler, engalanados con dos hileras de flores ensartadas, anuncian al mundo que allí va una novia. Detrás, dos espaciosos landós con sus capotas doble bajas están listos para llevar a los familiares cercanos. Cuando Agnese sube al coche y acomoda su vestido en el asiento a pesar de la incomodidad del miriñaque y las enaguas, todos se apresuran a ubicarse.

El padre, nervioso, luciendo el único traje negro de gala de su guardarropa y que ha llevado también para las bodas de las dos hijas mayores, toma asiento a su lado. Los vecinos más cercanos están asomados a las ventanas y un grupo de mujeres y niños se ha arremolinado frente a la puerta, dando paso al cortejo con saludos y buenos deseos.

Una vez que el coche se pone en marcha, manteniendo la frente alta y mirando adelante, Agnese no osa tocarse la cara por donde han rodado silenciosas lágrimas después de la partida. Teme que *Tata* le pregunte qué sucede y ella no pueda articular palabra sin delatarse. La imagen de Maurizio, plantado en medio de la ventana-balcón de su casa, mirándola irse para siempre con el rostro serio y bañado en llanto ha sido devastadora y por poco consigue destruir su aplomo. Pero no. Ha sido valiente. Aunque no pudo evitar que sus ojos, como si tuviesen vida propia, la traicionaran con lágrimas inoportunas.

El padre, todavía fingiendo un aire de calma y control que le cuesta mucho mantener a pesar de ser, de acuerdo a la costumbre, el padrino en la boda de sus hijas por tercera vez, mira hacia el cielo y frunce el ceño.

—*Añé*, se ha nublado. Parece que vamos a tener mal tiempo.

Ella asiente con un gesto y trata de interesarse por la lluvia. Es cierto, el cielo está cubierto de nubarrones. Si solo la dejaran llegar a la iglesia sin que caiga un chaparrón sobre el traje y su prolijo peinado alto. Lo único que le falta ahora para derrumbar su barrera de contención es que llueva sobre la comitiva. Es como si el cielo quisiera solidarizarse con su tristeza.

Los caballos siguen adelante, majestuosos, por la calle a donde los transeúntes se detienen y la saludan con la mano porque es una novia y aunque no la conozcan se unen a la felicidad de la ocasión. Agnese sonríe con el gesto que tiene ensayado desde hace tanto y que a fuerza de mejorarlo ante el espejo ya es convincente.

Y siente culpa, una aguja de culpa en el estómago. Otra vez la asaltan estos pensamientos ambivalentes, confundiéndola, que van desde locos sueños de independencia a una total resignación. Extremos entre los que ha estado oscilando desde que sus padres le hablaron de Carmelo y su interés en ella. Una especie de limbo en el que está suspendida sin poder salir.

Ingrata, se dice otra vez, *soy una ingrata*.

Todos en la familia se han esforzado tanto para hacerla feliz y ella todavía no siente nada por Carmelo. Un buen muchacho, trabajador, honesto, que la atiende como una reina. Un hombre de pocas palabras pero sincero con ella, tan tímido que durante el noviazgo nunca se atrevió a tutearla.

–Agnese –le había dicho él de pronto, durante una de las largas y aburridas tardes de visita en la sala de la casa después de fijar la fecha– Voy a hacer todo lo que pueda, todo, para que usted sea feliz conmigo. Se lo prometo.

Ella lo había mirado a la cara, sorprendida. Por primera vez reparó en sus ojos, y en las oscuras brasas ardientes que la miraban encontró algo muy parecido a una exaltada determinación que la hizo estremecer. Pero también le causó pena. Por ambos.

Ahora llegan a la iglesia y ella entra lentamente, como en un sueño. Es como si otra mujer estuviese allí, caminando hacia el altar en su lugar, mientras Agnese mira indiferente detalles como el complejo recubrimiento del altar tallado, bañado en oro, o la imagen de algún santo. En esa especie de irrealidad a la que asiste como una observadora, ve frente a sí al viejo párroco del barrio, quien le dio la primera comunión y hasta también, quién sabe, la habrá bautizado. Sonriente, él le pregunta si ella acepta a Carmelo por esposo. Ella, o esa otra muchacha vestida de gala con este hermoso traje de brocado negro brillante, dice que sí. Que lo quiere por esposo, y que es para siempre.

Cuando los novios se miran para colocarse los anillos ella levanta sus ojos indiferentes hasta los de Carmelo y vuelve a sentir culpa. Los ojos de él están húmedos y le están diciendo que la quiere. Una piedad inmensa la invade y cuando se vuelve hacia el sacerdote promete sofocar para siempre el dolor por Maurizio y la lástima por Carmelo. Para reforzar el propósito mira fijamente a la imagen sobre el altar.

–*Lo juro, Dío mío* –le dice en silencio–, *lo juro.*

Salen al atrio de la iglesia bajo una nube de arroz que todos les salpican al pasar, con buenos deseos y felicitaciones. Los coches están esperando frente a la puerta.

Los cielos se han abierto y una lluvia torrencial ha caído mientras transcurría la misa de esponsales. La calle ahora está llena de agua que se desliza lenta por el empedrado hacia las alcantarillas y es imposible dar dos pasos sin empaparse totalmente. Mientras los saludos se suceden en el gran atrio, la fuerza del agua disminuye y aparecen, milagrosamente, paraguas para todos los del cortejo.

Los coches, ahora cubiertos con sus capotas se ponen en marcha bajo la llovizna, hacia la casa de fotos, adonde les tomarán el retrato obligado. Cuando entran, saltando sobre los charcos de la vereda, el fotógrafo y dos ayudantes los hacen pasar al estudio. Una de las paredes está cubierta por un telón pintado con nubes livianas y difusas. Frente a él hay una silla de respaldo importante y a la derecha, una columna de yeso de no más de un metro de alto que sostiene una elegante maceta de porcelana.

Un ayudante les facilita un espejo para que se arreglen y compongan la ropa. Agnese se acomoda la puntilla del escote, que se levanta cubriéndole el cuello y las hermanas, que han venido con ellos para ayudarles, le arreglan el peinado alto. Berta le da un suave pellizco en las mejillas, aún pálidas bajo el suave carmín, para darles vida.

–Humedecete los labios y apretalos fuerte, así se colorean –le aconseja, conocedora.

El fotógrafo se afana reacomodando la cámara, una caja montada sobre un trípode de madera. Por fin invita a Carmelo a sentarse en la silla. Él obedece, con una sonrisa insegura, acicalándose las puntas del bigote que se levantan, modernas y elegantes y a las que cada tanto tiene que controlar para que luzcan parejas. Se sienta tieso, mirando cómo el fotógrafo ubica a Agnese, un poco nerviosa, de pie a su lado, y cómo con destreza acomoda un pliego de la falda del hermoso vestido de reflejos brillantes para que cubra la pata trasera de la silla.

–Así está mejor –dice el hombre con aire importante, como quién está acostumbrado a manejar a sus clientes, un público intimidado, que no está como él en los detalles necesarios para lograr una buena fotografía. Luego de estudiar el ángulo de la toma espiando por un agujero que sostiene la lente, se aprueba a sí mismo con gesto satisfecho.

—Respiren hondo y levanten la cabeza. Yo les aviso cuando voy a tomar la foto, y por favor –, hace una pausa para enfatizar– en ese momento no se muevan más hasta que yo les diga. ¡Y no cierren los ojos!

Agnese y Carmelo asienten, aún más nerviosos, tratando de seguir las minuciosas instrucciones y temerosos de arruinar la fotografía. La más importante que les han tomado en sus vidas.

—Uno, dos, y.... ¡tres!

El fogonazo que sale del pequeño aparato que el hombre sostiene en su mano izquierda los enceguece por un instante. Un poco azorados por su evidente falta de soltura, los novios abandonan la pose y se disponen a moverse.

—¡Quietos ahí! Vamos a hacer dos tomas más. Quietos. Esto está saliendo bien. Quietos otra vez. ¡Aquí va!

Apenas sus ojos se acostumbran a la luz ambiente, Agnese ve a Berta acercándose, para tranquilizarla con su sonrisa experta y confiada.

—Estás preciosa, *Añé*. Van a salir muy bien. Ya casi ha terminado. Una foto más.

—Ay, *Betta*, ¡No veo la hora de volver a casa! Todos están esperándonos.

Afuera la lluvia todavía cae, ahora suave y persistente, bajo un cielo oscuro de nubarrones que anuncian el anochecer antes de tiempo. Agnese tiene ganas de llorar y no sabe por qué. La foto va a salir muy bien, le aseguraron. Salen a la calle, refugiándose bajo los paraguas que las hermanas sostienen para ellos hasta que suben al cabriolé.

La casa está llena de luces y desde afuera se escucha el trío de músicos italianos que *Tata* ha contratado para cada boda. Los familiares y amigos ya están esperándolos y los reciben con otra lluvia de arroz, abrazos, besos y buenos deseos.

Hay una abundante cena que *Mamma* ha preparado con la ayuda de las mujeres de la familia. Todos se sientan a la extendida mesa que cubre el comedor y llega hasta la sala para albergar a todos los invitados. A la cabecera están sentados los novios, tiesos y sin cambiar más que las palabras imprescindibles. También hay una gran torta de boda y vino espumante italiano, del mejor, según *Tata*, para la hija.

La fiesta transcurre con alegría para los invitados. Después de la cena llega el brindis y el "Viva los novios" en el que Agnese, acostumbrada solo a una copita de anís de tanto en tanto, después de dos vasos de vino y el trago de espumante celebra como si la algarabía fuese para otra persona y no para ella. La música se acelera y los temas se vuelven cada vez más populares con el paso de las horas. Han corrido la mesa y ahora se baila en la sala y la galería, porque ya no llueve.

Después de caminar alrededor, saludando a uno y a otro, Agnese se sienta junto a un grupo formado por los primos hijos de Teresa, la hermana de su madre. También están Berta y Ángela y los cuñados, enfrascados en una charla científica debatiendo el tema de los peligros que significan los cometas que pueden llegar a destruir la tierra. Ella ha escuchado y leído las agoreras noticias, sin darles mucho crédito.

—…pero es cierto. Morehouse es un hombre muy importante, un matemático de Norteamérica, y yo creo en la ciencia —escucha decir a Benito.

Agnese presta atención. Su cuñado es un enigma para ella. Buen mozo, de conversación fácil, emplea palabras poco usadas en el español de entrecasa de los italianos de Rosario. Se ganó el corazón de la hermana y ella peleó como una tigresa para conseguir la aprobación de *Tata*. Agnese se pregunta cómo será estar enamorada de un hombre aceptable para la familia. Ella no tuvo armas suficientes para intentar llegar a algo con Maurizio… una causa perdida de antemano. Por otro lado, a su cuñado no se le escapa ninguna mujer bonita que pasa cerca. ¿Lo habrá notado *Betta*? Agnese ha experimentado sus discretas galanterías que la hacen ruborizar.

Extravagancias de muchacho mimado, ya se le va a pasar, piensa, entre halagada y confusa.

—Este profesor norteamericano, Morehouse —continúa él— ha descubierto que el cometa que viene para acá trae unos gases mortíferos en la cola y que si se acercara a la tierra podría envenenar el aire.

—Sí, son vapores de cianuro, creo —aventura uno de los primos Grimaldi. Ella se impresiona por lo informado que están los hombres de la familia, y se promete leer los diarios cuando los varones de la casa terminen con ellos. Benito asiente con la cabeza.

—Sí, así es.

—Espero que nunca un cometa se acerque tanto a la tierra. Si pasa eso, la puede rozar y puede destruir ciudades ¿no? —dice Berta con alarma.

—Claro que puede acercarse. Ya han calculado que el Cometa Halley va a pasar en dos años y medio más o menos, muy cerca nuestro. Lo leí en *La Prensa* de Buenos Aires. —Benito parece divertirse con la ansiedad que produce la incertidumbre en los otros, y continúa con un tono serio: — Va a pasar en 1910 y muy cerca, más que ninguna otra vez anterior, de las tantas que ha pasado alrededor de la tierra.

—¿Cómo pueden saber eso con tanta seguridad? —pregunta Agnese—. Estas historias que corren de los cometas me parecen increíbles. Asustan a la gente para nada.

—Los astrónomos saben —responde Grimaldi, y dirigiéndose a Benito quien parece ser la autoridad en ese grupo—: ¿No es cierto?

—Claro que sí —dice él, atusándose el espeso bigote y reclinándose con circunspección en la silla— Halley, el astrónomo, calculó exactamente que su cometa pasa cada 76 años. Y fue así. Va a volver en 1910, con toda seguridad. Ahora, si viene con vapores de cianuro no se sabe.

—Entonces… —comienza Agnese pero calla, vacilante.

Un pensativo silencio cae sobre la mesa, y el sonido de fondo de risas, charlas y música parece aumentar de súbito.

—Entonces vamos a bailar —dice Benito, burlón— antes de que se termine el mundo. Yo invito a la novia. ¿Agnese, bailás esta polca conmigo? La bailamos lento, para no arruinar el traje.

Agnese siente el rubor subir a sus mejillas otra vez y mira alrededor, buscando a Carmelo, que en este momento está a unos metros de distancia, soportando con gesto amable la charla de dos señoras amigas.

—Bueno —titubea, mirando interrogante a Berta.

—¡Vayan, vayan a bailar! —los empuja la hermana con una sonrisa.

Agnese camina hacia la sala y su cuñado la sigue.

—Total —le dice él con un guiño tomándola por la cintura y dando un paso de baile— si el mundo se va a terminar, ¿Qué importa nada de lo que hagamos?

Agnese, como siempre que él sale con alguna cosa que la desconcierta, finge que no lo escuchó y mira hacia las parejas que bailan mientras los dos toman el paso de la polca.

Y de pronto, así porque sí, se pregunta si Maurizio estará espiando su fiesta detrás de los postigos de la ventana de enfrente. Ella notó hace un rato, al pasar, sin querer, que está cerrada. Desecha el pensamiento de inmediato, para aliviar la aguja que se le vuelve a clavar en el estómago.

Son pasadas las diez de la noche y las hermanas han terminado de ayudarle a quitarse el vestido, el miriñaque y la faja que le ajusta la cintura. El bello traje de novia está ahora colgado en una percha, enganchado del borde superior del alto ropero del dormitorio. El ajuar ya está guardado en el par de baúles de cuero que *Tata* y *Mamma* le han regalado para que lleve a Córdoba su ropa, regalos de boda, neceseres. A su lado está la flamante máquina de coser Singer, embalada en una caja de madera. Mañana a mediodía saldrán de la estación de trenes de Rosario rumbo al nuevo hogar, desconocido y lejano. Pero por lo menos esta noche ella va a estar en la casa, resguardada por última vez con su familia.

Carmelo ha estado hospedándose en casa de unos vecinos, antiguos amigos de Cosenza, junto con su hermano Francisco, recién llegado de Italia, quien también emigró, siguiéndolo. La fiesta va a terminar dentro de poco y ella podrá descansar de todos los nervios y la agitación del día. Carmelo se irá con el hermano y ella recuperará fuerzas para partir mañana. Partir dejando atrás todo lo que conoce. Pero no va a llorar ni hacer una escena.

Para terminar la fiesta se ha vestido con un elegante traje nuevo, con el que piensa viajar al otro día. Va acompañado por un sombrero muy distinguido, guantes y una sombrilla haciendo juego. El conjunto la hace parecer una mujer de más edad. En su ajuar hay mucha ropa moderna y Agnese nunca ha recibido tantos regalos ni ha tenido un vestuario tan hermoso como en esta ocasión.

Cuando salen al patio todos la admiran y ella disfruta del halago. Carmelo se acerca y la invita a dar unas vueltas al compás de la música que están tocando, pero como todos están alegres de más después de tanta bebida, comida y brindis, el baile es rápido y ya está volviéndose un poco loco para el gusto de Agnese, quien no quiere arruinar sus botitas nuevas con salpicaduras de la bebida volcada en el piso.

Se sientan un rato a la mesa, y cuando Agnese ve a Filomena levantarse de la silla para ir hacia la cocina, se disculpa con Carmelo y la sigue.

–*Mamma*, estoy muy cansada.

—Cansada pero feliz. ¿No? ¿Te gusta la fiesta? —pregunta la madre un poco distraída, tal vez con la mente en lo que fue a hacer en la cocina—. Ya va a terminar en un rato. Todos están contentos y no quieren irse, claro.

—Sí, muy linda, *Mamma*, muy linda fiesta. Pero Camelo dice que se quiere ir.

—Bueno, preparate, entonces.

—No, *Mamma*, no quiero irme con él. Quiero dormir en mi cama esta noche. Mañana nos vamos tan lejos, es el último día que estoy en casa.

Filomena gira la cabeza para enfrentarse con los ojos implorantes de Agnese. Comprende de pronto que la hija tiene miedo de estar a solas por primera vez con un hombre, un desconocido, con el que apenas se ha rozado la mano y no sabe si se han besado o no porque esas cosas una madre no las pregunta jamás. Pero ella no puede hacer nada. Es una pena que no haya podido enamorarse del futuro marido. Se le nota en los ojos que no lo quiere, aunque con el tiempo todo se puede arreglar. El amor va a crecer, está segura, ya lo ha visto en otras parejas.

—Ay, *Añé*, ¡estás casada con él! —dice con reproche.

—Sí, pero me voy mañana. Hoy quiero quedarme por última vez en casa.

—No, no me digas eso. Y no lo repitás delante de nadie. ¿Me entendés? —susurra con un gesto, como si lo que le ha dicho la hija fuese una imprudencia.

Agnese la mira y comprende que tendrá que irse, que cómo se le ocurrió que podría quedarse. Y también la acosan de nuevo los interrogantes. ¿Qué pasará realmente en la noche de boda? Berta y Ángela han sido esquivas. Solo le aconsejaron seguir al pie de la letra lo que le diga Carmelo, mientras sofocaban risitas turbadas y codazos disimulados.

Agnese siente angustia, pero sabe que es tarde para conseguir más detalles.

—Está bien, *Mamma*—. Ahoga las lágrimas y respira hondo para disimular su miedo. Se está volviendo una experta—. Me voy a preparar para irme con él.

—Así me gusta. Vas a ser feliz, hija. Estoy segura —concluye Filomena antes de darse vuelta a atender a alguien que la llama—. ¡Ahora voy!

Se aleja unos pasos y vuelve la cabeza para decirle casi distraídamente:

–No te preocupés, *figlia mía*. Todo va a salir bien. Es un buen hombre.

La mayoría de los invitados se arremolina ahora frente al zaguán y en el pasillo de la casa, esperando la salida de los novios. Todos llevan en sus manos puñados de arroz, para salpicarlos sobre sus cabezas otra vez y desearles buenaventura mientras el trío de músicos emprende, a pedido de *Tata* y con gran energía, la *Marcha Triunfal* de la ópera Aída.

Carmelo busca con los ojos y encuentra a Agnese viniendo de los dormitorios, llevada del brazo por Berta, y rodeada de sus amigas. Ella tiene el gesto de un ciervo asustado y él comprende la magnitud de lo que está sucediendo en su vida de adolescente hasta ahora despreocupada e infantil. Y se siente responsable. Desde hoy ella estará a su cargo, él deberá protegerla y cuidarla, lo que le será fácil porque la ama profundamente. Ella se dejará amar, ya que es una mujer casada y eso es lo que se espera que haga, pero ¿le corresponderá algún día su amor? Se promete hacer todo lo posible, desde el primer minuto en que estén a solas.

Respira hondo. La noche se ha deslizado en forma lenta, cada minuto transcurriendo en forma determinada, casi estrechándose, como nunca antes los experimentó. Ahora que lo piensa, los nervios que lo han acosado en los últimos días parecen haberse concentrado en su estómago y se felicita por haber controlado estrictamente lo que comía y bebía hoy. No quiere tener una descompostura justo en la noche de bodas, para la que se ha preparado mentalmente con prolijidad.

Agnese está ya a su lado y él la toma del menudo brazo que tiembla bajo la liviana tela del trajecito. ¡Qué bella es! Casi no puede creer lo afortunado que ha sido por haberla encontrado. Y ahora es suya, para toda la vida. Desde la llegada a este asombroso país las cosas se le han dado con una facilidad increíble. Es verdad que América es una tierra bendita.

La ruta desde la casa de los Yanicelli hasta la de los amigos de Carmelo a donde los novios pasarán la noche tiene menos de cien metros. Él ahora recuerda que la dueña de casa, junto con Ángela y Berta, les ha preparado el dormitorio *adecuadamente*. Esa es la palabra que usó. Qué habrá querido decir. Tampoco sabe por qué se detiene ahora en este pensamiento tonto, la decoración es lo que menos le interesa. Quiere hacer un buen papel frente a ella y con su experiencia ganada junto a mujeres fogueadas en esas cuestiones confía en salir airoso.

Ya no llueve, y la acera está completamente seca. Después de la ruidosa salida, sacudiéndose el arroz del cabello y de la ropa, y separándose de los últimos amigos que los han seguido unos metros por la calle, por fin están caminado solos hacia la casa vecina. Le han dado una llave de la puerta cancel, ya que los dueños de casa y su hermano se quedaron festejando en lo de los Yanicelli, y no volverán hasta dentro de varias horas.

Con mano menos segura de lo que quisiera abre la puerta y enciende la luz del dormitorio que da al patio. Es el que ha ocupado como hombre soltero hasta la noche anterior. Se mueve a un costado para dejar pasar a Agnese. Ella entra vacilante, y ambos se sorprenden por la cantidad de flores blancas y rosadas, y velas que han ubicado artísticamente las decoradoras voluntarias. La impresión rompe un poco la tensión del momento y él cierra la puerta y se dirige a una mesita a donde hay una botella de vino espumante en un balde de hielo, y dos copas altas.

—Han pensado en todos los detalles —dice, admirado.

Agnese está de pie en medio del cuarto, sin saber qué hacer. Él se acerca y le recibe los guantes y el bolsito de mano, sonriéndole, pero ella parece aún más alarmada y temerosa que antes.

—¿Prendemos las velas? —sugiere él.

Ella asiente en silencio y lo ayuda. Cuando terminan Carmelo decide que es el momento de hablar con Agnese como nunca se le ha permitido hacerlo antes, y la acompaña hasta una de las dos sillas que rodean la mesa.

—*Añé*, ¿puedo llamarte así ahora, no?, *Añé* —saborea el sonido—. Me gusta el nombre.

—Claro que sí —responde sentándose, insegura, y tratando de no mirarlo a los ojos.

—*Añé*, como decía, creo que los dos estamos un poco nerviosos —ella asiente con la cabeza, los ojos bajos todavía—. Yo también, es la primera vez que me caso.

Ella ríe por primera vez. El hielo se ha quebrado y le acepta la copa que él le tiende:

—Brindemos por una larga vida, mejor dicho, por una feliz y larga vida juntos.

Ella levanta la copa y ahora sí se anima a mirarlo. Los ojos de él transmiten calma y afecto, lo que la tranquiliza un poco. Respira hondo y bebe un par de tragos, confiando en que la ayudarán a superar lo que sea que tenga que pasar ahora. Por suerte él no parece querer moverse de la silla, al contrario, se ha preparado para conversar. Mejor así.

Carmelo deja su copa sobre la mesa y cruza las manos frente a sí.

–*Añé* –repite, como para darse ánimos–, cualquier cosa que pase entre nosotros, quiero que suceda porque vos querés y porque vos te acercás a mí. Prometo no hacer nada que no quieras ni que te haga sentir incómoda.

Ella lo mira de frente, aterrada, midiendo su sinceridad, pero el tono de la voz le dice que él también está turbado. ¿Qué será entonces lo que ella tiene que hacer? ¿Qué se espera que haga? ¿Por qué sus hermanas no le habrán dicho todo, claramente? ¿Por qué nadie ha hablado con ella y la han dejado así, a la deriva, en las manos de un desconocido?

–¿Qué es lo que va a pasar? –pregunta por fin, casi atragantándose. Para él que le explique, para que se termine esta historia. Quisiera salir corriendo pero sabe que no podrá.

Carmelo comprende sorprendido que ella no sabe nada, no tiene idea de qué es lo que significa estar juntos. Siempre imaginó que las niñas debían tener alguna una idea aproximada, a través de historias y rumores, o bien explicaciones de sus amas, de modo que la ignorancia de ella lo enternece profundamente.

–Para empezar –dice por fin–, nos pondremos la ropa de dormir, ¿qué te parece? Y después nos acostamos, uno al lado del otro, y si querés te quedás dormida, y si no, podemos charlar en la cama.

Ella asiente con la cabeza. Mirando a su alrededor. Sobre la cama hay dos prendas, un piyama de hombre y un camisón primoroso, uno de los que ella misma ha bordado en su ajuar. Él continúa, hablando seriamente:

-Podés cambiarte ahí –señala al biombo de tres cuerpos que está discretamente ubicado en una equina del cuarto. Ella se adelanta y toma el camisón mientras él, para hacer algo, corre las cobijas y una hermosa sábana de seda bordada queda al descubierto.

–Cuando estés lista, podés acostarte, si querés.

Agnese sale de atrás del biombo vistiendo el bello camisón que la cubre de pies a cabeza, y con rapidez se mete entre las cobijas. Él trae las copas, las apoya en las mesas de luz, enciende una de las lámparas y levanta su ropa de dormir.

—Dejamos esta luz prendida, ¿sí? —pero no espera que ella le responda, escondida detrás de la sábana, mirándolo todavía con dudas. Apaga la luz central del cuarto y va resueltamente a cambiarse de ropa. Cuando regresa se mete del otro lado de la cama, guardando una distancia respetable, sorbe un poco de vino y se apoya con los brazos cruzados detrás de la cabeza sobre las dos almohadas, semi-sentado. Ella lo mira en silencio. Entonces él se vuelve y dice casualmente:

—Antes de dormirnos, contame qué te pareció la fiesta. Fue una buena cena, ¿no? Tu mamá se esmeró con el menú —sonríe, satisfecho—, y el detalle de los músicos estuvo muy bien.

Ella se afloja un poco. Las cosas no parecen tan difíciles como pensó. Es como si él en realidad no esperara nada de ella, ni tuviera ningún apuro por hacer nada en particular. Decide sorber un poco de vino, que la ayudará a dormirse, y se incorpora, agregando otra almohada para quedar a la altura de Carmelo.

—Sí, fue una linda fiesta, lástima que yo estaba tan nerviosa.

—¿Entonces estás mejor ahora? —pregunta sonriendo, sin moverse. Ella le retribuye la sonrisa con sinceridad. El vino se le está subiendo un poco a la cabeza y por primera vez está tranquila.

—Sí. Ahora estoy mejor. Pero tengo sueño.

Él se quita una de las almohadas y la echa a los pies de la cama.

—Bueno, entonces podemos dormir.

—Si —asiente y lo imita. Quedan a la misma altura y él se da vuelta, mirándola. Ella hace lo mismo, de modo que ahora están enfrentados.

—Dame las manos —pide, todavía guardando las distancias. Ella accede—. Están frías —observa, encerrándolas entre las suyas, fuertes y grandes.

—Las tuyas no —murmura Agnese, sin pensarlo.

Carmelo no responde. Acaricia con ternura los delicados dedos de su mujer, mientras, muy lentamente, acerca su rostro al de ella y deposita un ligero beso sobre los trémulos labios.

El tren a Córdoba

–¡Agnese!, ¡Carmelo!, ¡El coche ya está cargado! –Francisco llama desde el zaguán.

–Ahora vamos –responde él, apurándose a mover el par de bolsos que su flamante esposa le alcanza hasta la puerta del dormitorio– *Añé*, mirá otra vez si no te dejás nada –dice mientras levanta el equipaje de mano para salir a la galería.

En la puerta de calle está su hermano con el sombrero ya puesto, listo para subir al coche. En la vereda está la pareja de amigos dueños de casa.

Desde ayer Carmelo se siente el hombre más dichoso del mundo. Ha logrado casarse con esta bella muchacha, que si bien todavía no lo ama, él está seguro que podrá conquistar con el tiempo. Sonriendo con ternura se vuelve y la ve venir, calzándose distraída el elegante sombrero y mirando a su alrededor por si se olvidan algo. Los ojos azules tienen ese aire triste que él no ha conseguido borrar todavía.

–Tranquila, no te apures, tenemos tiempo. El tren no sale hasta dentro de tres horas por lo menos.

Hay devoción en su voz. Sin reparar en ello, Agnese se apura a salir, ansiosa por ver a su familia en la estación y angustiada porque será la última vez que esté junto a ellos en mucho tiempo. Los días previos han sido agotadores, no ha podido dormir bien durante la última semana, despertándose sobresaltada en la oscuridad, soñando cosas que apenas recuerda pero que le dan la sensación de ser penosas.

Y prefiere no pensar en anoche, cuando se encontró a solas por primera vez con el hombre con quien va a compartir el resto de su existencia.

Hoy empieza su nueva vida de casada, con alguien que apenas conoce. No tiene tiempo para imaginar cómo va a ser de ahí en más, porque todo se sucede en un rápido torbellino que la envuelve. A ella, una tranquila y calma adolescente que creía que toda la vida iba a transcurrir en el oasis familiar, o al menos, cerca de él.

Su familia. La misma que la empujó a casarse con un desconocido y que en este momento la deja ir lejos. La que en un par de horas se desprenderá de ella con una facilidad que la aterra. El pensamiento es tan inquietante que se repite una y otra vez, *seguramente Tata tiene alguna razón poderosa para hacerlo*. Sus padres deben saber mejor que ella misma qué es lo que le conviene. Si no fuese así, sería como para volverse loca. Debe tener fe en ellos. Su padre es casi infalible. No va a abandonarla así, porque sí. Por algo no quiso escuchar razones cuando ella le imploraba. Y se lo repite, una y otra vez, conjurándolo, para que sea verdad, no solo un deseo.

Como en un sueño escucha el sonido de los cascos del caballo marcando el paso sobre el empedrado del barrio en que nació, y ve pasar las imágenes queridas que van quedando atrás. Se fija ávidamente en cada esquina, cada árbol, cada tranvía que se cruza y también en los desconocidos transeúntes, ajenos a que ella se está despidiendo.

En la estación Central Córdoba se agolpa una muchedumbre. El tren está esperando junto al andén en el que se amontonan al azar grupos de viajeros, familiares, vendedores ambulantes y equipajes de mano. Carmelo se mueve con soltura, ha hecho este viaje muchas veces. Sorteando obstáculos, guía a su flamante esposa y a su hermano, quien le ayuda a llevar los bolsos. Francisco ha decidido quedarse una semana más en Rosario para dejar a los recién casados viajar solos. Pero ella no sabe si agradecérselo o no.

Ahora Agnese fuerza a sus piernas a caminar, a seguirlos.

El espectáculo es intimidante. Ruidos, gritos, humo, gente que corre y se empuja. La máquina se divisa allá adelante, casi en la entrada al gran hangar que contiene los andenes, echando vapor, preparándose para salir. Se ha prometido mantener la calma y camina tratando de no pensar. Busca con los ojos a su familia y la divisa más allá, agrupada seguramente frente al coche de pasajeros en el que están sus asientos numerados. Ve a sus padres, mirando alrededor con aire ceremonioso, y divisa a los hermanos y los cuñados. Todos han venido a despedirla y ella se conmueve. Pero no quiere llorar. Va a ser fuerte.

La saludan con abrazos y ella disfruta de cada uno porque es parte de la despedida.

Benito palmea con aire conocedor el hombro de Carmelo. Agnese siente ganas de darle con el paraguas por la cabeza mientras finge no ver la sonrisa conspiratoria con que saluda al flamante marido, quien lo ignora también, lo que ella le agradece en silencio.

Es evidente que Carmelo no se siente cómodo frente a él. Cuando su cuñado se vuelve a mirarla ella baja los ojos, turbada, y acepta el fuerte abrazo con pasividad.

Todos están de acuerdo en que está bien que yo me vaya lejos, piensa*, y a nadie le importa lo que yo siento.*

–Aquí está la canasta con las viandas –dice Ángela, levantando una cesta de mimbre con una tapa, de la que asoma una servilleta a cuadros blanca y roja–. Hay suficiente comida para todo el viaje. No van a pasar hambre. Hay dos botellas con agua fresca y una con vino.

–Gracias, Ángela, gracias. *Mamma* –murmura ella, emocionada– no creo que vaya a comer mucho en el tren.

–Tenés que alimentarte –dice la madre, tratando de que la voz salga natural y regañona, como siempre–. Prometeme que vas a cuidarte y comer bien. Ahora que vas a cocinar para Carmelo y atenderlo, tenés que estar sana y fuerte.

–Sí, *Mamma.*

Ángela y Berta la miran con curiosidad interrogante. Agnese tiene vergüenza de mirarlas a la cara, sabiendo lo que se están preguntando y las evade, mientras trata de imaginar cómo habrá sido la noche de boda para ellas, cada cual con el hombre que ama.

Pero esos temas están más allá de la impenetrable barrera de silencio que su familia tiene marcada. Ahora comprende por qué las mujeres no hablan del tema. Después de anoche ella también cree que es mejor guardárselo para una misma, jamás osaría comentar algo así en voz alta, ni a sí misma.

Ahora los hombres están subiendo los bultos y bolsos, ubicándolos en el largo estante porta equipaje que corre sobre los asientos. Carmelo se levantó al alba para despachar temprano junto con *Tata,* quien dispuso de uno de los coches de su pequeña flota de vehículos de alquiler, los baúles y cajas que viajarán con ellos a su nuevo destino, y que ya deben estar apilados en el vagón de carga.

En la red ferroviaria del Central Córdoba hay un constante movimiento de trenes que van y vienen al interior de la provincia de Santa Fe. Traen de las otras provincias al puerto rosarino los cereales y productos del campo, y llevan maquinarias y elementos de construcción para las ciudades que están floreciendo alrededor de las vías que se levantan sin cesar, cubriendo nuevos itinerarios y dando pie a nuevas poblaciones rurales. El país está en crecimiento y los ferrocarriles ingleses han sido el factor determinante de esa explosión económica y demográfica. El incesante flujo de inmigrantes de Europa y Cercano Oriente abastece al país de habitantes quienes se establecen en los caseríos recién fundados para echar raíces en la patria adoptiva.

El tren de pasajeros que sale para Córdoba es uno de los más populares ya que muchos santafesinos veranean en las altas sierras, que se dice tienen un aire saludable, seco y puro.

–Cuánta gente, qué alboroto, nunca vi una cosa así – comenta Agnese, rogando para sus adentros que este momento quede suspendido en el tiempo y el tren no tenga que partir. Aceptaría gustosa una condena eterna en este tumulto a cambio de que el humeante tren nunca se pusiera en marcha.

–Voy a comprar algunas cosas para el viaje –le dice Carmelo, tomando del brazo a su hermano y mirándola con ternura –. ¿Qué te compro?

–Nada. Hay una canasta llena de cosas, gracias, –responde, ensayando una triste sonrisa–. Yo me quedo acá, al lado de *Mamma*.

Él se demora un instante en sus ojos, como si supiera lo que ella está viviendo. Ella mira hacia abajo, porque no quiere mostrar las lágrimas que seguramente van a saltar en cualquier momento.

Carmelo se aleja con el hermano y llama a uno de los muchos jovencitos vendedores que se pasean con cajas exhibidoras colgadas al pecho. Son bandejas llenas de bolsitas de praliné, maníes, alfeñiques de caña tucumana y pastillas de oruzú, de las que se dice ayudan a la digestión pero que las muchachas rechazan porque oscurecen los dientes.

Compra algunas golosinas y llama a uno de los chiquillos que anuncian a gritos los titulares de *La Capital*. El canillita le tiende un ejemplar del importante diario rosarino que desde el año anterior viene modernizado, con un suplemento con fotografías de color sepia y más páginas que han incrementado su venta y prestigio. Cuando compró su primer ejemplar al llegar a la ciudad, Carmelo quedó sorprendido por la variedad de información internacional, su tema favorito. No tiene nada que envidiarle a los matutinos de Buenos Aires. Es que Rosario, con su estratégico puerto, concentración obrera inmigrante y activa clase media alta, ha aspirado por muchos años ser la capital del país y casi llega a lograrlo. Sus habitantes, orgullosos, no se cansan de mencionar que en cuatro oportunidades en el mil ochocientos el Poder Legislativo votó la ley, y cada vez fue vetada por el Ejecutivo. Es un proyecto que decididamente no coincide con la tendencia unitaria de poder central que se consolidó en Buenos Aires hacia fines del siglo. Sus amigos rosarinos se encargaron de recalcar estos hechos en un tono que delató la secreta esperanza de que un día llegue a ser realidad. Carmelo tiene fe en este país emprendedor y ágil, pero la importancia de la ubicación capitalina se le escapa. Cuestionar a Buenos Aires aquí, piensa, equivale a cuestionar a Roma en la patria natal. Para él es un tema superfluo. Pero no lo dice en voz alta frente a su nueva familia.

La sirena de la locomotora ulula por un largo rato, anunciando la inminente partida y todos se apresuran a despedirse. Él guía a Agnese por el brazo hacia la escalerilla del vagón de pasajeros y la ayuda a subir. Ella llora inconsolable a pesar de su firme intención y cuando se sienta junto a la ventanilla extiende la mano para apretar la de su madre, quien en puntas de pie, nerviosa y con las mejillas bañadas en lágrimas silenciosas se la toma y la bendice. *Tata* está parado detrás de ella, serio, enrollándose las puntas del inmenso bigote y saluda con la mano, circunspecto, cuando el tren se pone en marcha. Todos caminan unos pocos pasos acompañándolos y van quedándose atrás.

El tren continúa su lento avance y sale del inmenso hangar de la estación, dejando no muy lejos de allí, en Barrio Parque, los diecisiete años de una adolescente llamada Agnese Yanicelli y llevándose a la señora Inés de Aversa a un destino desconocido.

Los asientos del tren no son cómodos pero están bien separados entre sí. Después de varias horas de traqueteo sobre las vías, Inés se recuesta sobre unas mantas que Carmelo ha tendido para ella y se dormita pesadamente, rogando que el sueño acorte este largo viaje.

Los kilómetros de campo, alternándose con tramos cortos de bosques y algunos caseríos son un panorama interminable, que parece extenderse hasta el infinito junto a esta línea de trocha angosta, que no mide más de un metro de ancho y sube hacia el noroeste, rumbo a la capital de la provincia mediterránea, cubriendo una red de casi cuatrocientos kilómetros a través de campos de cultivo y ganadería.

Es un paisaje monótono, plano y sin mayores cambios. Durante el trayecto conversan con algunos compañeros de viaje, meriendan, y para estirar las piernas caminan cruzando a otros vagones ocupados con gente tan cansada y deseosa de llegar como ellos.

Bajan en varios pueblitos polvorientos y caminan, curioseando alrededor sin alejarse mucho, mientas el tren levanta pasajeros y carga, pero después de Rafaela, el pueblo más importante de la línea, todas las estaciones son iguales, de ladrillo rojo a la vista, con idénticos relojes de pared e idénticas puertas que dan a salones de espera y a las boleterías. Hasta los empleados se parecen después de varias paradas. La compañía ferroviaria británica ha elegido un diseño arquitectónico tipo, que ha sido calcado exactamente a lo largo de toda la ruta. Tal vez tomado de los planos de Inglaterra, sospecha Carmelo.

Inés se sorprende ante la inmensidad del país en el que vive y del que solo conoce una fracción diminuta. Después de veinticuatro horas, incontables paradas, un constante desfile de gente que sube y baja entre pueblos vecinos, y una noche incómoda de sueño entrecortado por los dolores de espalda, el tren se acerca por fin a la ciudad de Córdoba, capital de la provincia.

Carmelo es un hombre tímido y de pocas palabras. Durante el viaje ha tratado de darle detalles acerca del lugar y de sus habitantes, y anticiparle qué puede esperar, pero ella no le ha prestado atención, su mente fija en los cambios radicales que ha vivido en los últimos tiempos. Nada que aparezca en su camino en una ciudad nueva puede conmoverla como los sucesos del último año. Nada la sorprende a partir de aquella sobremesa en que *Tata* la llamó para decirle que tenía ahora un candidato para casarse con ella, y que él iba a entrevistarlo al día siguiente en la sala para darle su aprobación.

Poniendo buena voluntad, Inés se asoma a la ventanilla para mirar el paisaje y las sierras altas, que a lo lejos se destacan en azul oscuro contra el cielo celeste claro. El aire es seco, un poco polvoriento y la vegetación es escasa, no como la de Rosario, que gracias al familiar aire del río Paraná, siempre húmedo, es de un verde brillante. Los árboles acá son achaparrados y hay mucho arbusto color marrón, sobre una tierra color de arcilla, tan distinta a la fértil y oscura de su ciudad natal.

Bajando la velocidad, el tren comienza a cruzar caseríos cada vez más compactos. Carmelo hace silencio. Comprende que ella no lo escucha aunque finja lo contrario. Necesita tiempo para acostumbrarse a él y a Córdoba. Y tiempo es lo que les sobra a ambos de ahora en adelante.

La casa de la calle Santa Rosa

Inés baja del tren agotada por el traqueteo del largo viaje y en un estado de indiferencia total. Con movimientos automáticos sigue a Carmelo quien ha contratado un carro para que les lleven los baúles y maletas que despacharon en el coche de carga. Ellos toman una victoria, uno de los coches de plaza que están en línea esperando pasajeros en la puerta de la estación de trenes, con su elegantes capotas negras y lustrosos caballos de crines trenzadas.

Él sube detrás de ella una vez que los bolsos y paquetes están ubicados, y satisfecho le toma las manos enguantadas entre las de él. A través de la fina cabritilla ella siente su calidez contra los delgados y fríos dedos. Haciendo un esfuerzo lo mira sonriente.

—Tenés las manos tibias —le dice, agradecida.

Él le devuelve la sonrisa. Hace calor pero ella no parece notarlo.

—*Añé*, estoy seguro que Córdoba te va a gustar, y la casa también. Es muy cómoda.

—Claro que sí. Me va a gustar todo, ya vas a ver —le asegura con tono mecánico.

—El barrio es lindo -continúa, tratando de generar algún interés—. Están edificando mucho. Hay un hospital importante sobre la misma calle, más arriba, y tenemos una plaza y una hermosa iglesia también a una cuadra.

—Ah, ¿sí? —murmura, mirando los edificios de la ciudad que no conoce y que va a ser su hogar de ahora en más. Rosario es más imponente, tiene una arquitectura más elaborada, más europea. Esta ciudad es chata.

Carmelo sigue con su introducción e Inés ensaya otra vez el gesto de amable interés que ha conseguido impostar instantáneamente y que todos parecen creer auténtico. Pasan varias iglesias y después de persignarse ante cada una, ella vuelve la atención hacia él.

—La Toma, así se llama el barrio —está diciendo ahora— es un buen lugar, ha crecido mucho, en especial la zona a donde está la casa. Esta calle por la que vamos ahora se llama Colón, y va derecho hasta la plaza. Se habla de ampliar esta calle y hacerla avenida desde el río hasta La Toma, pero por ahora son solo planes.

La voz de Carmelo se anima al ver que ella es receptiva de lo que le está explicando

—¿Ves esta calle que cruzamos ahora? Es la Calle Ancha, tiene un nombre oficial, claro, Avenida General Paz, pero nadie lo usa, es más fácil el nombre viejo.

El coche llega a la avenida, que tiene un gran cruce de rieles de tranvía y una garita en el medio, con un policía que dirige el tránsito, que aquí es considerable, casi como en las calles de Rosario.

Él continúa:

—Te decía que el barrio es antiguo. Hace mucho, mucho, cuando el país era una colonia, los curas eran dueños de esas tierras y se las dieron a los indios que trabajaban en la acequia que llevaba el agua a la ciudad, La Cañada. Los indios hicieron sus casas y construyeron la acequia, se quedaron a mantenerla y han vivido allí por lo menos por doscientos años.

—¿Indios? Todavía hay indios —comenta ella—. ¿Qué es La Cañada?

—Ahora la vamos a cruzar. Es un arroyo que cruza la ciudad y que está en una cañada profunda. Aquí llegamos al puente, ¿ves?

Pero ella ha quedado impresionada por el tema de los indígenas.

—Nunca vi a un indio de veras, ¿se visten como nosotros?

Carmelo ríe de buena gana.

—Pero claro. No pensarás que se visten como en las fotos antiguas o los dibujos de las revistas, con plumas o algo así... Son gente como nosotros, viven en casas.

—Ah! —Inés se siente un poco molesta por su propia ignorancia.

Y entonces él comenta, como al pasar:

—Tenemos varios vecinos que son indios.

Ella se alarma.

—¿Qué querés decir? ¿Cerca de la casa? —todavía no puede llamarla *nuestra* casa—. ¿No es peligroso?

—Quedate tranquila, *Añé*, son buena gente. Trabajan y pagan sus cuentas, como todo el mundo, pero entre ellos hablan su lengua, y también son un poco más desprolijos que los europeos. Pero es buena gente. Yo tengo algunos clientes que son indios y ya han conseguido una buena posición económica y se han casado con gente europea.

Ella se tranquiliza un poco, de ahora en más tendrá que confiar en él. Se dice una y otra vez, *es mi marido*. Y ha sido bueno con ella hasta ahora. Debe quedarse tranquila, *Tata* no la hubiese casado con alguien que no sea un buen hombre.

–¿Qué indios son? ¿qué tribu? Porque los indios pertenecen a tribus, ¿no?

Ante el inesperado interés, Carmelo sigue de buena gana con su introducción a los nuevos vecinos:

–Bueno, según lo que los paisanos calabreses me contaron, hay una mezcla de tribus. Los que vivían aquí cuando se fundó la ciudad eran los Comechingones, con su idioma, y después trajeron otras tribus de afuera, de otras provincias. Los trajeron a trabajar en la acequia, y se quedaron aquí, en la zona norte del barrio, como te dije, en una quinta que se llama Santa Ana. Esa quinta queda lejos de casa, a varios kilómetros.

–Les sacaron las tierras, ¿No? En la conquista, quiero decir.

–Sí, pero eran indios, nada más. Incivilizados. Vivían en ranchos y tolderías. Ahora viven en casas como nosotros, trabajan y van a la escuela.

A Inés le parece razonable el cambio, que seguramente ha mejorado la situación de los pobres indios, quienes estaban viviendo en carpas y sin religión, como le enseñaron a ella en la escuela. Aunque todavía la inquieta la idea de tener que vivir entre gente tan distinta. Pero no le comenta sus inquietudes a Carmelo, ya que si él la lleva allí, seguramente sabrá lo que hace.

La casa que Carmelo ha comprado sobre la calle Santa Rosa está a la vuelta de la flamante Plaza Colón, y a ocho cuadras de la Calle Ancha, que cruza el centro comercial de la próspera ciudad. Se habla de rebautizar el viejo barrio La Toma con un nombre más adecuado a los nuevos tiempos, y de paso, honrar a un pensador y político de gran influencia, Juan Bautista Alberdi, fallecido un par de décadas atrás. Hay planes para hacerlo en ocasión de las festividades del Centenario de la Revolución de Mayo, en 1910.

Carmelo ha terminado su introducción de la ciudad para cuando el coche los deja en la puerta de la casa. Inés mira la fachada con atención y se sorprende pensando que bella es. Él, un poco nervioso, abre la puerta cancel de madera maciza que tiene un hermoso llamador recién pulido. Ella entra al zaguán y lo primero que ve, pestañeando en la penumbra del pequeño espacio, es la galería de mosaicos sombreada, más allá un pequeño patio interior abierto en el que el sol reverbera, y al fondo el patio mayor, un terreno amplio, lleno de luz, con la fresca sombra de un árbol en medio.

Se vuelve hacia Carmelo, quien expectante se ha detenido un momento detrás de ella.

—¡Es una casa hermosa! ¡Y tan grande! —dice con los ojos brillantes y él siente algo muy parecido a la emoción anudársele en el pecho.

Han pasado varios meses desde que Inés llegó a Córdoba. La nostalgia por Rosario no ha disminuido, aunque, inesperadamente, ha encontrado apoyo en los hermanos de Carmelo, instalados en el flamante Barrio San Martin, del otro lado del río, quienes la han recibido con afecto y le han ayudado a adaptarse. También hay un par de primas lejanas, de la familia de su madre, de la rama de los Grimaldi, que se mudaron unos años atrás a Córdoba. Se han casado muy bien y parecen felices en esta ciudad que para ella es tan extraña todavía.

Ya ha vivido su primera experiencia dolorosa al perder el primer embarazo, a pocos meses de llegar. Al sufrir un traspié al bajar del escalón de un coche de alquiler que se pone en marcha antes de tiempo le provoca una pérdida. La partera del barrio, una mujer alemana con un fuerte acento extranjero y una energía aún mayor la ayuda con eficiencia en el trance y la acompaña al hospital a donde la dejan internada un par de días en observación.

El regreso a casa es triste, pero a ella le conforta y enternece ver como Carmelo comparte su pena con sinceridad. Esa noche duerme acurrucada en sus brazos, sintiéndose por primera vez protegida y acompañada por este hombre extraño que le han destinado sus padres y al que nunca hubiese elegido por su propia voluntad.

Unos meses después, al regreso de un viaje breve a Rosario, se da cuenta de que está embarazada otra vez. Añora el tener a sus hermanas y a su madre cerca. Las necesita en estos momentos como nunca antes. Las cartas demoran semanas, y ella agoniza esperando las respuestas que a veces son cortas y apresuradas. Tiene miedo de tener otro aborto accidental, y también teme, si es que llega a buen término, no estar preparada para ser una buena madre cuando llegue el bebé. *Mamma* le ha recordado en una carta inusualmente afectuosa que ella ya ha cuidado a sus hermanitos y que seguramente va a manejarse con soltura con un hijo. Inés no está muy convencida, pero trata de ocultar sus temores y dudas porque siente que es su deber de mujer casada.

Ha encontrado reconfortante consuelo espiritual en la iglesia cercana. La bella Cripta de María Auxiliadora de los Padres Salesianos está a una cuadra y media de la casa y ella encuentra refugio en la fresca penumbra que huele a incienso. Y en la oración. Sigue con su práctica de rezar el rosario todos los días a la hora de vísperas. Eso la conforta, la acerca a sus hermanas y a la madre, y a aquellos atardeceres en su hogar natal, cuando las niñas se reunían con *Mamma* en una comunión espiritual imposible de lograr en otro momento del día o en ninguna otra situación familiar.

Los consejos de la partera y de las primas, y el inesperado apoyo emocional de un par de vecinas le ayudan a pasar los nueve meses. Día a día va perdiendo la figura adolescente y comienza a perfilarse en ella una matrona, en físico y carácter.

Carmelo compra un segundo puesto en el mercado, más pequeño, y su buen nombre en el ambiente comercial mayorista crece, así como el bienestar económico de la nueva familia.

En julio de 1908 nace Carmela. Es una niñita nerviosa, que llora mucho. Inés oculta su inseguridad tras la coraza emocional que cada vez se hace más fuerte. Resuelve las pequeñas tragedias cotidianas en privado, como lo hacían todos en casa de sus padres, en la convicción de que los demás no deben conocer las íntimas debilidades que cada uno trata de superar.

Él colabora con ella en los trabajos domésticos pesados solo en los fines de semana, ya que los dos puestos del mercado le llevan casi todo el día y regresa agotado a la casa.

Por las noches Inés lo mira jugar como un niño con Carmela, quien le responde con adoración, y se enternece por ese buen hombre que ella valora cada día más.

La visita estelar

Carmelo se quita la servilleta que se había calzado en el cuello de la camisa y la deja al costado de su plato. Con gesto satisfecho, retira un poco la silla y mira a Inés con una sonrisa de admiración. Es un perezoso domingo después de mediodía, y se siente feliz. Sus modestos planes de ganarse a Inés están dando fruto.

Ella tiene un carácter férreo pero su capacidad de adaptación es notable, excepto cuando se trata de los de Rosario. Esa es una carrera que él tiene perdida, ya que nunca estará a la altura de ellos ante los ojos de su mujer. Para peor, Berta y Ángela han anunciado una visita para fines de año, una perspectiva que lo llena de mal humor. Él nada puede hacer, ya está decidido, de modo que trata de olvidarlo por ahora. Falta un mes completo para ver a sus parientes políticos otra vez.

—*Añé*, los fideos frescos y la salsa de tomate te salen cada día mejor. Te diría que son más sabrosos que los que hacía mi madre allá en Cosenza.

Ella lo mira agradecida, Carmelo no es hombre de hacer cumplidos porque sí, y solo reafirma lo que ella sabe, que es una buena cocinera, como todas las mujeres su familia.

Levanta los platos y él, después de limpiarle la boca y las manitas a Carmela, que se ha embadurnado con salsa el delantal y la servilleta, la mira moverse alrededor de la mesa.

—Creo que tenés mucho trabajo en casa. Necesitás ayuda. Estuve preguntando por ahí y me recomendaron a una buena mujer que se ha quedado sola en el mundo. Se llama María y está buscando una casa para vivir y trabajar. ¿Qué te parece?

Inés no se sorprende. Él ya ha hablado antes de traer a alguien, y como ella no quiere convivir con una extraña, se ha negado. Pero la casa es grande, el polvo se junta y ella está atada a Carmela, una nena nerviosa que necesita atención continua. Cada vez le es más difícil, con los kilos que ha aumentado, mantener todo como quisiera. Se fatiga más a menudo.

—Vos sabés lo que pienso.

—Ya sé, ya sé. Pero creo que si es una buena persona, recomendada, y quiere quedarse con nosotros podríamos probar.

Esta mujer tiene una hermana, pero no puede vivir con ella. La tomaremos a prueba. ¿Qué te parece?

—No quiero que una extraña se entere de los detalles de mi vida. Me molesta alguien que sepa todas mis intimidades. En Rosario siempre tuvimos empleados en el negocio y la casa, pero ninguno vivía con nosotros.

—Por empezar, ella no va a entender nuestro idioma. Aunque entendiera italiano, le va a costar saber qué decimos cuando hablamos entre nosotros—. Entonces saca un argumento que puede ganar la aprobación de ella—. Tus hermanas tienen criadas en casa y nunca escuchamos nada malo. Las ayudan y ya está. Cada cual en lo suyo.

—No sé. Dejame que lo piense un poco.

—¿No querés conocerla, por lo menos? Es una oportunidad, viene muy bien recomendada.

Inés vacila. Si le dice que no, tal vez se pierdan a una buena candidata. ¿Qué le cuesta probar?

—Bueno. Hablemos con ella y después vemos qué hacer.

—Le digo que venga mañana. Así la conocés, le hacés algunas preguntas y ves qué te parece. Se tienen que llevar bien, claro, porque si no es así, no va a funcionar.

Ella asiente con la cabeza, mientras retira el resto de los platos. Carmelo se levanta de la mesa y prende un cigarro, saliendo de la cocina.

Las cosas están bien encaminadas, piensa con satisfacción. Inés es una buena mujer. Él no estaba equivocado al elegirla. *¡A benedice!*

María le cae bien a Inés de inmediato, y se integra a la casa muy pronto. Su personalidad energética pero amable calza perfectamente con la de ella, quien a pesar de sus dudas, cada día se convence más de que la presencia de esta criolla es una bendición. Tiene buenos modales, es limpia y está siempre de buen humor. Ha trabajado de niñera en otras casas y atiende a Carmela con afecto pero con distancia. Esto le complace, pues ella no cree en dispensar mimos ni arrumacos a los niños, como suele ver que hacen otras madres, en público y en cualquier oportunidad. Sus padres siempre miraron con malos ojos las expresiones efusivas de cariño.

Una tarde ambas están doblando ropa limpia sobre la mesa de madera cubierta con un hule a cuadros, e Inés le está dando las instrucciones de cómo quiere que las guarde y cuáles van al planchado. María ha captado pronto lo que su nueva ama quiere y después de trabajar en silencio por largo rato, pregunta, tratando de ser discreta:

—Entonces, ñá Inés, cuando vengan sus hermanas, ¿No se van a quedar a dormir en esta casa? Qué raro.

—No. No es raro. Vienen porque mis cuñados se ganaron una licitación para los fuegos artificiales de fin de año. Tienen todo pagado, van a pasar la semana en un hotel. Tienen que dirigir el montaje de muchas armazones de madera para sostener los paquetes de pirotecnia.

—Así que tienen una fábrica grande, ¿no?

—Sí. Muy grande. Y también peligrosa. Es un trabajo feo, porque manejan explosivos. Pero es una fábrica moderna, que está creciendo bastante. Tienen contratos por todos lados porque siempre compran y traen cosas nuevas de Europa.

—Supongo que tendrán mucho cuidado…

—Sí, pero siempre hay peligro. Unos meses atrás hubo una pequeña explosión en un galponcito, nadie se lastimó, por suerte. Claro que ellos conocen su oficio, así que mis hermanas están tranquilas.

Siguen por un rato hasta terminar con la pila de ropa.

—Voy a poner la plancha, el fuego ya está listo en el brasero.

—María, aquí están sus sábanas. Lléveselas a su pieza y póngalas en su ropero con las toallas que le di antes.

—Gracias, muchas gracias, ñá Inés… —camina hasta la puerta de la cocina y se vuelve—: Quería decirle, muchas gracias por dejarme trabajar aquí. Para mí es una bendición que usted necesitara a alguien para ayudarla. ¡Y Carmela es tan cariñosa! —y agrega, sonriendo—: Cuando está tranquila, claro.

—Sí, María, yo también estoy contenta de que haya sido usted quien se ofreciera a venir. Tenía un poco de miedo de traer a alguien de afuera, imagínese.

—Y, sí. No debe ser fácil traer a una extraña, teniendo una casa tan linda y muebles tan finos, ¿No?

—No son tan finos, María. Hay cosas mucho más caras y lindas en otras casas. Esta es una casa común, créame.

—Es una casa hermosa, ñá Inés, y mi cuarto es muy lindo y cómodo. Estoy tan contenta que me parece mentira. Mi propia pieza, con puerta al patio, como cuando vivía con mi hermana.

—Ya le dije, cuando tenga que visitarla, vaya. Solo me avisa antes, para saber.

María trae la plancha cargada con los carbones encendidos y la apoya sobre la mesa, a donde ya han tendido una frazada vieja, cubierta por media sábana blanca, para planchar. Inés se asoma a la ventana de la cocina, que da al patiecito interno.

—Está por llover. Hace tanto calor en esta ciudad, que a la tarde se levantan siempre tormentas.

—Refrescan el aire. Mejor. Basta que no caigan piedras, que son peligrosas.

—Mientras Carmela hace la siesta, voy a poner el agua para el mate aprovechando los brasas que sobraron. ¿Me acompaña con un par?

La cara de María se ilumina.

—Claro. No sé qué haríamos sin el mate de la tarde, ¿No? –. Cuando Inés vuelve de colocar la pava en el brasero, María tiene una pregunta a flor de labios–: 'Ña Inés, yo no soy supersticiosa, pero ¿Usted qué opina del asunto del cometa? ¿Será cierto que se va a terminar el mundo el año que viene? Todos hablan de lo mismo. Hay gente que se está poniendo muy mal con eso. En la cola de la carnicería ayer todos hablaban de lo mismo. Una señora se puso a llorar. ¿Qué piensan usted y don Carmelo?

—Ay, María, ¡Están hablando del cometa desde hace tantos años! Desde antes de que yo me casara. Me ponen nerviosa. No creo en esas cosas, el padre cura dice que son supercherías. No hay que creer en charlatanes.

—Cierto. ¿Usté se acuerda de los profetas que andaban por la calle anunciando el fin del mundo para cuando entrara el 1900? Y no pasó nada...

—Nada. Claro que esta vez es distinto, este cometa se acerca a la tierra y quién sabe qué trae en la cola, que nos va a pasar casi por encima. Dios nos va a proteger. Yo rezo todos los días para que no suceda nada. Y menos ahora, que Carmela es tan chiquita.

—Carmelita no se va a enterar de nada, ñá Inés. Pronto nos habremos muerto todos envenenados por los gases del cometa o estaremos todos vivitos y coleando y no habrá problema. El cometa llegará en mayo.

—Sí, justo para festejar el Centenario. Espero que no sea un mal agüero.

La tormenta afuera se anuncia con dos truenos que las estremece, como si estuviesen vaticinándoles algo. Ambas se miran, sorprendidas e inquietas.

–Recemos, María, y que Dios nos ayude. Porque hay gente realmente loca de miedo. Cada vez nos ponemos más nerviosos. Yo no quiero leer los diarios escandalosos porque lo único que hacen es inventar situaciones de desastre. Dios nos libre y guarde.

–Sí, así es, que Dios nos libre y guarde.

Ambas se persignan e Inés sale para retirar la pava hirviente del brasero que está en la galería, justo cuando las primeras gotas de lluvia, pesadas y frescas, comienzan a caer para secarse instantáneamente sobre las calientes baldosas del patio.

El año del Centenario de la Revolución de Mayo es recibido con festejos estruendosos que parecen querer callar los vaticinios siniestros que los menos informados transmiten oralmente con asombrosa velocidad. Los rumores abundan y el volumen de las predicciones sube de tono a medida que los meses pasan. Las ediciones vespertinas dan crédito de inmediato a cualquier exageración y entrevistan a autodenominados científicos, lo que les garantiza la venta de periódicos, y el terror crece en directa relación a la ignorancia del público.

Inés y Carmelo oscilan entre uno y otro estado de ánimo, como la mayoría. María está aterrada y trata de no hablar del tema, escapándole a los corrillos animados de las vecinas a la hora de las compras matinales porque Inés le ha prohibido que traiga a la casa conjeturas apocalípticas.

–Hoy recibí carta de *Mamma* –comenta ella al pasar, antes de la cena–. Dice que en Rosario también están todos muertos de miedo. Los diarios dicen que va ha haber gases mortales. Están vendiendo pastillas para salvarse del veneno. Otros compran máscaras antigases. ¿No te parece que deberíamos comprar algo, por las dudas?

María está sirviendo los platos con Inés, y la mira de reojo, sin atreverse a opinar. Carmelo da un fastidiado chasquido con la lengua, moviendo la cabeza mientras corta el pan casero sobre la gruesa tabla de madera.

–Vamos, *Añé*, no te pongas nerviosa otra vez. No va a pasar nada. Si pasa algo, y el cometa nos tira algún gas envenenado que va a matar a toda la vida en la tierra, como dicen algunos, la verdad es que no importa qué hagamos. Nos vamos a morir todos por igual. Todos juntos, ricos y pobres, inteligentes y brutos. Al mismo tiempo.

–Ay, *Carmé*, ¡Qué forma de hablar!

–¿Y qué querés que diga? Si está que vamos a morir, vamos a morir y ahí se termina el asunto. Pero no creo que pase nada. Tranquilizate. Los diarios quieren vender, eso es todo.

A principios de mayo de 1910 la histeria sube en forma constante. El Cometa Halley se está acercando y es visible por la noche, como una gran estrella, acarreando detrás una luminosa cola como un tul blanco, de menor a mayor, que se diluye en su parte más ancha para mezclarse con la Vía Láctea.

Inés, Carmelo y María acostumbran sentarse con un vaso de limonada a apreciar las inmensas estrellas que surcan el cielo de la capital mediterránea y comentar los sucesos del día. Desde hace un mes, el fenómeno estelar que tienen frente a sí es un tema inevitable. Comentan novedades curiosas y meditan sobre la trascendencia de lo que están viviendo. María debe morderse la lengua a menudo para no infringir la restricción que ha puesto Inés sobre los comentarios terroríficos.

–Qué coincidencia que este cometa pase justo para antes del 25 de mayo, y en el año del Centenario–. El tono de la voz de Inés es el que siempre tiene cuando habla del tema, como tratando de dominar sus nervios.

–Es una casualidad –responde Carmelo, distraído. Y luego, con voz animada comenta–: ¿Sabés que me dijeron hoy? Que la cola mide veinticuatro millones de millas, una barbaridad de larga. ¡Una milla es más de un kilómetro y medio!

–¡*Fuoco mía!* –exclama alarma–. No nos vamos a salvar.

–¡*Añé*! ¡La cola es de gas, no es sólida, no nos puede golpear!

El 14 de mayo el cometa es una presencia fascinante y magnífica en el cielo nocturno y el pánico ha llegado al máximo. Hay noticias de vecinos que se suicidan, eligiendo una muerte rápida para evitar la agonía de la asfixia que creen inminente. Hay parejas de novios que, convencidos de que el fin se aproxima, se unen carnalmente superando todas las prohibiciones sociales y religiosas, ya que no van a poder consumar su amor si el futuro es inexistente. Muchas familias han acumulado provisiones y esa semana se encierran con sus hijos, sellando puertas y ventanas para sobrevivir a la destrucción total. La venta de talismanes de toda índole se acrecienta y los canillitas gritan en las esquinas, incrementando el miedo con su diaria cuota de histeria.

Carmelo dictamina que hay que evitar las noticias agoreras de primera plana y concentrarse en las páginas en las que el diario

La Voz del Interior, el más importante de la ciudad, trae los comentarios científicos y técnicos.

–Estuve leyendo que el escritor norteamericano Mark Twain, que se ha muerto el mes pasado, también está ligado al cometa –comenta en una sobremesa Inés, sabiendo que Carmelo aprecia que le dé detalles que a veces él, por cansancio o falta de tiempo, no puede leer en el diario.

–Ah, ¿Murió? Qué pena. Siempre lo nombran en las noticias. Habría que comprar un libro de él, dicen que es un gran escritor. Pero ¿qué tiene que ver con el cometa?

–Y bueno, murió por el cometa.

–¿Cómo va a morir por el cometa? ¿Eso dice el diario?

–Sí. Eso dice. Él nació en el año 1835, y en ese año pasó el Halley. Cuando se enteró que ahora volvía, anunció que como él había llegado al mundo con el cometa, quería irse con él.

–¡Qué ideas! ¿Cómo va decidir, así nomás, si quiere morirse o no?

–No sé. Pero así pasó. Murió justo.

–Se habrá muerto por otra cosa.

–No. Él dijo que esperaba morirse, nada más. Y no seas desconfiado, que te estoy diciendo lo que he leído. Para que veas, el cometa pasó más cerca del sol el 20 de abril, y el escritor murió al otro día. Mucha coincidencia, ¿No?

Carmelo lo piensa un rato.

–Mucha, sí. Quién sabe.

–Sí. Dios sabrá –dice Inés, pensativa–. Yo voy a rezar su ánima en el rosario de hoy.

Mientras las fantasías de terror dominan las horas de la gente común, los científicos preparan sus telescopios para disfrutar de un espectáculo que saben no se repetirá por muchos años.

Los preparativos para las festividades del Centenario de la Independencia continúan a pesar de la excitación general. La llegada de la Infanta Isabel de Borbón al puerto de Buenos Aires con un numeroso y espléndido cortejo que representa a España acentúa la importancia y fastuosidad de los actos públicos planeados para el 25 de mayo.

Por fin, el 18 la tierra se introduce en la cola del cometa. La visión es espectacular. El cielo de las noches y las madrugadas parece tachonado de escarcha brillante.

A pesar del nerviosismo, Inés y Carmelo no pueden evitar maravillarse. Halley brilla más que la luna, en lo que se ha llamado la visita más bella del cometa desde que se lo identificó.

Para el lunes 23 ya es notable la disminución del brillo de la espléndida cola y la Tierra no ha sufrido ninguna de las anunciadas catástrofes. Las noches vuelven lentamente a ser como antes, y los temores paulatinamente desaparecen. Gracias a la ignorancia, Halley ha dejado otra vez tras de sí un reguero innecesario de víctimas.

En octubre, cuando el cometa comienza a ser una historia del pasado, Inés queda embarazada. Nueve meses después, el 25 de julio de 1911, nace la segunda hija. La bautizan con el nombre de la abuela materna, Filomena.

El mundo ha retomado su ritmo habitual y la memoria colectiva del cometa va quedando atrás como un recuerdo que llegará a las generaciones futuras en charlas de sobremesa y remembranzas familiares.

Viajes marítimos

—El dormitorio de atrás ya está preparado —dice Inés mientras termina de cambiar a la pequeña Mena que ha estado jugando en el patio con su hermana—. Está todo listo. Qué suerte que Berta va a quedarse en casa con nosotros esta vez.

—Sí, —responde Carmelo, con aire distraído— una suerte.

—Podrías poner mejor cara. Nunca te alegrás cuando vienen de visita.

—Es que pasan como una tormenta por la casa. Revolucionan a todos y hay que atenderlos como si fuesen príncipes.

—No seas así, Carmelo. Vos sabés bien que Benito recién llega de Italia y ellos quieren traernos los regalos que él compró para nosotros. Lo que menos podemos hacer es recibirlos como se debe.

—Cuando vas a Rosario no molestás a nadie. Te quedás siempre en la casa de tus padres. Así que no les debés ningún favor.

—No me pongas mal, *Carmé*, quiero estar bien y tranquila cuando vengan. No quiero escucharte más hablar así.

Inés se marcha con Mena a cuestas y con los ojos brillantes de lágrimas. Sabe que Carmelo nunca los va a tolerar. Pero ella no puede ceder ante un capricho de un hombre tan testarudo. Ya cedió bastante en su vida. No más.

Dos días después, a las diez de la mañana de un sábado soleado y fresco de junio de mil novecientos doce, llegan a la puerta de la casa dos mateos de alquiler. Uno trae a Berta y su esposo, y en el otro han cargado dos baúles grandes, algunos paquetes y un par de bolsos de viaje. Benito, como de costumbre, está en total comando de la situación y dispone que uno de los baúles sea llevado al dormitorio y el otro que quede en el comedor, ya que está lleno de regalos comprados por él en Europa para la familia. La pareja ha viajado sola, y en una semana seguirán hacia las sierras cordobesas, a pasar unos días en las altas cumbres, en un hotel que ya han reservado.

Después de refrescarse, se reúnen con Inés y Carmelo en el comedor, para tomar un aperitivo antes del almuerzo que Inés ha planeado cuidadosamente con María.

Benito ha engordado un poco, se lo ve radiante y, si es posible, aún más lleno de energía que antes. Berta continúa siendo una mujer menuda, delgada y pálida que ahora, con anteojos redondos, parece mayor de lo que es.

–¿Cómo estás, *Betta?* –la saluda Inés–. ¿Todos bien? ¿*Mamma* y *Tata?*

–Él siempre cabeza dura, y ya sabés que *Mamma* está tomando remedios ahora. Los demás todos bien, no hubo mucho cambio desde mi última carta.

Benito se dirige a Carmelo.

–¿Cómo van los negocios por acá?

–Todo bien en el mercado, hay mucha actividad, por suerte, no me puedo quejar. ¿Y la pirotecnia? ¿Cómo estuvo el viaje a Italia?

–Muy bien, muy bien. Y ahora mejor, porque encargué un montón de cosas nuevas para fabricar fuegos con modelos que vienen del Japón y de la China. Tienen que verlos, son increíbles.

–Me dijo *Mamma* en una carta que hiciste colocar una hermosa puerta tallada en la iglesia de tu pueblo–, dice Inés, con admiración en la voz que no pasa desapercibida a su marido.

–Sí, Agnese, fue una linda ceremonia –dice él, acomodándose en la silla–. Una puerta doble, maciza, tallada. Estaban todos muy felices. Hasta le pusieron mi nombre a una calle –y mirando a su mujer, agrega– *Betta* se ha perdido un montón de cosas, quedándose en Rosario. Yo le rogué que venga conmigo, pero no, no quiso ir. Podría haber comprado tantas cosas en Roma y Génova.

–Ya sabés que no puedo viajar tan seguido–. Responde ella frunciendo el ceño–. No quiero llevar a los chicos, y no los quiero dejar en Rosario tampoco. Ese viaje largo me hace mal a estómago y la cabeza, ya sabés.

Benito hace un gesto de impaciencia.

–Bueno. Pero no podés decir que no te pido que vengas.

–Después del Titanic me quedaron menos ganas de ir. Hasta el barco más grande se hunde. ¿Qué podés esperar?

–Ay, Betta, eso fue un iceberg, no hay hielo en el océano al sur –intercede Inés sonriendo–, los viajes son más seguros camino a Sudamérica.

Benito se endereza en la silla, sonriendo.

–¿Ves? Hasta tu hermana que no viajó nunca en un barco sabe que no hay peligro. El Titanic fue una desgracia, pero yo no voy a dejar de ir a Italia por eso.

Berta se dirige a Inés y Carmelo.

–¡Qué catástrofe! Los diarios todavía están hablando del hundimiento. Cuántas historias trágicas, ¿No? Como para no tener miedo. Ya hace dos meses que pasó pero todos siguen hablando de lo mismo.

–Ay, sí, iba un muchacho cordobés en el barco, hijo de ingleses, de unos diecisiete años, Edgardo Andrew, nacido en una estancia de las sierras –comenta Inés–, pobre chico. Estaba estudiando en Inglaterra y viajaba al casamiento de su hermano en Nueva York. No se salvó. Una tragedia.

Los cuatro quedan en silencio, meditando sobre la fina línea de separación entre lo cotidiano y lo inimaginable.

María se asoma para anunciar que la mesa está lista, pero queda un momento inmóvil, sin atreverse a entrar porque pesado silencio le dice que estaban hablando de algo importante. Inés la ve y le hace una seña.

–'Ña Inés, el agua hierve –llama María desde la puerta, sosteniendo a la pequeña Mena en brazos.

–Ah, sí, María, vamos a poner los fideos, así nos sentamos a la mesa.

Cuando entran al comedor el cuñado se queda unos pasos atrás y le palmea el hombro a Carmelo.

–Eh, *Carmé*, más tarde vamos a abrir este baúl. Te traje algunos regalos de Cosenza que te van a gustar. Y un paquete con algo que te manda la familia, para vos y para tu hermano. Y también muchos juguetes para las nenas.

–Gracias –musita Carmelo–, después de comer lo abrimos.

La abundancia de ofrendas de su cuñado siempre lo inquieta. Y la fascinación de Inés ante su prodigalidad y bonhomía le produce un escozor en la boca del estómago.

–Te repito –le dice Benito en voz más baja– si es que te decidís a mudarte a Rosario, cerca de la familia, siempre vas a tener alguna buena oportunidad. Agnese y vos están un poco solos aquí–. Y después de un instante, agrega–: Claro que vos tenés a tus familiares, pero ella está tan lejos de las hermanas y la madre.

–Vos sabés que a mí me gusta vivir aquí. Estamos bien por ahora, gracias–. Después de un instante y para no ser descortés le dice sin convicción–: Te agradezco en serio la oferta.

Carmelo trata de disimular lo mucho que le fastidia este comentario que se repite cada vez que vienen de visita o él va a Rosario.

El otro murmura, conciliatorio:

–Podés pensarlo. Para más adelante. Es una idea, nada más.

–Te repito que por ahora estamos bien aquí.

Y lo dice secamente. Ha observado las miradas que el cuñado le echa a Inés y le molestan mucho. Suspira hondo y caminando con determinación se ubica ostensiblemente a la cabecera de la mesa, mientras María comienza a servir los platos.

Durante la semana los visitantes hacen paseos alrededor de la ciudad y el viernes van con Inés, María y las niñas al Jardín Zoológico en el Parque Sarmiento. Pasan una tarde en la que se alternan helados, vistas de animales extraños, y una caminata por el Rosedal que Carmela y Mena disfrutan encantadas. La tarde culmina con un paseo en bote por el lago artificial. El primero en descender es Benito, quien con el remero ayudan a bajar a los demás. Cuando le toca a Inés, él se apresura a sostenerle la mano, y la atrae hacia si con tanto descuido que ella termina chocando contra el pecho de él.

–Perdona, Agnese–, dice él, riéndose ante el rubor de ella– no me di cuenta de que te empujé con tanta fuerza.

Ella desecha la disculpa, pero el contacto con él la ha puesto nerviosa. Sabe que su cuñado no actúa sin pensar. Berta parece no haberse percatado de nada, ocupada en pisar el muelle con la ayuda del barquero. Lentamente bajan caminando hasta la parada de los coches de alquiler.

En la avenida toman un cabriolé que los lleva de regreso a casa. Es un largo camino hasta Alberdi, y cuando llegan Berta decide echarse un rato a descansar antes de la cena. Las niñas se instalan en el fresco comedor a jugar con algunos de los novedosos regalos europeos de los tíos.

Mientras María prepara el mate en la cocina Inés va a su dormitorio a cambiarse de ropa y después sale hacia el patio con un par de prendas para dejarlas bajo el alero a donde está el piletón para lavar la ropa. Benito, sentado en uno de los sillones de mimbre a la sombra de la galería, al verla se pone de pie, acercándose.

–*Añé*, esperaba la oportunidad para hablarte–, le dice en voz baja.

Ella lo mira extrañada, interrogante, pero la inesperada situación hace que los colores le suban a las mejillas otra vez. Están solos y es evidente que él ha buscado el momento.

–¿Qué, qué pasa?

–Vos sabés qué pasa, *Añé*, vos sabés bien lo que pasa. No te podemos ver así.

Ella traga saliva, se le han aflojado las piernas por los nervios, porque no quiere que él siga hablando, no quiere oír nada que tenga que decirle a escondidas.

–¿Verme así cómo?

–Vos sabés bien lo que pasa, no te puedo ver al lado de este campesino cabeza dura que no te merece. Vení con nosotros a Rosario.

–¿Qué estás diciendo? ¿Cómo pensás que voy a dejar a mi marido?

Él interrumpe, con voz urgente.

–Dejalo, vení a vivir a Rosario, traé a las nenas, nosotros te vamos a ayudar a ponerte una casa, a vivir como te merecés–. Ella lo mira con los ojos dilatados. Él prosigue–: Traela a María si querés, dejalo a este caprichoso, terco. Allá vas a ser una reina, te prometo, todos ustedes van a estar mejor que acá.

–¿Estás loco? –atina a decirle ella, espantada–. Hacete a un lado, no quiero escuchar más.

Trata de escurrirse entre él y la pared, pero Benito la enfrenta y la mira a la cara, muy de cerca.

–Pensalo, por favor, tomate tu tiempo y pensalo… –no puede terminar la frase porque aparece María viniendo del pasillo que da al patio, y cuando los encuentra así, queda paralizada y en silencio, su rostro cetrino inescrutable. Hay un instante en que nadie dice nada, pero él se retira un paso atrás, y atusándose el bigote pasa junto a María sin una palabra, mirándola de costado.

–María, no…–dice ella, turbada, y va a agregar algo más, cuando la otra se acerca con un gesto, poniéndose el dedo índice sobre los labios.

–Shhh, Shhhh… –y agrega en voz bien alta, como para que él la escuche desde la silla de mimbre–: El mate está listo, 'Ña Inés, ¿viene a tomarlo o no?

Inés se repone y la sigue rápidamente, mirándolo con incredulidad al pasar. Él se limita a sonreírle con un gesto de niño culpable que la turba aún más.

María finge no haber visto nada, e Inés agradece su discreción y su silenciosa camaradería. Tendrá que hablar con ella, aunque no quiera oírlo, porque le debe una explicación, pero este no es el momento porque ni ella comprende qué sucedió, como a menudo le ocurre con su cuñado. Se pregunta si Berta sabe de la loca idea que le ha propuesto. Pero lo desecha. La hermana es una de las personas más sinceras que conoce y seguramente no tiene idea de lo que pasa por la mente de él. Si no, ella le habría hablado.

Le preocupa la sugerencia. ¿Cómo piensa que ella va a abandonar a su marido, un buen hombre, que la ama y respeta, para largarse sola a Rosario? ¿Y a qué? ¿A ser una paria ante su propia familia? Tiembla al pensar que si Berta no lo sabe podría haber escuchado por casualidad y malinterpretado la situación. Esa noche Inés demora en dormirse y durante el sábado las horas se le hacen largas. Por fin llega el domingo después de la misa, cuando los huéspedes se despiden.

En la puerta de calle Benito abraza a Inés un poco más tiempo del necesario, según le parece a Carmelo, pero el gesto neutro de su mujer hacia el cuñado lo tranquiliza un poco. Algo desagradable le produce una especie de opresión en el pecho y comprende que, por primera vez en su vida lo que siente es muy parecido a un ataque de celos, algo que no había experimentado antes. Trata de desechar el pensamiento, mirando de reojo a Inés, quien está prestando atención a Berta, como siempre. Y concluye que si él tiene alguna intención, ella no parece haberlo notado. Cuando el coche de alquiler se aleja calle abajo, Carmelo respira con alivio.

En Alberdi

El siete de diciembre de 1913 nace la tercera hija de los Aversa. Con la actividad febril de las fiestas de fin de año, Carmelo deja pasar la fecha para inscribirla en el Registro Civil. Un mes después, cuando tiene tiempo para ir, la anota como nacida el dos de enero, para evitar la multa que le corresponde pagar. Le da dos nombres gracias a la intersección urgente y de última hora de María, quien, cuando él ya está en la puerta de calle, lo detiene:

—Don Carmelo, por favor, no le vaya a poner solamente María.

—¿Y por qué no? Es un buen nombre, es tu nombre también.

—Sí, pero no sirve solo, necesita algo más. Un nombre más elegante.

—¿Cuál, por ejemplo? —pregunta él, extrañado.

—No sé, María Elvira suena bien, ¿no?, y creo que a 'Ña Inés le va a gustar también.

Carmelo cierra la puerta y vuelve hacia el dormitorio. Cuando Inés le confirma que sí, que es un buen nombre, regresa al zaguán a donde María está esperándolo.

—Tenés razón, a ella también le gusta. Así será. Tenés cada cosa, María… —concluye él, encogiéndose de hombros al salir.

Ella sonríe complacida. Ese nombre solo así, a secas, no le ha traído suerte en la vida. Ella quiere algo mejor para la bebita que ha nacido un mes atrás.

Tres años después, en 1916, nace el primer varón de la familia. Lo bautizan con el nombre de Nicolás Cayetano, pero desde los primeros días lo llaman con el diminutivo de Tano. Es un bebé robusto, de pelo y ojos bien oscuros. El trabajo doméstico se multiplica con más niños para atender y nuevos pañales para lavar.

Antes de cumplir los cuatro años Elvira *Elvirita* Aversa, como ella se llama así misma, ha comenzado a ver figuras a través del vidrio verdoso del botellón del aceite que el almacenero de la esquina les llena una vez por semana. Las imágenes se suceden unas tras otras y ella las observa atenta, anunciándole a la madre qué hacen los personajes dentro del espeso líquido, con la barbilla apoyada en la maciza mesa de madera a donde se amasa el pan de la semana y las pastas frescas de los domingos. Inés está acostumbrada a las excentricidades de su hija menor y le sigue la corriente con las historias que inventa, cansada de repetirle que no puede haber gente adentro del aceite.

No quiere perder el tiempo en explicaciones que Elvira no escucha, porque Tano está prendido de su falda, practicando sus pasitos, mientras ella se apura a condimentar la comida porque es cerca de mediodía y pronto Carmelo abrirá la puerta de la casa, y dejará el saco y el sombrero en el vestidor esperando que el almuerzo esté preparado.

—*Mamma*, ahora las dos señoras caminan juntas por una calle. ¿A dónde van? Hmm, entran en una casa, pero no conozco esa casa... —y así sigue la narración que nadie escucha.

Inés no le da mucha importancia a las rarezas de su tercera hija, ya que desde bebita ha sido distinta a las dos mayores. Callada y reflexiva, es curiosa y observadora. Siempre ocupada en algo, sus silencios son lo opuesto a los de Mena, quien cuando se enoja cierra la boca y no se le puede sacar una palabra hasta que consigue lo que busca, por más difícil que sea. También su energía es distinta a la de Carmela, quien tiene frecuentes ataques de nervios y se descontrola con facilidad, aturdiendo a todos con sus gritos y recibiendo a menudo un chirlo de más, fruto de la impotencia de los padres y de María, incapaces de parar las ensordecedoras escenas.

Se escuchan desde la cocina las campanas de María Auxiliadora dando las doce.

—Ponga la mesa, don Carmelo está por llegar —llama Inés sobre su hombro, sabiendo que María ya debe haber terminado con la ropa y pañales que estaba lavando en la gran batea que está justo detrás de la cocina, en la galería techada que da al patio.

—Voy enseguida, ñá Inés, ya termino con la ropa y voy.

—Llame a las chicas, María, que vengan a ayudarla. Están siempre jugando y no escuchan. Que se laven las manos, se han entretenido con el perro toda la mañana.

Entran corriendo por la puerta de atrás dos muchachas de nueve y seis años, riendo. Carmela tiene una bonita cara ovalada con largos bucles oscuros y Filomena, de rostro anguloso, más delgada que su hermana, tiene el cabello castaño claro.

—Lávense las manos y también laven a Elvira —pide Inés, moviéndose rápida entre la mesa y la hornalla de leña, a donde se termina de cocinar el almuerzo y hablando en dialecto calabrés a los hijos y en castellano, a María—. Tano, por favor, ¡no te cuelgues de mi falda! Carmela, ayudame y dejá de acomodar otra vez esos vasos. Ya están en orden. ¿Cuántas veces los vas a enderezar en fila en el armario? Hija, no hagas tantas veces lo mismo, ya te dije, la gente va a pensar que te pasa algo raro. ¿No ves cómo te miran cuando hacés esas cosas?

Carmela se sobresalta y se aleja, titubeando, como si todavía no estuvieran parejos como ella quiere que estén. Le sucede igual con los repasadores y las tazas del café con leche. Nunca quedan en una pila o una fila idéntica. Suspira, y con un ágil movimiento levanta al pequeño Tano, desprende de sus manitas la tela del delantal de la madre, lo que produce un ataque de llanto y se lo lleva en brazos, seguida de las hermanas. Más tarde, cuando nadie la vea, acomodará esos vasos rebeldes.

Inés respira aliviada, aunque en el silencio de la cocina reaparece otra vez la sospecha que la asaltó esta mañana cuando despertó y sintió que tenía menos presión en los pechos. Si la leche del embarazo de Tano se agota va a quedar preñada otra vez, y no tiene energía para acarrear otro hijo, tan pronto. Por suerte ella tiene tanta, que ha comenzado a ser ama de leche de un par de chicos vecinos, suplantando a las delgadas y débiles madres que no pueden alimentarlos.

Inés ha engordado notablemente en los últimos años, no es más la esbelta muchacha que llegó de Rosario en el tren, muerta de miedo y sin saber nada del mundo. Ha aprendido también a endurecerse emocionalmente, a fuerza de sufrir traspiés inesperados que no pudo prever, tan lejos de su madre y sus hermanas.

Las experiencias la han madurado y si va a tener más hijos deberá poner orden y manejarlos de alguna manera. Porque es evidente que Carmelo no va a hacerlo. También quiere controlar los nacimientos y en eso la lactancia es una aliada. Sus primas y vecinas le han pasado este dato y muchos otros consejos femeninos útiles. Ya no se siente tan sola como al llegar y eso le da fuerzas y un creciente poder en su pareja. Pero todo tiene su límite y ella no puede negarse a Carmelo por las noches con la asiduidad que quisiera.

Una sorda congoja le sube desde la boca del estómago hasta los labios trayéndole un sabor amargo. No puede ubicar con claridad qué es, pero su mano, más veloz que el pensamiento, actúa casi en forma independiente y con todas sus fuerzas lanza la tapa de la olla al piso. El choque del aluminio contra las baldosas de terracota encerada produce un estruendo y salpica el agua del vapor acumulado, justo cuando María entra por la puerta a buscar los platos para poner la mesa.

–¡'Ña Inés! ¿Qué pasó? ¿Se quemó la mano? –grita alarmada.

Sorprendida en el involuntario ataque de odio que no sabe de dónde salió ni cómo le sucede esto a ella, Inés miente para salir del paso.

–No, no es nada, no me quemó, quedate tranquila, y seguí con lo tuyo.

María le mira las manos para asegurarse, levanta la tapa del suelo y la pone en la pileta junto a los otros cacharros para lavar. Inés sigue con su trabajo, en silencio, asustada de sus propias reacciones y prometiéndose controlarlas. Los demás pueden pensar que son como los ataques de nervios que sufría la vecina, doña Justa, antes de que el marido, aconsejado por la familia, decidiera llevarla al loquero para que la compongan.

Tal como Inés hace años, Justa estaba sola en la ciudad, recién llegada del norte del país a casarse. Aunque la pobre lloraba sin parar y tenía ataques de alaridos sin control, Inés siempre pensó que las mujeres de la familia de él la trataban mal, y desconfiaba de que Justa estuviese realmente loca, como decían. Ella siempre atribuyó las escenas a que la muchacha era contestadora y rebelde, y a que se ponía demasiado nerviosa, algo impropio en una mujer sensata. Las mujeres deben acatar estas situaciones y callar.

Inés se estremece de temor pensando qué diría *Tata* si a ella le sucediera una cosa así. Sacude la cabeza y respira hondo, cuando escucha los gritos de las chicas que saludan al padre en el zaguán de entrada de la casa.

–Hola, papá –gritan a coro Carmela y Mena, mientras Elvira trata de seguirles el paso rápido. Pero no lo abrazan ni lo besan. Los gestos de lejos bastan. Las expresiones físicas afectivas son vistas con incomodidad por Inés. Lo más cercano a un mimo es una palmadita afectuosa o, más frecuente, solo un gesto o una palabra. Besos y abrazos son considerados expresiones indecorosas.

–Hola, ¿cómo están hoy? –pregunta sonriendo Carmelo, porque él sale antes del alba hacia el mercado a recibir los repartidores y a esa hora toda la familia está durmiendo. Las muchachas se atropellan para contarle detalles de las pequeñas cosas que han sucedido esa mañana en la casa.

—*Mamma* ha comprado un carro de sandías maduras y ya están refrescándose debajo de la higuera.

—El Coli se escapó hasta la esquina esta mañana, siguiendo al cartero, y tuve que ir a buscarlo.

—Dos señoras se pasearon por una calle dentro de la botella de aceite —le cuenta Elvira y Carmelo ríe, le revuelve el corto pelo castaño ondulado y la toma de la mano para pasar del zaguán al recibidor, camino a la cocina.

Carmelo está satisfecho de su nueva vida en *l'América*. Formar una familia como la que ahora tiene es lo que siempre deseó y parecía inalcanzable cuando era un pastor pobre que cuidaba las ovejas de su padre, allá en Cosenza.

Las noticias del terruño llegan frecuentes y traen detalles de la sangrienta guerra que ya lleva tres años y en la que una generación entera de europeos está siendo sacrificada en las trincheras por uno u otro poder a la búsqueda de más dominios. Él agradece al cielo la oportunidad que se le dio cuando pudo iniciar una nueva vida en esta tierra bendita, en la que no existen las sombras políticas que acosan a Europa.

—¿Cómo estás, *Añé*? —la saluda y se acerca a la hornalla, atraído por el olor delicioso de la sopa. Satisfecho, se asoma a mirar el espeso minestrone hirviendo en la pesada olla—. Hmm, muy bueno, muy bueno. Estoy muerto de hambre... el tranvía se demoró más de la cuenta. Voy a lavarme un poco.

—Ahora comemos, ¿Cómo te ha ido hoy?

—Muy bien, hubo buena venta, tengo que volver rápido, esta tarde va a haber mucho movimiento en el mercado.

—Mejor así —dice ella, secándose las manos en el repasador.

Al mirarlo salir de la cocina un gesto de ternura cruza por su cara. *Es un buen hombre, un buen marido* —se dice, avergonzada. *No debería tener estos pensamientos, Agnese, son pecado, estas ideas. No puedo quejarme de mi suerte. No es culpa de él si me quedo embarazada tan rápido.*

Se vuelve hacia la hornalla, y retira la cacerola con el almuerzo del fuego. Un involuntario suspiro se escapa de su pecho. *Aunque...quién sabe cómo sería hoy mi vida si hubiera podido noviar con Maurizio...* —pero al instante se horroriza de su atrevimiento. ¿Cómo se ha infiltrado esa memoria que creyó haber suprimido por completo?— *fuoco mía, peccato, Carmelo no se lo merece*, piensa mientras sacude la cabeza, desechando los pensamientos intrusos.

—*Mamma*, la mesa está lista —avisa desde la puerta Carmela, mientras María entra apresurada.

—Yo llevo la olla, 'ña Inés, vaya nomás a sentarse.

Todavía sorprendida por los atrevidos caminos que toma su mente, levanta la canasta con el pan recién cortado y sale hacia el comedor. Tendrá que confesar estos pensamientos deshonestos al padre Salesiano antes de la misa y pedir ayuda para evitarlos en el futuro.

Jinetes al anochecer

El patio del fondo, con su aireada galería es el lugar favorito de todos en las noches de verano. Apenas baja el sol Inés o María riegan los canteros de los bordes, y también salpican abundante agua jabonosa, resto de los lavados, en la tierra reseca en el medio, asentándola firme para que los niños jueguen durante el día sin levantar polvo. Después de la cena, cuando el calor aprieta todavía y nadie tiene sueño, la familia se reúne al fresco de la galería del patio interior con su piso de grandes baldosas y cada uno se dedica a sus actividades y juegos favoritos.

Carmelo baja con cuidado el brazo del fonógrafo con la púa sobre uno de los discos de pasta de los que salen melodías de arias de ópera y canciones de la tierra lejana, y adonde no faltan grabaciones del magnífico Enrico Caruso. Él ama la música a un punto tal que por su cuenta aprendió a tocar de oído un par de instrumentos durante el servicio militar en Italia, dos años obligatorios que le abrieron los ojos al mundo y a la música. Allí también aprendió a leer y escribir. Él, un pastor ignorante, que no había ido a la escuela, en pocos meses ya ganaba unas liras escribiendo cartas para sus muchos iletrados compañeros de armas.

Con ojos húmedos de nostalgia mueve la cabeza al ritmo de la queja de O'Sole Mío:

> *Quanno fa notte e 'o sole se ne scenne,*
> *me vene quase na malincunia;*
> *sotta 'a fenesta toia restarria*
> *quanno fa notte e 'o sole se ne scenne.*

Cuando se hace de noche y el sol desciende / me lleno de melancolía / bajo tu ventana me quedaría / Cuando se hace de noche y el sol desciende.

Se respira un aire de paz en todo el mundo. La sangrienta guerra que asoló a los países de Europa y del Mediterráneo ha terminado el pasado once de noviembre, y, aunque llegan rumores tremendos de la guerra civil desatada en Rusia después de la revolución, todos se sienten más optimistas.

La sociedad está cambiando como consecuencia de la monstruosa máquina de matar que duró cuatro largos años. Nada puede ser igual que antes. La música que se escucha últimamente es acelerada, los discos de pasta que venden en la casa de música traen un sonido medio loco, que no sienta bien a los oídos de Carmelo, enamorado de la ópera, los valses vieneses y en particular de las marchas triunfales que aprendió en el servicio militar. Han aparecido también un par de ritmos de los bajos fondos del puerto de Buenos Aires, que los organilleros están diseminando y él supone pronto estarán en discos de pasta que él no piensa comprar. Es una música rea, ordinaria. Sus nombres lo dicen todo: tango y milonga.

Ahora Carmelo ha puesto otro disco. Levanta la púa y la asienta sobre un aria de ópera.

María ya se ha retirado a su habitación pues se levanta apenas amanece. Las tres hijas juegan a las visitas, mientras Tano se ha quedado dormido sobre el sillón con la cabeza apoyada en la pierna de su padre. Inés teje al crochet una batita de lana porque está otra vez preñada. Si es una nena la llamarán Teresa y si es un varón, Roberto.

Entonces se escuchan los caballos galopando otra vez. El sonido familiar comienza despacio y va creciendo hasta que supera la música del fonógrafo. Todos se miran en silencio. Las muchachas tienen los ojos abiertos, grandes, como esperando algo más que el golpeteo de los cascos, que pareciera llegar de todas partes pero que siempre es más fuerte cerca del sótano que da a la cocina. Es tan nítido que pueden sentir casi la vibración del suelo. Cuando Inés y Carmelo se mudaron a la casa, al escucharlo salían a la calle corriendo, para ver qué era, pero nunca vieron nada. Sucede siempre después del anochecer, a intervalos irregulares, y a lo largo de los años se han habituado al sonido de jinetes que parecen cruzar por la casa, invisibles, por cerca de un interminable minuto.

Cuando el galope se aleja, todos se aflojan como de costumbre y vuelven a sus actividades. Pero hoy Carmelo apaga el fonógrafo, y lo miran con atención.

—Me olvidé de contarles. Hace unos días estaba hablando con el almacenero en la cancha de bochas. No sé cómo salió la conversación y le conté del galope. El hombre nació en Alberdi, cuando esto era todo campo. Me dijo que antes de lotear esta cuadra y emparejar el suelo, un arroyo cruzaba por acá, y desembocaba en el Río Primero. Había muchas hondonadas en los alrededores, parecidas al pozo grande que hay en el terreno baldío de al lado. Ese pozo es famoso entre la gente vieja del barrio porque hace muchos años, en el mil ochocientos, hubo un gran accidente. Dicen que una noche oscura un piquete de policías montados venía siguiendo a alguien a toda velocidad, y varios jinetes con sus caballos cayeron al pozo y murieron. El almacenero ha oído contar esa historia desde chico y se admiró de que escuchemos los galopes todavía. Pero supongo que estas cosas pasan –concluye, encogiéndose de hombros.

Todos se miran en un silencio que las niñas no se atreven a romper.

–Voy a rezar un rosario para las pobres ánimas de esos hombres y sus bestias –dice Inés–, que tienen que andar todavía penando sin encontrar descanso.

Las hermanas respiran aliviadas. Por suerte hay una explicación obvia para el galope. De ahora en más será algo que pertenece con naturalidad a la casa, como el cielorraso alto, el color de las paredes o la higuera del fondo.

Elvira escucha con atención, le complace la idea de que todos compartan el extraño fenómeno en vez de ser ella sola quien lo percibe. Como los sueños premonitorios, por ejemplo, que la separan de las hermanas y otros niños. Ya van varias veces que sueña cosas que después suceden, cosas sin importancia, que ella identifica inmediatamente porque ya las vivió en el sueño. Es algo que no le pasa a nadie más en la casa. Y quisiera que termine, porque ella está por empezar el primer grado siguiendo a Carmela y Mena, y quiere ser como las otras chicas de la escuela.

Cuando se acuestan a dormir un rato más tarde, Carmela salta de la cama solo dos veces a acomodar los retratos colgados de la pared, los que nunca parecen quedar en escuadra. Algunas noches se ve forzada a levantarse cinco, seis veces a rectificarlos. Hasta que Mena y Elvira le gritan que apague la luz de una buena vez, porque si no van a llamar a *Mamma*, y ella pugna por dormirse bajo las sábanas, peleando contra el impulso de verificar nuevamente si es que están colgando derechos o no.

Teresita

El aire fresco del otoño entra por la ventana y la puerta, abiertas al patio interior de la casa. Mueve los visillos transparentes de liviana muselina y llega a la frente afiebrada y húmeda de Teresita, quien yace en su cama con los ojos cerrados. Es media mañana e Inés está sentada en su sillón de Viena, hamacándose muy lentamente mientras mira a su hija dormir inquieta, con un sueño agitado, quejándose. Deja el rosario que ha estado rezando sin parar sobre la mesa de luz y se pone en pie con dificultad. Le duele la espalda luego de una noche de sueño cortado en la que ha tomado turnos con María para velar al lado de la cama de la niña enferma.

Sobre el pálido mármol gris de la cómoda hay un juego de tocador, un hermoso jarrón de porcelana decorada y su lavamanos, uno de los tantos regalos de boda que trajo de Rosario con el ajuar en uno de los antiguos baúles que pertenecía a sus padres. Vierte más agua fresca, moja uno de los paños apilados a un costado de la jarra y enjuga las gotas de la frente de Teresita. Al inclinarse a controlar la respiración agitada, escucha el frufrú de las enaguas almidonadas de María, quien todavía se obstina en usar vestidos largos hasta el suelo cuando todas las mujeres ahora los llevan a media pierna.

—María, venga. Fíjese, yo la noto cada vez peor. ¿Qué dijo el doctor? ¿Cuándo viene? La nena respira con un ronquido, no me gusta. Y se ha empezado a quejar de dolores, dice que no puede mover las piernas bien—. Inés deja el paño sobre la frente de su hija y se vuelve hacia María, con la cara bañada en lágrimas—: Tengo miedo —la voz es ronca y baja—. Tengo mucho miedo, María.

La criada hace un gesto de pesar, y es evidente que comparte la angustia de Inés. Ella ama a esa criatura con toda el alma.

—¡Ay, 'ña Inés, yo también la veo mal! El doctor está al caer, mandó a decir que venía antes del almuerzo. Salga a estirar las piernas un poco y lavarse la cara, yo me quedo otro rato. Las chicas y Tano están en el patio, con el Coli. Usted vaya nomás, a refrescarse un poco.

María se acerca preocupada a la cama. Los quejidos entre sueños de Teresita le duelen como puntas de cuchillo atravesándole las entrañas, porque esta nena es como si fuese suya. La ha tenido en brazos desde que nació, como a los otros y el miedo que la invade ahora no le gusta nada. Se inclina, refrescándola con el trapo húmedo, y le canta canciones de cuna, suavemente, como si fuesen plegarias. Teresita se mueve inquieta, abre los ojos, no parece reconocerla, y María comprende que esto no es una fiebre común, que aquí hay algo mucho más grave.

Los aldabonazos de la puerta hacen saltar a Inés al salir del baño después de lavarse la cara con agua fría y tratar de controlar las lágrimas de miedo que comienzan a brotar otra vez porque sí. Corre y abre, dando paso al médico de la familia, quien entra al zaguán con el sombrero en la mano y sin más ceremonia sigue hacia el recibidor, y casi corriendo pasa a la galería del patio interno que lleva a los dormitorios.

–¿Cómo sigue la nena? ¿Todavía con fiebre alta? –se apresura a entrar al cuarto de las chicas. Es la tercera vez que viene a ver a Teresita, y él también parece preocupado. Inés lo sigue ansiosa.

–Peor, sigue peor, doctor. Ahora tiene un ronquido y se queja continuamente. Entre sueños decía que le dolían las piernas, pero ahora no nos dice nada, no sé qué le pasa, no puede respirar bien. ¿Qué tiene? ¿Qué le ha venido? –y no dice más, porque no puede preguntar ni nombrar lo innombrable, la enfermedad que está aterrorizando a todas las familias de Córdoba desde hace un par de años. Tiene miedo de que al conjurarla la epidemia entre en la habitación y se apodere del cuerpito de su hija.

Él saluda con un gesto de la cabeza a María, quien se hace a un lado al instante.

–Les dije que no la tapen. No la cubran con estas cobijas. Afuera los trapos, doña Inés, que la nena tiene una fiebre que vuela. Tráigame agua fresca, moje una sábana, la vamos a envolver y me la llevo al hospital ya mismo.

–*Dío mío*, –murmura Inés sacando apresurada una sábana limpia de un cajón de la cómoda, y dándosela a María quien sale corriendo a sacar más agua fresca del cántaro que está a la sombra en la galería– ¿Al hospital? Sí, claro, ahora mismo, por favor, cure a mi hija, doctor, por favor.

—Salga a llamar un coche —el médico apremia a María, apenas ella entra con la sábana húmeda—. La llevamos al Clínicas ya mismo.

Mientras habla envuelve el cuerpito inmóvil de Teresita en la sábana fresca, pero la niña no responde, la cabeza torcida a un costado y los ojos en blanco. La levanta en brazos y sigue a María quien ha salido llamando a gritos a Carmela, quien aterrada viene a ver qué sucede.

—Vengan rápido, que nos vamos al hospital —dice María, corriendo con un rumor de polleras agitadas hacia la puerta cancel.

—Carmela, ¡te quedas con los chicos, que nadie se mueva ni salga afuera de la casa hasta que no venga papá! —grita Inés, y desesperada, entra al dormitorio contiguo y manotea sin pensar su bolso de mano y una pañoleta, mientras dispara órdenes a su hija mayor.

Mena y Elvira se han acercado alarmadas por la gritería, seguidas por Tano, trastabillando y lloroso. Con espanto ven salir por la puerta de calle al doctor, llevando a Teresita en brazos, y buscan con los ojos a la madre, que a pesar del pánico está atenta a todos los detalles domésticos.

—Pongan la traba en la puerta de calle, ya he sacado la carne del horno, que Tano no se acerque a la cocina de leña, avísenle a papá que estamos en el Clínicas con el doctor, él va a saber qué hacer. María va a volver apenas pueda. Quédense adentro, ¿Me escucharon?

—Sí, *Mamma*, vaya nomás, nosotras nos encargamos, ¿Qué le pasó a Teresita? ¿Se puso peor? —corren detrás de ella, y se detienen en la puerta, mientras Inés se acerca al coche.

—El doctor quiere curarla en el hospital, no se preocupen, ya va a sanar. ¡Cierren la puerta por dentro! —les grita.

Ya María y el doctor con Teresita en brazos han subido a la victoria que detuvieron en la calle y el cochero está sofrenando al caballo que se ha alborotado con los gritos y corridas. Inés se apresura a subir y el coche se pone en marcha, azuzado por el hombre que comprende la urgencia de los otros, calle arriba.

Las niñas lloran aterradas en el zaguán trabado por dentro pero siguen al pie de la letra las órdenes porque Inés tiene un carácter férreo con ellas y no quieren despertar su ira, sumándosela a la desesperación que la madre está mostrando por primera vez. Nunca la han visto así y tienen miedo.

El Hospital de Clínicas está a tres o cuatro cuadras al oeste de la casa, sobre la misma calle Santa Rosa, hacia Alto Alberdi. Cuando el cochero frena ante sus puertas, el doctor llama para que lo ayuden y dos hombres corpulentos, vestidos con largos guardapolvos blancos bajan la escalinata y se acercan corriendo.

Con gesto apremiante el doctor grita:

–¡Traigo otra nena con *polio*, y ya está inconsciente! ¡Ayúdenme a bajarla!

Las horas se arrastran en la inmensa y calurosa sala del hospital. Es el área habilitada para los niños enfermos de poliomielitis y la entrada de las visitas es restringida a una persona adulta por paciente. Las camas de hierro pintadas de blanco están alineadas en dos filas contra las paredes y hay una silla de metal frente a cada lecho, para quien acompañe al enfermo.

Inés ha velado el inquieto y febril sueño de Teresita por más de veinticuatro horas pero no quiere marcharse a casa. Ha dormitado en la incómoda silla, cabeceando un sueño lleno de malos augurios y sólo se ha levantado para refrescarse un poco en el baño del área y recibir las viandas que Carmelo le ha traído con manos temblorosas y ojos angustiados.

Es la tercera vez que él llega a verla.

–Esto te lo manda María–, le ha dicho en un susurro, sentado a su lado en uno de los bancos del largo pasillo al que dan las salas de internados–. Tenés que volver a casa, a descansar un poco. Me quedo yo.

–No. No. Tengo miedo, *Carmé*, ¿y si me voy y le pasa algo?

Él deja la vianda a un costado y le toma las manos con ternura.

–*Añé*, ¿qué podés hacer si es que le pasa algo? Ellos están ahí para atenderla. Ya se va a mejorar.

–No, no la veo bien. Está muy grave, te lo digo yo. Y tengo miedo. Varios chicos de la sala han muerto hoy. Los médicos no saben qué hacer tampoco. Yo tengo mucho miedo.

Permanecen tomados de las manos por varios minutos.

–Prometeme que esta noche vas a ir a casa, con María. Yo me quedaré aquí.

Inés se deja convencer porque se siente agotada.

–Está bien. Pero no vengan temprano.

Esa noche, mientras ella reza por su hija esperando que él regrese, la respiración de la enfermita se convierte de golpe en un ronquido extraño, casi animal. Inés salta de la silla, y una enfermera corre a atenderla. Mientras la mujer le toma la fiebre por centésima vez en el día, y se prepara a cambiarle las toallas frías con que se la controlan, Inés nota que el ronquido ha cesado y la hermosa cabecita llena de bucles de su hija ha caído a un costado, inerte.

Un alarido de dolor, similar a otros que ha escuchado en esa terrible vigilia en la sala de niños brota de su pecho de súbito, sin que ella lo espere. Es un alarido de queja, de impotencia, que parece salir de sus entrañas, las mismas que alimentaron a Teresita antes de nacer.

Dos días más tarde, una inconsolable Inés aferrada al brazo de Carmelo sale de la casa llena de gente tras el pequeño féretro blanco que lleva el cuerpo de su hija menor, a la que han velado en la sala. Detrás van las hermanas mayores, abatidas y todavía incrédulas, alternándose para cuidar a Nicolás.

Desde ese día el hogar de los Aversa, habitualmente lleno de risas y voces infantiles, cae en un silencio desconsolado, del que les llevará mucho tiempo sobreponerse.

Los chicos se mueven como fantasmas, doloridos y temerosos ante su primer roce con el misterio de la muerte.

La espada de Damocles

Todos están de luto en la familia. Los hombres con la franja negra en la manga de las camisas o los abrigos y las mujeres vestidas de un negro riguroso que llevarán por dos años al menos. Las niñas solo por seis meses y después vestirán medioluto, con prendas blancas, negras o grises. Las muestras de alegría, la música y los colores han desaparecido del hogar. Es que son una bofetada burlona para quienes están sufriendo una pérdida como la de ellos.

Inés ha confrontado la muerte de la hija menor con un dolor que nunca pensó podría sentir por nada ni por nadie. Cuando años atrás tuvo el aborto espontáneo, al poco tiempo de haberse casado, se apenó mucho y lloró. Pero no se compara con lo que está sintiendo ahora, esta especie de desgarrón en el pecho, un dolor físico que no sabe cómo mitigar y que, con su propio pesar a cuestas, ni Carmelo ni María pueden aliviarle.

Han pasado varios meses y el ritmo de trabajo en los puestos es lo que ha contribuido a que Carmelo se recupere más rápido que Inés. Un lunes él llega al mercado como todos los días, antes del amanecer y después de caminar a paso rápido las todavía oscuras y arboladas ocho cuadras que lo separan de su casa. Las luces están encendidas y los carros y camiones están siendo descargado por los changadores en las calles laterales. Al entrar al amplio hangar que es el Mercado de Abasto de Alberdi lo recibe el olor familiar de la carne fresca, recién cortada, alternado con el aroma de las frutas maduras y las verduras cosechadas el día anterior.

Un mundo de actividad hormiguea sin descanso desde las tres de la mañana, para que a las siete en punto todo esté preparado. Primero llegan las órdenes de compra de los comerciantes minoristas, y de los vendedores callejeros que ya están esperando en fila con sus carros para cargar la mercadería que vocearán por las calles. Más tarde se sumarán las amas de casa y las empleadas domésticas que van a hacer sus compras diarias.

Esquiva a dos peones de sólidas espaldas cargando medias reses y se detiene en el pequeño quiosco de diarios y café al paso para saludar a otros puesteros y empleados que ingresan al edificio. Uno de ellos, Giovanni Marchese, paisano y también carnicero, se acerca y le habla en el dialecto italiano que por cortesía ellos usan solo cuando no hay argentinos u otros inmigrantes a su alrededor. El ininteligible y rápido calabrés resulta muy útil cuando necesitan comunicarse sin que se los entienda.

–*Carmé*, tengo que decirte algo a solas.

–Bueno. Te veo más tarde. Afuera del puesto de Huelfin.

–Seis y media.

–Ahí estaré.

A él no le extraña el aire de confabulación que tiene Giovanni. Ha escuchado rumores que no son buenos en los últimos días. Todo le indica que a pesar de sus esperanzas, ha arribado a Córdoba la *maledizione* que persigue a todos los inmigrantes italianos en América. Una de las razones por la que ni él ni sus hermanos quisieron radicarse en Rosario cuando llegaron al país.

Cosa Nostra, piensa con rabia, *qué nombre mal puesto. Cosa de ellos, será. Asesinos. Ladrones. Y pensar que a todos los italianos del sur nos confunden con estos cretinos.*

Murmurando entre dientes Carmelo entra al mercado y mira con desconfianza a un par de cargadores nuevos que tienen un sospechoso aire siciliano. Es como si al terminar la Gran Guerra en Europa esos tránsfugas, como ratas escapando de un barco, se hubiesen trasladado a *l'América* en masa. Se rumorea que hasta Nueva York es un nido de bandoleros que han copado a la policía local y dominan gremios y empresas.

Llega a la puerta del puesto más grande, el que da hacia la calle Colón, adonde ya se han descargado las medias reses. Los dos empleados están preparando todo para el día. Uno de ellos pasa los cuartos de res por la sierra que chirrea sin parar bajo la hábil mano del hombre que mueve los trozos inmensos, reduciéndolos para la venta. El otro maneja la cuchilla con destreza, cortando los bifes de distintos tamaños para prepararlos en el mostrador, una mesada de mármol blanco que ocupa gran parte del puesto. Entre ella y la pared del fondo hay una corredera de hierro alta, de la que cuelgan ganchos que sostienen un par de media–reses esperando su turno detrás de la sierra.

A la derecha se destaca una doble puerta de madera con una traba de metal que la cruza. Es la refrigeradora, que ya debe estar recargada con las barras de hielo que traen los repartidores antes de las cinco y que mantiene la carne constantemente fresca. Los dos empleados llevan largos guardapolvos blancos y calzan gorros níveos les cubren hasta las orejas. Son requisitos del Departamento de

Salubridad, que también instaló a la entrada de cada puesto prominentes carteles de bronce que dicen "Prohibido escupir en el suelo", justo en frente de receptáculos para ese propósito y destinado a quienes mastican tabaco. Carmelo disfruta fumando un cigarro de cuando en cuando pero le disgusta profundamente ese hábito que ennegrece los dientes y él considera antihigiénico aunque que esté de moda.

Saluda a los hombres y va por detrás del mostrador hasta una esquina de la pared de atrás adonde hay una pequeña escalera que lleva a un diminuto medio piso a donde él tiene sus papeles. A la altura del primer escalón está el teléfono, la nueva invención de fines de siglo que ha aumentado las ventas. Es un aparato que consiste en una caja con un gancho de bronce que sostiene un auricular ligado por un cable. Dándole cuerda a una manivela se puede comunicar, hablándole a la caja, con cualquier barrio de la ciudad a través de una operadora.

Se quita el abrigo mirando con tristeza la ancha banda negra que Inés le ha cosido en la manga izquierda del saco después de la muerte de Teresita.

A las seis y media está todo en marcha en los dos puestos que llevan el cartel "Carnicería Aversa", para iniciar la venta diaria. Carmelo sale por el más pequeño, que da sobre la calle Huelfin. Giovanni Marchese está esperándolo, apoyado contra un árbol y ambos dialogan por unos minutos en voz muy baja, mirando con disimulo a su alrededor.

Cuando se despiden él está más preocupado que antes. Marchese le ha confirmado sus temores. Individuos de la mafia siciliana han comenzado a presionar a algunos puesteros para que paguen protección contra misteriosos e indeterminados peligros que supuestamente los acechan. Ellos saben que eso es solo el comienzo, y que los anunciados *peligros* van a manifestarse a medida que los comerciantes se resistan. Por ahora todos parecen hacer un frente común contra la camorra, pero será solo hasta que suceda algo grave, y entonces, Carmelo teme, la unión contra los atacantes irá quebrándose. Tal vez sea una cuestión de tiempo.

Poco después del mediodía llegan Carmela y Mena con el almuerzo para el padre. Como no van más a la escuela porque ya son adolescentes y a las mujeres no les hace falta estudiar, Inés las manda todos los días a ayudar con la limpieza de los puestos. Con la destreza de quien conoce su trabajo, cada una se dirige a un local y comienza a poner orden. Mientras el padre y los empleados atienden a las clientas más rezagadas, ellas se colocan los delantales blancos y emprenden la tediosa tarea diaria. Hay bateas de agua jabonosa para llenar, herramientas y cuchillas para fregar y largos mostradores de mármol para dejar brillantes y limpios antes de volver a casa.

Cuando los tres emprenden el regreso, ambas restregándose las manos ásperas con la mezcla de glicerina con limón que *Mamma* les provee en un frasquito de vidrio, van convencidas de que Carmelo está rumiando algún problema. Su paso es lento y parece distraído.

Mientras esperan el tranvía Dos en la esquina, Mena se atreve:

–¿Qué le pasa papá? ¿Está enojado con nosotras?

–*Má no, figlia mía*, qué voy a estar enojado con ustedes.

–No sé. Lo noto raro –insinúa ella, codeando a la hermana para que la ayude.

–Yo también lo noto triste, papá. ¿Qué le pasa? –insiste Carmela.

–Nada, no me pasa nada. No vayan a decirle a *Mamma* que me vieron preocupado, ¿eh? porque no es nada. Cosas sin importancia con la mercadería –miente él.

–Bueno –responde Mena muy poco convencida– si usted lo dice...

–El guiso que mandó *Mamma* hoy estaba muy rico–. Comenta él de pronto–. ¿Quién le ayudó a cocinarlo?

Ambas se miran extrañadas.

–María, por supuesto.

–Bueno, ¿No les parece que es hora de que ustedes aprendan a cocinar también? Ya son dos señoritas.

–¡Papá! ¡No, no queremos cocinar! –rezonga Carmela, y la hermana la apoya, enfática, con la cabeza–. ¡Ya tenemos bastante con la limpieza de los puestos y después la costura de la tarde!

Carmelo, por primera vez en el día, sonríe de buena gana mientras hace señas al tranvía que se acerca con su tintinear de campanillas de bronce. Tiene dos bellas hijas adolescentes, sanas y fuertes y una familia hermosa. Debe dar gracias al cielo y esperar lo mejor. Nada les va a suceder si él puede evitarlo.

Los rosarinos

María escucha el aldabonazo en la puerta cancel y se apresura a abrir. El cartero le entrega un sobre que ella reconoce inmediatamente. Viene de Rosario, es de la familia.

–Carta de su hermana Berta –y le extiende el sobre a Inés, quien está a punto de cortar la masa leudada para el pan semanal después de haber verificado que el horno de barro en el fondo del patio de atrás ya tiene brasas candentes–. Es un sobre pesado, parece que tiene varias hojas.

–Gracias, María –dice mientras tapa con el amplio, inmaculado paño seco el bollo que descansa en un bol sobre la mesa. Se lleva el sobre hasta la ventana y allí lee la carta, con los ojos húmedos, con la devoción que siempre siente cuando sus lejanos familiares hacen contacto con ella. Padres y hermanos que ella venera y obedece a la distancia y que todavía guían sus acciones, para desesperación de Carmelo.

Cuando termina de leer, sale al patio del fondo a donde están sus hijos jugando. Mena, Elvira y Tano están haciendo una ronda con un magnífico ejemplar de perro Collie de pelo largo, quien salta con sus dos patas traseras mientras le sostienen las delanteras en la ronda. Cuando escucha a Inés el lustroso animal se suelta y viene corriendo a recibirla, con ojos alerta e inteligentes. Ella lo desecha con un gesto.

–Ahora no, Coli, que estoy ocupada –y dirigiéndose a los otros–: ¡Vengan, chicos, buenas noticias de Rosario! ¡Tía *Betta* viene con los primos a visitarnos!

Las hijas corren a escuchar detalles, pero Tano levanta del suelo su camión de madera, y se sienta bajo la higuera que está en el centro del patio, mirando de lejos.

Carmela trae en brazos a Lucía, la hermosa nena que el 13 de diciembre de 1921 vino a ocupar el vacío que la muerte temprana de Teresita les dejó a todos. La llaman Lusa, y ya tiene dos años, rulos oscuros y ojos verdes que irradian alegría. Las hermanas mayores se turnan para cuidarla, porque también tienen que atender a Roberto, el bebé que colmó de alegría a los padres por ser varón y al que Carmelo llama con ternura *Chiní*.

Los primos de Rosario mantienen con ellos una relación estrecha a pesar de la distancia. Inés va de visita con su prole cada vez que puede. Las dos hermanas mayores, Berta y Ángela vienen regularmente con sus hijos a tomar el aire seco y saludable de Córdoba, y van de paseo con frecuencia a las sierras, un macizo montañoso de tres cadenas que corre de norte a sur al oeste de la provincia y no lejos de la ciudad capital. La próspera empresa de pirotecnia rosarina que manejan sus maridos tiene una firme fama nacional. Ganan cada vez más licitaciones para los actos públicos que realiza la ciudad de Córdoba, lo que incrementa los viajes de ida y vuelta para todos.

Carmelo continúa fastidiado por la constante influencia que las hermanas y los padres tienen todavía sobre Inés y que él no ha podido disminuir. Pero calla, pues no quiere crear conflictos con su mujer, quien, según él confesara a María en una rara ocasión, *considera todo lo que viene de su familia de Rosario como si lo hubiese bendecido el Santo Padre en el Vaticano.* La muchacha lo había mirado, asintiendo:

—Así es, don Carmelo. Así nomás es.

Inés ha terminado de leer la carta a sus hijos y está planeando en voz alta cómo van a prepararse para recibirlos. María conoce el ritual y siente que hay cosas más apremiantes por el momento.

—Ñá Inés, se pasan las brasas. Pongamos el pan en el horno —dice, sabiendo que su patrona tendrá la atención fija de ahora en adelante en los de Rosario hasta que se vayan de vuelta a casa. A su partida, ella está segura, dejarán el bochinche y el desorden para que otros los arreglen, y a Inés triste y nostálgica otra vez. En eso María está de acuerdo con don Carmelo. Pero claro, no puede opinar en voz alta. Quiere mucho a Inés como para provocar el más leve roce o herirla con algún comentario.

—Sí, sí, María, vamos... ¡pero qué suerte que vienen otra vez!

—Sí, es una suerte, ñá Inés, yo sé cuánto le alegra a usted recibirlos. ¿Ponemos el pan?

Inés da órdenes para acomodar el cuarto de costura, y convertirlo otra vez en pieza de huéspedes para los viajeros. Hay que traer los colchones y catres del cuarto de los trastos, para armar las camas. Airear las mantas y encimar todos los elementos de costura en un rincón, para que no molesten. ¡Hay tanto para hacer antes de que la hermana llegue!

A las hijas les alegra mucho la llegada de los primos, unos varones arriesgados que se trepan a cualquier parte y rompen los pantalones sin consecuencias graves, y la visita de las primas, unas muchachitas pizpiretas que compiten con su ropa y muestran las últimas modas de zapatos y vestidos "bolsa", sin cintura, como usan las muchachas adolescentes y las mujeres en Buenos Aires. Ellas las admiran en secreto y toman nota. También se lucen mostrándoles a los huéspedes discos de pasta con temas modernos que el padre les compra de mala gana, porque le desagrada esa música y que ponen en el fonógrafo, ensayando los últimos pasos de charlestón. Saben que las primas declararán haberlos aprendido mucho tiempo atrás en Rosario, a donde las novedades capitalinas llegan más rápido que a Córdoba.

Esta vez habrá un elemento nuevo, la radio, que Carmelo ha traído y ubicado en un preeminente lugar del comedor, dejando la ventana a la calle abierta para que los vecinos que pasan puedan pararse a escuchar las transmisiones de música o noticias.

Pero Mena enfría el entusiasmo de sus hermanas con su lógica habitual:

–¿Y ustedes piensan que ellos no tienen radios mejores y más grandes que ésta en Rosario? La última vez que fuimos allá, el tío iba a comprarles una. Con una luz verde en el frente, ¿Ya se olvidaron?

Las otras la miran decepcionadas ante lo obvio. Y así la inofensiva competición entre las primas continuará hasta que se marchen.

Una mañana, de acuerdo a lo anunciado, Berta, menuda, con su rodete en la nuca e inmensos ojos verde claro, llega en un torbellino de bolsas, bolsones, baúles atiborrados en un coche de alquiler y niños revoloteando alrededor. Todos salen corriendo a recibirlos, y se abrazan por un rato que Inés trata de prolongar hasta que la hermana se suelta y la aleja de sí, estudiándola detalladamente mientras exclama:

–Fue un viaje larguísimo, *Añé*, estoy cansada y me duele la cabeza…. ¡No toquen esos bolsos, vayan todos para adentro! –grita a los niños que están empujándose para abrir uno de los bultos apilados en la vereda.

Se acerca al paciente cochero y le paga el importe del viaje más una sustanciosa propina por ayudarle con el equipaje. Sin esperar un instante, toma del brazo a Inés y la comitiva entra al zaguán lleno de bultos y maletas. Después de saludar a cada sobrino, Berta se vuelve hacia la nueva niñera que ha traído consigo para poder manejarse con libertad, una muchacha criolla, vestida con un impecable uniforme, que se ha ocupado de controlar a los niños y a la que todos ignoraron hasta ahora.

—Juanita, ponga al bebé en la cama, es la pieza al fondo de la galería, Carmela, llevala para que se ubique en el dormitorio. Quiero ver a Lusa y Roberto, ¡qué grandes están! ¡Qué bonita nena! ¡Y Roberto! ¡Qué grande es para su edad!

Todos colaboran y los acompañan hacia el cuarto que han preparado para ellos, atropellándose al hablar para ponerse al día con las noticias familiares.

Ayudada por Mena, Juanita ha armado un improvisado cambiador sobre una de las camas y está quitándole el pañal sucio al bebé, quien se entretiene mirando a los chiquillos que lo rodean. Cuando termina, hace un envoltorio con el pañal sucio.

—Te traigo un balde para ponerlo a lavar —dice Elvira, siempre voluntaria.

—No, ¡Qué lavar! He traído un bolsón lleno de pañales nuevos. A la basura —dice Berta, y riéndose, se vuelve hacia Inés— ¿Cuándo me viste mandar a lavar un pañal en un viaje?

Inés se ríe también, y corrige a su hija.

—Tía Berta no tiene tiempo de lavar pañales cuando viaja, Elvira —y dirigiéndose hacia Juanita— el tacho de basura está en el patio, ahora le mostramos a dónde.

A Carmela y Mena les divierte la inocencia de la hermana. Elvira mira a su tía con envidia, pensando qué cómodo sería si en esta casa se acostumbrara a echar los malolientes pañales sucios de los más chicos a la basura, ahorrando tantas horas de remojo y de refregada en la batea de lavar la ropa. Porque con tantos niños en la casa María está ocupada todo el día con el lavado de la ropa, las compras y la limpieza. Pero su madre trabaja a la par de ella, ayudada por las tres hermanas cuando no están en la escuela.

Elvira ha estado en Rosario varias veces y siente que la vida de las tías es más cómoda e interesante que la de su madre.

Al mediodía llega Carmelo, y cuando abre la puerta cancel escucha las voces y gritos. Se detiene un momento en el zaguán y después cierra la puerta. Con un suspiro de resignación se encamina hacia el pasillo que da a la cocina. Sentada frente a la mesa está Inés con los ojos brillantes, mirando con adoración a Berta, mientas ésta, con un paño frío en la frente está reclinada sobre una silla, la cabeza apoyada contra la pared.

Pero al menos esta vez Scalona está fuera de escena, y el pensamiento aminora en gran medida los celos que siente por la espléndida imagen que proyectan los rosarinos y que cautiva a toda su familia.

Berta está contándole algo a su hermana, en dialecto y con su rápido acento santafesino.

Esta mujer habla con una velocidad increíble para alguien que sufre de jaqueca, piensa Carmelo.

Se atusa los bigotes y mostrando una sonrisa poco convincente a pesar del esfuerzo, se acerca a la mesa, mirando a Inés con una mezcla de fastidio y celos. Los bellos ojos azules de su mujer beben embelesados cada gesto de la hermana.

Lusa

Una mañana cuando el sol ya recalienta los ladrillos del patio, suena el llamador de la puerta cancel. María sale de la cocina, camina descalza por las frescas baldosas del pasillo y abre. Después de un breve diálogo, hace pasar a una mujer delgada y pálida al zaguán y se encamina hacia los dormitorios en busca de Inés. Abre la puerta entornada, asoma la cabeza y parpadeando en la oscuridad del cuarto, susurra:

—'Ña Inés, una vecina de la otra cuadra quiere hablar con usted.

Inés está poniendo en la cuna a Roberto y se vuelve interrogante hacia María, quien se encoge de hombros.

—Otra flaca que parece tísica con un niñito en brazos —dice como explicación, e Inés mueve la cabeza, sonriendo.

—Ah, sí, me había olvidado. Hacela pasar al comedor.

—Dice que la recomendó doña Francisca, de la otra cuadra.

—Ahora voy.

La vecina, una mujercita menuda, macilenta, está sentada esperándola en una de las sillas del comedor, mirando alrededor, cuando Inés entra a saludarla. La cara sonrosada y la piel sana de ella contrastan con la palidez de la vecina. Inés ha ganado mucho peso en los últimos años y hoy tiene la figura de una matrona imponente, y la muchacha vecina la mira con timidez. Inés la conoce desde hace mucho, pero solo de vista.

—Doña Inés, doña Francisca me recomendó que venga a verla —y la mirada se torna interrogante—. Dice que ya le habló de mí... el nene no puede digerir ninguna leche y yo no tengo nada para darle... —dice, señalando al diminuto bebé que lleva envuelto en un liviano lino para que no sufra el calor sofocante de la calle.

—Está bien. Vos sos María Luisa, ¿no?

—Para servirla.

—Francisca me habló de vos y le dije que te mande para acá, nomás, —y mirando al pequeño niño que acuna en los brazos— claro, tu hijo es muy chiquito para que le den leche de vaca, tiene que tomar leche de madre. No te preocupés. Podés venir dos veces por día, a la mañana y a la tardecita. Yo le doy el pecho a Roberto por la mañana también pero ya él come papilla así que no necesita tanto como antes. Hay leche de sobra para dos críos.

—Ay, doña Inés, ¡muchas gracias! —dice María Luisa con los ojos húmedos—. Dios la bendiga.

—Gracias, pero no te preocupés. Más leche doy, más tengo. *¡A benedice!*

Los ojos oscuros de María Luisa la miran interrogantes e Inés se siente obligada a explicar.

—Yo no hago nada para tener tanta leche, tengo la suerte de tener mucha, nada más. María, traiga una toalla limpia y un pañuelito de lino, que voy a alimentar este nene. Dame el bebe, —le dice a la ansiosa madre—. ¿Cómo se llama?

—Andrés, Andresito, doña Inés.

—Vení, Andresito, vamos a comer.

Cuando la agradecida madre se marcha, María recoge la toalla y el pañuelo para lavar y le dice a Inés mientras ésta se dirige al baño a lavarse la leche que se ha volcado sobre su piel.

—Ñá Inés, no le faltan clientes después de cada parto, ¿no? Una suerte para usted y para los chicos suyos, que toman el pecho hasta los dos años.

—Sí. Una bendición del cielo, con tanto niño muerto de hambre por ahí. Estas mujeres no comen casi nada, ¡qué van a tener leche! ¿No viste lo escuálido que es el bebito? Pero ya se va a poner rosado y bien, apenas lo alimentemos. Pobrecito, no puede comer, es muy chiquito, y la leche de vaca a veces hace tan mal. Ella tiene los pechos secos. ¡Está tan mal alimentada!

—Es la miseria, ñá Inés. Por eso muchos vienen a pedir sobras de huesos o al olor del asado. La gente no tiene trabajo, pues —suspira-. Las cosas andan de mal en peor, no sé en qué va a terminar. Yo veo en el almacén, cómo cuentan los centavos, y piden la yapa, porque de seguro no les alcanza lo que llevan para parar la olla.

—Sí, María, tenemos suerte que en casa no se pasa hambre, y también que podemos dar a otros. A mí me gusta poder dar el pecho a esos chicos, verlos como engordan y se ponen rosados. También convidar un poco de nuestra cena… gracias a Dios que tenemos para compartir.

—Parece mentiras —María sonríe divertida, recordando— es como un reloj. Empiezan a asomarse por la pared medianera apenas sienten el olor del carbón haciéndose brasa. Los vecinos saben que habrá parrillada.

—Esta gente trabaja por centavos, haciendo changas, qué van a poder comprar carne. Mañana hacemos otro asado, como todos los sábados.

—Sí. ¡El pobre don Carmelo y las chicas cada vez tienen que traer más carne desde el puesto! El hombre es un santo, acarreando esas bolsas.

—Nada de santo. Así tiene que ser. Que los vecinos se asomen y vengan cuando quieran. Carmelo siempre trae de más. *¡A benedice!*

—Usted lo ha dicho, 'ña Inés. ¡Bendito sea!

Ya ha entrado el otoño pero es como si el pesado verano no quisiera marcharse de la ciudad que Don Juan de Garay fundó en una hondonada a orillas del Rio Suquía, desobedeciendo las órdenes del Virreinato del Alto Perú de establecer el poblado más al noroeste, al sur de Salta.

Inés retoma el tejido de crochet que dejó un rato antes para acudir en auxilio de Tano, quien había llegado llorando con las rodillas sangrantes después de una caída, pero Carmela la interrumpe, llegando agitada desde el fondo de la galería:

—¡*Mamma*, venga, creo que Lusa no se siente bien! —grita.

La cara está roja, y los ojos reflejan miedo.

—¡Venga rápido, que está tiritando y dice que le duelen las piernas! Esta mañana la noté medio decaída, no quería jugar. ¡Apúrese!

Inés corre hacia el fondo y encuentra a Elvira sentada sosteniendo a Lusa en la falda. Levanta a la niña y se la lleva al dormitorio que está oscuro porque con este calor se dejan los postigos cerrados todo el día para contribuir a mantener el aire fresco en las habitaciones de techos altos y gruesas paredes aislantes.

—Carmela, llamá a María. Rápido—, dice Inés, mientras un escalofrío le recorre la espalda.

—Debe haberse recostado a la siesta.

—No, hace un rato la vi pasar para su pieza llevando una palangana con agua. ¡Apurate!

Carmela se va hacia el cuarto de María, un poco separado del resto de los cuartos, a la izquierda de la galería que da al patio del fondo. Elvira y Mena están frente a la puerta cerrada, muertas de risa y le hacen un gesto de silencio con un dedo frente a los labios.

–¿Qué pasa? *Mamma* está llamando a María. Lusa no está bien.

Las otras no parecen escucharla, apenas contienen la risa y se turnan para mirar por el ojo de la cerradura adentro del dormitorio de María. Comprendiendo lo que sucede, Carmela se sonríe.

–No se burlen, no sean maleducadas –pero no puede evitar espiar también ella, aunque sabe con qué va a encontrarse, y sofoca la risa. María está parada en el medio del cuarto, las polleras arremangadas hasta las delgadas y pálidas pantorrillas, sacudiendo las enaguas y el vestido en el aire, mientras controla si han caído suficientes pulgas en el agua. Es una ceremonia que realiza cada vez que vuelve de la calle, ya que sus largas polleras se arrastran por el suelo y no solo se le ensucian y rompen los ruedos, sino que también recogen pulgas, uno de los azotes de la ciudad en verano.

–No sé por qué no usa polleras más cortas –dice Elvira entre risas, tapándose la boca para que no la oigan–. ¡Pobre María! ¡Tan anticuada!

Carmela pierde la paciencia y da dos golpes en la puerta.

–María, cuando se desocupe venga pronto porque *Mamma* la llama urgente. ¡Lusa está enferma y no sabemos qué es!

Cuando María entra al dormitorio de las chicas, ya Inés ha puesto toallas húmedas frías alrededor de Lusa y las dos se miran con miedo, porque están pensando en lo mismo.

La fiebre que se llevó a Teresita es un fantasma que las acosa y hace que cada resfrío fuerte o fiebre que sufren los niños sea visto como una potencial tragedia. Los casos de poliomielitis se siguen dando en todo el país y no hay forma de parar algo que no tiene cura, que solo puede ser tomado a tiempo para aminorar los efectos, pero nunca curarlos.

Saben que tienen que bajar la temperatura a toda costa con paños fríos, lo que hace temblar como una hoja a la pequeña Lusa. El cuerpito está exánime, no es una gripe común. Inés vuelve a sentir una oleada de pánico, pero respira hondo y trata de mantener la calma.

–María, enjuague los paños con agua fría que me visto para ir al hospital. La llevamos directamente–. Inés se estruja las manos con desesperación. ¿Es que Dios sería capaz de hacerle vivir otra vez la misma pesadilla?

–Sí, ñá Inés, es lo mejor, apúrese, yo le cambio la ropita. ¡Está empapada!

Inés sale corriendo y las hermanas que se arremolinan en la puerta comienzan a alarmarse al dar paso a la madre que ni siquiera parece verlas con el apuro que lleva.

–La fiebre, es la misma fiebre, otra vez.... –alcanza a decir al pasar, casi para sí misma, mientras las muchachas se abrazan, con miedo, no quieren que se repita la historia que se llevó a Teresita, pero no pueden hacer nada para evitarlo, solo rezar y esperar a que los médicos la ayuden. Escuchan a Inés gritar nerviosa–: Carmela, ¡Llamá a una victoria! ¡Ahora mismo!

Temblando, con el estómago estrujado por una mano invisible, Carmela corre hacia a puerta cancel y sale a la calle. No hay coches a la vista, y corre, desesperada, a la búsqueda de alguno que haya parado por casualidad a comprar algo fresco en el almacén de la esquina.

Inés ha llorado y rezado el rosario días enteros, al pie de la cama del hospital, tomando turnos con María, y en la misma sala donde cuidó a la pequeña Teresita, mientras el resto de la familia agonizaba en la espera.

Por fin la fiebre cede y después de tenerla en varios días en observación en otra sala también llena de niños afortunados por haber sobrevivido la epidemia, los médicos le han dado de alta. Carmelo y ella han traído de vuelta a casa a una Lusa pálida y delgada después de dos semanas de internación.

Mena le susurra a Carmela, fuera del alcance de los padres, la impresión que todos tienen pero no se animan a mencionar:

–Parece más chiquita, así encogida en la cama, ¿no? Si está sentada parece que se hunde en la silla.

Carmela le chista por lo bajo.

–Callate, no digas nada. ¡Te va a oír *Mamma*!

Lusa no es más la nena vivaz de ojos brillantes que reía por todo y corría jugando con ellos y el Coli. El perro sabe que algo raro le pasa porque cuando se acerca a Lusa lo hace con cuidado y apoya el hocico cerca de las piernas, olfateando, como si supiera que algo está mal, que Lusa tiene las piernitas enfermas. A ella le hace bien su compañía, y le arranca las únicas sonrisas que borran por un momento fugaz la tristeza profunda de los ojos verdes, ahora opacos y sin la chispa que los iluminaba.

Carmela, invadida por un miedo que la domina por completo, en las últimas semanas ha estado más rebelde y nerviosa que nunca. Desde que trajeron a la hermana del hospital no puede conciliar el sueño, y necesita levantarse aún más veces a enderezar los cuadros de la pared, revisar una y otra vez que los postigos de la ventana estén calzados y que las puertas del ropero estén cerradas. Termina la gira nocturna por el dormitorio inclinándose sobre la cuna de Lusa para verificar si respira todavía. Teme que Lucía deje de respirar y nadie se dé cuenta. La asaltan pánicos sorpresivos, de día y también entre sueños, cuando se despierta de golpe, empapada en un sudor frío.

Mena y Elvira, también con sus miedos a cuestas, cada vez tienen menos paciencia con la hermana mayor, que a veces parece totalmente descontrolada a pesar de las reiteradas amenazas de los padres de hacerla revisar por un médico de los nervios.

Si bien Lusa ha sobrevivido al ataque feroz y la fiebre no le afectó el cerebro o los pulmones, la polio le ha tomado las piernas, en particular una, que está casi paralizada, torcida a un costado, como si se hubiese quebrado.

Les lleva semanas recuperarse de lo sucedido, pero Inés no quiere darse por vencida y ha tomado medidas profilácticas que le dicta su sentido común. Porque no existe nada seguro para proteger a los otros hijos, en particular a Roberto, el más pequeño. Los médicos le han aconsejado que mantenga separados los juguetes de Lusa, y que no beban del mismo vaso, por ahora, hasta que pase un tiempo.

—Estuve hablando con una vecina que María conoció en el almacén —dice Inés a la hora del almuerzo, cuando todos están sentados comiendo en el silencio que ha pesado sobre toda la familia desde el día que llevaron a Lusa al hospital—. Hay varios chicos del barrio que han caído enfermos pero que superaron la fiebre, como Lusa. Todos quedan con algún problema en las piernas. Lusa tiene suerte porque podría estar peor, como dijo el médico. Pero no creo que los ejercicios vayan a curarla. Hay que hacer algo más.

—Pero tiene que hacer los ejercicios, no dejes de hacerle los ejercicios —señala Carmelo, alarmado porque teme que ella no siga los consejos médicos. Él no cree en curanderos ni adivinos.

—Sí, no te digo que no. Vamos a hacerlos. Pero hay gente que está curando a los chicos con baños de vapor, le hacen baños con yuyos medicinales. No le voy a decir esto al médico, pero voy a ir a hacerle los baños de vapor. Vamos a hacer de todo. Los ejercicios, los baños y masajes. Todo lo que haga falta, *Carmé*. Los curanderos creen en los masajes y en el vapor. ¿Qué puede hacerle mal de todo eso?

–¿Quién hace esas curas? –pregunta él con desconfianza–. ¿Y si se pone peor?

–Pero, ¿qué querés que haga? ¿Que me siente a esperar a que se cure sola? Son baños de vapor, no le van a dar nada raro para tomar. Solo son baños y masajes. Son curanderos, sí, pero ayudaron a muchos chicos y la gente les tiene fe. Mañana mismo vamos con María. A ver qué pasa. Los médicos no saben qué hacer. Ya hicieron todo lo que pudieron en el hospital. No seas cabeza dura.

La voz de ella tiembla y tiene las mejillas bañadas en lágrimas que se enjuga con una punta del delantal.

–Bueno, la llevamos y vemos qué pasa. La llevamos, si te parece que pueden ayudarla a caminar–. Carmelo teme oponerse y empeorar las cosas–. Yo no quiero verla así, quiero que camine de nuevo, *Añé*, no quiero que esté en una silla toda su vida. Pero que no le den ninguna porquería para tomar, tené mucho cuidado.

–No. Nada de remedios para tomar. Solo los baños –le reasegura ella–. Lusa va a caminar. Va a caminar otra vez, vas a ver. Aunque lleve un montón de tiempo. Yo me voy a ocupar de que camine y vuelva a ser la de antes.

Con persistencia y determinación Inés trata de ganar cualquier ventaja sobre la aborrecida polio, llevando a su hija día por medio a la sesión de baños de vapor, masajes y ejercicios. El esfuerzo da frutos, por fin, casi un año más tarde.

Carmelo está en el comedor, escuchando la radio después de la cena, cuando Lusa de pronto y sin una palabra, se incorpora de la sillita a donde la sientan para jugar con su muñeca, y tomándose con fuerza del borde de una mesita que está apoyada contra la pared, ensaya un par de pasos. Como si ella misma se sorprendiera de la hazaña, queda inmóvil y mira hacia donde está Carmelo. Él, sin querer alarmarla, con el corazón latiéndole como loco, controla el grito que casi se le escapa, y se acerca, sonriéndole, con la mano extendida. Lusa lo mira con un brillo nuevo en los ojos, mientras aprieta los labios concentrada en el movimiento y extiende una de sus manitos hacia el padre.

–Despacio, despacio –murmura él–, dame la mano, *figlia mía*, dame la mano.

Ella se apoya en la fuerte mano del padre y da dos pasos más.

Inés, al entrar, queda petrificada en la puerta por unos segundos, no queriendo romper el sortilegio. Carmelo se ha puesto de rodillas frente a la niña para sostenerla si es que tambalea, pero Lusa está firmemente plantada sobre su pierna sujeta rígidamente con una faja que sube desde el tobillo.

–¡*Asá fa Dio!* –exclama Inés, corriendo hacia ellos–: ¡Por fin, por fin, yo sabía que ibas a caminar! –se arrodilla frente a una titubeante Lusa, que, como sus padres, tiene los ojos llenos de lágrimas y los tres se abrazan con fuerza, llorando y riendo a la vez.

La escuela Salesiana

María levanta cuidadosamente con una pinza de metal los últimos dos carbones encendidos en el pequeño brasero y los coloca dentro de la plancha de hierro, la cierra y la apoya sobre una rejilla metálica en un rincón de la mesada de la cocina, contra la pared. Pronto Elvira y Tano van a llegar de la escuela metiendo bullicio.

—'Ña Inés, voy al patio a descolgar la ropa de la soga para planchar. Me llevo a Lusa.

—No te preocupés, yo preparo la leche mientras tanto. Roberto, quedate conmigo.

Roberto levanta con gesto distraído la cabeza de sus cubos de madera y asiente.

—Vamos, María, vamos —dice Lusa, feliz, levantándose con cuidado de la sillita en la que estaba jugando su hermano, quien sigue entretenido apilando cubos en el suelo— yo te ayudo con la ropa.

Caminando apoyada en la mesa, se acerca despacio a María quien con toda ternura la toma de la mano y la lleva caminando hacia afuera. Lusa necesita fortalecer las piernitas y tiene que caminar mucho. Los curanderos con sus baños de vapor y masajes han hecho milagros. Una de las piernas está totalmente recuperada, pero la otra sigue débil y no tiene fuerza en el tobillo. Una faja que le llega hasta la pantorrilla le da soporte y así puede caminar, por ahora, apoyándose, o de la mano de alguien. Lusa ha comenzado a recuperar su sonrisa y se la ve cada vez más segura.

Inés las mira salir con aire protector, comienza a cortar el pan y prepara las tazas para la merienda de la tarde. Está preocupada por Tano. Las tres mayorcitas siempre se han integrado a la escuela pública sin problemas, pero el primer varón es distinto. Es un muchachito silencioso, tímido, al que ella, como madre protectora ha preferido registrar en la escuela de curas del Convento Salesiano, que queda justo al lado de la Iglesia de María Auxiliadora, a la vuelta de la casa. Ella creyó que los curas iban a brindarle la atención personalizada que él necesita. Pero las cosas van de mal en peor de un tiempo a esta parte.

Tano es independiente y se las arregla solo, pero por la misma razón siempre se mete en problemas. Apenas Inés se

117

descuida, él ha desaparecido, a veces por horas, o se niega a explicar sus andanzas. No es bueno para obedecer órdenes tampoco, y muchas veces ella tiene que sacarse el zueco y darle unos buenos sacudones en el trasero. Él los recibe sin chistar, mordiéndose los labios y se va a llorar a solas. Pero los zapatillazos tampoco dan resultado.

Los curas salesianos no tienen más paciencia que ella, eso se nota, porque a medida que han pasado los años las quejas de los maestros se han multiplicado y en este período escolar ella ya ha tenido que ir varias veces a recibir sermones sobre cómo educarlo y obligarlo a hacer los deberes que él oculta cada vez que puede.

La puerta cancel se abre y cierra con un golpe. Seguramente es Tano, el primero en llegar a la casa. Tal como esperaba, unos segundos después él entra en la cocina, con la cabeza gacha y la gorra que le cubre hasta los ojos. Tano tiene la piel oliva y un atisbo de las ojeras que tienen Ángela y Berta. Inés retira la lechera de la hornalla y se vuelve a saludarlo.

—Hola, *Mamma* —dice él, hosco, mirando hacia otro lado. No ha dejado la gorra ni la el saco en el perchero de la entrada como de costumbre.

Inés se acerca y le quita la gorra con un forcejeo, porque él la sujeta con una mano. Tiene los ojos enrojecidos como si hubiese llorado y eso la alarma, Tano no es de andar llorando por ahí.

—¿Qué te pasó? ¡Estuviste llorando!

—No.

—¡Cómo, no! Tenés los ojos hinchados. ¿Qué pasó? ¡Decime ya mismo!

—¡*Mamma*, déjeme, no quiero decirle nada! Si le digo usted me va a dar más zapatillazos, encima de todo, ¡No quiero!

Inés promete sinceramente:

—No. Te aseguro que no. Esta vez no hay zapatillazos, pero me tenés que decir toda la verdad. ¿Entendiste? Todo.

Tano se derrumba y la abraza por la cintura, enterrando la cara en el delantal, y sollozando como ella no lo ha visto hacer más que cuando se lastima o golpea fuerte. Intrigada, se sienta y lo mira a la cara.

—Vamos. Decime. ¿Qué pasó?

—El cura me colgó de la ventana hoy.

—¿Qué? —Inés piensa que escuchó mal—, ¿Qué dijiste?

–Que me colgó de la ventana –repite Tano, esquivando los ojos de ella– casi me tira para abajo. Tuve tanto miedo que me hice pis encima, *Mamma*, y todos se reían de mí.

–¿Que te colgó de una ventana? ¿Cómo? ... –Inés no sabe qué pensar. Pero está segura que su hijo no miente, lo conoce bien. Está llorando con mucho sentimiento para inventar una historia así–. A ver, mirame. Tranquilizate y secate las lágrimas. Vení. Sentate aquí y me explicás todo bien, con detalle. Todo lo que pasó. ¿Entendiste? Te prometo que no me voy a enojar con vos. Quiero saber qué pasó.

Tano se refriega los ojos con el pañuelo que le ha tendido su madre y se sienta a donde ella le indica, todavía inseguro de que una confesión de lo sucedido no lo meterá en más problemas con sus padres.

–Estábamos en la clase de aritmética. A mí me salió mal un problema y el padre cura se enojó conmigo. Me gritó y yo me quedé callado mirándolo. Siempre le tengo miedo, porque termina mandándome de rodillas al maíz en el rincón. –Inés no se inmuta. Es una costumbre que tienen los curas. Ponen a los chicos de rodillas por un rato sobre una fuente de maíz, contra la pared, en castigo por portarse mal. Ella aborrece el método, aunque casi todos los padres lo aceptan. A lo largo de los años ha llegado a considerarlo una necesidad de los sacerdotes para controlar a tanto muchacho díscolo en clase. Pero aquí hay algo más. Tano continúa–: *Mamma*, usted sabe que yo no les contesto a los curas porque les tengo miedo. Pero el problema no me salía, no había caso, no lo entendía. El cura me gritoneó un rato, y yo mudo. Al fin, se cansó de gritarme, me levantó de un brazo del banco y me llevó a los tirones hasta la ventana...

–*Dío mío* –murmura Inés, espantada.

–... ahí me levantó en el aire y me puso la cintura contra el marco de la ventana. Me dolía la barriga, tanto que me apretaba, y me agarró de las piernas...

–¿Te colgó de la ventana? ¿Es cierto lo que me estás diciendo, *figlio mio*?

–Le juro por Dios, *Mamma*, que me muera aquí mismo–. Hace una cruz con los dos índices sobre la boca–. El cura me tenía agarrado de las piernas mientras yo gritaba como loco, porque tenía miedo de caerme del cuarto piso. –Rompe a llorar otra vez, ahora con la cara entre las manos, reviviendo el momento–. Suerte que no me soltó... porque me iba al piso de cabeza. Al final me tironeó de vuelta para adentro y me raspé la barriga contra la madera, todos los chicos se reían, y yo me puse a llorar a los gritos en un rincón. Me dijo que eso era para que aprenda y preste atención cuando él explica la aritmética. Todavía estoy mojado... –y se mira el pantalón a donde una mancha húmeda se prolonga por las dos piernas.

Inés se pone en pie, furiosa.

–Vamos para allá. ¡Ahora mismo!

–¿A dónde?, ¿A la escuela? No ¡No, *Mamma*, por favor!

Ella no escucha más. Se quita el delantal y se asoma al pasillo, por donde ve venir a María, los brazos cargados de ropa limpia, esperando a Lusa, que camina tomada de su falda para no caerse.

–María, Tano y yo nos vamos para los Salesianos, ya mismo. Atienda a Roberto, y a Elvira que está por llegar. La leche ya hirvió.

–¿Qué pasó? –alarmada, María deja la brazada de ropa sobre una silla de la galería y levanta a Lusa, para acercarse más rápido.

–Después le cuento. Colgaron a Tano de una ventana. Ya me van a oír esos curas sinvergüenzas, maltratando al chico, ¿Qué clase de cristianos son? ¿Qué hombre de Dios trata así a una criatura? ¿Y nosotros pagamos para que le hagan esto a mi hijo? Están locos... –No puede seguir porque las lágrimas le estrangulan la garganta y la rabia la enceguece mientras toma por el brazo a un Tano muy poco convencido de seguirla y van hacia la puerta–. Si nos apuramos los vamos a encontrar todavía en la escuela, antes de que se vuelvan al convento, los sinvergüenzas–.Y sale cerrando la puerta con un golpe.

Cuando Carmelo llega del mercado con las hijas, Elvira sale a darles la noticia apenas los escucha abrir la puerta. A él le cuesta trabajo entender qué está pasando. Se apresura a la cocina, para aclarar lo que le parece imposible haber escuchado.

–*Añé*, ¿qué dice Elvira? ¿Que casi lo tiran por la ventana a Tano? ¿Qué pasó? ¿Qué historias son ésas?

Tano está sentado a la mesa con un vaso de limonada frente a él, todavía nervioso y con los ojos hinchados de llorar por lo que ha vivido esa tarde. Mira al padre con desconfianza, no sabiendo bien qué reacción va a tener cuando escuche la historia. Carmela y Mena se quedan paradas cerca de la puerta, el tono de la madre no deja dudas de que todavía está furiosa por algo.

Inés les cuenta lo sucedido, interrumpida en varios puntos por María y Elvira, quienes se atropellan para dar más detalles.

—¿Y qué pasó cuando fuiste a la escuela? ¿Qué te dijeron?

—El celador casi no me deja pasar, pero encontré al director y el secretario en la oficina, por suerte, antes que se fueran al convento. Les pregunté si era cierto lo que mi hijo decía y me dijeron que sí, que el maestro tuvo que castigarlo porque no aprende bien aritmética. Creo que estaban ofendidos porque entré así a la escuela. Les grité de todo, y les dije que desde hoy tienen un alumno menos. Nunca más en la vida un hijo mío va a pisar esa escuela, y les dije también que si mi hijo se caía de la ventana a la calle ellos iban a ser unos asesinos.

Inés continúa, casi sin aliento, la cara enrojecida, reviviendo lo sucedido hasta que Carmelo la toma por los hombros y la tranquiliza.

—Tranquila, *Añé,* ya pasó. Hiciste bien la lleva hacia una silla–. Tranquilizate. Mañana temprano vamos a anotarlo en otra escuela–, y volviéndose hacia Tano, le revuelve el pelo con cariño, lo más cercano a una caricia que Carmelo se permite en una casa donde no hay contactos físicos afectivos–. Ya pasó, *figlio mío,* en otra escuela vas a estar mejor.

Tano respira aliviado. Ha sentido tanto miedo, entre los curas amenazantes y la furia de la madre, que recién consigue que el aire le entre en los pulmones con facilidad. Por suerte el nudo en el estómago se está aflojando. Cuando el Coli aparece en la puerta y se acerca a Carmelo, él aprovecha la oportunidad para tomarlo por el collar y llevarlo al patio sin dar una excusa, ya que *Mamma* no quiere al perro cerca de donde se hace la comida.

—Vamos, Coli, vamos a jugar afuera con Roberto.

Las chicas aprovechan para seguirlos. Cuando se quedan solos Inés mira a Carmelo, ya más tranquila.

—Tano me preocupa. Ha estado aguantando un montón de mal trato de esos curas y no me decía nada. Por eso lo veíamos cada vez más hosco y triste. Por suerte Roberto no va a ser como él. Ya de chiquito se lo ve mandón y confiado en que siempre va a ganar.

—No te preocupés, creo que Tano va a andar mejor en la escuela pública. Nos descuidamos. Yo también pensé que estos salesianos le iban a dar una buena educación, y fijate cómo nos equivocamos. No más curas en esta casa. Y para mí, no más iglesia.

—*Peccato*, *Carmé*. No digas eso. Vas a venir a misa con nosotros los domingos como siempre.

Inés se alarma ante el gesto de él.

–No. Vas a ir vos con los chicos de ahora en adelante. Yo tengo otras cosas que hacer. No puedo ni verles la cara después de esto, y menos escucharlos sermonearme.

–¡*Peccato!*

–Nada de pecado–, responde él con inesperada energía–, nosotros no cometemos pecados. Los pecadores son ellos, que viven gratis y nada les alcanza. Nosotros trabajamos y no vivimos de los demás–. El tono es más alto que de costumbre, lo que la inmoviliza–. Y acá se terminó esta historia, *Añé*. No quiero oír nada más, ¿Estamos?

Tratamiento de choque

Carmelo estira las piernas, nervioso, y las vuelve a retraer bajo la silla. Están sentados en la galería del patio, los chicos se han ido a la cama y desde su silla–hamaca de Viena, Inés puede ver, a través de los postigos cerrados, la luz encendida en la habitación de María.

–Entonces, ¿qué? Las pastillas que le dieron no sirven – murmura pensativo, como dirigiéndose a la higuera del patio.

Ella aprueba con la cabeza:

–No. No sirven. Yo la veo igual, y así no podemos seguir, *Carmé*, ni nosotros ni los chicos dormimos bien de noche, y al otro día estamos todos cansados y de mal humor. Ha empeorado, y no sé qué vamos a hacer. Le dan esos ataques. Y yo sé que ella también sufre porque no puede controlarse.

–Y sí, viene en la familia. Yo tuve un poco de eso, cuando era chico, y mis hermanos también. Mi mamá decía que los Aversa éramos todos medio locos. Cosas de la sangre, creo.

–No hablés así. Todos los chicos tienen algo que los diferencia. No es locura. No son locos. Mena se queda callada por días y días, y no abre la boca ni contesta a nadie. Elvira sueña cosas que después pasan, suerte que ahora no ve más gente en el aceite, como antes, pero ¿qué pasó en el invierno? ¿Te acordás, cuando escuchó los llantos de la gente de la casa del lado como una hora antes de que encontraran al vecino muerto en la cama?

–Cómo no. Nos despertó dos veces despavorida, y al final, resultó que se pusieron a los gritos de veras por el difunto. Pero lo de Carmela es distinto. Ella tiene mucho de mi familia. Le da por hacer las cosas diez veces antes de que le parezca que están bien. Había una tía en la familia que era así, allá en Cosenza.

Hacen una pausa que ninguno quiere romper. Por fin, Inés respira hondo.

–¿Qué vamos a hacer, entonces? ¿Te parece que le sigamos el tratamiento que dice el doctor?

–Tengo miedo que sea peor que esto. ¿Y si la electrocutan por error?

—Ay, Carmelo, ¡cómo decís una cosa así! Son médicos. Saben lo que hacen. Me dijeron que no es gran cosa, la tenemos que llevar unas cuantas veces y después de eso va a estar bien, va a estar más tranquila, sin esas manías que la hacen repetir las cosas sin parar, o los miedos. Es un hospital serio, son los últimos tratamientos que hay para las enfermedades mentales.

—No quiero que la traten de enferma mental.

—Bueno, neurasténica, neurótica, como sea, sufre de los nervios, no podés negar.

Carmelo guarda silencio por un instante y por fin admite:

—Solo si te aseguran que no van a electrocutarla por error. La electricidad es fuerte, le tengo miedo para una chica tan jovencita. Una descarga eléctrica puede matar a alguien, mirá lo que hacen los rayos cuando le caen a alguien, lo matan.

—Carmelo, esto es científico. No podés comparar. Usan muy poca electricidad, me lo explicaron bien.

Él suspira profundamente ahora y se encoge de hombros. Inés es persuasiva cuando quiere.

—Y, sí. Supongo que deben saber lo que hacen, no te parece, porque son médicos —dice, pero todavía hay duda en la voz.

—Bueno, si no querés, no lo hacemos. Y listo. Ahora me diste miedo a mí también—. Inés guarda silencio. Recuerda que el médico le dijo que esa era la única salida para una enfermedad como la de Carmela, que iba a ir de mal en peor al crecer. Ella también tiene dudas, pero no quiere desafiar a un médico que ya ha perdido la paciencia dos veces con ella. Con voz más firme agrega—: El doctor se va a enojar, porque ya quería darme un turno. Yo le dije que esperara a que hable con vos.

—No sé, *Añé*, no sé qué hacer. No quiero decirte que no, y que ella se ponga peor con los años. Quiero que se cure. Y si esa es la forma, qué le vamos a hacer, no somos médicos.

Los dos callan por un largo rato. El cielo oscuro, negro, está punteado de inmensas estrellas que en la noche sin luna parecen casi al alcance de la mano. Una luz fugaz cruza de pronto de un punto a otro a la izquierda de las Tres Marías. Inés se sobresalta:

—¿La viste, *Carmé*, a la estrella, cayendo?

—No. Tenía los ojos cerrados.

—Una estrella, cayó justo cuando yo miraba. Le pedí tres deseos. Los tres son el mismo. Todo va a salir bien, vas a ver—. Le palmea la pierna, y él le sonríe con ternura–. Es tarde, vamos a dormir.

Los tratamientos de electroshock en el hospital han terminado. Como prometiera el especialista, fueron pocos, pero Inés sabe que la hija que le han dejado no es exactamente la misma muchacha vivaz que ella llevó por primera vez en el tranvía, dos meses atrás, a la sala de enfermedades mentales.

Las sesiones en sí no fueron largas, ni muchas, pero la ansiedad que suscitaban el día anterior era casi insostenible. Carmela debía estar en ayunas por más de doce horas antes de cada tratamiento. Para la cena de la víspera se encerraba en el dormitorio y su silla vacía era más elocuente que si ella hubiese estado allí, reprochándoles que le hicieran vivir un tratamiento tan duro como el que le esperaba. Al día siguiente, Inés y la hija hacían el corto viaje en tranvía hasta el hospital sin hablar.

Después de cada sesión había que esperar a que se recuperara en una sala especial, bajo vigilancia médica. Cuando todo había pasado y podían salir a la calle, Carmela volvía silenciosa, caminando despacio, los ojos tristes como los de un animalito asustado, los largos bucles medio despeinados, mirando por la ventanilla del tranvía como si nada le interesara. Una vez en casa se tiraba, agotada, a descansar hasta la noche.

–¿Te sentís bien, Carmela? –preguntaba invariablemente Inés, nerviosa, en el tranvía y luego, durante toda la jornada de reposo.

–Sí, *Mamma*, me siento bien–, respondía ella con voz hueca y una sonrisa ausente que no era la propia.

Según los médicos, la paciente se reponía pronto, ya que, como le dijo uno de ellos, *la intensidad de la corriente que le suministraban era baja, y no se registraban efectos adversos.* Inés pidió que le explicaran con palabras más simples qué significaban los efectos adversos. Sin mucha clarificación, el dictamen fue que la terapia resultó un éxito. Al poco tiempo le dieron el alta.

Pero ella conoce a su hija y siente un obstinado nudo en el estómago cada vez que piensa en el tema.

Han pasado ya varios meses y si bien Carmela parece curada de sus inofensivas manías obsesivas y de algunas neurastenias como los pánicos nocturnos, ahora tiene períodos depresivos, en los que cae en una tristeza profunda. Determinados a acostumbrarse a la nueva Carmela, todos ponen buena voluntad y siguen adelante como si nada hubiera pasado, mientras ajustan sus reacciones y disimulan para que ella no se sienta distinta a los demás.

Mena sigue inescrutable, pero pierde la paciencia con menos frecuencia. Elvira simpatiza con su hermana mayor, y como se siente identificada con ella, le deja saber a través de pequeños gestos que está ahí, disponible, si es que la necesita. Por esa quieta solidaridad de observadora, Elvira es la primera en darse cuenta de la consecuencia más grave del tratamiento.

–¿Estás segura?

Hay incredulidad en la voz de Inés.

–Sí, *Mamma*, pregúntele cualquier cosa de antes, de años atrás. No se acuerda ni quién era Teresita, y me pidió detalles de cómo murió–. Elvira mira hacia la puerta, como temiendo que alguien entre y escuche sus palabras–. Pero hágalo con cuidado, porque se pone un poco nerviosa cuando se da cuenta de que estamos hablando de cosas que ella debería saber pero ya no se acuerda.

Poco después, Inés comprueba con una mezcla de culpa y arrepentimiento que ni Carmelo con palabras razonables puede ayudarle a superar, que el tratamiento de choque eléctrico ha borrado casi todos los recuerdos de la infancia de su hija mayor.

La "Cosa Nostra"

Carmelo se calza la bufanda de lana que hoy no es suficiente para cubrirlo del frío en este invierno tan largo que ya parece interminable. Cuando llega a la parada del tranvía frente a la Iglesia de Los Salesianos no puede evitar mirar hacia la cruz sobre el campanario y musitar una desacostumbrada oración entre dientes.

No ha hablado del tema con Inés en los últimos días porque no quiere traerle problemas ni quiere que le dé más consejos que él no puede seguir. Mejor que no se entere de los detalles. En el mercado la situación se ha tornado insostenible y él espera algún desenlace. Si tan solo pudiera ir a la policía, como corresponde, y denunciar a los cretinos. Pero no, la policía está corrupta y él sospecha que la mayoría de ellos están dentro de la trenza de la Mafia.

Poco a poco, casi sin que los dueños de los puestos y negocios pudieran ofrecer resistencia, los sicilianos *maffiosi* han tomado el mercado de Abasto de Alberdi casi por completo. Se fueron infiltrando lentamente, a pura amenaza y bravuconada, hasta ganarles a los comerciantes. Ahora quedan solo dos o tres puesteros cabeza dura, como él, resistiendo. Los han amenazado veladamente, y Carmelo no ha querido ceder. Pero ahora él comprende que la cosa va a todo o nada: La semana pasada apareció muerto en una zanja vecina el hijo de uno de los puesteros que resistían. Al día siguiente el hombre entregó el negocio por los pocos pesos que los rufianes le ofrecieron, y desapareció del comercio de frutas y verduras, en el que era uno de los más prósperos. Hoy un desconocido, seguramente miembro de la Cosa Nostra, está al frente del puesto de frutas arrebatado al ahora arruinado comerciante.

A Carmelo le indigna la injusticia, el atropello y la matoneada, pero como es un hombre pacífico y con sentido común, comprende que esta es una guerra perdida, si bien él está estirando el desenlace porque no quiere afrontar lo que viene, el abismo, lo desconocido, el ir a buscar trabajo en otro lado. Con la situación general como está, con una crisis económica que no parece terminar nunca, él no tendrá los medios para comprar otro negocio si es que se desprende de los dos puestos de carnicería al irrisorio precio que le han ofrecido. ¿Y qué va a ser de la familia? ¿Cómo va a alimentar a los hijos, con qué va a mantener la casa?

La absurda, inaceptable oferta por los dos puestos que él compró y levantó con tanto esfuerzo se la trajo un malevo bien vestido, fumando un cigarrillo con boquilla de niño bien, traje a rayas finas con saco cruzado y zapatos con polainas. El matón se cruzó de pronto en su camino, cuando Carmelo entraba con una caja de mercadería al puesto de Huelfin. Mientras el hombre le mascullaba la amenaza en un calabrés de imitación, que no podía ocultar el nativo acento siciliano, Carmelo, paralizado por la sorpresa, atinó a fijarse en la piel bien cuidada y el bigote largo y elegante. Fueron unos segundos que lo galvanizaron. El otro se puso el sombrero y siguió caminando por la vereda, como si nada hubiera pasado.

A través de otro puestero recibió una segunda oferta, a la que no dio respuesta, pero por esa vía pidió una prórroga. Carmelo teme algún tipo de amenaza directa, o peor, alguna presión física, pero aun así no se decide. El tema le da vueltas en la mente pero no llega a ninguna conclusión. Gira en redondo y vuelve al punto de partida; a maldecir la llegada de estos forajidos que azotaron Italia hasta infiltrarse en todos los niveles. Ahora están aquí para quedarse. Solo alguien poderoso como una fuerza policial honesta puede enfrentarlos, y Carmelo ya ha visto a los guardianes del orden mirar hacia otro lado cuando suceden los atropellos. Él sabe que lleva, como tantos otros, las de perder pero está determinado a resistir cuanto pueda.

Cuando queda todo limpio y preparado para el día siguiente afuera ya está oscureciendo. Carmelo ha mandado a las hijas temprano a casa, antes de lavar los pisos. No quiere que estén afuera cuando baja el sol. El viento es cortante y la gente camina por la calle con los sombreros calzados hasta las orejas, las cabezas bajas y ocultando la cara dentro de las bufandas y cuellos de los sobretodos.

Sale a la calle llevando la bolsa que contiene los pedidos diarios de Inés y de María, que siempre pesa mucho con los cortes extra y los huesos para los vecinos necesitados. Ya hay pocos transeúntes en las calles laterales y él se apresura a salir por Huelfin hacia Colón, a esperar el tranvía. Dos pasajeros que suben detrás de él en la parada del mercado descienden en la misma esquina que él. De reojo, porque no quiere dar vuelta la cabeza, ve que lo están siguiendo en la semi oscuridad que producen los árboles que tapan las luces de la calle.

Él no es miedoso, pero comprende que está en peligro. Si echa a correr ahora mismo puede salvarse. La esquina siguiente está iluminada y hay un grupo de gente esperando para cruzar la calle bajo el farol. Se decide y aferrando la bolsa con la carne se echa a correr con toda la velocidad que le permiten sus piernas hasta que alcanza al grupo que se dispone a cruzar charlando animadamente. Los hombres que lo siguen han quedado atrás, tomados por sorpresa, piensa Carmelo. Respira aliviado y sigue caminando una cuadra junto a los transeúntes, da la vuelta en Santa Rosa y llega a casa. Los hombres han desaparecido.

Esa noche, aunque está tentado de compartir lo sucedido con Inés, calla. No quiere preocuparla más. Ya han hablado de lo que está pasando en el mercado y ella opina que él debería haberse allanado a los *maffiosi* y haber pagado la cuota de "protección" que le extorsionaban antes de que terminaran conminándolo a vender por un precio que no llega al cuarto del valor del negocio. Quiere conservar la fuente de ingreso de la familia a toda costa, pero Carmelo tiene su orgullo y no puede aceptar las humillantes coerciones, como muchos otros, quienes han bajado la cabeza doblegados por los pandilleros y ahora trabajan prácticamente para ellos. Él será un hombre sencillo, pero es un calabrés honorable y tiene su orgullo. Nunca va a aceptar ser sirviente de la *Omertá* siciliana.

Dos días más tarde, Carmelo es el único pasajero que desciende en la parada del mercado. Está oscuro todavía, y apurando el paso se culpa interiormente por no haber coordinado con otros puesteros para viajar acompañado, como se lo había propuesto desde la semana anterior, cuando fue seguido por los dos sospechosos.

Da vuelta a la esquina mientras maldice los faroles mortecinos que apenas irradian una luz amarilla y limitada que no permite ver detrás de las sombras. Se ajusta la bufanda y cambia la bolsa de un brazo al otro, preparándose para bajar de la vereda a la calle y caminar sobre la calzada evitando las sombras, cuando comprende que está rodeado. Dos figuras han aparecido de golpe a los costados, y él, alerta, atina a revolear la pesada bolsa que lleva en la mano derecha y en la que carga dos piezas metálicas de la moledora de carne, pegándole con violencia en el estómago a uno de los hombres. Lo inesperado de su acción toma al individuo por sorpresa y encorvado por el dolor maldice y retrocede.

El otro hombre se le echa encima con algo en la mano pero Carmelo levanta velozmente el brazo izquierdo y golpea con su codo el antebrazo que ya está cerca. El certero codazo desvía la el afilado acero que va dirigida a su cuello, y que ahora corre frío e indoloro desde la mandíbula izquierda hacia arriba, terminando cerca del ojo. La navaja vuela en el aire por el impacto y va a caer en algún lugar entre las sombras de la vereda. Todavía aturdido por el inesperado ataque, Carmelo permanece tambaleándose por unos segundos en medio de la calle, mientras los dos atacantes corren hacia Nueve de Julio y desaparecen de su vista. Algo tibio le corre por el cuello y comprende que se trata de su sangre y escucha apresurados pasos que se aproximan. Dos empleados de puestos vecinos se acercan rápidamente al comprender lo que ha sucedido y mientras uno de ellos lo ayuda a sentarse en el cordón de la vereda el otro corre, llamando a gritos, para alertar a los dos policías que hacen su ronda patrullando regularmente alrededor del mercado.

Cuando llega la ambulancia está amaneciendo y Carmelo siente que está a punto de perder el conocimiento, mientras continúa sosteniendo la herida cerrada con un pañuelo que al igual que la bufanda tejida por Inés, ya está totalmente empapado en sangre.

El teléfono suena varias veces antes de que María levante la bocina. A pesar de que han instalado el aparato hace dos años en la casa, ella siempre se sobresalta con el agudo timbre. Le da aprehensión poner el cono de metal en su oído y escuchar una voz que le llega a través de un cable. También se siente un poco ridícula hablándole a una caja de madera con un pequeño colador en el frente. Lo inexplicable de la situación la pone invariablemente nerviosa. Hace un esfuerzo y atiende.

—Hola, familia Aversa —dice, titubeando como siempre.

—La señora Inés de Aversa, por favor—. La voz del hombre es grave, autoritaria y María echa la cabeza hacia atrás por la sorpresa, aunque se esfuerza en reponerse. No reconoce la voz. Por lo general hay un timbre familiar del otro lado de la línea. Pocas veces voces extrañas como ésta, que además parece provenir de un hombre mal educado.

—La tengo que llamar, está en el fondo—, explica tratando de ser amable.

–Apúrese, es urgente–. Ahora no solo es autoritario, sino que rezuma fastidio por la demora.

María sale corriendo hacia el fondo, en busca de Inés, quien se sobresalta, y viene a su encuentro, esquivando al perro.

–A un lado, Coli. 'Ña Inés, ¡Un hombre de mal talante en la bocina! ¡Quiere hablar con usted ya mismo!

Inés la mira con sorpresa, pero la sigue con paso apresurado al recibidor. Ella tiene un mal pálpito, como define cuando algo le parece que no está bien.

–¿Seguro que no pidió por don Carmelo? –quiere tranquilizarse.

–¡Seguro! –insiste María y le entrega la bocina, pero no se va, se queda al lado para escuchar de qué se trata.

–Esta es la señora de Aversa, ¿quién habla?

María mira de frente a Inés, y la ve palidecer, los ojos bien abiertos en pánico, y siente miedo.

–¿La policía? ¡*Dío mío*! –Inés hace un silencio, escuchando con creciente temor–¿Cómo está? ¿A dónde está ahora? –Se demora mientras el hombre explica, y responde solo con monosílabos. Las lágrimas le caen por las mejillas–. Voy para allá.....Bueno, sí, está bien, no, no vamos. Los espero acá. ¿Cuándo lo traen? ¿Está seguro de que está bien? Bueno, sí, señor, ya estoy tranquila–, miente mientras mira a María con creciente angustia–. Los esperamos aquí.

María la mira interrogante cuando Inés le devuelve la bocina temblando.

–¡*Fuoco mía*! ¡Es Carmelo! Lo llevaron al Clínicas, herido, lo esperaron esta mañana al bajar del tranvía y lo atacaron. Dos hombres. Le hicieron un corte en la cara, pero dicen que está bien, que perdió un poco de sangre pero nada más. Lo tienen en reposo desde esta mañana. Me dijo que lo traen para acá.

María está espantada, con los ojos bien abiertos. Nunca esperó una cosa así y abraza a Inés, quien está llorando desconsoladamente.

–¿Pero quién fue? ¿Quién puede querer hacerle mal a un hombre tan bueno?

–No saben, estaba oscuro y se escaparon. Nadie los vio, Carmelo llegó hasta el mercado con un pañuelo, sangrando, tapándose la herida y llamaron a la ambulancia.

–¿Quién era el hombre que llamó? ¿Del hospital?

–Un policía. Dice que Carmelo está bien y ya lo curaron en el hospital y que la policía lo trae a casa en un par de horas. Están haciendo el prontuario–. Hay un silencio en el que las dos mujeres se miran–. Pero yo sé bien quienes son, María, son los sicilianos de la mafia, que ya lo amenazaron. ¡Mi marido es un cabeza dura, no sé a dónde vamos a ir a parar!... Mire si lo mataban... –y se echa a llorar otra vez, inconsolable, porque sabe que no puede luchar contra la terquedad de Carmelo. Él no opone resistencia, pocas veces discute con ella, pero hace lo que quiere, y no sigue ningún consejo. La idea de que toda la familia depende de él, una sola persona, para sobrevivir ahora le da pánico. Si lo llegan a matar, ¿A dónde van a ir a parar ella y los hijos?

Cuando por fin la ambulancia trae a un Carmelo pálido y débil con un inmenso parche de gasa blanca cubriéndole todo un lado de la cara, dos enfermeros y un médico joven lo ayudan a llegar al dormitorio. Allí lo reclinan en la cama a donde Inés preparó almohadones bajo las instrucciones de los asistentes, porque no conviene que esté acostado horizontal por unos días.

Se lo ve macilento, es evidente que ha perdido mucha sangre. Inés no para de llorar porque las lágrimas brotan solas y no obedecen órdenes, de modo que ella arregla las cosas necesarias para que él esté cómodo, mientras dos regueros húmedos se forman sobre su blusa y la pechera del delantal. Cada tanto se enjuga las mejillas con un pañuelito empapado.

El doctor le da a tomar otro calmante, mide la fiebre y se dirige a Inés.

–Llame al médico de la familia para que venga a verlo mañana sin falta. Con estos remedios y calmantes va a pasar bien la noche. Él le puede quitar los puntos en un par de semanas, si todo va bien–. Palmea la mano de Carmelo, saluda a Inés y se marcha con los otros, guiados por María hacia la puerta cancel.

Carmelo está silencioso. Ha sufrido un profundo corte que le cruza toda la mejilla. Le han dado muchos puntos de sutura y él trata de sonreírle débilmente a Inés con la mitad de los labios visibles bajo el vendaje que también cubre el ojo. Sabe que ha perdido sangre, pero no tanta como hubiese podido, ya que en un instintivo acto de supervivencia él se apretó los tejidos cortados con el pañuelo, con todas las fuerzas que le permitía el dolor, para parar la sangre hasta que llegó la ambulancia.

Una vez que están solos él la mira y le amaga otra sonrisa.

–Tranquila, *Añé*, ya estoy bien. Ya pasó–. La voz sale ronca y baja. Ella no contesta, sigue llorando mientras mueve la cabeza de un lado a otro, mirándolo sin saber qué decir.

Carmelo de pronto repara en sus hijos que están arremolinados en la puerta doble vidriada del dormitorio, espiando con temor. Es una curiosidad ver al padre en la cama durante el día, enfermo. Él levanta una mano para saludarlos y ellos parecen tranquilizarse y le devuelven el gesto.

–Ustedes ayúdenle a María –dice Inés a sus hijas mayores, y, señalando a los más chicos–, llévenselos de aquí.

Después cierra la puerta y se sienta en el borde de la cama, sin hablar. Toma una de las manos de él entre las suyas que, como siempre, están tibias. La de Carmelo está fría y húmeda.

–Ay, *Carmé*–, murmura con un tono que disimula la rabia que tiene contra este hombre tan terco que casi pierde la vida por no dar el brazo a torcer–. Ahora tenés que descansar. No hables. Después me contás todo, cuando estés mejor.

Él cierra los ojos, disfrutando del reconfortante contacto de las manos de ella, y respira hondo.

Le han dado calmantes y está sedado, pero no lo suficiente como para no comprender que está todavía vivo gracias a su rápida reacción. Si no hubiese atinado a empujar el brazo del atacante hacia arriba, ahora estaría yaciendo en una alcantarilla medio decapitado. Muerto, de eso está seguro. El fuerte láudano le ayudó a parar el temblor que lo atacó cuando estaban atendiéndolo en la sala de urgencia, pero ahora le duele todo el cuerpo, también la cabeza y la herida, porque el narcótico está perdiendo fuerza.

Vuelve una y otra vez al momento del ataque, cuando bajó del tranvía y solo había caminado unos pasos bajo los árboles por la oscura calle que costea el mercado. Tenían cara envuelta en bufandas. Pero él reconoció a uno, nunca hubiera olvidado ese traje elegante, y el sombrero, porque pocos visten así durante los días de semana en el barrio, y menos de madrugada. Y es seguro que no continuaron el ataque para terminar con él gracias a la milagrosa aparición de los dos empleados que dieron vuelta a la esquina y vieron lo que sucedía.

Los malhechores corrieron en sentido contrario, pero él sabe que van a volver en algún momento, no importa cuándo, porque no pudieron cumplir con la tarea. Ahora está condenado a muerte y para escapar de ese destino tendrá que dejarlo todo. Entregar por centavos lo que le costó tanto esfuerzo, tantas horas y tanto sacrificio levantar para su familia desde que llegó con una mano atrás y otra adelante al puerto de Buenos Aires.

Pero ahora le duele todo y le cuesta concentrarse, como si hubiese bebido demasiado vino.

No, ahora no puede pensar en cómo va a encarar el resto de su vida.

Mientras Inés deja la habitación en puntas de pie, él cae en un sueño pesado, sin imágenes.

Carmela y Víctor

–¡Shh, *Mamma*, venga, que Carmela está otra vez en la ventana! –Mena entra en el dormitorio de la madre hablando en voz baja, conspiratoria y hace un gesto para que no haga ruido–. Elvira la descubrió otra vez mirándose con ese muchacho de la casa de enfrente. Parece que él le hacía señas.

Inés cierra el cajón de la cómoda en la que ha guardado ropa limpia y la sigue. Ambas se asoman con sigilo a la puerta del comedor justo en el momento en que Carmela se da vuelta y las ve. Sorprendida en falta, se enfrenta a la hermana con furia:

–¡Mena, sos una alcahueta! ¡*Mamma*, yo no estaba haciendo nada malo!

–Si, por eso estás colorada como un tomate –ríe Mena, con aire triunfal.

–Dejame sola con tu hermana –le dice Inés, un poco cansada de la historia que se repite todos los días.

Se acerca a la ventana abierta de par en par y Carmela la mira con ojos temerosos. Inés pasa a su lado y se acerca al parapeto de mampostería que simula un diminuto balcón. A pesar de que han pasado varios años desde que se vieron obligados a mudarse aquí, cuando se acerca a una ventana para mirar hacia afuera todavía espera encontrar la familiar vista de la calle Santa Rosa frente a ella. Pero no, en esta parte del barrio hay solo casas desconocidas y para peor, una de mala reputación justo en frente que, para peor, es objeto de la vigilia de Carmela.

Cuando presta atención a la puerta, alcanza a ver una figura con pantalón negro y camisa blanca que desaparece en forma apresurada en la oscuridad del zaguán. Tampoco hoy pudo verle la cara al jovencito en cuestión. Se vuelve hacia la hija, quien está inmóvil, aguardando el chubasco.

A los dieciséis años Carmela es una bonita muchacha de pelo castaño ondulado, ojos oscuros y figura bien formada. Ha comenzado a mirar a los varones, y para desesperación de Inés, ha quedado prendada de uno que parece tener todas las cualidades inversas a lo que desea para ella.

A pesar de que la ha mandado varias veces a visitar la familia en Rosario, Carmela no ha demostrado interés por ninguno de los buenos candidatos italianos que Berta y Ángela le han presentado. Para peor, en Córdoba Carmelo y ella no han conseguido hacer muchos amigos de la misma nacionalidad como para poder encontrar algún buen partido para las hijas. En cambio, sin que ella se diera cuenta, Carmela ha empezado a mirar a este muchacho bastante atrevido que frecuenta a las *puttanas* de la casa de enfrente, y parece estar totalmente embobada con él.

Inés tiene debilidad por esta hija. Es un sentimiento en el que se mezclan en desorden la ternura por niña que sufrió con sus torpes ejercicios de aprendizaje maternal y la culpa que siente por haberle dado a beber la leche amarga de la nostalgia que ella tuvo por su familia en un mundo nuevo, no buscado. Una niña a la que hicieron sufrir las terribles sesiones de electroshock que la serenaron a costa de olvidar su infancia, de lo que ella se siente culpable. Esa debilidad por la hija le hace respetar, sin confesárselo, todas las opiniones de Carmela y por extensión sus decisiones.

Cuando Mena sale, Inés espera a que cierre la puerta.

—Vení, sentate aquí, vamos a hablar —dice por fin con voz cansada, corriendo una silla de la mesa del comedor. La hija se acerca, las mejillas rojas, esperando un largo sermón que no piensa escuchar.

—Ya te hemos visto varias veces, y las chicas también se han fijado en que vos y ese muchacho se hablan con señas —comienza, y Carmela trata de interrumpirla para justificarse pero Inés la hace callar con un leve gesto de su mano—. Dejame terminar lo que quiero decirte. Si pensás seriamente en seguir así, sin comer, papando moscas todo el día y rondando la ventana con cualquier excusa, va a ser mejor que me digás quién es ese muchacho y qué sabés de él. Ya mismo.

Carmela se sorprende, ya que la diatriba que espera no llega. Al contrario, hasta parece que *Mamma* está conciliadora y quiere sinceramente saber qué pasa.

—Le juro que nunca he hablado con él—. Se decide por el todo o nada y larga la verdad—: Solo me ha mandado un par de notitas, que una nena de la otra cuadra me ha pasado por la ventana a escondidas, pero nada más.

Se queda mirando a Inés con desconfianza, sin saber bien que esperar.

—¿Qué notitas? Andá y traelas. Quiero leerlas.

–¡*Mamma*! –implora, enrojeciendo más aún–. No me pida eso.

–Andá a traerlas si querés que las cosas sigan tranquilas y bien.

Carmela se levanta impulsivamente de la silla y corre hacia la puerta y desde allí pregunta:

–¿Me jura que no me va a gritonear?

–No sé. ¿Te parece que te tengo que gritonear por algo?

–No, *Mamma*, no, no quise decir eso. Ahora vuelvo.

Al abrir la puerta se encuentra con Mena, quien está escuchando la conversación, y la empuja a un costado, corriendo hacia el dormitorio. La hermana le saca la lengua pero ella la ignora. Vuelve con el corazón latiéndole tan fuerte que le golpea en los oídos. Inés está esperando y trata de no sonreír ante el arrebato de la hija, porque no quiere que le pierda el respeto en este momento crucial.

Súbitamente y con ternura recuerda un rostro amado en otra ventana, en otra ciudad, en otra vida, y siente un nudo en el estómago.

–Aquí están, *Mamma*. No vaya a romperlas, ¿Eh?

–Dejate de hablar pavadas, por qué voy a romperlas. Sentate.

Inés se endereza en la silla y suspira con cara seria, mientras se calza los anteojos redondos de fino marco plateado que le recetaron porque no ve bien cuando quiere enhebrar la aguja o leer el diario de noche, y que ahora lleva en el bolsillo del delantal porque cada día parece necesitarlos más.

Lee despacio la letra pareja, cuidadosa, del pretendiente que firma Victorino Vargas, para servirla. Las notas son tonteras que le dicen los muchachos a las chicas cuando quieren conquistarlas, un piropo, una alabanza y la insinuación, la tímida sugerencia de un eventual encuentro. Inés deja la nota a un lado, con alivio.

–¿Y vos querés hablar con él? ¿Seriamente? –pregunta a quemarropa. Carmela salta, roja otra vez, sin saber bien qué decir. Ella continúa–: Porque él acá te pregunta si querés tener un encuentro. Supongo que será un encuentro aquí, en casa, ¿no?

–*Mamma*, no sé... ¿Qué dice usted? ¿No le parece mal? –la voz llega tímida y esperanzada. Inés siente otra ola de ternura por la hija que está viviendo lo que ella ya vivió y conoce tan bien.

–¿Por qué me va a parecer mal? Si este Victorino es serio, y deja de visitar a las *puttanas* de enfrente, podríamos ver qué pasa.

Pero primero se tiene que limpiar de la costumbre de visitar el burdel, y lo que es peor, tiene que dejar de llevar en brazos a todos lados a ese perrito pomerano asqueroso de la madama de la casa. Esos perritos llenan la ropa de pelos. Es como si nosotros alzáramos al Coli en brazos. Dónde se ha visto.

El Coli, ya viejo y medio ciego, las ha seguido con paso lento a la sala y se ha tirado sobre la alfombra entre las dos sillas. Al escuchar su nombre levanta la cabeza por un instante, y luego la apoya otra vez sobre una pata deformada por la artritis, somnoliento.

Carmela tiene los ojos bajos y las mejillas encendidas, tan agitada que le cuesta respirar. Incrédula, comprende que le está dando las condiciones para poder hablar con él. Quiere decir que hay esperanzas, no, no solo esperanzas, se puede decir que es un hecho, porque papá va a aceptar cualquier argumento que *Mamma* le presente. Ella sabe quién lleva los pantalones en esta casa desde que todo se desbarrancó.

—Por supuesto, *Mamma*, como usted diga.

Esa noche Inés espera a que todos estén en la cama para hablar con Carmelo. No tiene dudas de que él va a seguir su razonamiento, pero necesita hablar del tema con él, porque se ha dado cuenta de que elabora mejor sus propios pensamientos en el hilo de un diálogo, y las ideas se le clarifican cuando las expresa en voz alta, frente a un interlocutor.

Aunque no necesariamente ese interlocutor tiene que ser su marido. Ha notado que a medida que pasa el tiempo el respeto por la opinión de él ha ido disminuyendo notablemente. En particular desde que se mudaron a esta casa en Colón 2077, cuando la situación económica les obligó a vender la propiedad y a desprenderse de María, la querida compañera de tantos años. Todavía se le estruja el corazón cuando lo recuerda. Inés lloró desconsoladamente el día en que le ayudó a sacar las dos maletas y el baúl que contenía todas sus pertenencias. María se mudó a trabajar cama adentro con otra familia, y aunque los visita cada dos o tres meses trayendo facturas frescas y se queda a matear toda la tarde, ella la extraña como a una hermana. En su interior, sabe que no le perdonará nunca a Carmelo lo que les ha hecho sufrir a todos por ser tan terco, por no dar el brazo a torcer y adaptarse a las circunstancias para sobrevivir.

Con buena voluntad pero sin mucho éxito Inés ha tratado de ajustarse a la falta del fresco patio interior y a las habitaciones pequeñas. Ahora viven lejos de la Plaza Colón y de la Iglesia de María Auxiliadora, que son el corazón de Alberdi. Los hijos se han acostumbrado rápido y pronto olvidaron la otra casa. Pero Inés la añora todavía, y la única que la comprende en esto es la fiel María, porque Carmelo jamás exterioriza sus sentimientos. Menos aún desde aquel terrible ataque que le ha dejado una profunda cicatriz desde abajo del ojo hasta el hueso de la mandíbula. Un recuerdo doloroso y constante de un tiempo pasado, irrecuperable, que llena a Inés de inagotable rencor contra él cada vez que se deja arrastrar por las memorias.

Ahora viven a tres cuadras del mercado de abasto e Inés lamenta el ambiente de las calles del Alto, donde las *muchachas de la vida* van y vienen con sus llamativos vestidos y por las que transitan tantos clientes mirando alrededor con disimulo, chambergo calado hasta las orejas, como si pudieran ocultar al resto del mundo que están rondando un burdel.

Si es que este cabeza dura me pone algún obstáculo, se dice, decidida, *voy a pasar por encima de él y Carmela se casará con el que ha elegido*.

El pensamiento la reconforta y le produce una deliciosa sensación de revancha. Cada día encuentra más placer en desafiarlo y probarle que aquella mala decisión que los llevó a la ruina ha sido la última que él ha tomado en detrimento de ella y de sus hijos.

Carmela ha enviado el mensaje a Victorino por la misma vía por la que recibió las notas que Inés leyó aquella tarde en el comedor. Con la autorización de *Mamma*, ha salido a la puerta de calle y puede conversar con él durante un rato. Lusa y Roberto juegan en la vereda, no muy lejos, para que no esté sola con el desconocido.

Esa tarde ella se ha vestido con esmero. Es un día de primavera y los oscuros bucles caen sobre los hombros, resaltando la palidez de la tersa piel. Con coquetería se ha empolvado la cara, aunque no necesita color porque el rubor no parece querer irse de sus mejillas a pesar de las veces que trata de serenarse y respirar hondo para calmar los latidos del corazón.

–Lusa, Roberto –les dice a los hermanos con aire autoritario–, escuchen bien. Cuando él se acerque, no se le paren en frente a mirarlo fijo. Hagan como que no está. ¿Me escucharon?

Los hermanos se ríen, nerviosos también, pero no se juega con Carmela, de modo que aceptan la orden aunque no pueden con su curiosidad, y están mirando para todos lados, a ver si el pretendiente aparece.

—Ahí viene—, dice por fin Lusa—¡Carmela, ahí viene!

—Shhhh —la amonesta, mientras siente que un hilo de transpiración le corre por la axila y baja el brazo con rapidez, desesperada ante la posibilidad de que una mancha húmeda delate en el algodón del vestido recién planchado los nervios que la consumen—. Jueguen ahí, al lado del árbol, y no nos miren, ¿Eh?

Victorino se acerca caminando con calma, y trae una sonrisa campechana que enmascara la ansiedad que le produce el acercarse a hablar con esta linda muchacha que no parece tener más de dieciséis años. Ella le devolvió los saludos de lejos e intercambiaron tímidas notitas por un par de meses en las que le explicó que no puede salir sola a encontrarse con él.

Después de frecuentar abiertamente y casi a diario la *maison* de citas de *Madame Leonor*, una catalana con impostado acento francés que maneja una de las casas más limpias y organizadas del barrio, Victorino ahora se ve obligado a guardar las apariencias. La última nota de Carmela fue clara y contundente. Si es que quería hablar formalmente con ella, no podía dejarse ver nunca más en esa casa de dudosa fama.

Él cumplió con lo pedido y dejó de entrar por la puerta de la calle Colón. Ahora cada vez que la memoria de la dulce Carmela lo apremia físicamente, se ve obligado a visitar la casa prohibida al caer la noche, saltando por una pared baja, pintada a la cal, de un terreno baldío que da a la calle Santa Rosa, lindero con la casa de *Madame*.

La bella Nina, solo unos años mayor que Carmela, pero muy ducha en las lides amorosas lo espera dos veces por semana envuelta en una bata casi transparente. Ríe divertida mirándolo desde la ventana de su cuarto, sortear la pared medianera y demorarse limpiando el polvo de cal blanca de la ropa.

Victorino se siente feliz de poder cortejar a una niña seria y honorable como Carmela, quien, aunque italiana, seguramente caerá bien a su familia. Pero no se siente con fuerzas suficientes para dejar de ver a Nina. No todavía. Está seguro de que nadie va a descubrir el inocente engaño. Y caminando hacia la puerta donde lo espera Carmela, siente que lo tiene todo: anoche la pasión prohibida de Nina y hoy la inocencia de esta muchachita que le quita el sueño.

Ella le sonríe y tiende una mano temblorosa y pálida que él aprieta con energía y la hace estremecer, porque la piel de él es tibia pero parece quemarle.

Son los malditos nervios que siempre me traicionan, se dice. *Parezco una boba, qué va a pensar de mí.*

Pero Victorino está fascinado con la inocencia y la timidez de ella, agradeciendo la ventaja inmensa de que el ser humano no lleve los pensamientos impresos en la frente, porque de ser así, él tendría que marcharse de inmediato.

El primer encuentro ha sido tentativo, pero exitoso. Pueden conversar en la puerta de calle por las tardes, martes, jueves y sábados. Apenas oscurece deben despedirse, y a él le es imposible volver su casa. Necesita ver a Nina por un rato, antes de la cena, de modo que da la vuelta a la manzana y salta por la verja trasera a la casa de *Madame Leonor.* Allí las muchachas lo reciben con el afecto de siempre, lo tratan como un mimado querubín, y Nina, con el perfume de su experta piel le permite proyectar las fantasías enloquecedoras que le provocan los inocentes encuentros con Carmela.

Después de varios meses de conversaciones en la puerta y largas caminatas, acompañados por alguno de los hermanos menores, Victorino ingresa a la casa como novio oficial de la primogénita, con días de visita fijados escrupulosamente.

La coreografía de las visitas también se establece con rigidez y consiste en recibirlo en la sala para conversar, jugar a algún juego de mesa, poner discos en la victrola o escuchar la radio. Siempre está presente alguno de los hermanos menores, dando legitimidad a la situación. A veces Inés y Carmelo invitan al candidato a cenar, o algún domingo a almorzar las pastas caseras. Así Víctor, como todos lo llaman, lentamente se integra a la familia Aversa.

Inés todavía lamenta un poco que él sea un buen muchacho aragonés en lugar de ser un buen muchacho de la colectividad italiana. En esta ciudad de Córdoba están todos tan mezclados que es una suerte que Carmela no se haya encaprichado con alguno de los morochitos descendientes de las familias indígenas locales, quienes abundan en el barrio y que, si bien son gente buena y honesta, tienen costumbres domésticas muy distintas a los europeos.

Después de dos años de noviazgo, la boda se fija para el veinte de octubre de 1928. La noticia es recibida con gran excitación por todos, en especial por los dos menores, Lusa y Roberto, quienes han acompañado el noviazgo desde el primer día y conocen a Víctor mejor que ningún otro miembro de la familia. Los parientes de Rosario llegan en tropel, y los regalos que reciben los novios son motivo de admiración y halago. Objetos lujosos traídos por los tíos rosarinos desde Europa, o cristales y lozas importados de China y Japón, países que producen bellísimas y delicadas porcelanas. El país está dejando la década de los 20s en plena ebullición. Está más sofisticado, se siente europeo y aunque tiene ya un exigente público consumidor de clase media alta, carece de una industria nacional que pueda suplir esa demanda. Los objetos bellos y elegantes deben ser traídos del exterior y cuanto más lejano su origen, más apreciados.

En julio del año siguiente nace Oscar Víctor, el primer nieto. Inés tiene 39 años y ha dado por terminada su tarea de procreadora en la familia. Ahora es una abuela que va mimar Oscar como no pudo hacerlo con sus hijos. Lusa y Roberto se alegran con el bebé, a quien ven como un hermanito menor. Conmovido por la trascendental experiencia, Carmelo le da un cariñoso sobrenombre italiano que Inés adopta también, *Chichí*.

Víctor compra una casa a dos cuadras de los Aversa, sobre la calle Arturo Orgaz, a media cuadra de la calle Colón, la que se rumorea va a ser convertida, por fin, en una avenida la que llegará hasta más allá de Alto Alberdi.

La concreción de los planes para la importante ampliación harán que la casa que ellos alquilan junto con muchas construcciones antiguas, entre ella varios burdeles, desaparezcan, dejando atrás un colorido segmento de la historia del viejo vecindario.

Adivinos y espiritistas

Son las diez de la mañana y Mena, quien supervisa todo en la casa cuando Inés está visitando a la familia de Rosario, ve pasar al cartero por la vereda y se acerca a abrir la puerta cancel antes de que el hombre golpee el llamador. Hay una sola carta y ya sabe de quién es.

—Elvira, ¡Carta de *Mamma*!

—Traela aquí —pide ella, asomándose desde la cocina adonde hace la tarea para llevar a la escuela a la tarde y también ayuda a Lucía con sus deberes. Lusa no es buena para los números, y como a ella le resulta fácil hacer cálculos mentales rápidos, le ayuda con los problemas de aritmética. La hermana menor tiene gran facilidad para las letras y escribe hermosas composiciones para la escuela, pero Elvira sabe que, tal como lo fue para ella, el llegar estudiar más allá de la primaria es un sueño inalcanzable.

Elvira se aburre en el Profesional de Señoritas en el que Inés le permitió anotarse. La sacaron de la escuela antes terminar y ahora está en una escuela a la que asisten las niñas que no van a hacer carrera, sino que están destinadas a casarse. El edificio está ubicado detrás de la Escuela Primaria Juan Bautista Alberdi, en Humberto Primero y General Paz, en el centro de la ciudad. Allí aprende a bordar pañuelos que nadie va a usar, a tejer al crochet carpetitas y posavasos, y a hacer sombreros, una habilidad totalmente inútil a sus ojos ya que la moda los está dejando atrás, pero a la que se aplica con buena voluntad. Las clases de economía doméstica son un respiro. Los números no tienen misterio para ella y hubiese querido seguir la escuela secundaria para aprender contaduría, pero eso está fuera del alcance de la familia. Nadie va a estudiar más allá de la primaria, y eso si *Mamma* no decide que ya es suficiente, y que no pueden completarla. Carmela pudo hacerlo, pero no quiso. Mena fue la única que terminó. A Elvira no la dejaron opinar al respecto y tuvo que aceptar el destino impuesto. Lusa seguirá el mismo rumbo.

—Ahí te van a enseñar algo útil para cuando te cases —dictaminó *Mamma* y no hubo ninguna protesta que valga—. Carmela tampoco estudió y mira qué bien está. Mena ni quiere ir a la escuela después de sexto grado. No te quejés. Las amas de casa no necesitan estudio, vale más tener sentido común y saber manejar una familia. Después los hijos no te dan tiempo para nada.

Elvira acató la orden maternal. Sabía que los intereses de ellos no tenían peso ante las decisiones inapelables de *Mamma*, que por otra parte eran sabias y razonables.

Mena entra con la carta y se la da a Elvira. Lusa levanta la cabeza de su cuaderno. Tal como sus hermanas, ella extraña mucho a la madre.

La misiva de Inés es corta, pero ominosa. La salud de *Tata*, su padre, el hombre que la ha dominado a la distancia y que seguramente seguirá dominándola aún después de haber dejado de dispensar órdenes en este mundo, ha sufrido un rápido deterioro. Inés va a quedarse más tiempo de lo planeado. Lo han internado en un hospital y la familia espera ansiosa que mejore pronto.

Las muchachas se miran.

–Dios nos libre y guarde. Ojalá mejore pronto–. Hay fastidio en la voz de Mena–. Porque no quiero saber cómo se va a poner *Mamma* si *Tata* se muere. Mejor que se cure de una vez.

–Sí, tenés razón –asiente Elvira– se va a poner como loca–. Y agrega–: ¿No te parece raro que *Mamma* tenga siempre más respeto por lo que ese viejo pueda decir que por lo que diga papá en los asuntos de esta casa?

–Mejor no desobedecerlo –comenta Lusa, con un gesto que indica por *las dudas*– el viejo es bravo. Al final es el padre de *Mamma*, ¿No?

–Sí, es el padre–, dice Mena con voz cortante–, pero es un viejo tirano también. *Mamma* no se da cuenta. Ella le hace caso en todo. Las primas de Rosario se matan de risa por atrás del viejo. Fuman, van a los bailes, y salen solas con los novios. Y nadie le cuenta a *Tata* porque saben lo anticuado que es. Nosotras parecemos monjas al lado de ellas. Por eso los de Rosario se nos ríen y nos miran a menos.

Lusa pregunta de súbito:

–Elvira, ¿Por qué *Mamma* nunca me lleva a Rosario, como a los otros? –Es más una acusación que un interrogante y los ojos de las hermanas se vuelven hacia ella–. Siempre le pido que me lleve pero no, no quiere. ¡Tampoco me deja ir con ustedes cuando viajan solas! No es justo…

–No sé, Lusa–, dice Elvira, tomada por sorpresa, mientras le acaricia los oscuros rulos que caen en cascada alrededor del bello rostro infantil de su hermana–. Estoy segura que pronto te va a llevar, o vas a venir con nosotras la próxima vez.

La respuesta es vaga porque nadie osa decirle el porqué. Implícito queda el hecho de que ella tiene un *defecto en la pierna*, como todos llaman a la consecuencia de la polio que le produce una leve renguera al caminar. Tampoco puede nombrarse lo que todos asumen; que Lusa necesita sobreprotección porque el mundo es hostil y puede dañarla. Porque fuera de casa hay gente cruel que va a reírse de su cojera. Porque ella es una lisiada. Porque Inés le ha marcado ese rol y no van a dejarla salir de él.

Lusa se seca dos lágrimas que se le han escapado sin querer y baja la cabeza sobre su tarea escolar. En silencio rumiará su pena. En esto ella es más parecida a Mena que a ningún otro en la casa. Ambas hermanas guardan los agravios celosamente, nutriéndolos día a día con más y más motivos. Esa bronca creciente, exteriorizada en ocasiones en alguna pequeña revancha, crece y se dilata durante días y días en un reproche silencioso y más insoportable que los gritos y lamentos de Carmela o la furia de la tranquila Elvira cuando pierde la paciencia.

Mena le hace un gesto a Elvira, y ésta la sigue hacia los dormitorios.

–Ya pedí un turno para que me lean las manos.

–Ay, qué insistente. ¿Qué te puede decir un adivino? ¿Cómo te va a ayudar un extraño que no te conoce? Son puros inventos para sacarte plata.

–Sí que saben, lo leen en las cartas. Ahí sale todo. Me va a decir si es que Abelardo va a volver o no. No puedo vivir sin él, Elvira, no duermo de noche –la voz le tiembla y tiene los ojos húmedos. Mena es de pocas lágrimas y cuando llora como ahora a Elvira se le hace un nudo en la garganta porque conoce el control que la hermana tiene sobre sus sentimientos.

–Sí, te escucho de noche –y agrega, para romper la tensión–: Hacés bastante ruido cuando te levantás tantas veces al baño. Ya parecés Carmela deambulando por la casa a la madrugada.

Mena esboza una media sonrisa involuntaria y desecha el comentario con un gesto.

–Quiero saber por qué se fue. Por qué me dejó así de golpe. Yo no le hice nada, ¿Qué pasó?

–No sé, Mena, qué querés que te diga. Pero si te parece que el adivino te va a ayudar, vamos. Vos sabés que a mí esas cosas no me gustan nada. No creo en esas pavadas. Son todos cuentos. Nadie sabe el futuro.

Con otro gesto de fastidio Mena la ignora otra vez.

—Pasado mañana, sábado. Tenemos turno para verlo a la siesta, después de comer. Es a dos cuadras de aquí. No te vayas a echar atrás, Elvira, prometeme.

—Claro que no —responde poco convencida.

No es el primer novio que pierde sin saber por qué. Elvira sospecha que los muchachos no toleran los largos silencios inexplicables y los empaques de cara larga. Imagina su fastidio, obligados a pasar las horas de visita en la aburrida sala de la casa jugando al dominó con los chicos de la familia.

Yo también saldría corriendo, piensa, y oculta la sonrisa para que Mena no la vea.

—Apurate que ya son casi las tres—, dice Mena, agitada, mientras camina a paso rápido hacia la esquina, camino al norte—, la casa está a media cuadra de la plaza.

—Hay tiempo, tranquila, que hace un calor bárbaro. Este sol nos va a quemar, vas a ver. No hay que andar al sol a la siesta —protesta Elvira, siguiendo el paso de la otra de mala gana. Es poco elegante tener la piel quemada. Las revistas de modas traen modelos de impecable piel blanca y brillante labios rojos. Pero Mena ignora la moda, claro.

En silencio cubren las dos cuadras restantes.

—Podríamos haber tomado el tranvía. Hace más calor de lo que pensaba—, rezonga Elvira otra vez, ansiosa por llegar.

—El tranvía se demora en venir. Ya llegamos. Es aquí.

Se detienen ante la puerta de una casa que no tiene ningún cartel o anuncio. Nada indica que allí funciona un próspero negocio a donde se tiran las cartas y se leen las manos. Don Anselmo es famoso en el barrio y más allá gracias a las recomendaciones de los clientes que lo han visitado. A Elvira le parece un gasto inútil el pagar dinero para escuchar cualquier cosa inventada.

Les abre la puerta una mujercita de pelo lacio oscuro que le cae sobre los hombros y le da un aire indígena. Las hace pasar con un gesto a una sala que tiene sillas contra la pared. Hay una mesita con unos pocos ejemplares ajados de *Caras y Caretas* y de *Radiolandia*. Las hermanas se sientan en el borde de las sillas, apretando sus carteras de mano sobre la falda, sin decir palabra. Después de unos minutos la agitación de la caminata da lugar a un nervioso palpitar de los corazones ante lo que van a hacer. Cuando Elvira ya está tentada de salir corriendo, se abre una puerta y Don Anselmo, un hombre canoso de mediana edad aparece sonriente.

–¿Las chicas Aversa? Pasen, pasen, las estaba esperando.

Ambas se ponen de pie al unísono y Mena se adelanta confiada. La voz es calma, paternal y muy amable, sin ser melosa. El hombre tiene un aire franco, lo que tranquiliza a Elvira. Las primeras impresiones son importantes para ella.

Entran a una habitación grande, con un ventanal de postigos cerrados. La casa tiene cielorrasos bien altos, que a ellas les recuerdan los de la calle Santa Rosa, con cuartos frescos en el verano, aún si hace cuarenta grados de calor afuera. Don Anselmo les indica dos sillas frente a una pequeña mesa redonda cubierta por un mantelito de paño verde, como en las mesas de póquer.

Rígidas y ansiosas, las hermanas toman asiento y don Anselmo se instala con una sonrisa del otro lado, en una silla de respaldo alto, más importante que las otras. Las paredes pintadas tienen fotos de distintos tamaños, enmarcadas. Hay dos lámparas en las esquinas, que distribuyen una luz difusa además de la central, ubicada justo sobre la mesita a la que ellos están sentados.

Después de un intrascendente comentario sobre el tiempo, Don Anselmo baraja hábilmente entre sus manos el mazo de cartas que estaba sobre la mesa, mezclándolas. Mena es invitada a cortar, y de inmediato él comienza a echarlas, una a una, sobre el paño, formando una línea.

–Lo primero que sale aquí es un luto muy importante en su familia. ¿Ha muerto alguien hace poco? –ambas niegan con la cabeza. *Esto empieza mal*, piensa Elvira, confirmando la desconfianza que tiene por el resultado de la sesión. Don Anselmo sigue, imperturbable.

–Hay una ruptura de una relación amorosa–, y mira a Mena quien, en forma impulsiva, asiente.

Ahora le dice que él va a volver a sus brazos, estoy segura, se dice Elvira con firme escepticismo. El hombre suspira, espera unos segundos y con tono paternal explica:

–Señorita Aversa, lamento decirle que no parece que esta relación va a ir a ningún lado–, vacila un momento, amaga sacar otra carta del mazo–, pero claro, usted tiene que pensar que a veces es para mejor que las cosas no marchen bien. Déjeme ver la siguiente carta –y sin mirarla a la cara, continúa triunfal–. ¿Ve?

¿Qué le dije? Aquí aparece un nuevo romance.... Esta persona sí tiene miras de ser permanente...

Mena contiene un sollozo, y respira hondo. Elvira le palmea la mano, simpatizando.

—... aunque claro, nada es perfecto en la vida... —Prosigue titubeante don Anselmo—. Van a tener altibajos.... Pero este parece ser el candidato definitivo para usted... —Sigue sacando cartas—. Hmm... hay por lo menos un hijo, un varón, en el futuro... —y por fin la mira de frente— ¿Hay algo más que desea saber?

—¿Cuándo lo voy a conocer?

La pregunta es ansiosa, y Elvira frunce el ceño. Pobre Abelardo, olvidado en cuestión de dos minutos y por culpa de una carta que cayó en la mesa.

—No puedo decirle. Solo sé que está en su futuro, y no muy lejano.

Mena no necesita más. Para eso ha venido, y si Abelardo no puede ser, será otro pronto. Por suerte. Se mueve en la silla como para levantarse. Elvira la secunda pero Don Anselmo le hace un gesto y ella vuelve a apoyarse en el respaldo.

—Permítame, señorita...

—Elvira, Elvira Aversa —dice, sorprendida, al ver que se dirige a ella.

—¿Elvira, me permite mirar la palma de su mano? Ví algo en las cartas que me pareció interesante.

—¿En las cartas? ¿No eran para mi hermana?

—Sí, pero igual. Están las dos juntas aquí.

Un poco molesta por lo inesperado de la situación le tiende la palma de la mano derecha. Él la apoya sobre la mesita tocándole la punta de los dedos y la estudia un rato.

—Sí, así es —murmura él, pensativo—. Ya me parecía.

—¿Qué es? —pregunta Mena, de pie al lado de la puerta, apurada por marcharse para meditar sobre lo que las cartas le han dicho. También porque recién se da cuenta de lo encerrado que es este cuarto, con la ventana apenas entornada y por donde no entra mucho aire. Don Anselmo continúa mirando a Elvira, a los ojos.

—¿Usted sabía que tiene una sensibilidad especial?

Elvira se alarma y niega con un firme movimiento de la cabeza. No le va a decir de los sueños y las premoniciones y menos de las figuras en el aceite porque le da un poco de vergüenza y porque no es asunto para hablar con un extraño.

–Nosotros tenemos aquí, en este mismo lugar, sesiones de espiritismo una vez por semana. La gente que viene es muy seria y son personas que han estado practicando esta ciencia por muchos años.

Elvira se endereza en la silla, incómoda. No puede decirle a boca de jarro que no cree en esas cosas, y en que eso no es una ciencia. Sería demasiado brusco.

–No sé. Nunca he estado en ninguna sesión, ni sé mucho del espiritismo. Solo lo que leí en las revistas –responde, elusiva.

–Está bien. Por lo menos ha leído algo. Pero a usted no le hace falta, estoy seguro. Yo sé que usted siente ciertas cosas. Le va a interesar. Venga a una sesión por lo menos. En dos semanas tendremos una muy especial, tenemos invitados que vienen de Buenos Aires, directamente de la Confederación Espiritista Argentina.

–Ah, ¿Sí?

Esto se pone serio, piensa, sosteniendo una sonrisa amable, sentada en el borde de la silla, lista para levantarse.

–La sesión va a ser muy interesante y después todos vamos a ir a una gran conferencia, en el centro de la ciudad, habrá transporte para los que vengan. En la conferencia va a hablar un discípulo de Manuel Porteiro.

Ella lo mira interrogante. Es como si Don Anselmo esperara que ella sepa quién es.

–Nunca lo oí nombrar.

–Porteiro es un hombre muy importante en el país. Estuvo en el Congreso Internacional de Espiritismo en Barcelona, en el 34. Fue delegado por la Argentina. Es un hombre sabio.

Elvira lo mira y asiente con la cabeza, sin perder de vista a Mena, de reojo, quien es evidente está perdiendo la paciencia. Puede imaginar los reproches cuando salgan a la calle. Él se echa hacia atrás y levanta una hoja de un escritorio que está contra la pared.

–Es en dos semanas. Aquí tiene un folleto –le extiende una copia mimeografiada que Elvira acepta y guarda en el bolso de mano– le prometo que no se va a arrepentir. Puede traer a su hermana.

–Vamos a ver –corta Mena, con un gesto que su hermana considera descortés–. A lo mejor venimos.

–Sí, muchas gracias, lo voy a pensar –se despide Elvira, tratando de ser amable ante la insistencia de él mientras se pregunta qué habrá visto el hombre en su mano

Don Anselmo, siempre sonriente, abre la puerta que da a la salita. Un poco nerviosa, Elvira sigue a su hermana, quien dice con evidente intención de acelerar la partida:

—Y entonces, ¿Cuánto le debo por la consulta?

Dos días después de la visita a don Anselmo, y con una Mena más tranquila, que puede dormir de noche y se ha resignado a perder a Abelardo porque siente que hay algo bueno viniendo en su camino, reciben un telegrama urgente de Inés. Lo trae un cadete de Correos antes de la cena, y todos se amontonan alrededor del padre, sospechando la mala noticia.

"Falleció Tata. Viajá mañana mismo. Entierro sábado. Inés."

Después de las exclamaciones inevitables, de pronto Mena y Elvira se miran con los ojos dilatados.

—¡Don Anselmo! ¡Lo vio en las cartas! —grita Mena —¿Qué te dije, cabeza dura? ¡Las cartas anuncian todo! Y vos que no creías...

—No sé —dice Elvira, confundida— puede ser casualidad, che. Una gran casualidad.

—¿De qué cartas están hablando? —pregunta Carmelo con desconfianza—, ¿te hiciste tirar las cartas? — y mirando a Mena, con reproche—: Parece mentiras que creas en esos charlatanes.

—Esperá que le cuente a *Mamma* cuando vuelva —dice Roberto, con acento hosco. — Ya las va a arreglar bien a ustedes dos, gastando plata en pavadas.

—Sí. Le vamos a contar a *Mamma*—. Tano se suma a la amenaza, aprovechando la oportunidad. Pocas veces los varones tienen argumentos contra las hermanas mayores, que siempre les dan órdenes a espaldas de *Mamma*.

Mena los ignora y se dirige al padre.

—Ah, ¿sí? Charlatán o no, él adivinó exactamente lo que iba a pasar. Nos anunció un gran funeral en la familia. Ahí tiene, papá, aunque usted no lo crea. El hombre lo leyó en las cartas. Apenas yo corté el mazo.

Mena tiene un aire triunfal.

—Sí, papá, es cierto —verifica Elvira, llena de dudas ahora, porque la coincidencia es muy grande.

Las hermanas se miran otra vez, en silencio, ahora considerando seriamente las posibilidades de que todo lo que el calmo, sonriente adivino les ha dicho sea verdad. Pero Carmelo no cambia de opinión.

–No sé cómo pueden creerle a esa gente–. Dando el tema por terminado, se vuelve hacia Mena–: Tengo que preparar el bolso, salgo mañana a la madrugada para la estación de trenes. Espero conseguir boleto. Volvemos con *Mamma* en unos días. Ahora hay que ir hasta lo de Carmela a avisarle. Tano, ¿Podés hacerte una corrida hasta allá?

–Yo voy con él –se anota Roberto–, de paso lo veo a Chichí hoy, porque no lo trajeron a casa.

–Todo va a estar bien por acá –dice Mena, haciéndose cargo de la situación–. Vaya y atienda nomás, papá, yo hago la comida.

Lusa se sienta frente a la mesa. Por un momento tuvo la intención de ofrecerse para ir con los hermanos, pero como camina tan despacio, está segura que no la van a aceptar. Cuando el padre sale, Mena agrega:

–Elvira, vamos a ver qué ropa negra nos ha quedado. Porque va a haber que teñir ropa otra vez. Hay que comprar anilina y buscar un buen tacho grande para hervir.

Lusa presta atención a las mayores, porque ella también tendrá que vestir de medio luto, blanco y negro, pero luto al fin. No más colores por dos años para las mujeres de la familia. Los hombres, siempre afortunados, solo necesitarán el pequeño paño lenci negro cosido alrededor de la manga izquierda del saco.

–Qué pena me da arruinar los vestidos de verano –se lamenta Elvira–. Los varones no tienen esos problemas. Suerte para ellos, que la sacan siempre más liviana.

Mena la mira, solidaria.

–Tienen todas las ventajas, y ni se dan cuenta –murmura. Y con aire de confabulación agrega–: En una de ésas, hasta te acompaño a la sesión aquella.

–¿Qué sesión? ¡Yo también quiero ir! –Reclama Lusa, quien ha oído el comentario.

–Ninguna sesión, sonsa –corrige Mena–, escuchaste mal. Hablábamos de ir al centro, a hacer compras y si querés podés venir también vos.

Lusa las mira, desconfiada. Sabe que hay algo más, pero la oferta es tentadora y acepta la velada extorsión:

–Bueno. Voy yo también. ¿Vamos a comprar ropa nueva? Necesito unas botitas.

Elvira le pone un brazo sobre el hombro, y la aprieta contra sí. Lusa necesita zapatos nuevos cada dos meses. Es calzado especial, que le sostiene el tobillo que ha quedado sin fuerza por la polio y que al arrastrar el paso se gasta de un solo lado. Los venden en la zapatería Grimoldi, sobre la calle Nueve de Julio, y la salida es siempre un acontecimiento para ir al cine mudo y a comer pizza, en una pizzería que las hace más deliciosas que las de *Mamma*.

—Sí, necesitás zapatos nuevos. Vamos a ir las tres al centro y lo llevaremos a Roberto, para que tome un poco de aire y se civilice – sigue Mena, en su rol de madre sustituta–. Estos chicos siempre con los amigotes en el barrio. Tano ya no tiene cura, pobre, pero a Roberto todavía lo podemos salvar.

Lusa ríe ante el comentario, porque sabe que cuando *Mamma* vuelva, a pesar del luto por *Tata*, va a haber un revuelo por culpa del hermano mayor, quien se ha mezclado con otra vez con los vecinos vagos y de mal vivir. A ella le entretienen los altercados que provocan los hermanos. Imagina historias que va a escribir más adelante. La maestra le ha dicho que tiene que empezar a poner en el papel lo que le pasa por la mente, porque tiene un don para la narración. Uno de estos días, cuando se anime, lo va a hacer. Ahora le da un poco de vergüenza, y miedo de que los hermanos lean sus escritos y se rían. Puede imaginar las burlas interminables si alguien encuentra un texto de ella. También presiente que *Mamma* no lo va a ver con buenos ojos. Escribir no es un oficio, ya se lo ha dicho. Si no quiere ir al Profesional de Señoritas, como va Elvira, la mandará al Corte. Y ella, si bien no está segura de que le vaya a gustar aprender corte y confección, no se atreve a desafiar una decisión de la madre.

—¿Y? ¿Cómo estuvo–pregunta con ansiedad Carmela, sirviéndole una taza de leche a Chichí, apenas Lusa ha salido de la cocina. Todavía no le han comentado sobre la sesión de espiritismo a la hermana menor, y *Mamma* está tan desolada con la muerte del padre que no quieren preocuparla más. Cuando Inés supo que las dos hijas iban a asistir a la sesión de espiritismo se encogió de hombros y cambió de tema. Carmela insiste:

— Cuenten. Cuenten todos los detalles.

—Contale vos, Elvira. Fue una pavada. No estamos bien seguras de qué pasó. Contale vos.

—Bueno, éramos unos diez o doce alrededor de una mesa redonda. Fue muy raro. Nosotras estábamos un poco nerviosas. Creo que todos los demás eran espiritistas, estaban bien tranquilos y eran muy amables. Dejaron solo una lámpara prendida, y nos tuvimos que tomar de las manos sobre la mesa. Hubo una especie de invocación y de pronto alguien en la mesa dijo que sentía una presencia en el cuarto. Empezó a hablar con vos rara, con un acento, y dijo que era Leoncavallo…

–¿El músico? ¿El autor de *Mattinata?* –pregunta con incredulidad–, ¿el espíritu?

Todos conocen el tema musical. En la casa todavía hay un viejo disco de pasta, con una etiqueta roja de Gramophone Concert Records, de la bella pieza de música cantada por Enrico Caruso, un favorito del padre que han escuchado por años en la victrola de la sala.

–Sí. Eso dijo. Ruggero Leoncavallo. El mismo del disco –Elvira se encoge de hombros–. Habló un poco, un par de cosas sin importancia, con voz rara, a través de este hombre, que más bien parecía estar imitando a alguien, y después de contestar algunas preguntas que le hacían los otros, parece que el espíritu se fue de la habitación.

–¿Y qué más?

–¿Qué más querés que pase? –responde Mena–. Los otros hablaron un montón, antes y después de la sesión. Fue bien aburrido. Lo mejor fue cuando dijeron que había aparecido el espíritu. Yo pensé que íbamos a verlo y todo, pero fue solo de palabra, una pena. Por suerte después convidaron licor y pastelitos, antes de irse todos para el centro, a una gran conferencia.

–¿Y eso fue todo?

–Y, sí. Yo ni estoy segura de que la voz fuera de veras Leoncavallo, aunque contestó preguntas que le hicieron –dice Elvira, insegura de lo que presenció–. Claro que si uno no sabe de qué están hablando, no importa qué le preguntan, ¿No te parece? –Y después de un instante agrega–: Todos en la mesa estaban de acuerdo con que era el espíritu de él hablando. Pero no se pudo probar. No hay forma de probarlo.

–A lo mejor hay que entender el espiritismo, como ciencia, para estar ahí. Quién sabe – concluye Carmela–. Aunque yo no creo que los muertos hablen o manden mensajes por boca de otro.

–Yo tampoco. Y no creo que sea una ciencia, si no se puede comprobar, ¿no? –Y agrega convencida–: No pienso ir más a ninguna sesión de ésas. Me ponen un poco nerviosa.

–Tenés razón, Elvira, para qué meterse en esas cosas raras– Levanta la taza de leche vacía que el hijo ha dejado sobre la mesa y se dirige a sus dos hermanas–: Ya puse el agua a hervir, ¿Tomamos unos mates?

Nicolás

Mena está sentada doblando la ropa que recién descolgó de la soga del patio. Del otro lado de la ancha mesa Inés ha terminado de mezclar la masa para hacer *cannaretele*. El aire huele a clavo y canela, y al vino tinto que está calentándose lentamente sobre la hornalla. Inés retira un pote de miel de la alacena y lo deja cerca del fuego.

—Mena, por favor quedate aquí cuando Tano aparezca por la puerta. Necesito hablarle seriamente y quiero que haya alguien presente. También le voy a pedir a Carmelo que lo hable a solas. A ver si por fin nos escucha.

Mena levanta la vista de la ropa.

—¿Es por lo de los muchachones ésos? Son un peligro, *Mamma*. Qué malas compañías elige este chico. Con las pestes que andan por ahí, y la policía que cada dos por tres los pesca en algo y los mete en el calabozo. Tano se ha salvado por ahora.

—Sí. Estoy preocupada. Le voy a buscar un trabajo, para que se ocupe de algo. Tiene que aprender una profesión. Se me está yendo de las manos.

—No. No si lo agarra a tiempo, *Mamma*. Tiene que obedecerla.

—Ya no basta con sacarme el zueco de madera y darles en el trasero un par de zapatillazos. Son grandes ahora, y no quiero que Roberto siga el ejemplo del hermano.

—Roberto es distinto —la voz de Mena es más tierna cuando habla del menor de la casa—. Tiene sus cosas, claro, como las rabietas que le dan cuando le muevo algo en el dormitorio, pero no es como Tano, que se va por ahí. Tano es más salvaje.

Inés sonríe al escuchar el comentario de Mena sobre la minuciosidad del hijo menor.

—A Roberto le gusta dar órdenes en casa, y no pierde la pista de nada.

—Sí. Es el más mandón de la familia, aunque es el más chico—, ríe ella, complacida.

—Acá viene —dice Inés apresurándose a mover la ollita con el vino a un costado para que no hierva.

—No se preocupe. Me quedo calladita aquí.

Tano se detiene en la puerta de la cocina silbando un tango de moda y poniéndose el saco para salir.

–Mmm.... Qué rico... ¡*Cannareteles*! *Mamma*, esta vez báñelos en mucha miel, la última vez se secaron un poco.

–Eso es porque te comes la miel a cucharadas y los dejás secos en la fuente –rezonga Mena.

–Vuelvo para la cena –dice él, con un movimiento de la mano, ignorando a la hermana.

Inés se para frente a la puerta con los brazos en jarra.

–Todavía no. Entrá y sentate un rato. Tenemos que hablar.

Él frunce el ceño y mira a la hermana, quien continúa en silencio con su trabajo, sin levantar la cabeza.

–Pero *Mamma*, ¡Me están esperando!

–No importa. Sentate ahí–. El tono de Inés no deja lugar a dudas, así que él entra y se sienta de mala gana frente a la mesa, mirando a su madre con desconfianza.

–Ya sabés de qué te voy a hablar. Yo no te puedo prohibir que veas a tus amigos porque no me vas a hacer caso. Pero haceme un favor, no tomés más mate con ellos, y no salgas con ellos a ningún lado. Te prohibo que los acompañes a ningún lado.

–¿Por qué? ¿De dónde sale todo esto? ¿Qué tiene de malo que tomemos mate?

–Esos muchachos tienen tuberculosis. La hermana está en el hospital. Ellos pasan hambre, siempre pidiendo ayuda. No trabajan. Se la pasan correteando por las calles, han caído presos más de una vez. ¿Querés que nuestra familia se llene de vergüenza si te llevan a vos? ¿O, que ni Dios permita, te enfermés de los pulmones? No quiero ni pensarlo. Te internarían en un hospital para enfermos infecciosos y no saldrías más. No me hagás eso, Tano.

–Ellos están sanos, *Mamma* –implora él.

–La tuberculosis se contagia –ella insiste con un tono de voz que le dice al hijo que la madre está cerca del límite–. No comás nada en esa casa ni tomés mate con ellos. Te lo prohibo.

Tano considera las palabras por un rato, con aire de duda.

–¿Está segura de que por tomar mate nomás me puedo contagiar?

–Claro que sí. ¿No es cierto, Mena?

–Y sí. Claro que te podés contagiar. Tano, no nos hagás pasar esta malasangre, por favor–. Ella se ha puesto de pie y la voz es implorante–: Hacele caso a *Mamma*. Si te contagiás vos, nosotros también nos vamos a enfermar. Hay tanta gente con tuberculosis en el barrio.

Tano las mira atento, como si recién se diese cuenta del peligro.

—Bueno, si me lo piden así. No voy a tomar más mate ni compartir vasos con ellos. Pero no me pida que no los vea. Son mis únicos amigos.

—Los ves en su casa. No salís con esos muchachos a ningún lado, me oíste, a ningún lado.

—Usted tiene miedo que yo ande robando cosas por ahí, como ellos. ¡No me diga que no!

—Es cierto. Tengo miedo. Me moriría de vergüenza si te llevaran a la comisaría a vos también. En esta familia no hay ladrones. Prometeme, Tano. Ahora mismo.

Después de un silencio, él asiente.

—Bueno. Le prometo. Pero usted sabe que yo no haría eso. Nunca. Nunca robaría.

—Las malas compañías contagian —dice Inés, más tranquila— Y también tenemos que hablar de aquel trabajo que te dije. Papá escuchó que están tomando gente en la línea del Tranvía Dos. Vamos a averiguar bien y te vas a anotar.

Él suspira, fastidiado.

—¡Ufa! Cuantas órdenes, *Mamma*. A mí siempre me tienen zumbando.

—No te quejés. Nos ponés a todos con los pelos de punta con las cosas que hacés. Así que callate y portate bien, porque no va a ser de otra manera en esta casa. ¿Me oíste?

—Sí. ¿Me puedo ir ahora?

—Que no te vaya a agarrar mintiéndome con este asunto.

—¡Pero no, *Mamma*! Ya no soy un chico. Ya le prometí y voy a cumplir.

—Mejor así.

Un mes más tarde Inés se entera, a través de una vecina en el almacén, que dos de los cuatro muchachos que viven con su padre en la vereda de enfrente, cerca de la esquina y a los que Tano frecuenta, están otra vez en la comisaría del barrio.

Ella siente una profunda piedad por el vecino que perdió a su esposa y quedó solo, criando a cuatro rebeldes a los que apenas pudo controlar, mientras trabajaba en dos o tres empleos a la vez. Toda la cuadra se conmiseró de la situación y entre las amas de casa se hizo un pacto tácito de asistencia a los huérfanos. Cuando era necesario los cuidaban, controlando desde las ventanas que nada sospechoso sucediera mientras el padre estaba ausente, o albergándolos hasta el regreso del padre si es que surgía algún problema. Así, de una forma u otra, los chicos se criaron y ahora son adolescentes, con cinco años de diferencia entre el mayor y el menor.

Fue muy fácil perderles pisada y dos de ellos terminaron uniéndose a un grupo de malvivientes de la costa del Río Primero, junto con los que cada dos por tres terminan detenidos en una celda de la comisaría. Tano es amigo de los dos más chicos, pero Inés no teme que su hijo vaya a seguir el mal ejemplo de los mayores. A ella le preocupa su constitución débil, ya que desde niño ha sufrido resfríos, fiebres y bronquitis frecuentes. Ha notado la asiduidad con que la gente mal alimentada cae presa de la tuberculosis, enfermedad que hace estragos entre chicos pobres como los vecinos. Y le teme al contagio.

Pero no puede ocultar la ternura que siente por ellos y la pena que le da verlos ir por el mal camino.

–¿Está segura, *Mamma*, que quiere ir a la comisaría, a visitar a esos chorros? –pregunta Carmela, llegando a la casa con Chichí de la mano, como todas las tardes.

Después de abrazar al nieto y ayudarle a acomodar un camioncito de madera en el suelo para jugar cerca de Lusa y Roberto Inés va hasta la mesa donde hay frutas, comida en latas, yerba, azúcar y cigarrillos en una pila y comienza a llenar un bolso de lona.

–No digás eso. Son buenos muchachos. No tienen madre, nadie los ha educado con atención. El padre siempre afuera, trabajando –dice mientras acomoda las provisiones.

Carmela insiste:

–El padre es dudoso también, *Mamma*. No se sabe si tiene trabajo fijo. ¿No será chorro él también?

–No. El pobre hombre trabaja todo el día para darles de comer. No le alcanza. Gana muy poco, no tiene ninguna profesión, es un changarín. Un Juancito siete oficios, digamos. Vos sabés bien.

Carmela no responde.

–Qué le vamos a hacer, Carmela. Son buena gente y Tano los aprecia. Nadie les va a llevar nada a la comisaría. No robaron más que unas gallinas esta vez. Allí comen mal y los tratan mal. Se mueren de frío en la celda de esa comisaría. Tano dice que pasan hambre.

–La próxima vez no van a robar, espero que aprendan.

–No sé, Carmela. Yo creo que van a seguir robando. Pero como hay una consigna de que a estas dos cuadras del barrio ni ellos ni los otros ladrones de la zona pueden tocarlas, yo creo que corresponde ir y llevarles algo. Con nosotros son muy buenos vecinos. Demasiado hizo el pobre hombre con tantos hijos y sin mujer. Se le fueron dos de las manos.

–Usted los justifica mucho, *Mamma*. Son unos chorros vulgares y Tano no debería ser amigo de ellos. Pero ése es un terco, cabeza dura.

Inés termina de armar la bolsa y se vuelve hacia Carmela, quien ha puesto a calentar un jarro con leche para Chichí.

–Carmela, te digo la verdad, y no te ofendás. Yo no puedo obligar a Tano. Me hace caso en algunas cosas y en otras no. Los hombres son así. Mirá a Roberto, él cree que sabe siempre más que ninguno de nosotros y no escucha a nadie, ni a papá.

–Es cierto. Ellos no son como nosotras–, refunfuña–, siempre hacen lo que quieren.

–Qué le vamos a hacer–. Se encoge de hombros, ajustándose la pañoleta–. Voy hasta la seccional y vuelvo en un rato. Esperame con el mate, que ya van a llegar Mena y Elvira del taller.

–No se demore. ¿A dónde está *La Voz*? Hoy no me trajeron el diario a casa.

–En el comedor. Sobre la mesa. No te olvidés de la leche en el fuego.

Y sale con la bolsa a cuestas, rumbo a la comisaría a donde los oficiales la saludarán con respeto, porque Doña Inés es una de las vecinas que siempre está atenta para ayudar a los chicos del barrio cuando lo necesitan.

Cuando Carmelo regresa de su trabajo de ayudante en una carnicería grande del Mercado Norte, en el centro de la ciudad, Inés está preparando la cena. Él pasa por la cocina y saluda, pero ella apenas levanta la cabeza, inmersa en sus pensamientos.

–Falta rato para la cena. Lavate las manos que te preparo algo para picar –dice, casi por hábito.

Él no le responde y cuando regresa Elvira está colaborando con la preparación de la cena.

–¿Qué les llevó a la comisaría hoy? –pregunta a la madre.

Inés se encoge de hombros, quitándole importancia.

–Ya te dije, varias cosas que les hacían falta. Van a salir en unos días. No tiene importancia.

Carmelo se opone a que ella visite a los vecinos en la comisaría, y no puede evitar intervenir:

–¿Otra vez? ¿No te dije que no deberías ir a llevarles nada a esos ladrones? ¡Mientras haya gente que los ayude y los apañe no van a enderezarse nunca! ¿Por qué te metés en ese asunto, *Añé*?

–Lo que yo hago es cosa mía –responde ella displicente–. Son amigos de Tano y a nosotros nos respetan. Aunque sean vagos.

–Son unos malvivientes, unos maleducados. Y vos los ayudás, parece mentiras.

Inés lo mira con soberbia. Desafiándolo. Es la forma en que ha comenzado a mirarlo desde hace bastante tiempo, y él lo acepta porque es un hombre derrotado, que no tiene autoridad ni en su propia casa. Es el precio que debe pagar, y él está de acuerdo que es justo, por no haber sabido defender lo que era suyo. Por haber llevado a la familia a la ruina, como tantas veces se lo ha recordado Inés mediante gestos y palabras. Una culpa que le pesa como una montaña sobre los hombros.

Elvira observa en silencio, esperando una explosión de parte del padre, pero que nunca llega. Él mueve la cabeza, desaprobando, y se marcha de la cocina, camino al comedor, a donde pone música italiana por un rato. Pronto comenzará el noticiero de la radio, que a él le interesa escuchar todos los días, pues le trae noticias de todo el mundo.

Elvira

La sala del cine Moderno es una nueva adquisición del barrio, en un edificio sobre la calle Colón 1561. Fue inaugurado hace tres años, en 1929, y se ha convertido en el lugar favorito de la gente joven de la zona del Clínicas. A la noche proyectan dos *cintas*, una nueva y una de reposición para el público adulto. Pero las tardes de matiné son para los chicos y adolescentes, con un programa continuado de películas cómicas y de aventuras que comienza al medio día y termina antes de la sección noche.

Elvira, una enamorada del cine mudo durante toda su infancia, ahora tiene a pocas cuadras de su casa una sala en la que se proyectan películas habladas, la gran novedad de los últimos años. Ya no hay necesidad de ir hasta el centro para disfrutar de la magia de las imágenes en blanco y negro.

Frente al Moderno, este atardecer de un viernes cualquiera, mientras charla animadamente con Helena Khan y Lidia Guido en la fila de la boletería, Elvira levanta la cabeza y se encuentra con unos ojos claros sonrientes que buscan los suyos.

–¡Cisneros! –exclama Helena, sorprendida, mirando al desconocido que se ha detenido frente a ellas–. ¿Qué hacés por acá? ¿Cuándo volviste?

Hace una semana–, responde él, mirando a Elvira–. ¿No me vas a presentar?

Ante esos ojos las rodillas se le han aflojado de súbito, y aunque sostiene la mirada de frente, necesita apoyarse con disimulo en el brazo de Lidia. ¡Es tan buen mozo!

–Conocés a Roberto, ¿no? –le pregunta Helena.

Recuperándose, atina a musitar un no apenas audible.

–Roberto Cisneros –dice él, con una sonrisa pareja y blanca. Elvira extiende la mano por un acto reflejo y él se la estrecha con firmeza. Para disimular los nervios ella trata de devolverle el apretón con energía, como ha leído en una revista que se debe hacer para causar una impresión de franqueza. Y también para ocultar lo tonta que se siente por estar tan confundida.

–Esta es Elvira Aversa. Yo creí que se conocían. ¿Seguro que nunca se vieron en casa de los Pedroza? – Helena insiste, con duda.

Elvira niega con la cabeza, y él también dice que no con un gesto.

—Me confundí, entonces. Creía que estaban los dos en la fiesta de cumpleaños de Cora, el año pasado. ¿No andabas por acá para el cumpleaños?

—No. Y yo no me hubiera olvidado de una cara tan bonita — responde, y ella se siente enrojecer hasta las orejas.

Helena y Roberto Cisneros ahora hablan de algo pero Elvira no presta atención, tratando de controlar los nervios que le produce mirar ocasionalmente el perfil de él. Se esfuerza fijando la vista en la gente que espera delante de ellos en una línea que avanza inexorablemente hacia la puerta del cine, momento en que los ojos claros tendrán que despedirse.

—Elvira—, está diciendo Helena—. Elvira, ¿Escuchaste? ¿Qué te parece la idea? ¿Entonces a la salida nos juntamos todos aquí?

Asiente en silencio, porque no quiere reconocer que no sabe de qué están hablando.

—Muy bien—, dice Cisneros, tendiéndole la mano otra vez, y Elvira se obliga a estrecharla, sin poder disimular su temblor — entonces nos vemos más tarde.

Él espera a que ellas lleguen a la puerta del cine para marchase.

Una vez en la sala, Elvira trata de disimular mientras buscan con los ojos a dónde sentarse, pero Helena y Lidia la miran risueñas.

—¿Qué? ¿Qué les pasa? —finge con fastidio.

—Ay, ¡No me digás que no te diste cuenta que Cisneros te comía con los ojos!

Ella se sonroja otra vez, bajando la guardia, porque no puede ocultarlo frente a sus amigas, y confiesa:

—¡Qué buen mozo! ¿De dónde salió? ¿Cómo es que no lo vi antes en el barrio?

—Fácil. Porque estuvo viviendo afuera por mucho tiempo, y viene a veces. Ha vuelto porque consiguió un trabajo en el gimnasio del Club Belgrano. ¿No escuchaste lo que nos contaba?

—No, no presté atención.

—Ay, che, si te pusiste roja como un tomate. ¡Y él tenía una cara! ¿Por qué creés que dijo de venir a encontrarnos más tarde con un par de amigos? Lo flechaste, estoy segura.

—Dejá de hablar pavadas —murmura, evasiva.

–No son pavadas –dice Lidia en forma contundente– te vio y se quedó embobado. No creo que se le iba a ocurrir venir a buscarnos al final de la película si vos no estabas aquí. ¿No es cierto, Helena? Y menos invitarnos así de golpe a tomar algo.

–Vamos, miren, ahí hay una fila libre –dice ella para cambiar de tema, pero solo logra que las otras exageren aún más hasta que las luces se apagan.

Marlene Dietrich está magnífica como la exótica cantante de *El Ángel Azul* y Elvira se identifica durante la hora y media de la proyección con la irresistible mujer de voz grave, intensa, que seduce al profesor hasta convertirlo en una sombra del hombre que era. Lola Lola es una figura avasalladora y Elvira bebe con los ojos cada gesto, cada mirada de Marlene prometiéndose ensayarlos en la vida real, si es que se le presenta la oportunidad.

A la salida del cine Roberto Cisneros está esperándolas con un par de muchachos del barrio que ellas conocen desde hace tiempo. Charlan en un café por un rato, y al salir las acompañan, subiendo por la calle Colón hasta la casa de cada una. Se acerca la hora de la cena y las tres deben llegar antes de que las familias se sienten a la mesa. Por suerte, nadie cena antes de las nueve y media.

Esa noche ella apenas puede tragar un par de bocados. En su cabeza giran frases sueltas que Cisneros ha dicho acerca de uno u otro tema, y ella se pierde en detallados recuerdos del tono de la voz, los gestos de su boca, la calidez de la mirada franca y risueña. Se detiene a pensar en la nariz recta y fina, con la huella de un golpe que la ha desviado levemente, dándole un toque personal que lo beneficia.

Cuando la cena termina por fin, pretexta un dolor de cabeza frente a la familia y se va a la cama temprano, para evocar una y otra vez el encuentro y la charla de esa noche.

Después del embeleso que sintió en el primer tímido roce de labios, un atardecer a la sombra de los árboles de la Plaza Colón, seguido por otros, más apasionados, Elvira está segura de que este amor va a ser para siempre. Jamás ha sentido algo así por alguien, ni nadie le ha manifestado un afecto tan intenso, y se siente transportada a un mundo distinto. Ha dejado atrás la monotonía del régimen familiar y está viviendo emociones desconocidas para ella. Camina todo el día entre nubes y ni el odioso Profesional de Señoritas le parece tan terrible ahora, mientras sueña con aplicar las, hasta ayer, inútiles lecciones a su propio hogar, un hogar que puede llegar a existir en el futuro, y que va a refugiarlos a ambos.

–¿Qué dirán tus padres si te paso a visitar por las tardes, aunque sea en la puerta de tu casa? –se atreve él un día, poco después del primer beso.

–Nada. Qué van a decir. Mientras mi hermana Mena tenga novio para casarse, ¿Qué problema pueden tener? Yo sigo en línea por la edad.

–No me digas que en tu casa se sigue esa costumbre del siglo pasado... Estamos en los treinta...

–Vos sabés que todavía es así –dice ella, mirándolo con reproche–. ¿A cuántas familias conocés que no les importa?

Roberto vacila unos segundos y por fin responde:

–Es una suerte entonces que ella tenga novio, así podremos hablar más tranquilos, en vez de estar siempre caminando por la calle o en un banco de la plaza.

Los ojos brillantes que le sonríen con tanto amor la acarician otra vez, mientras ella sueña con que los padres lo acepten. Esas visitas formales que en los noviazgos de Camela y Mena le parecían tediosas y largas, ahora con Roberto presagian momentos felices. Aunque ambos no hagan nada más que mirarse o escuchar música, aunque no se queden a solas ni un minuto en el comedor. Pensar que va a tenerlo cerca casi todos los días y que pueden planear para el futuro la hace feliz, como nunca antes lo fue.

Es domingo y después del almuerzo los hombres de la familia se han retirado a escuchar el partido de fútbol sentados alrededor de la radio, mientras fuman y toman el café, comentando a grandes voces las peripecias del juego.

Las mujeres, por su parte, después de levantar la mesa y dejar el comedor en orden se reúnen en la amplia cocina, colaborando con el lavado de platos y charlando sobre las últimas novedades. Pero la de hoy no es una conversación como las otras. Inés tiene un aire preocupado y se dirige a Elvira sin preámbulos.

–Elvira, Carmela me estaba diciendo, mientras yo cortaba los tallarines antes de comer, que ese muchacho Cisneros, que viene a la puerta de casa por las tardes a charlar con vos es un haragán, que no tiene futuro. ¿Vos sabías eso?

Elvira temía algo así, pero las palabras de la madre y el tono su voz la sobresaltan. Mira a su hermana mayor, quien le devuelve la mirada con reprensión y superioridad, como cuando

Mamma la apoya en algo que está en disputa. Mena no levanta la cabeza, ocupada en secar los platos que Elvira enjuaga.

—No soy solo yo la que lo dice –aclara Carmela–. Preguntale a cualquiera del barrio.

—Seguro que le has traído a *Mamma* todos los chimentos de los vecinos –la increpa, furiosa.

—No son chimentos. Es cierto.

Ella y sus amigas han comentado muchas veces lo que se rumorea de Roberto Cisneros. Que tiene fama de vago, que estuvo tratando de meterse en el boxeo y que los padres no pueden controlarlo. Que se pasa las tardes fuera de hora de trabajo entrenando en el Club Belgrano. Pero Elvira lo conoce y sabe que son exageraciones. Helena coincide con ella. Por su parte él le ha asegurado que es solo un esparcimiento. Se vuelve a Inés, implorante.

—No es un vago, *Mamma*. Trabaja. ¿Por qué todos se meten en la vida ajena? Trabaja y no tiene ningún vicio, como tantos otros tipos que yo conozco. Ni siquiera fuma…

Carmela la interrumpe desafiante:

—¿Vas a negar que se pasa las horas boxeando en el club Belgrano?

—¿Y qué sé yo si está boxeando o no? Lo que sé es que tiene trabajo fijo y que es un buen muchacho. Lo que hace en los ratos libres es cosa de él–. Mirando a su madre con desesperación, agrega–: *Mamma*, por favor, no permita que le vengan con chimentos de viejas. Usted sabe que es un buen muchacho. De buena familia.

—Ella lo quiere, y es gente buena, –intercede Inés, con voz de duda, mirando a la hija mayor, porque necesita el apoyo de Carmela, no quiere ponerse en contra de ella, aunque sabe que Víctor opina muy mal de ese joven que ella ni conoce–. No sé qué vamos a hacer.

—No, no tiene trabajo fijo. Es un vago–. La voz de la hermana mayor adquiere el tono que Elvira conoce tan bien y que utiliza cuando está empecinada en algo–. Hace changas sueltas. Los padres están bastante amargados por eso. No estudió nada. Salta de un oficio a otro. Todo el barrio lo sabe. Nada le viene bien, solo quiere boxear. Vos no podés seguir con ese tipo.

—¿Cómo es que sabés tantos detalles?

—Vos sos la única que no los sabe, o te hacés. Víctor me contó todo–. Y aprovechando el silencio de la hermana, agrega con tono admonitorio–: Te aviso que no es un buen partido. Con esos antecedentes no tendrías que verlo más. ¿No es cierto, *Mamma*?

–¡*Mamma*! ¿Desde cuándo Carmela me da órdenes? –la voz de Elvira es casi un grito.

La madre se seca las manos en el delantal, como dudando, pero la cosa está resuelta.

–No, ella no te da órdenes. Yo te doy la orden –dice por fin, cortante, porque cuando la hija mayor tiene su mente puesta en algo, ella no puede disuadirla, ni quiere ponerse en contra– yo te digo que no tenés que verlo más. Antes de que pase más tiempo y te cueste dejarlo–. Y concluye, con voz suplicante–: Haceme el favor, Elvira.

–¡*Mamma*!! ¡No me pida eso! Carmela siempre escuchando los chimentos del barrio. ¿Y qué tiene que meterse Víctor, en todo esto? ¡Son puros inventos! Hay gente que no tiene nada en qué ocuparse, como tu marido –le grita a la hermana–. Él es un buen muchacho. ¡Yo lo conozco bien!

Elvira sale llorando y se encierra en el dormitorio. Sabe que la opinión de Carmela pesa como ninguna otra sobre la madre. Y teme que esta sea una batalla ya perdida.

Pasan meses en los que sigue viéndose con Roberto Cisneros a escondidas de la familia. Se encuentran en la casa de Lidia o Helena, van a bailar a fiestas en las que saben que ningún amigo de la familia va a asistir. También pasan largas tardes en el cine Moderno, que para entonces ya comienza a ser apodado *La Piojera* por los estudiantes de medicina del Clínicas.

Roberto le promete que todo va a estar bien, pero Elvira sabe que mientras él siga intentando boxear, la familia no va a aceptarlo y se ve obligada a mentir y dar pretextos. Un día, volviendo con él desde la recién inaugurada plaza Jerónimo del Barco se cruza con su hermano Roberto, quien viene caminando en sentido contrario con un par de amigos. Esa noche Inés, al enterarse, le reprocha una vez más el que mienta en casa y la escena termina con llantos y recriminaciones.

Carmelo no toma partido, se limita a levantarse de la mesa disgustado, sin decir una palabra. Quisiera interceder por la hija, pero no tiene fuerzas para pelear contra el frente común que presentan Inés y Carmela. Por la noche intenta disuadir a su mujer, pero ella rechaza su comentario con un gesto de desaprobación.

Un año después del primer encuentro con Roberto Cisneros la suerte del romance queda sellada. Víctor le comenta a Carmela que el pretendiente de Elvira va tener su primer combate de box con un semi–profesional, en un programa de varias peleas que culminará con una por un campeonato provincial. Todos en el club lo consideran un boxeador con futuro.

Esa tarde, Carmela trae la noticia a casa para la hora del mate. Cuando Elvira llega ambas están esperándola en la cocina. Ella adivina lo que va a suceder en el gesto de la hermana mayor. El corazón le da un vuelco y el miedo la paraliza.

–¿Qué te dijimos? Era todo cierto. Y vos seguís encaprichada con él. Ese Cisneros es un vago, que no quiere trabajar. Pero vos no escuchás razones. Está por boxear en una pelea en un club. El mes que viene–. En la voz de Carmela hay reproche y triunfo–. Me dijeron que la madre de él estaba llorando en el mercado un par de días atrás, contándole a una amiga. No podés negarlo.

Inés se adelanta. Elvira busca sus ojos, implorante.

–¡*Mamma*... por favor!

–Esto se terminó, Elvira –declara la madre con tono inapelable–. No vas a traer a un boxeador a casa. Es lo más bajo que hay. Ninguna chica decente se pone con un tipo así. Desde hoy en adelante no lo podés ver más. Eso es todo.

Elvira la mira por un rato sin responder. No tiene palabras. Un sabor amargo le sube a la boca y sale corriendo de la cocina. El estómago se le ha dado vuelta en dos y ella corre hacia el baño, para no ensuciar las baldosas de la galería.

Han pasado casi tres meses desde que Inés le ordenó dejar de ver a Roberto Cisneros, el día en que la vida de Elvira pareció quedar en suspenso en algún lugar que no tiene suelo firme donde apoyarse. Aceptó viajar a Rosario, le compraron un boleto y *Mamma* la puso en el tren, que como en un sueño se deslizó por la misma aburrida ruta, mientras ella se deshacía en lágrimas a gusto, sin nadie a quién darle cuentas de sus actos. Las tías y primas la recibieron en silencio, respetando su pesadumbre. Así transcurrió la visita y el viaje de vuelta.

Regresar a la casa la ha dejado indiferente. Mientras termina de vaciar en forma deliberada las tres maletas que ha traído de Rosario, busca en su mente alguna canción para tararear, un recurso que muchas veces la ha distraído de la tristeza que la agobia físicamente. Pero adentro no hay nada, solo ese peso en el pecho, inamovible.

Apiladas sobre su cama están las prendas que empacó para llevar con ella aquel día sombrío hace más de dos meses, cuando *Mamma* le entregó sin comentarios el boleto de tren que la llevaría a Rosario. Un poco más allá, también sobre la cama y en otra prolija pila está la ropa nueva que las primas y tías rosarinas le compraron, en el fallido intento de levantarla del pozo del que no puede y no quiere salir.

Con cautela mal disimulada todos esperan que ella sea la Elvira de antes. La que no va a ser nunca más, aunque la herida que tiene en el pecho cicatrice por fuera. Se siente muerta por dentro, no quiere levantarse por las mañanas, nada le despierta interés. Ni la lectura, ni el cine, dos entretenimientos que siempre la atrajeron. Tampoco le importa la frustración que los demás sienten con ella.

A juzgar por el interés en entretenerla que todos se tomaron en Rosario durante su estadía, la carta que Inés les mandó anunciando su inesperada visita debe haber sido larga y detallada. Sonríe con tristeza. Las contradicciones de su madre siempre la asombran. No duda que la ama como ama a las hijas mayores. Pero las diferencias en el trato y el respeto que muestra por Lusa y por ella a veces le provocan un secreto y apenas confesado sentimiento de envidia. ¿Por qué *Mamma* no puede verlas a ellas con los mismos ojos adultos con que ve a Carmela y Mena? El padre ha notado eso muchas veces, y se lo ha reprochado a Inés con gestos y palabras, pero es difícil convencer a *Mamma* cuando ha tomado una posición. Y Carmela es una formidable enemiga cuando se la contradice.

Las tías y primas de Rosario complotaron para presentarle un candidato, Michele, un italianito recién llegado que todavía no había traducido su nombre a Miguel. Nativo de Calabria, le anunciaron, de buena familia y estudiante de ingeniería, con un futuro excelente.

Michele fue formal y simpático con ella. De pelo rubio ondulado y ojos castaños muy claro que delataban algunos furtivos genes del norte de Italia en su familia, la hizo reír a veces, bailaron mucho, y la distrajo durante las ocasiones en que llegó de visita, por casualidad según dijo, a la casa de tía Berta. Las primas y sus amigas organizaron salidas incluyéndolo ostensiblemente y una tarde, mientras caminaban por el parque de diversiones, él le sostuvo la mano por un largo rato, mirándola a los ojos. Ella le devolvió la mirada con un leve movimiento negativo de cabeza, sintiendo pena y culpa por no poder corresponderle. Desde ese momento él dejó de insistir.

Ahora está de vuelta en casa. Una casa que parece ajena después de tanto tiempo afuera. Con un suspiro regresa al presente para enfrentarse con el desgano y falta de interés que la invadió apenas descendió la escalerilla del tren esta mañana. Retira las perchas vacías del ropero y las lleva hasta la cama. Va a tener que hacer un esfuerzo para volver a la normalidad. ¿A qué normalidad? No hay más normalidad en su vida. Todo está invertido, todo ha sido conmovido hasta los cimientos el día en que comprendió que no tenía derecho a ser una persona con voluntad si quería seguir viviendo con su familia. Todo perdió interés cuando supo que para no desgarrarse debe permanecer así, callada, midiendo cada movimiento, controlando cada paso, sofocando minuto a minuto lo que siente adentro del pecho. No puede permitirse bajar la guardia un segundo. Si no se mueve, nada sucederá. Así, en las sombras, duele menos. Y dormir es una bendición. Quisiera poder dormir por días y días. Sería tanto más fácil. Dormir es no estar. No sentir. No tener que abrir los ojos.

–¡Elvira! –la voz de Lusa la sobresalta–. Elvira, tengo que contarte algo... antes de que venga *Mamma*... –dice mientras cierra la puerta con sigilo y se acerca a la cama.

–¿Qué pasa? –pregunta ella distraída, por cortesía. Nada que pueda decirle le interesará. Lusa le inspira una ternura muy grande y siente una conexión invisible con ella. Un lazo nacido de la situación que comparten.

–Quiero contarte que en todo este tiempo que vos estabas en Rosario, Cisneros no dejó de pasar por la puerta de casa. Todas las tardes. Me daba pena. Un día me lo crucé cuando yo venía de la farmacia. Se paró a hablarme. Me dijo que venía de trabajar, por eso pasaba por casa. Me parece que me estaba dando una excusa porque sabe que lo vi pasar muchas veces. Todos los días a la misma hora. Pero la casa de él está del otro lado, para el centro.

–Sí. Helena me escribió una carta larga, contándome. Parece que está boxeando en serio ahora. Quiere ser profesional–. Para evitar que Lusa vea las lágrimas que han comenzado a brotar de sus ojos otra vez, sin control, se vuelve hacia la cama y comienza colgar un par de blusas en las perchas–. Pero a mí no me importa, Lusa, que haga lo que tiene que hacer. Ya no importa. Me da igual.

Lusa la mira acomodar lentamente las prendas durante unos minutos.

–No digás eso. Sí que te importa. A mí también me importa. Me gustaba mucho Cisneros para vos. Yo quería que hubiesen podido ser novios. Yo los iba a acompañar a todos lados, como siempre. Es simpático conmigo, no fuma y usa un lindo perfume, suave. Y es muy buen mozo también–. Después de un momento agrega–: También me gusta porque no cuenta cuentos verdes ni dice cosas zafadas delante de mí, como otros tipos.

Elvira se sienta en la cama y comienza a sollozar, con la cara entre las manos. Lusa suspira y la abraza.

–No llorés. No te quería hacer llorar. No quiero que *Mamma* sepa que te conté nada, porque me prohibió que hable de esto con vos.

–No importa. No te preocupés. Ya pasó. Ahora me lavo la cara.

–Sí, porque van a venir todos a cenar hoy, y *Mamma* se va a enojar si sabe que estuviste llorando otra vez. Todos decían que cuando volvieras de Rosario ibas a traer un novio nuevo y que la tristeza se te iba a haber pasado. No llores más.

–No. Ahora me pongo un poco de polvo y pintura de labios.

Lusa sale despacio, arrastrando su zapato abotinado y desde la puerta amaga una sonrisa.

–Me gusta el corte de pelo que te hicieron, y los cachetes con color. Te queda lindo, moderno, parecés una artista de cine, con esa pintura de labios roja.

Elvira sonríe a través de las lágrimas.

–Mentirosa.

Lusa cierra la puerta, feliz por haberla hecho sonreír por primera vez desde que regresó a casa. Promete para sus adentros no enamorarse nunca. Para no sufrir. Suerte que *Mamma* le ha dicho que nadie la va a mirar en serio por el defecto que tiene en la pierna. La ha prevenido que los muchachos se le van a reír. Mejor así. Si no se enamora nunca se va a ahorrar unas cuantas lágrimas. Además, la mayoria de los muchachos son unos torpes, no saben hablar con las chicas. Solo hablan de fútbol y pavadas, y huelen a cigarrillos. En especial, y lo que le da más bronca aunque la ignoran, contando cuentos groseros sobre las mujeres.

Mena

Carmelo regresa a la casa con dolor de espalda, después de haber acarreado sobre los hombros varias media-reses en la carnicería que han abierto cerca del centro de la ciudad y donde trabaja por hora. Sufre en silencio el verse forzado a comenzar de cero en el peor momento de su vida. Ha buscado trabajo pero no ha encontrado nada fijo o bien pago.

En Córdoba hay muchos desempleados como él, y el temor a la miseria se evidencia en los rostros curtidos y esquivos, tratando batir a tantos otros candidatos que como ellos esperan en las largas filas desde la madrugada frente a cualquier cartel anunciando un puesto vacante.

Cierra la puerta cancel con cuidado, pero Inés, atenta a su llegada, entra al zaguán y le ayuda a quitarse el saco. Se saludan en silencio, con una inclinación de cabeza, y ella coloca el sombrero en el gancho de la percha. Él sabe que ella le reprocha todavía su negativa rotunda a pagar la protección forzosa de la mafia, y el hecho de que su empecinamiento por poco la ha dejado viuda.

–¿Cómo estuvo el día? –Inés pregunta sin interés, más por cortesía que por esperar una respuesta que ya conoce.

–Como siempre –responde él–. ¿Y por acá?

–Bien, todo bien. Lavate las manos que te sirvo algo para picar mientras termino de cocinar.

Carmelo se encamina hacia el baño, cabizbajo. La década de los 1930s se arrastra lenta y agotadora sobre el mundo, y la Argentina la ha iniciado con un triste bautismo de fuego. El primer golpe militar del país, destituyendo al gobierno del Presidente Hipólito Irigoyen ha revelado una situación de inestabilidad que viene acarreándose desde los años veinte.

El conflicto entre las clases terratenientes agro–ganaderas y la inmensa mayoría de trabajadores inmigrantes europeos politizados en gremios y asociaciones ha estallado abiertamente ante la crisis económica. La pugna por crear una industria nacional como fuente de trabajo alternativa a la exportación tradicional define la época. Carmelo, siguiendo de cerca las noticias intuye que la situación es grave no solo en la Argentina, sino que los países industrializados están preparándose para otra guerra.

Por su parte Inés se ha ajustado al máximo con el magro presupuesto de la casa y todos contribuyen en alguna medida. Gracias al seguro empleo estatal de Víctor, Carmela disfruta de una posición relativamente holgada y más de una vez se hace cargo de los gastos de la libreta del almacén, una cortesía que su madre agradece dándole cada vez mayor poder de decisión en temas domésticos, a medida que la influencia del padre disminuye ostensiblemente.

Nicolás conserva su trabajo de *motorman*, expendiendo boletos en la línea del Tranvía Dos. Ha comenzado a salir con jovencitas y se rebela contra el sobrenombre de Tano que le han impuesto de niño, y que en el lenguaje callejero es el mote que reciben los italianos. Ha madurado y dejado los amigos cuestionables atrás. Inés quiere que aprenda un oficio, porque según ella los varones deben especializarse en algo para conseguir buenos trabajos en el futuro y poder mantener las familias que formen. Pero no es sencillo, lo único que realmente atrae a su hijo es jugar al fútbol en la cancha del Club Belgrano, y eso no es una profesión. Va a tener que pensar en algo más concreto y viable para que consiga un trabajo fijo, pero todavía no se le ocurre qué puede ser.

Carmelo vuelve del baño con el cabello todavía húmedo, recién peinado.

—Sentate, se ve que tuviste un día dificil.

Él arrima una silla a la mesa y ella continúa:

—Hoy fuimos con Mena hasta el taller de la modista que te comenté ayer —dice mientras troza una porción de queso sobre una gruesa tabla donde ya hay varias rebanadas de pan casero—. Le llevamos un muestrario de las costuras que ella hace en casa, y a la señora le gustó mucho. Dice que es muy prolija.

Él escucha en silencio mientras se sirve un vaso de agua de la jarra que está sobre la mesa. Las conversaciones de ambos se han reducido a un estricto intercambio de información doméstica. Los comentarios sobre temas generales de otrora fueron distanciándose con el pasar del tiempo hasta casi desaparecer. Él lo lamenta pero nunca supo bien cómo hacer para evitarlo. Por su parte Inés lo prefiere así. Pocas veces coinciden ya en sus opiniones. Y ella siente un oculto placer discutiéndole cualquier cosa, alejándose de aquel entendimiento al que habían llegado en los primeros años, y pasando sin remordimiento alguno a una especie de permanente tregua semi-hostil que ninguno de los dos se atreve ya a romper.

—Mena empieza a trabajar allí el lunes que viene —dice, acercándole un plato con pan y queso—. Es en la esquina de Colón y Pedro Zanni. No le pagan mucho, pero va a ser una ayuda. Había varias candidatas del barrio, pero la señora la eligió a ella. Queda cerca de casa, es una suerte.

—Sí, una suerte —repite él, mirando hacia otro lado.

Hubiese preferido que su segunda hija no trabajara afuera. Era otra cosa cuando las dos mayores trabajaban ayudándole en los puestos del mercado, para la familia. Pero ahora no puede elegir. Es lo que es. Después de todo, él trabajó para sus padres desde niño, y por cuidar las preciadas ovejas en los montes ni él ni su hermano pudieron ir a la escuela. El trabajo no daña, pero las mujeres no deben trabajar. Eso es para los hombres. Mena debería conseguir un buen novio y casarse, como Carmela, a la que, por suerte, se la ve feliz. Bueno, feliz cuando no está con un ataque de celos por Víctor, a quien es evidente que no se le escapa ninguna pollera que pase por la calle. O cuando su hija no cae con una de esas tristezas que últimamente le vienen por unos días y que son un resabio de un pasado que él creía superado después de tanto tratamiento.

Es la misma tristeza que él vio de joven en las mujeres de su familia, allá en Italia, siempre con problemas nerviosos. Una pena profunda que ahora le toca sufrir también a la pobre Elvira, deambulando como un fantasma por la casa, con esos ojos apagados y la cara amable pero indiferente. Si tan solo Agnese no fuera tan dura con ella.

Esta maledetta miseria nos tiene a todos mal, piensa, *pero nosotros la hacemos peor poniéndonos uno contra el otro.*

Mientras mira a su mujer terminar los últimos detalles de la comida y a Elvira, silenciosa, poner la mesa para la cena, se dice nuevamente que la testarudez de su mujer en algunos temas sin importancia es más dañina que el silencio que ella tanto le reprocha a él. No había una razón de peso para prohibirle a Elvira que se pusiera de novia con ese muchacho, Roberto. A él le caía simpático. Siempre sonriendo, de buen humor. Lo del boxeo es una cosa pasajera, seguramente. Hijo de una buena familia del barrio, aunque españoles. Y qué importa. Después de todo Carmela se casó con un español y la tiene como una reina. Pero claro, él no interviene, aunque es el padre y está ahí. Cada vez se lo escucha menos en la casa. Secretamente le duele la forma en que desde hace tiempo se ignora su esporádica opinión. Le duele la forma en que Agnese disfruta desafiándolo, consultando más a Carmela que a él.

Se siente derrotado por dentro, sin esperanzas de restaurar el balance de poder que existía antes del colapso económico de la familia, por su culpa.

Una fría mañana de julio Inés está en la cocina, cortando rebanadas de pan casero para el desayuno, mientras la leche se calienta en la hornalla cuando Elvira entra pálida, despeinada, con el camisón que se asoma bajo un abrigo largo de lana. Tiritando, se sienta frente a la mesa, mirándola como si hubiese visto un fantasma. Atrás de ella llega Lusa, también en camisón y cubierta por una manta.

–¿Qué pasa? ¿Qué les sucede? –se alarma Inés, mirándolas sin entender–. ¿Por qué se levantaron tan temprano?

–No sé, *Mamma*, Elvira me despertó recién–. Lusa se sienta al lado de la hermana, y le aprieta el brazo, confortándola–. Estaba a los gritos en la cama. Una pesadilla, supongo.

–Tuviste otro sueño, ¿No?

Ella asiente con la cabeza. Inés llena un vaso con agua mientras Mena se asoma corriendo, a medio vestir.

–¿Se puede saber qué pasa? –pregunta extrañada, acercándose a la hermana–. Los gritos se escuchaban desde el baño. ¿Estás bien? ¿Tuviste una pesadilla?

Todas tienen los ojos clavados en ella.

–Ay, *Mamma*, fue una pesadilla horrible –dice por fin, tomando el vaso.

Inés se pone nerviosa ante la perspectiva de lo que va a anunciar. No le gusta nada el que su hija sueñe a menudo cosas que suceden, o que van a suceder pronto, pero menos le gusta el que tenga pesadillas, porque presagian malas cosas.

Después de beber un sorbo de agua, ante la impaciencia de todas, dice simplemente:

–Estaba con un grupo muy grande de gente, sentados alrededor de una mesa inmensa, y de pronto todos nos tomamos de las manos y unas ondas como eléctricas, que pasaban por nosotros, nos cruzaban a todos por dentro y muy despacio, nos fueron haciendo desaparecer, hasta que quedaron las ondas solamente. Toda esa gente alrededor de la mesa, todos metidos en la misma onda.

–Ay, Elvira, ¡Era una pesadilla, nomás! ¡No es para tanto! – dice Lusa, más tranquila.

–Ya tuviste sueños peores, no te pongás así por esto–. La tranquiliza Mena.

–Calmate, tomá otro trago de agua –dice Inés, inquieta.

–¿Qué será, *Mamma*? ¿Qué querrá decir este sueño?

–¿Algo con la electricidad? ¿Quiénes eran los que estaban ahí? –pregunta Inés, mientras Mena y Lusa se marchan de la cocina para vestirse porque hace frío y el piso de baldosas está helado bajo los pies descalzos.

–No sé, no los conozco, era toda gente desconocida. Una mesa inmensa...

Inés palmea el hombro de la hija.

–No debe ser nada, no te preocupés.

Mientras Elvira regresa al dormitorio para vestirse Inés termina de poner la mesa, pensativa. Esta muchacha está cada vez peor. Van a tener que hacer algo para ayudarla a superar los nervios que la consumen. Tiene un impulso de prevenirles a todos que tengan cuidado después de este sueño, pero como no sabe específicamente cual es el peligro, si lo hay, opta por no decir nada.

Esa tarde, antes de la cena, Carmelo prende la radio del comedor para escuchar las noticias del día. Están haciendo un largo comentario sobre Guglielmo Marconi, inventor del telégrafo sin hilos, de la radio y ganador del Premio Nobel de Física de 1909. El famoso investigador ha fallecido y las emisoras radiales del mundo le hacen un homenaje con un minuto de silencio mundial.

–¡*Añé*, fijate quién ha muerto! Marconi, el inventor de la radio–, dice Carmelo cuando Inés entra trayendo un mantel y servilletas limpias que guarda en un cajón del mueble que contiene el servicio de platos y vasos para las ocasiones especiales.

–¿Cuándo murió?

–Hoy, 20 de julio, en Roma.

Ella lo mira con alivio.

–¡Ése era el sueño de Elvira esta mañana! –y agrega, sentándose frente a la radio para escuchar al comentarista–. Pobre hombre, que en paz descanse, pero me alegra tanto que no haya sido otra cosa...

–¿Qué sueño?

–Ahora no importa, *Carmé*, después te cuento lo qué pasó. A ver, ¿Qué dicen de Marconi en todo el mundo? –y con un gesto de entendimiento, agrega–: La mesa inmensa con la que se soñó es el mundo...

Carmelo la mira intrigado y ella le narra la pesadilla de la hija esta mañana. Él suspira resignado. No le gusta este tema de los sueños, nunca le gustó en realidad. Siempre siente ese vago temor de que sus hijos hayan heredado sus extrañas conductas de él, quien viene de una familia con antepasados no del todo cuerdos, según decía su madre, reprochándole al padre cuando alguno desvariaba un poco.

—Es una suerte que no haya sido nada peor...—continúa ella— Como aquella vez de los mineros, cuando se despertó sintiendo que se asfixiaba en un pozo de tierra y resulta que todos esos hombres habían muerto ese día en el derrumbe de la mina, te acordás.

—Si —asiente él—. Cómo me voy a olvidar de esa noche...

—Elvira, me han invitado a un cumpleaños y quiero que vengas conmigo —comenta Mena, con voz alegre, entrando en el comedor, y ella trata de fingir entusiasmo ante la hermana.

Elvira está terminando de coser un vestido nuevo. *Mamma* le ha comprado una linda tela e insistido en que lo haga, tal vez en un intento de levantarle el ánimo. Todos están preocupados por ella, quien ha pasado a ser casi un fantasma pálido y silencioso en la casa.

—¿Ah, sí? ¿Quién cumple años?

—Una de las hijas de la señora del taller. Hacen una fiesta el sábado a la tarde, y van a invitar a varias amigas y amigos. La señora va a servir un té con masas, y también habrá música. Vas a venir, ¿No?

—No sé—. La respuesta es sincera. En los últimos meses tiene miedo de salir y encontrarse con gente. No quiere hablar, no quiere que le pregunten nada, porque siente un miedo extraño y paralizante que no puede explicar.

—Te estás terminando un hermoso vestido. Lo podés estrenar para la fiesta. ¡Vamos! Decime que sí. Todos los invitados son conocidos del barrio.

Elvira la mira con dudas, pocas veces ve a Mena con tanto entusiasmo. Por suerte parece llevarse muy bien con las chicas del taller.

Mena insiste:

—No quiero llegar a la fiesta sola. ¡Acompañame! Voy a comprar un regalito para ella.

—No sé, Mena, no ando con la cabeza como para fiestas.

–Te va a hacer bien, vas a ver.

Elvira suspira y, como no quiere arruinarle un entretenimiento a su hermana, cede.

–Bueno. Cuando quieras vamos a comprarle algo. Yo voy a terminar este vestido para el sábado.

–Claro que sí, vamos a buscarle un regalito en la perfumería. Tengo que pensar qué voy a ponerme.

Sale entusiasmada y Elvira vuelve a su costura, pensando que unas horas de música y charlas que no le importan no es mucho sacrificio. Mena ha estado muy solitaria en estos últimos tiempos y a ella le da pena que no haya podido seguir adelante con los noviazgos que tuvo. Aunque, pensándolo bien, no parecía muy enamorada de ninguno, en realidad. En una de esas, es una suerte que no siguiera. Cuando uno no quiere a alguien, no hay caso, es difícil fingir por mucho tiempo.

Cuando Mena le comenta Inés suspira y decide confiarle lo que siente:

–Me alegro de que haya aparecido esta fiesta. Elvira anda muy callada y no sé qué hacer. No me gusta verla así.

–Ya se le va a pasar, *Mamma*. No se preocupe. Pronto va a encontrar a algún muchacho que le caiga bien. Ya va a ver.

–Sí, ojalá sea así. Elvira fue siempre delgada, pero ahora ha perdido mucho peso porque come muy poco. Todo le cae mal al estómago.

–Ya se va a recuperar. Necesita salir más.

Inés está sorprendida. Nunca creyó que el asunto de ese corto noviazgo, que ni si quiera fue oficial, la deprimiría de esta forma. Quiere que salga de esta tristeza y sea otra vez la hija amable que siempre está averiguando qué pasa en el mundo, la que lee libros con nombres raros y escucha esa estrafalaria música de jazz. La que lee los artículos de fondo del diario y de las revistas y saca temas interesantes en la mesa, trenzándose en largas charlas con Lusa. La necesita de vuelta en casa. En particular ahora, cuando los diálogos de la familia se han reducido a un par de frases cortadas y a ella le cuesta mantener esta precaria armonía.

La fiesta de cumpleaños se lleva a cabo en el comedor de la casa de la familia, detrás del local de la esquina a donde está el taller de costura. Mena se ha decidido por uno de los dos vestidos más bonitos que tiene en el ropero y Elvira está estrenando el que ha terminado de coser y al que le ha puesto dos hombreras a la moda, como tiene el de su hermana.

Cuando llegan a la fiesta ya hay varias muchachas, algunas conocidas, charlando en el comedor y suena un foxtrot en la victrola. Una parejita está bailando en el espacio que hay entre la mesa y una de las paredes del amplio cuarto. Después de saludar, Elvira busca alguna cara conocida mientras finge interesarse por un vaso de jugo de frutas. Mena está en la otra punta de la habitación, muy entretenida charlando animadamente con la cumpleañera y otra empleada del taller, y con dos muchachos que ella no conoce. Uno de ellos es alto, y se inclina hacia Mena, muy interesado en algo que ella está diciendo.

De pronto ve entrar por la puerta a Lidia, y respira aliviada. Por lo menos no va estar obligada a fingir amabilidad con algún extraño.

–¡Qué suerte que viniste! –exclama cuando su amiga se acerca después de saludar a los otros–. No conozco a casi nadie. Mena me insistió que venga. ¿Sos amiga de la casa?

–Sí, mi mamá le ha encargado varias cosas al taller y nos conocemos con las dos chicas, aunque hacía mucho que no las veía. Me dijeron que Mena trabaja ahora con ellas. Son buena gente–. Lidia mira a Elvira con ternura–. Yo también me alegro de verte. No te he visto por varias semanas.

–Cierto. Salgo poco. ¿Cómo andan todos?

–Bien, por suerte. Sin novedad en casa. Alberto está en Villa María por dos días, así que no pudo venir a acompañarme.

–¿Sigue todo bien con él?

–Sí, cada día estamos mejor, ahora entra a casa a visitarme...

–Me alegro tanto, Alberto es tan buen muchacho.

Lidia la mira con gesto culpable.

–Elvira, yo sé lo que estás pensando. Que no nos vemos mucho porque yo estoy de novia con él–. Hace una pausa, expectante, pero como no hay respuesta, continúa–: Pero no es eso solamente. Cuidar a los chicos me lleva mucho tiempo, vos sabés como es mi mamá, no quiere que yo los deje solos cuando vienen de la escuela, aunque ya son grandes... y los días pasan rápidos.

–Está bien, no tenés que explicarme nada. Tus hermanos son chicos todavía. Yo tampoco salgo mucho de casa, estoy muy ocupada ayudando a mi mamá.

Por fin, con voz tentativa, Lidia pregunta lo que se ha prometido no preguntar, pero que si no lo hace, Elvira sabrá que es premeditado y que ella no es sincera:

–¿Has visto a Cisneros últimamente? Anda como ánima en pena, me contaron.

La voz con que le responde es tranquila, casi indiferente.

–No. Ni quiero verlo de nuevo. Mejor así.

Lidia permanece en silencio un rato, pensando que no es mejor así, y que es mentiras que no quiere verlo de nuevo, pero ella no va a volver sobre lo mismo inútilmente, exacerbando el dolor de su amiga.

Elvira llega en su auxilio, cambiando de tema:

–Decime, ¿Quién es ese muchacho que está charlando tan interesado con Mena?

–Ah, Carlos Zavala... viven en tu antiguo barrio, cerca de la Plaza Colón, sobre la calle Rioja. Hace mucho que viven ahí... son buena gente. Él tiene varios hermanos.

–No me acuerdo haberlo visto, pero claro, todos los chicos de esa época han crecido y cambiado tanto... a lo mejor lo conocía de vista.

–Seguro que se mudaron después de que ustedes se fueron de la calle Santa Rosa. Vienen del campo, de Morteros, si no me equivoco. Carlos trabaja en la Cervecería Córdoba.

Se les acercan otras amigas de Lidia y el resto de la tarde lo pasan charlando de moda, películas y música popular. Elvira no pierde de vista a su hermana, con la que ha intercambiado pocas palabras desde que llegaron. Hace mucho tiempo que no demuestra tanto interés por alguien y ella se alegra para sus adentros.

–Elvira, ¿Nos vamos–pregunta al fin, cuando la mayoría de los invitados ya se han marchado.

–Cuando quieras.

Mena agrega con gesto cómplice:

–Este muchacho Carlos se ha ofrecido a acompañarnos hasta casa. Si vos no tenés problema, claro–. El tono de la voz es tentativo.

–¡Ay, Mena, sabés que no! Pero qué amable es, ofrecerse a acompañarnos. Decile que sí.

Mena se sonroja ante la sonrisa de la hermana y le aprieta el brazo, nerviosa.

–Elvira, te veo la cara. Es buen mozo, pero no te anticipés. No lo conozco.

–Entonces vas a tener que conocerlo, ¿No te parece?

Incongruencias familiares

Nicolás ha rezongado a media voz acerca de la conducta de sus hermanas desde que entró a trabajar como *guarda*, despachando boletos en la línea de tranvías Número Dos, que pasa por la calle Colón. Hace el turno de una de la tarde a diez de la noche y ese horario es precisamente lo que le trae problemas con Mena, cuando ella está en la puerta con el novio de turno, o con Elvira, quien está charlando a veces con sus amigos, lo que incluye claro, varones.

Esta tarde, después del almuerzo, levanta el saco del uniforme recién cepillado que Inés ha puesto sobre el respaldo de una silla de la cocina, y se prepara a salir.

—Aquí tenés la vianda para la tarde —le recuerda Inés, señalándole el prolijo envoltorio que ha dejado sobre la mesa—. Te vas temprano hoy, así me gusta.

Inés lo mira con ternura. Tano le ha dado más trabajo que todas las hijas juntas. Si bien le alegra verlo por fin encaminado con un empleo fijo, ella sigue insistiendo en que aprenda una profesión, lo que él evade cada vez que sale el tema.

—No traigas la vianda de vuelta a casa. Comé y no fumés. Te va a hacer mal.

—*Mamma*, no me trate como a un chico. Yo sé lo que hago.

—A veces no sé si sabés. Igual, tené cuidado.

—Antes de irme, le quería pedir… —Vacila por un par de segundos, mirando de reojo a Elvira, quien seca los platos en silencio—. Hágame el favor de decirle a Mena que no se pare en la puerta con ese tipo que la viene a ver día por medio. Que lo haga pasar adentro, o que no lo vea. A mí me da vergüenza que el motorista del tranvía, que conoce la casa, vea que mi hermana está afilando con un tipo cuando nosotros pasamos. O que ellas estén con muchachos, a las risotadas.

—Otra vez con esa historia… —Se queja Inés, aunque sin convicción.

—Sí, *Mamma*, porque me da vergüenza. Ya le dije mil veces, cuando Elvira andaba con aquel otro, Cisneros. Los compañeros de trabajo del tranvía me cargan, y yo me tengo que aguantar que digan que mis hermanas andan afilando con tipos en la vereda.

Elvira se muerde los labios para no explotar, pero Inés se apresura a responderle:

—Ay, Tano, ellas también tienen derecho a hacer su vida.

—*Mamma*, cuántas veces le tengo que decir que queda mal que yo pase trabajando y todos sepan que mis hermanas están charlando con tipos en la calle. ¡Que lo haga pasar adentro de una vez!

—O que lo deje de ver, como me pasó a mí, ¿No? —intercede Elvira, con voz amarga—. Eso estaría mejor, ¿No?

Nicolás parece sorprendido, mientras ella continúa con reproche en la voz:

—También te quejabas de mí, como te quejás de Mena. Nosotras servimos para plancharte las camisas cuando tenés que salir los sábados, o lavarte el equipo para jugar al futbol, nada más.

—*Mamma*, ¡mire lo que me dice!

—No le hablés así a tu hermano —comienza, y dirigiéndose a él—: Tano, Elvira tiene razón, ellas te atienden y vos vivís quejándote.

—No quiero pasar vergüenza, nada más.

—Elvira—, Inés se vuelve conciliatoria hacia su hija, porque tiene debilidad con los varones, a quienes percibe con más derechos que las mujeres y ya sabe que le va a dejar ganar esta partida a él—. Tano también tiene razón.

—*Mamma*, usted haga lo que quiera, ¡Pero no es justo! —dice Elvira elevando la voz con enojo. De inmediato vuelve a su tarea de secar los platos en silencio ahora, porque se ha atrevido a gritarle a la madre, una cosa poco habitual. Inés finge no haberlo notado.

Tano le guiña un ojo a la madre.

—Gracias—. Ella mueve la cabeza, con un gesto de reprobación cariñosa que él identifica correctamente como una aceptación de lo que demanda—. No me espere levantada, *Mamma*. Después del turno voy a salir con los muchachos.

Silbando un tango de moda recoge su vianda y sale hacia el zaguán.

Inés presta atención hasta escuchar el ruido de la puerta cancel que se cierra y pensativa se dirige a Elvira, como si no hubiese notado la rabia contenida en la voz de su hija un par de minutos atrás.

—A lo mejor es hora de que ese muchacho Carlos entre a casa como novio oficial de Mena, ¿No te parece?

–Qué se yo, *Mamma*. No me pregunte a mí–. Se encoge de hombros, llena de rencor.

–Víctor y Carmela dicen que es muy buen partido–, continúa Inés, ignorando sus sentimientos–, muy trabajador, de buena familia.

–Si ellos lo dicen, así será–. Responde Elvira, marchándose de la cocina después de terminar su tarea.

Inés no repara en el tono mordaz que tiene la voz de su hija. Está ocupada pensando en que Mena tiene que completar su ajuar uno de estos días. Por las dudas le propongan boda.

Carlos Jesús Zavala comienza a visitar oficialmente la casa después de una breve temporada de encuentros en la puerta de calle y caminatas por la plaza, a menudo acompañados por Lusa o Roberto, como corresponde. Prueba del gran interés que ella tiene por el nuevo pretendiente es que se la ve siempre de buen humor y los usuales silencios hostiles son cada vez menos frecuentes.

Es una tarde fresca de otoño, especial para hacer visitas o recibirlas, e Inés prepara el mate temprano, para su querida María, quien ha venido a charlar un rato con ella. Las dos han mantenido el contacto a través de los años y María visita la casa con frecuencia disfrutando como una abuela los progresos de Chichí, quien ya es un muchachito vivaz e inteligente.

Carmela llega con su hijo después de la escuela para la habitual tertulia de la tarde en la cocina y cuando se encuentra con María se le ilumina el rostro.

Ambas se demoran en un cariñoso abrazo. María huele a leña para cocinar el pan, y a jabón barato, pero ese es el perfume de su infancia y a Carmela se le llenan los ojos de lágrimas. Todavía la extraña, a pesar de los años que han vivido separadas. La encuentra más flaca y enjuta que antes, si es posible. Lentamente ha ido cambiando su ropa y modernizándola, aunque nunca del todo. Tiene siempre ese aire del siglo pasado que a ella y sus hermanas les evoca los años felices. María se inclina a saludar a Chichí, quien trata de esquivar el beso inevitable.

–Tu hijito es hermoso. Es casi mi nieto también–, dice, riéndose ante la evasiva de él.

Carmela ha pasado por la panadería y trae como de costumbre una variedad de facturas y medialunas. Inés las coloca en un plato sobre la mesa.

—Fijate que María nos trae un dato que puede ser importante para papá —comenta Inés, comenzando a preparar los utensilios del mate—. En una de ésas, hay trabajo para él.

—¿Qué dato—pregunta Carmela mientras abre la bolsa en la que trae los cuadernos de la escuela para que Chichí haga la tarea mientras ellas se ponen al tanto de las novedades mutuas.

—Le decía a tu *Mamma* que mi cuñado conoce a un capataz de estancia que está buscando ayuda para trabajar en un establecimiento de las sierras, allá por el río Yuspe.

—Sí, y necesitan un carnicero, entre otras cosas —interrumpe Inés, con entusiasmo— es un contrato por unos tres o cuatro meses del verano, bien pago.

—¿Cerca del Yuspe? *Mamma*, eso es en las sierra altas, lejísimo. Más allá de Tanti.

—Es lejos —concede María—, pero es una buena oferta. Buena plata por poco tiempo. Y mi hermano le habló al capataz recomendándole a Don Carmelo, como un hombre de toda confianza y que sabe la profesión de arriba abajo.

—Eso es cierto. Carmelo conoce el oficio. Y es trabajador —comenta Inés, como si estuviese recomendándolo ante algún desconocido.

—Ahora viene el verano y están tomando gente. El carnicero está muy viejo y no va a trabajar más, y es para reemplazarlo por la temporada—. La voz de María suena tentadora, porque sabe que la opinión de Carmela es decisiva en esta casa y quiere ganársela—. Son estancieros muy conocidos, gente seria y que paga bien. En esta época floja eso vale mucho

—Déjenos todos los datos, María, que Carmelo va a ir a verlo apenas usted nos avise. No creo que quiera desperdiciar una oportunidad así, ¿No te parece, Carmela?

—Y, sí, *Mamma*, si es solo por unos meses, en una de ésas le hace bien. Lo noto muy cansado y triste. Papá no anda bien trabajando así, a destajo.

—No se olvide, ñá Inés, que los hombres bajan a la ciudad cada dos semanas, los sábados, así es que don Carmelo puede colarse en el camión y venir a casa por un par de días, estaría cada dos domingos con usted hasta la tarde.

—Eso sería mejor todavía. Yo voy a hablar con él cuando venga esta noche.

—En un par de días entonces yo paso por acá con todos los detalles. No se preocupe.

–Gracias, María. Usted siempre tan pendiente de nosotros... es una bendición tenerla.

Se hace un silencio. Ambas están pensando en que si las cosas no se hubiesen dado tan mal en estos últimos años, María todavía estaría viviendo con ellos. Pero no lo mencionan porque es inútil lamentarse de lo que no tiene remedio.

Después de terminar las tareas del Profesional, Elvira se lleva la gruesa carpeta de trabajos manuales en la que ha pegado con un poco de engrudo liviano una muestra de bordado sobre una página de papel Cansón, y sale de la cocina, camino al dormitorio. A lo lejos divisa a su madre, en el patio. Está levantando con una pala de aluminio los panes leudados de una bandeja, para introducirlos en el horno de barro al pie del cual crepitan leños encendidos ya sin llamaradas. Se detiene un momento a mirarla, y con un gesto decidido deja la carpeta sobre la cómoda del dormitorio y sale hacia el patio.

–Hola, Elvira, ¿Ya terminaste? Ese bordado que hiciste quedó hermoso. Deberías bordar una blusa, de esas que están de moda ahora.

–Me alegro que le guste, *Mamma*, me costó tanto trabajo. Pero no pienso hacer otro. Ya tengo que empezar a tejer una manta cubrecama al crochet. Con eso tengo bastante–. Y agrega –: Déjeme ayudarle con los panes.

Cuando terminan de ubicar los bollos de masa en el horno, llevan la bandeja a la cocina y Elvira aprovecha para tomar del brazo a Inés, demorándola. La madre la mira, interrogante.

–*Mamma*, ahora que estamos solas, quería hablarle de Mena. Estoy preocupada.

–¿Qué pasó?

–No, no pasó nada. Es Carlo... –Vacila un momento. Hace mucho que Elvira quiere hablar del tema con su madre, pero se le hace difícil. Suspira hondo y lo larga–: Dígame, *Mamma*, ¿Usted no ha notado nada raro cuando él viene de visita?

–No –Inés frunce el ceño, perpleja–. ¿Pasó algo?

–¿No ha notado que Carlo siempre trae olor a bebida? ¿Muy fuerte?

–Sí, creo que alguna vez le sentí. Pero qué le hace–. Se encoge de hombros, evasiva–. Todos los hombres toman un poco con las comidas.

—*Mamma*, vamos, no me diga que papá, tomando una copa o dos de vino en la cena tiene alguna vez un olor así.

—No. Es cierto—. Vacila un instante—. ¿Vos lo notaste muchas veces?

—Anoche estaba bastante tomado. Se le trababa la lengua, *Mamma*, y Mena no parece darse cuenta. No me animé ni a preguntarle. Usted sabe cómo es ella. Se va a ofender.

—No, no, no le preguntés nada. Seguro que se va a enojar. Está tan contenta con él. Y parece que él la quiere también. Es un buen muchacho.

—*Mamma*, si él toma mucho no es bueno, no es bueno para ella. Nosotros no conocemos a nadie que tenga un olor a bebida así. Me parece que habría que hablar con Mena, pero no me animo.

—No te metas, no es asunto tuyo, Elvira. Dejá las cosas así. Ella lo quiere.

—Está bien. Pero yo le aviso, no me parece que un buen muchacho deba visitar a su novia con ese olor a alcohol tan repugnante.

—Shhhh, no hablés así. No quiero que Mena te escuche.

Elvira se encoge de hombros, y no agrega más. Pero tiene un mal presentimiento. Su hermana no va a escuchar consejos de nadie, de eso está segura. Se parece mucho a tía Berta, ingeniándosela para salirse con la suya de una u otra forma, sin decir una palabra.

Unas semanas después, cuando Carlos llega a la casa para la visita en la sala, Lusa le abre la puerta y se queda un rato con ellos hasta que llega Roberto, quien se sienta a hacer los deberes de la escuela mientras los novios charlan en voz baja en el sofá junto a la radio. El ritual requiere que ellos nunca se queden solos más que por breves momentos mientras el pretendiente está en la sala. Luego, al despedirse, podrán disfrutar de un rato a solas en el zaguán, a media luz, y a cubierto de miradas indiscretas de adentro y afuera de la casa.

—Roberto, quedate vos aquí que yo tengo que hacer algo—. Dice Lusa en voz baja, saliendo de la sala.

—Bueno —contesta él distraído—, me falta un rato para terminar esto. Andá nomás.

Lusa sale rápido, en busca de Elvira, quien está charlando, sentada en el patio con Helena.

—¿A dónde está *Mamma*?

—En la cocina, creo. Estaba preparando la cena.

Lusa entra en la cocina y va directamente hacia la madre.

—*Mamma*, no me gusta el olor que trae el novio de Mena. Recién casi me descompongo del estómago.

—Lusa, ¿Qué estás diciendo?

—Y sí, ¿Nunca le sintió el aliento cuando habla con él? Hoy está terrible. *Mamma*, no sé cómo Mena lo soporta.

—Lusa, te prohíbo que digas más nada. No me gusta que estés hablando de tu hermana así. Si ella lo quiere no podemos decirle nada. Además es un buen hombre, con un trabajo fijo y viene de una buena familia.

—No me hable como si yo no supiera lo que está pasando. ¿Acaso no se acuerda de lo que dijeron Roberto y Tano el otro día cuando volvieron de la cancha? Lo vieron totalmente borracho, en el bar del club, haciendo papelones. Yo escuché todo, no soy una nena.

—Te dije que no hablés así. Basta.

—Bueno, si no quiere no digo nunca más nada. Pero no me gusta.

—Sí. No hablés más. Es la última vez que decís algo así—. La voz es cortante, con ese tono definitivo que Lusa conoce muy bien—. No te metas a donde no te llaman.

Y así el tema del alcoholismo de Carlos se suma a los otros temas innombrables de la familia, tácitamente evitados por todos; la *pierna defectuosa* de Lusa, la tiranía que ejerce post—mortem *Tata*, el poder de la opinión de Carmela o la inhabilidad de conseguir un trabajo fijo que tiene el padre. Asuntos de los que no puede hablarse en voz alta sin herir mortalmente a alguno de los miembros de la familia y desafiar abiertamente a Inés, quien cree sinceramente que el silencio es el mejor remedio para unir a una familia con tantos intereses dispares como ésta.

Lusa se aleja dolorida por la reacción de la madre y cuando Elvira regresa a casa ella la sigue al dormitorio, todavía desmenuzando la situación en su mente.

—¿Te fijaste lo distinto que *Mamma* reacciona con Mena? —le dice a la hermana, con rencor en la voz.

Elvira está cambiándose la blusa y toma su tiempo para responder.

—¿Que si me fijé? Claro que sí. Ella y Carmela, las dos le tienen miedo y no se van a oponer a lo que decida —responde suspirando y volviéndose hacia Lusa, quien todavía parece irritada por la situación.

—Me da mucha bronca que te hicieran esa guerra contra Cisneros y que ahora acepten cualquier cosa porque es Mena. No es justo, ¿te diste cuenta?

—Claro que me duele que haga diferencias entre lo que es bueno para Mena y lo que es bueno para mí —y con los ojos llenos de lágrimas, agrega—: *Mamma* lo sabe, se lo he dicho muchas veces. Pero mi opinión no cuenta. Yo creo que ella quiere que se case de una vez.

—Elvira, tenés que defenderte más cuando pasan estas cosas.

—¿Pero cómo? No les puedo ganar. Algún día me voy a ir de casa, acordate lo que te digo, Lusa, y voy a hacer lo que se me dé la gana.

Lusa la mira midiendo las posibilidades.

—Ya vas a conocer a algún muchacho para vos, pero tenés que empezar interesándote también vos por la gente. Encerrada en casa no vas a conocer a nadie.

—No tengo interés de conocer a nadie. No hablaba de conocer a un marido. Hablaba de escaparme de todo...

—Ay, yo te hablaba de defenderte, no de que te escapés... ¡no quiero que te vayás!

Elvira se encoge de hombros secándose las lágrimas con el dorso de la mano.

—No me hagás caso. Ya se me va a pasar. Lo dije porque sí. Vamos que tengo que poner la mesa.

Como no puede o no sabe cómo rebelarse ante la autoridad de la madre, se cierra en un silencio lleno de reproches, que todos entienden pero nadie quiere mencionar. Todos esperan que termine con ese duelo por Roberto Cisneros que consideran exagerado después de tanto tiempo. Pero ella se cierra cada vez más en su tristeza, fantaseando con volar lejos, con liberarse de lo que siente la oprime, mientras sabe que no puede hacerlo. No todavía.

Recuperación

—*Mamma*, me voy a con Lidia a la casa de Helena. El novio de Lidia está de viaje así que nos juntamos a charlar las tres. Vuelvo para la cena. Si me necesita, puedo venir antes.

Inés se queda mirando a su hija, pensativa.

—No, está bien. No te necesito—. Y agrega—: Decime, ¿vos te sentís bien?

—Claro que sí. ¿Por qué?

—Te noto pálida. No comés nada últimamente, Elvira. Estoy preocupada. Mirá lo flaca que estás.

—No me pasa nada, *Mamma*, qué está diciendo —Elvira trata de esquivar los ojos de la madre, pero Inés insiste.

—Cuando vino papá de las sierras la semana pasada me dijo que podía llevarte a vos también por un tiempo. No habría problemas, te podés quedar a dormir con las otras chicas que trabajan en la casa de la estancia. ¿Qué te parece?

—Ay, *Mamma*, ¡Qué me voy a ir tan lejos!

—¿Por qué no? Te haría bien ir con papá por un par de semanas al Yuspe. Pensalo. Él dice que es muy lindo por allá. Aire puro, sol, te vendría bien.

—Bueno. Déjeme pensarlo.

Sale disimulando con una sonrisa su permanente tristeza. Pero Inés la conoce, y sabe que Elvira no anda bien. Ojalá todo fuera distinto. Ojalá esta historia no hubiese llegado a este punto. Ahora piensa que no valía la pena hacerle pasar por todo esto. Para peor Carmelo le ha reprochado muchas veces el que interviniera abiertamente y provocara tanto sufrimiento. Si bien ella le ha discutido amargamente, negándose a admitirlo, ahora duda para sus adentros, y teme haberse equivocado. Pero ya es tarde. Elvira se ha enterado hace poco de que Roberto Cisneros está noviando con una buena chica del barrio, y si bien no ha comentado una sola palabra, ella sabe cuánto le duele. Y se pregunta, una y otra vez, si no ha cometido un error, creyendo que la ayudaba. Carmela insistió tanto, con su habitual intransigencia. Y ella se dejó convencer.

Y sin embargo su hija mayor hoy se encuentra frente a una roca sólida con Mena. Ojalá Elvira hubiese presentado batalla como ella. Han tratado con discreción de disuadirla de seguir con Carlos, pero está decidida a terminar su ajuar y casarse. No importa cuánto se le ha dicho. Está enamorada de él y va a seguir adelante, encarando a su hermana con resolución

Carmela, un poco herida en su amor propio ante la fuerza que le opone la otra, ha cedido terreno. Con un poco de envidia, Inés recuerda otra versión de esta misma historia, años atrás, cuando su hermana Berta demostró mucho más coraje que ella para defender lo que amaba. Y le fue bien. Después de todo Berta es feliz, tiene un excelente marido que la trata como una reina. Quién sabe, se dice. A lo mejor hay que dejar suceder las cosas, y no poner obstáculos, como ella y Carmela se pusieron contra Elvira y Cisneros, creyendo que hacían bien.

Ahora esta hija parece una sombra de lo que fue. No se ha recuperado a pesar de que han tratado de distraerla. El viaje a Rosario fue un fracaso. Volvió peor que antes. Lo mejor será mandarla a las sierras con Carmelo, por un tiempo, aunque sea, para ayudarla a salir de esta tristeza que no parece dejarla.

Esa noche en su rosario vespertino agrega un par de oraciones por Elvira, para que pueda superar el mal momento que está viviendo. También para pedir perdón por su bienintencionada terquedad, y por las dudas pide que su marido la perdone, por haber rechazado tantas veces su opinión. Él, sin reproches, está cada vez más lejos de ella en todo sentido, y si bien Inés agradece el pacto tácito y la distancia física que ambos guardan, no quiere perderlo como del todo. Lo necesita, en una dependencia que está borrosamente basada en el hábito de los años, una ternura profunda y el temor a volver a experimentar la soledad que sintió cuando llegó de Rosario, recién casada, antes de aceptarlo definitivamente como su compañero.

El camión serpentea por el largo, angosto y pintoresco camino que sube lentamente desde Carlos Paz y pasa por Cuesta Blanca hacia la Pampa de Achala, rumbo a Los Gigantes. El viaje a la estancia en las sierras altas es largo, pero Elvira agradece la oportunidad de marcharse lejos de la casa, de estar rodeada de gente distinta, que no espera nada de ella, al menos por un tiempo. No habrá familiares obsequiosos que sigan los dictados de *Mamma*, como los tíos y primos de Rosario. Va hacia un lugar a donde nadie la conoce. Un lugar agreste y según lo que ha comentado Carmelo, lleno de peligros y de belleza.

—A usted le gusta la estancia del Yuspe, ¿No es cierto, papá? Se le nota cuando nos cuenta del lugar —había comentado Elvira, sonriendo ante el poco habitual gesto de nostalgia que leyó en los ojos del padre cuando hablaba del paisaje serrano.

—Sí. Me gusta —había respondido él, con su habitual economía de palabras—. Me recuerda las sierras cerca de Cosenza, pedregosas, secas, una naturaleza dura y bella. Y trozos de bosques verdes también, cerca de los arroyos.

—Creo que a mí también me va a gustar.

—Sí. Te va a hacer bien. Tiene aire puro, nada que ver con este pozo caliente en el que vivimos. Me alegro de que vengas conmigo. Salimos el domingo. Preparate.

Dos semanas después Elvira va sentada en la cabina del camión que lleva a los empleados de vuelta a la estancia. Han salido temprano, después del almuerzo tradicional de pastas frescas de Inés, quien reunió a toda la familia para despedirla.

Su padre viaja sentado con los otros empleados en la caja de atrás, en dos bancos laterales. En el espacio central están apilados las provisiones para la cocina, la correspondencia y otros bártulos y pedidos que traen de la ciudad.

—Esas son las cosas que ordenaron el capataz y las dos amas de llave. Ellas cuidan la casa del patrón y las viviendas de los empleados —le explicó Carmelo en la parada obligatoria que hicieron para estirar las piernas en una estación de servicio cerca de Icho Cruz.

Sobre la pila de cajas ubicaron la pequeña maleta de Elvira con sus pertenencias; la ropa que ha preparado sin mucho entusiasmo y sus enseres personales. Ha empacado un peine, algunas cintas para el cabello, una crema humectante, cepillo de dientes y limas para las uñas, por si se le quiebran con el trabajo manual. Piensa cortarlas al ras. Dejó en casa los polvos faciales, la obligada pintura de labios carmín y sus modestas alhajas de oro y plata. Con ese pequeño hatillo Elvira hoy sería capaz de marcharse mucho más allá del cordón de las sierras altas. A otra ciudad. A vivir otra vida. Y no es una mala idea, si no fuera porque extraña tanto a su familia cuando está fuera de casa. Aun así, es un pensamiento persistente. Se ha dado un término: cuando cumpla los treinta se va a marchar de la casa. A Buenos Aires, tal vez. Lejos de todos los conocidos. A comenzar en un lugar nuevo, con gente distinta. El plan es tan atrevido que la llena de excitación por lo audaz, y de temor por lo que implica. No sabe si llegará a hacerlo, pero le gusta jugar con la idea. Le hace bien pensar que hay una salida a todo esto.

En alguna revista ha leído que hay que tomarse la vida día a día. Darse pequeñas metas y cumplirlas a conciencia. Y es lo que está tratando de hacer ahora. Por eso aceptó la sugerencia de este viaje, otro intento, tal vez inútil como el anterior, por volver a la normalidad, a la antigua Elvira, esa que ella está segura no va a ser nunca más.

—Llevá pantalones, blusas livianas para el día, pues es muy caluroso, pero bastante abrigo para la noche. Cuando baja el sol es frío allá arriba—. Había aconsejado papá, y ella, que no usa pantalones, porque son prendas para hombres o actrices de cine, se puso a la tarea de coser dos pares, por las dudas.

Mientras se hamaca con el traqueteo del vehículo, acunada por el ronronear del motor y el ocasional tarareo de un tango o alguna canción folklórica por parte del taciturno chofer, vuelve otra vez a la memoria de Roberto Cisneros. La imagen que tiene grabada en sus retinas. La imagen de él con otra mujer. Recuerda las lágrimas después de la confesión que les arrancó a sus amigas. Él está de novio con otra. No pudieron o no quisieron decírselo antes. Y agradece una vez más no haberlos encontrado frente a frente en la calle. Los vio de lejos. Él no pudo haberla visto. Mejor así. Esa imagen marcó el punto final para ella y le costó una noche de llanto e insomnio.

—Bueno, che —le había dicho Lusa, al enterarse de lo sucedido— no llorés más. ¿Qué puede hacer el pobre muchacho? ¿Seguir mandándote cartas, buscando de verte por el barrio, para mendigarte una palabra? ¿Y que vos le digás por centésima vez que no, que no puede ser?

Le dolió como una cachetada, pero Lusa tenía razón, con su lógica de adolescente. Cisneros insistió durante varios años, tratando de arrancarle promesas, haciendo pacientes intentos. Seguramente se ha cansado de esperar, o se ha enamorado de otra. Tarde o temprano iba a suceder, ella lo sabía. Pero no creyó que le fuera a doler tanto.

—Ya estamos llegando —dice el hombre con su voz áspera, tal vez por el tabaco—. Todas estas tierras ya son de la estancia. Ahora va a aparecer el río, en una de estas curvas.

La magnificencia del paisaje la transporta. El Yuspe es un hilo brillante allá abajo.

–Qué hermoso –murmura–. No creí que era así, tan imponente.

–Y eso que es de día. Espere a esta noche, niña, cuando baje el sol y no haya luna, las estrellas son tan grandes que parece que uno puede alcanzarlas poniéndose en puntas de pie. Es como estar parado en el tope del mundo... Lindas noches, las de esta pampa.

Ella le echa una ojeada, sorprendida. Nunca creyó que dentro ese rústico hombre de mediana edad y manos tan callosas pudiera haber un poeta escondido. Por primera vez en mucho tiempo sonríe, sinceramente complacida. La bienvenida a Los Gigantes es más auspiciosa de lo que esperaba.

Han pasado dos meses después de su llegada, y Elvira se encuentra haciendo la pequeña maleta para regresar con Carmelo a Córdoba definitivamente. En ese tiempo ha bajado a la ciudad solo una vez, a visitar, un fin de semana. Se sintió un poco extraña en su casa, a pesar de la nostalgia que había tenido durante su estadía en las sierras.

En casa las cosas no eran exactamente igual a cuando se marchó. Tal vez porque ella había cambiado con el aire de la montaña, con las tareas menudas a pleno sol, el levantarse al alba y ver el amanecer tras las cumbres. Una vida totalmente distinta que al principio encontró incómoda pero que con el pasar de los días se le hizo simple y placentera. El asombro continuo ante esas noches de cielos tan oscuros y llenos de estrellas que dan vértigo. La alegría de ver a su padre, ocupado, compartiendo bromas con otros italianos y lleno de una energía que ella no creyó que él todavía guardara adentro. Hasta la cicatriz que le cruza la cara, ese recordatorio constante de un pasado que fue mejor, apenas se le nota cuando él es feliz.

Y también en alguna medida los sentimientos encontrados que le produjo la discreta adoración de Alberto, uno de los arrieros de la estancia. Curtido por el sol, los ojos castaños claro resaltando en el rostro anguloso, fue una presencia casi constante cerca de ella por las tardes después de las tareas, cuando todos se reunían a cenar. Compañero en las salidas de los fines de semana y guía atento en las largas cabalgatas y meriendas al aire libre en la costa del río.

Con un poco de tristeza sale del modesto edificio que alberga los dormitorios del servicio doméstico, ajustándose la bufanda de lana que ha tejido sin apuro, en las tardes, después de la caída del sol, durante las lánguidas y placenteras charlas con las muchachas.

El viento frío le corta la piel, y eso que el otoño recién comienza. *El invierno con nevadas y hielo debe ser insoportable para nosotros, acostumbrados a los calores de la ciudad de Córdoba,* piensa, sintiendo ya nostalgia por esta vida tan diferente de la suya, pero feliz por regresar a su mundo. Está llena de energía y proyectos. Ha vuelto a tararear para sus adentros una canción, algo que se le había olvidado durante tanto tiempo, cuando las lágrimas brotaban porque sí, y nada tenía sentido a su alrededor.

Hay un grupo reunido frente al camión. El viejo chofer fuma un cigarrillo de tabaco negro que huele terrible mientas acomoda con otros peones los bártulos en la caja trasera. Carmelo, todavía bromeando de despedida con los otros hombres, se le acerca y ella le pasa la maleta, que ubican en la caja.

Las mujeres que han compartido el dormitorio y sus charlas íntimas con Elvira están preparadas para el adiós. Una de ellas se le acerca y le cuchichea en el oído:

–Alberto está esperándote también. Juancito me dijo que anoche lo vio muy triste después de la cena. Que lo escuchó levantarse de la cama varias veces, a mirar por la ventana. Te va a extrañar mucho, Elvira. Se ha enamorado de vos, aunque nunca se atrevió a decirte nada. Es tan joven, nunca había tratado de cerca a ninguna chica de la ciudad.

–Ya sé. Me da mucha pena. ¡Es tan amable!

–Aquí viene a saludarte. ¡Mirá la cara que trae el pobre!

Elvira gira y se enfrenta con el sencillo muchacho, vestido con bombachas de gaucho, una camisa impecable y el pelo húmedo, recién peinado hacia atrás, quien se aproxima sonriéndole con timidez.

–Me voy, Alberto. Llegó la hora –le sonríe ella, con unos dientes que brillan blancos contra la piel tostada, las mejillas coloreadas por el viento, el cabello desteñido por el sol, largo y revuelto en bucles sujetos en la nuca por la bufanda de lana. La Elvira que lo despide es una mujer muy distinta a la pálida y frágil muchacha que bajó del camión dos meses atrás, esa que no se animaba a usar pantalones y nada le interesaba.

–Así parece –dice él, y es evidente que no encuentra más palabras.

Elvira intuye cuánto le cuesta despedirse, y siente pena por la confusión y los nervios que él demuestra. Se lo ve tan joven y tímido así vestido. Ya no es más el resuelto jinete, el hábil arriero serrano que la acompañó en las largas cabalgatas grupales por las márgenes del río. En esta despedida él no es más el diestro anfitrión, historiador de la zona, experto en identificar plantas serranas y en esquivar las ágiles y delgadas víboras locales.

–Voy a extrañar mucho todo esto. Gracias por acompañarnos a tantos hermosos lugares, Alberto. Esto es tan distinto a mi vida en la ciudad–. Le estrecha la mano que él tiende, y agrega, riendo–: Gracias por enseñarme a cabalgar, también. No fue fácil para usted.

–Fue un placer, Elvira, un placer acompañarla...

–Vamos, ya estamos todos listos–. Se escucha la voz del chofer llamando–: ¡Los que bajan al pueblo! ¡Salimos en cinco minutos!

Ella lo mira, sin saber qué decir. Él le tiende la mano otra vez, y ella deja que se la estreche por un rato, sin palabras.

–Adiós, Alberto.

–Adiós, a lo mejor algún día bajo a la ciudad y la visito, como le dije, si no le molesta.

–Claro que no, por supuesto, para eso le di mi dirección. Cuando quiera.

–Vamos, Elvira–, insiste Carmelo, dirigiéndose hacia la escalinata y subiendo a la parte trasera del camión con los otros.

Ella se aleja de Alberto, abraza a cada una de las muchachas, y les da una mano ceremoniosa al capataz y a las dos amas de llave.

Esta vez en la cabina viaja otra pasajera, que descenderá en Tanti. Elvira sube y el chofer, después de verificar que todo esté en orden, pone el camión en marcha. Salen lentamente del camino que lleva a las viviendas de la estancia y pronto llegan al descampado de la pampa.

El fuerte viento hace que el camión, aun marchando lento, sufra el bamboleo de las ráfagas.

–Cuando bajemos al camino, bordeando la pendiente alta del cerro, el viento no se sentirá tanto–, comenta el viejo– y tampoco hará tanto frío.

La mente de Elvira está llena de imágenes placenteras: caminatas, largas excursiones a caballo, picnics al lado del bello y caudaloso Yuspe, caza de luciérnagas al atardecer y un par de bailes en el comedor de la estancia, durante los que una vieja victrola reprodujo hasta el cansancio los pocos discos de pasta del cocinero. Los crecientes ruidos de la púa raspando los surcos no impidió que la voz de Carlos Gardel cantara sus exquisitos tangos–canción, ni que los veloces foxtrot americanos sonaran una y otra vez para los infatigables bailarines.

El trabajo que ella hizo, colaborando en la casa de los patrones y en la cocina fue un juego de niños comparado con el ritmo de su hogar y a la rigidez militar de *Mamma*. El pensamiento la hace sonreír. No está segura de si su madre maneja la casa como un cuartel, o como un convento de monjas. Uno de los dos, o ambos.

Y sin embargo, cuánto la extraño, se dice, con un suspiro.

El camino de la Pampa de Achala desciende suavemente, largo y serpenteante delante de ellos entre las magníficas rocas que cubren el suelo. El chofer comienza a tararear un tango. Por primera vez en mucho tiempo, Elvira se siente en total paz consigo misma.

Tiene tantas cosas para hacer cuando llegue a casa.

Otra boda

La lenta y abrumadora década de los años treinta se acerca a su fin y Carmelo, siempre atento a las noticias europeas, alberga pocas esperanzas de que los años cuarenta sean mejores.

–Papá, cuando termine con el diario, ¿Me lo pasa, por favor– pide Elvira–. Quiero mirar el programa del cine. Vamos a ir con Helena el domingo. ¿Qué está leyendo de bueno?

A Carmelo le gusta la curiosidad de Elvira, el interés por leer y aprender. Le recuerda a él cuando era joven y salió de su sencillo hogar montañés a un mundo de perspectivas casi ilimitadas. Ignorante y analfabeto, pero ansioso de aprender y absorber todo lo posible. Con esta hija él puede dejar correr sus pensamientos en voz alta sin temor a recibir a cambio una mirada de fastidio. Para con el resto de la familia, se conforma con que todos lean el diario religiosamente, una costumbre que Inés y él han inculcado en los hijos. Es un hábito que los mantiene conectados con el inmenso mundo más allá de los confines de la mediterránea Córdoba, tan lejos de la tierra natal.

–Lo de siempre. Las cosas no pintan bien, no me gusta nada lo que está pasando en Europa. Otra vez se están armando hasta los dientes.

La presente situación le recuerda las historias que escuchó en su adolescencia. Anécdotas de las eternas batallas por la unificación de Italia, y el desdén y temor general que hubo por el imperio Austro-Húngaro, manejado con férrea determinación por los *Tedeschi*. Aniquilados después de la Gran Guerra, humillados al límite por otras naciones, ahora en Alemania asoma la vieja sombra prusiana en un movimiento aún más estricto y purista, un nacionalismo que eleva la supuesta nobleza de la raza germánica sobre todas las otras. Y a Carmelo le inquieta la idea que sabe es un resabio de antiguas malaventuras.

–Me parece que se están preparando para otra guerra –dice con un suspiro.

–Parece que sí. Sé que le preocupa mucho lo de Europa. ¿Vio lo que está pasando en España? Ahora que la guerra terminó están matando a los que estaban del lado republicano.

–La masacre no termina más. Qué triste, un país dividido a muerte. Hasta las familias se dividieron.

–Sí, cierto. Usted sabía que las chicas Khan y sus hermanos simpatizan con los republicanos, ¿no?

–¿Los vecinos? Y claro, seguramente, si son judíos. Los padres vinieron escapando de Europa, así que me imagino lo que sentirán cuando ven que el partido nazi está ganando tanto terreno en todos lados. Ellos ayudaron a Francisco Franco.

–Sí, es cierto. La semana que viene se hace otra fiesta a beneficio de los republicanos españoles, para juntar fondos. Han alquilado el salón de la calle Santa Rosa. En España hay muchos pasando penurias y hambre. Ellos sienten que tienen que hacer algo, y a mí me parece bien.

–Tenés razón. Ojalá que la ayuda le llegue a los pobres españoles, y no haya gente que se aproveche de las donaciones, lo que no sería raro. Es una pena, ese pobre país.

–Sí. Qué terrible fue el bombardeo de Guernica, se acuerda, no quedó nada en pie. Casi todos muertos civiles.

–Fueron los aviones *Tedeschi*. Parece mentiras que el mundo no pueda vivir sin estas guerras. ¿Qué nos pasa a los hombres?

–No sé, papá. La gente se vuelve loca. Algunos aquí apoyan eso y les parece bien que vayan a la guerra. Será porque los argentinos nunca hemos visto una guerra en serio. Se dejan convencer con cualquier cosa.

–Creen que es un juego. No conocen la miseria que queda atrás después de una guerra. Muchos inmigrantes acá ya se han olvidado de lo que pasó en Italia antes del catorce, y están divididos otra vez en dos grupos. Y hay tantos países envueltos en batallas en todo el mundo que no sé qué puede llegar a pasar.

–Acá hay mucha gente que simpatiza con los fascistas de Mussolini –en la voz de Elvira hay interrogación–. Ellos dicen que tienen paz y orden con él. ¿Usted qué opina?

–No sé. Puede ser que sean buenos para imponer orden. Pero yo no confío en los gobiernos por la fuerza. Hacen muchas promesas lindas para subir al poder y después controlan a la gente de una forma que no me gusta. Todo lo arreglan con violencia, para mantener el orden.

–En España los que apoyan a la Falange de Franco acusan a todos los republicanos de ser comunistas, pero no todos son, papá. Yo conozco a gente que simpatiza con la república, y que no son comunistas, son gente que no apoya a los fascistas, que cree en la democracia. Es como si dijeran, o estás conmigo o estás en contra mío. Una pena que haya que dividirse así, o blanco o negro, ¿No? – Hace una pausa, y Carmelo asiente con la cabeza– Vaya a saber por qué ningún otro país intervino antes de esta guerra, para que se llegara a un arreglo antes de que España se derrumbara en una masacre así.

–Yo creo que los países europeos le tuvieron miedo a Hitler. Quieren hacer las paces con él, no provocarlo. También le tienen miedo al comunismo.

–¿Usted cree que las colectas que hace la gente para los que están pasando hambres son útiles? Digo, con todos estos festivales que hacemos.

–Mira, hija, si vos sentís que tenés que dar una mano, colaborá con ellos. Me parece bien. Yo no sé cuánto sirve, pero si esa gente desesperada llega a recibir algo, será bienvenido. Cada uno debe hacer lo que siente que está bien.

Carmelo le tiende el diario y ella lo recibe con una sonrisa. Pocas veces tiene oportunidad de charlar así con su padre. Él es siempre tan retraído. Pero ahora es evidente que está muy alarmado por lo que sucede en el mundo y *Mamma* está demasiado ocupada en la casa como para charlar de esos temas. Los hermanos tampoco demuestran interés. Y las amigas se aburren cuando Elvira quiere comentar algo tan alejado de sus intereses como la situación del mundo. Por eso a ella le gusta tanto la compañía de Helena y de los hermanos Khan. En su casa siempre hay debate, hablan de temas que a veces ella ni comprende, pero cuando pregunta siempre están dispuestos a explicar, sugerir lecturas, y sobre todo, le aconsejan que no crea en lo que se dice por ahí o lo que dicen los diarios sin analizarlo bien primero.

Para Elvira es un estimulante intelectual y se siente íntimamente agradecida de que sus amigas la hacen participar, aunque ella sea por lo general una silenciosa oyente en las tertulias sobre libros, películas y arte que mantienen con sus amigos estudiantes. En la casa de ellos escuchó por primera vez la música de Jazz, y también las cadencias cautivadoras de un compositor americano, Gershwin, de quien se dice que describe en sus composiciones la vida cotidiana de la mítica ciudad de New York y a Elvira se le eriza la piel escuchándolo.

–Gracias, papá. Ojalá a más gente le preocupara lo que pasa en el mundo, como a usted.

Él se levanta, sin responder, pero en la mirada que cruzan padre e hija hay un entendimiento que para Elvira tiene un enorme valor.

Los preparativos para el casamiento de Mena han comenzado y en un acuerdo tácito, la familia entera elimina de su vocabulario cualquier mención sobre el alcoholismo. Inés no se puede permitir otra intervención de la que pudiera arrepentirse. La segunda hija ha estado en edad de casarse por algunos años ya, y ahora se la ve feliz con Carlos Zavala. Ella confía en que todo va a salir bien y se los ve enamorados. Este detalle, contra todo lo que sus padres le han inculcado, parece ser una buena base para la felicidad conyugal.

Por su parte Carmela, quien insistió en que la familia aceptara a su elegido, es feliz con Víctor y se la ve estabilizada en sus altibajos emocionales. Si tan solo ella y su hija mayor hubiesen cerrado la boca con respecto a Elvira.

Un par de semanas atrás, Tano le comentó al pasar que Roberto Cisneros ahora está trabajando con el masajista del Club Belgrano, haciendo una práctica porque quiere trabajar seriamente atendiendo a los deportistas lesionados. Inés le pidió que no lo mencione delante de la familia porque el inútil y persistente aguijón de la culpa la transportó al pasado otra vez. Aunque tan solo por un momento, claro. Porque Inés tiene las manos llenas con la atención de los hijos menores y no quiere demorarse en remordimientos.

Los varones en particular le dan mucho trabajo. Llegan siempre tarde a casa, salen con mujeres de quién sabe dónde. Y hay que dedicarles tiempo, porque exigen cada vez más. Ella los guía continuamente, quiere que en el futuro sean dos buenos padres de familia. Gracias a esa persistencia y a muchas oraciones agregadas diariamente con tal propósito en el rosario del atardecer, ninguno se ha metido en aprietos, o ha traído problemas a casa, como hacen tantos muchachos del vecindario.

Tano resultó una sorpresa, piensa con satisfacción.

Le admira cómo se las ingenió para hacer de su deporte favorito una carrera. De ayudante en la cancha de fútbol del Club Belgrano, poco a poco ha progresado y le han asignado tareas más responsables durante los partidos. Al punto que un referí muy respetado lo tomó bajo su tutela, y le aconsejó seguir la práctica en forma seria. Él ahora sueña con algún día ser miembro de la prestigiosa Liga de Árbitros de Córdoba. Todo esto lo aprendió Inés, con admiración, de su hijo, quien una tarde enfrentó a sus padres en la sala con gesto decidido.

—*Mamma*, papá, ¿Puedo hablar con ustedes?

—Claro —había respondido Carmelo, dejando su diario sobre la mesa y mirándolo interrogante.

—*Mamma*, usted también. No se vaya.

Inés había fingido impaciencia mientras acomodaba las carpetitas de crochet sobre el respaldo del sofá de la sala, pero ya estaba preparada para escuchar con interés. Tano no es de andar haciendo conversación porque sí.

—Me han aprobado para entrar a la Escuela de Árbitros. Dicen que soy muy bueno y que lo tengo que tomar como una carrera seria.

—¿Estás seguro? —Inés en aquel entonces todavía dudaba de que un pasatiempo juvenil pudiera resultar en una profesión que llevara a un trabajo estable.

—*Mamma*, ya le dije muchas veces que sí. Papá, dígale. *Mamma* no va a la cancha, no sabe cómo son esas cosas.

Carmelo se volvió hacia Inés con gesto paciente.

—*Añé*, escuchá a tu hijo. Si te dice que es así, ¿por qué siempre desconfiás? Es una carrera seria, los réferis ganan un sueldo, es un trabajo como cualquier otro.

—¿Ve, *Mamma*? Es lo que yo le digo. Ahora no son más improvisados jugadores retirados que se ponen a hacer ese trabajo porque sí. Es serio.

Ella dudó. No estaba segura, pero lo veía tan lleno de energía y voluntad que no pudo negarse. En una de ésas, el fútbol, algo que ella siempre despreció como una pérdida de tiempo, resulta ser algo positivo para este hijo al que ninguna otra cosa le interesa.

—Bueno, si es así, yo no tengo problemas. ¿Qué decís vos, *Carmé*?

—Dejalo al muchacho que vaya a la escuela. Se la paga él, con el trabajo de guarda—. Y volviéndose a Nicolás—: No vayas a dejar el trabajo, ¿eh? No dejés la línea del tranvía hasta que consigas un puesto serio con lo otro. Si es que lo conseguís. Puede llevar bastante tiempo.

—Le prometo, papá. Usted sabe que yo no hablo por hablar.

Él demostró que hablaba en serio y ahora Inés siente admiración ante el hijo que ha conseguido tornar su afición por el fútbol en una profesión honorable. Sabe que para Tano hacer de réferi no es un trabajo, sino una prolongación del juego de pelota que lo fascina y ha practicado desde niño.

Aquel día el gesto satisfecho de Carmelo mientras levantaba el diario de la mesa le dijo que él también compartía su orgullo.

Es un domingo por la tarde, y mientras suena el obligado partido en la radio de la sala donde están reunidos los hombres escuchando y comentando las vicisitudes del juego, Elvira y Mena están en la cocina, lavando los platos.

Hoy Inés y Carmelo han recibido a los padres de Carlos Zavala, invitados a almorzar las pastas caseras, para conocerlos personalmente. Esta primera vez no incluyeron a todos los familiares, solo a los padres. La velada transcurrió bien, a pesar de la tensión nerviosa de los novios. Los padres de él resultan ser muy atentos y demuestran afecto por Mena.

–Yo termino de enjuagar los platos. Vos poné el agua para el café. –Dice Elvira a su hermana, con las manos sumergidas en el agua jabonosa en que lava la vajilla. –¿A dónde está Lusa?

–En el comedor, creo, con *Mamma* y doña Delfina.

–¿Podés llamarla, por favor? Quiero que ponga las tacitas y el azucarero, y que vaya sirviendo el plato con las masitas.

Mena regresa del comedor, seguida de Lusa, quien comenta entusiasmada:

–Son muy simpáticos los Zavala, ¿no? –y a Mena–: Vos tenías razón.

–Sí. Son gente muy buena. Los hermanos de Carlos también son buena gente. En la mesa yo estaba un poco nerviosa. No tenía hambre.

–No se notó para nada... –dice Lusa, riendo, mientras codea a Elvira.

–Lusa, poné las masitas en un plato y dejate de embromar –Mena finge una voz de enojo que no engaña a nadie porque no oculta su satisfacción–. El café va a estar listo en un minuto.

–Así que vivían a la vuelta de la casa de Santa Rosa, qué chico es el mundo, sobre la calle Rioja –comenta Elvira–. *Mamma* dice que la cara de doña Delfina le parece conocida. La debe haber visto en el barrio, casi seguro. Aunque en esa época María hacía las compras para nosotros, *Mamma* no iba casi nunca al almacén o la panadería.

–Yo no me acuerdo de haberlos visto mientras vivíamos ahí –dice Mena–, porque ellos se mudaron muy poco antes de que nosotros nos fuéramos de la calle Santa Rosa.

–A *Mamma* parece que le cayó bien la mamá de Carlo –interviene Lusa con su habitual franqueza, mientras acomoda prolijamente sobre un plato las masitas caseras que ayudó a hornear el día anterior–. Y eso que se nota que la señora es bien criolla, morochita.

–Callate la boca, Lusa –la reprende Elvira–, eso no tiene nada que ver.

–Claro que no –interviene Mena–. ¿Qué le hace que sea criolla? Don Dalmacio es bien español, bien blanco, de ojos claros. ¿Qué tiene que ver?

–Bueno, che, yo digo nomás –se esquiva Lusa– porque como *Mamma* está siempre diciendo que los criollos esto, que los criollos lo otro. No le gusta como cuidan sus casas, como crían a los chicos....

Las dos hermanas se vuelven hacia Lusa con reproche.

–¿Qué te dije? No hablés así, ¡Y menos con las visitas en el comedor! –dice Elvira–. Tené cuidado que no te escuche *Mamma*. Se va a enojar.

Mena la mira seria, disgustada.

–Siempre tenés que decir algo, vos. Y de última, no te importa. No es asunto tuyo. Es mi novio.

–Ya sé –dice Lusa, ruborizada por la reprimenda de sus hermanas–. Me llevo las masitas, y ustedes dos, en vez de charlar tanto hagan el café de una buena vez.

Y sale con su lento paso pero con la cabeza en alto, sosteniendo el plato en perfecto equilibrio.

Después de dos años de noviazgo oficial, Filomena y Carlos Jesús contraen nupcias. El casamiento por el Registro Civil se lleva a cabo el 11, y la ceremonia religiosa el 13 de julio de 1940.

Carlos ha comprado un terreno en la zona de Bajo Alberdi, cerca del Río Primero, en el Pasaje Las Heras al 2525 y está comenzando a construir una casa. Será una labor lenta, pero él pone todo su esfuerzo en la tarea que le llevará años concretar. Luego de la boda Mena deja de trabajar en el taller de costura porque él quiere que se dedique al hogar.

Cuando llega la primavera en la Argentina ese año, el otoño cae sobre Europa. En setiembre la Luftwaffe comienza el ataque aéreo a Inglaterra, con una flota de más de dos mil aviones, enfrentando a una Gran Bretaña provista de apenas quinientos cazabombarderos bajo el mando de la RAF. Su misión: desmantelar el constante sabotaje desde el Reino Unido a la ocupación Alemana de los países europeos.

–Esta vez no van a poder frenarlo en Europa –comenta Carmelo en la mesa, con amargura–. Todos los países están muy atados entre ellos. Esta vez los *Tedeschi* van a salir de Europa al mundo, ya vas a ver.

–Esperemos que no–, dice Inés tratando de levantarle el ánimo–. Vos no sabés con seguridad. No seas pesimista. Tené esperanza de que se arreglen las cosas.

–No, –insiste él–, no esta vez. Ya conocemos a los que actúan en esta obra de teatro. Los *Tedeschi* quieren dominar, de cualquier forma. No les tengo ninguna confianza.

Inés se encoge de hombros y sigue con su tarea. Carmelo anda siempre deprimido y triste, con esa persistente tristeza de los Aversa. Ahora cree que va a haber una guerra mundial, nada menos. El mundo de Europa a ella le parece lejano, aquí hay tantas otras cosas de qué ocuparse. Su marido sigue dividido entre dos mundos, como casi todos los inmigrantes.

Esa noche Mena llama por teléfono, desesperada, desde un negocio vecino a su casa.

–¡*Mamma*! Necesito que alguien venga urgente… –un sollozo la interrumpe por un instante en el que Inés, alarmada, le grita casi:

–¿Mena? ¿Qué te pasa? Hablá tranquila, ¿Qué es?

–…porque Carlos ha llegado hace un rato a casa y está tirado en el piso… No, no, a mí no me pasa nada, –trata de componer la voz para no alarmar más a la madre– es que vino después de la hora de la cena…. Muy tomado. Se descompuso en el pasillo y me ensució por todas partes… *Mamma* ¡Necesito que venga alguien rápido a ayudarme! ¡No sé qué hacer!

Inés, más tranquila, la conforta:

–Tranquilizate. A ver, ¿A dónde está él ahora?

–Está tirado en el piso. Es muy pesado, no lo puedo levantar. Se durmió.

–Ahí voy para allá con Elvira, quedate tranquila. No hagas nada.

Después de colgar el auricular se vuelve hacia Carmelo.

–Era Mena…

—Sí, ya me di cuenta. Es Carlos, ¿no? —pregunta él con reproche—, ¿llegó otra vez borracho a la casa?

—Sí —responde ella, angustiada—. Pero no digás esa palabra delante de ella. Tenemos que ir a ayudarla. Voy a llamar a Elvira, que está escuchando discos en la casa de Helena. ¡Pobre Mena!

—*Añé*, no digas pobre. No es pobre. Mena sabía bien cuánto tomaba él cuando venía a visitarla. No pensó en qué iba a pasar después del casamiento.

—Callate, no hablés así. Carlo es un buen hombre, pero tiene ese defecto, nada más.

—Sí. Y recién empieza a mostrar el defecto que tiene —dice él, sin darle tregua.

—¿Otra vez con eso? ¿No es tu hija también? Bueno, ahora necesita ayuda, y vamos a dársela —le responde Inés con rabia, calzándose una pañoleta de lana sobre los hombros y alzando la llave para salir. Se vuelve hacia Carmelo, que está todavía sentado frente a la revista que estaba leyendo—: Vamos, *Carmé*, ponete algo encima que vamos a buscar a Elvira y vamos para lo de Mena, vos también venís con nosotras, porque es tarde y a la vuelta va a ser más tarde todavía.

Carmelo mueve la cabeza de un lado a otro, y suspira.

—Ay, *Añé*, si, te acompaño. Pero esto recién empieza, acordate lo que te digo. El alcohol es un vicio para toda la vida. No sé si Mena va a poder hacérselo dejar. No creo.

—Ni una palabra más, que demasiado está sufriendo la pobre. ¿Me escuchaste? Ni una palabra más —dice ella, saliendo hacia el comedor, a donde están Lusa y Roberto.

—Nos vamos con papá a la casa de Mena, y vamos a buscar a Elvira primero —les dice apresuradamente—. Pronto volvemos.

—¿Qué pasó? ¿Le sucedió algo? —se alarma Lusa.

—No, no, nada, no le pasó nada. Tenemos que ayudarla. Carlos vino descompuesto y ella está sola, la pobre. Ahora volvemos, me llevo la llave de la puerta cancel.

Carmelo la está esperando con la puerta abierta, mirándola con recriminación. Inés lo ignora por completo. Ambos salen a buscar a Elvira para caminar juntos hasta la parada del ómnibus.

Es la primera de las muchas noches que se sucederán, y en las que Elvira y Lusa serán las compañeras que ayuden a Mena en esos trances nocturnos, hasta que la hermana aprenda a manejarse sola.

Elvira y Paco

—Acá llegan Daniel y Esteban —dice Helena, levantando la cabeza de la revista de actualidad que está hojeando junto con Elvira en la sala de la casa de los Khan, un atardecer de octubre.

Elvira trabaja desde hace un par de meses en el taller de costura al que Mena renunció después de la boda. Algunas tardes busca refugio en lo de su amiga, un par de puertas más allá. Lo prefiere así, ya que además de pasarlo bien, escapa de la sesión de tangos a todo volumen que pone Roberto casi a diario, antes de la cena, en la vieja victrola de Carmelo. El hermano menor está armando una colección de discos en 78rpm que guarda celosamente y nadie puede manipular. Son frágiles y se dañan fácilmente, ha explicado su dueño. Roberto lleva el cuidado al extremo de tener junto a su colección un equipo de limpieza especial y púas de reemplazo.

—Nadie pone un disco de los míos. ¿Entienden? —comandó con su habitual autoridad—. Si ponen mal la púa los surcos se rayan. Así que nadie me los toca, ¿eh? Nadie abre las fundas de los discos más que yo. ¿Estamos?

Nadie hubiese osado hacerlo. Ya todos saben que no se puede tocar nada que esté sobre su mesa de luz, o en su ropero, sin autorización. Y Roberto tiene una memoria asombrosa para recordar cada detalle exacto y la precisa posición de cada artículo de su pertenencia. Esta particularidad por lo general suscita risas, pero a veces, cuando él se enoja seriamente, ha provocado algunos enfrentamientos familiares. Para evitar esto, nadie se acerca a tocar sus cosas. Inés respeta celosamente los deseos de los dos hijos. Es un eco del respeto que existía en la casa de *Mamma* y *Tata* para con los varones, y que ni a ella ni a sus hermanas jamás se les ocurrió cuestionar. Pero las épocas han cambiado, y Elvira y Lusa resienten en silencio las preferencias injustas que los padres tienen para con los hermanos, acordándoles beneficios y derechos que a ellas se les niega.

Las dos amigas están tomando una limonada, sentadas cerca de la ventana que da a la calle Colón. Elvira siente admiración por la señora Khan, una mujer tan fuerte y enérgica como su madre pero para la que las hijas están a la par de los varones, lo que promueve una camaradería que en su casa no existe. Todos han estudiado y están en la universidad, o graduados y se tratan como iguales.

Una piadosa brisa que mueve las cortinas de voile y refresca la amplia sala anuncia una lluvia que seguramente aliviará el calor que mantiene a la ciudad en letargo desde hace varias semanas. La puerta cancel se abre y aparecen Esteban y Daniel, llevando libros y un paquete envuelto en papel marrón.

–¿Cómo estuvieron las clases? –pregunta Helena, a modo de saludo.

–Bien. Largas, como siempre. Aquí traemos los avisos impresos para la fiesta del mes que viene. Hemos conseguido una orquesta que va a tocar a beneficio. Y también los muchachos del grupo de teatro de Barrio Seco, los que participaron en el festival de teatro en el centro hace dos meses se han ofrecido a distribuir los avisos por otras zonas de la ciudad –comenta Daniel, el más alto de los dos, dejando los libros sobre la mesa–. Abramos el paquete para ver los impresos.

Ellas se acercan interesadas. Esteban rompe el envoltorio.

–Están hermosos. ¡Qué suerte que los consiguieron gratis! –Comenta Elvira–. Esto debe costar un montón de plata.

–Sí. Y no veo la hora de que llegue la fecha. ¡Tenemos tanto qué hacer! –dice Helena con voz excitada.

–Vos sabés que yo te voy a ayudar en lo que pueda en los ratos libres –ofrece Elvira.

–Ya sé –le palmea el brazo–. Y te lo agradecemos mucho. Vamos a divertirnos un montón. También tenemos que planear qué vamos a ponernos.

–Eso sí que es importante –dice Esteban con aire burlón–. Lo primero es lo primero.

–Callate, no me hagas hablar. Yo te vi el otro día revisando tus camisas y diciéndole a mamá que necesitas una nueva para la fiesta. No vengas a hacerte el hombre desinteresado de la moda ahora.

–Esteban, te dieron la *cana*. No hables más –dice riendo Daniel, mientras sale con uno de los impresos para mostrárselos al resto de la familia.

Elvira quisiera para sí una relación como la de ellos, sin rencores silenciosos ni sentimientos de superioridad que separan a la familia en vez de unirla. Pero hay un abismo cultural entre los

Khan y los Aversa, que a veces es muy evidente, como aquella tarde no hace mucho tiempo, en casa, cuando ella estaba cosiendo en el comedor.

–¿Quién ha traído estos discos de música americana? – Había preguntado Tano al entrar, mirando con curiosidad las carátulas desconocidas junto a la victrola–. ¿Tommy Dorsey? ¿Swing? ¿Duke Ellington? ¿Quién es norteamericano aquí?

Elvira había continuado con su trabajo de costura, en silencio.

–Ya sabés bien quién es–, respondió Roberto con aire burlón, sacando brillo con prolijidad a un par de zapatos–, la señorita intelectual, aquí, a la que no le gusta más la música nuestra...

Fastidiada, ella había levantado los discos para llevárselos.

–Qué saben ustedes dos. A mí me gusta toda la música, no solo el tango, hay muchas cosas más para escuchar, para que sepas vos, fanático. A papá no le decís nada cuando escucha siempre arias de óperas, ¿no? Entonces, dejate de hablar pavadas.

Ambos rieron divertidos ante la reacción.

–Uyyy... cómo le molesta que le digan intelectual... – comenta Roberto imitándola.

–Sí, pero si no le gusta, para qué se junta con tantos estudiantes. Nada más cierto que el dicho *dime con quién andas...*

Elvira había salido taconeando fuerte, mordiéndose los labios para no decirles nada hiriente.

Recordando ahora la escena, mientras mira a sus amigos funcionando como pares suspira con resignación. Son buenos muchachos sus hermanos, pero a veces les daría un coscorrón para traerlos a la realidad y a la época actual.

Corre 1941 y la Segunda Guerra Mundial que comenzó en marzo del '39 con la ocupación alemana de Checoeslovaquia y en la que están envueltos la mayoría de los países industrializados sigue su curso implacable a través de Europa, África y Asia.

La Argentina, al igual que la mayoría de los países latinoamericanos, no interviene abiertamente en el conflicto. Las simpatías de los gobiernos militares de turno que se suceden en la Argentina se inclinan hacia el Eje, aunque tratan de mantener buenas relaciones con los Aliados en temas comerciales. Las exportaciones de la Argentina, tradicional proveedora de carnes y granos, son bienvenidas en un mundo necesitado de alimento a causa de una producción agrícola-ganadera suspendida por la actividad bélica.

En los ambientes estudiantiles son populares las colectas y festivales para reunir fondos para una u otra causa europea. El grupo de amigos que tienen los hermanos Khan han alquilado un salón de fiestas en el barrio para hacer el baile a beneficio de los españoles. Lo organizan dos veces al año desde que la Guerra Civil estalló en la península y han continuado haciéndolo después de que Franco impusiera su rígido orden, porque la situación no ha mejorado todavía en el país al que muchos argentinos llaman con cariño *la Madre Patria*.

El grupo es diverso. Hay varios de origen judíos, como los hermanos Khan, otros son jóvenes de tez oscura y rasgos indígenas provenientes del norte y hay también un par de porteños. El resto son cordobeses, en su mayoría estudiantes de medicina e hijos de europeos. Los festivales que organizan tienen como beneficiarios variadas causas. La española es importante ahora, pero también trabajan para ayudar exiliados, escuelas pobres y olvidadas del Noroeste argentino, y otras situaciones locales menores que surgen y reclaman apoyo.

Elvira ha colaborado en alguna medida en la concreción del último proyecto a beneficio de los españoles armando guirnaldas, pintando carteles para el salón y ayudando en otros pequeños menesteres. Es una actividad que la saca del sopor y el aburrimiento de su vida familiar y de la rutina del taller de costura.

Desde hace unos años su existencia se desliza sin mayores contratiempos pero en forma vacía. Si sigue así, ha decidido declararse célibe y plantar bandera apenas cumpla los treinta y todavía le faltan más de dos años. Pero para ello tendrá que romper con todo y todos. Con su familia no habrá otra opción.

—Tres años más y me voy de casa—, le había confesado a Helena unos meses atrás.

Hay duda y asombro en los ojos de la amiga.

—Te va a hacer bien respirar aire fresco, Elvira, pero te aviso que no va a ser fácil. Nada es fácil para una mujer sola en este mundo, sin marido o compañero.

—No importa. Algún día hay que romper el cascarón, y yo quiero conocer algo distinto que esta vida aplastante, monótona, siempre en lo mismo.

—Es cierto, pero ¿cómo te vas a mantener? Con las costuras no creo que te alcance...

–Ya lo tengo pensado. Me voy ir a trabajar de servicio doméstico en alguna casa, cama adentro, a otra ciudad. Algo voy a hacer, Helena, porque cuando corte, será con todo.

–Así se habla–, había respondido la amiga, aunque era evidente que estaba convencida solo a medias de la firmeza de plan. Ella no elaboró más, pero el pensamiento sigue madurando en su mente.

Elvira sale a menudo con Lidia y Helena al cine o a bailar, y en los últimos tiempos ha conseguido que Lusa la acompañe. La hermana menor, a los diecinueve años tiene hermosos ojos verdes y una cabellera oscura y ondulada muy atractiva, pero es como si no se percatara de su belleza. *Mamma* la sobreprotege como si fuese una niña que no puede valerse por sí misma, ignorando los reproches de Carmelo.

Con resignación Lusa ha comenzado a estudiar *el corte* en una academia del barrio, como Inés le dictara, en la seguridad de que una mujer que probablemente no va a casarse necesita una profesión estable para ganarse la vida. Corte y Confección es tan buen oficio como cualquier otro, le aconsejó. Ella todavía depende mucho de la madre y tiene pocas amigas. Ninguna es íntima. Sus compañeros de paseos hasta hace poco, Roberto y Oscar, han comenzado a salir con los muchachos, sin incluirla, como es natural, ya que los varones salen por su cuenta.

Elvira la ha invitado a la fiesta que están preparando pero ella ha respondido con evasivas hasta ahora. Hoy insiste una vez más:

–El sábado es el baile, Lusa. Helena y los hermanos están muy entusiasmados, viene una orquesta. También hacen una rifa a beneficio. Va a estar lindo. ¿Te decidiste a venir conmigo?

Mientras espera la respuesta, Elvira piensa que su hermana es demasiado bonita y si no fuese tan esquiva y temerosa del ridículo podría tener más amigos y salir un poco más.

–No sé. Voy a ver. No sé ni que me voy a poner. No tengo muchas ganas.

–Vamos, animate. No podés estar siempre encerrada los sábados a la noche.

–Pero para ir a sentarme ahí, a mirar a los demás... no sé.

–Le he preguntado a Tano si quiere venir también con algún amigo. Fue al último baile que hicieron y lo pasó muy bien, bailó toda la noche.

—Bueno, a lo mejor voy—, finalmente dice Lusa—. Dejame pensarlo.

Elvira está decidida a insistir hasta que acepte venir con ella, aunque sabe que está remando contra la corriente familiar. *Mamma*, las hermanas mayores y los cuñados insisten en que Lusa no debe exponerse en público. Temen que el *defecto* la haga objeto de la burla, en particular, de los muchachos. A Elvira le parece absurdo que por una consecuencia tan pequeña de la polio como un tobillo débil que la obliga a arrastrar levemente un pie la hayan acomplejado al punto de que Lusa misma se niegue a aceptar otra cosa que verse a sí misma como una lisiada. Pero claro, no puede decirlo en voz alta en casa. Tampoco se lo menciona a ella. Conoce las inhibiciones de su hermana y no quiere herirla.

El día llega y el salón de fiestas luce espléndido con la decoración en la que trabajaron toda la mañana del sábado. Elvira ayudó por un rato, antes del almuerzo y esta noche se ha vestido cuidadosamente, feliz porque Lusa va a acompañarla. Helena ha invitado a un grupo grande de españoles que están trabajando muy activamente para enviar fondos a su patria natal. Los ibéricos son por lo general alegres y a Elvira le gusta bailar. Las fiestas a beneficio son siempre un éxito y todos lo pasan muy bien.

—Te vas a divertir, estoy segura —le dice a Lusa, mientras se visten en el dormitorio—. Tano va a ir más tarde, con un par de amigos.

A los veintisiete Elvira siente que tiene el doble de esa edad. La depresión que la asaltó por tantos años amenaza cada tanto con caerle encima y ella trata de evitarla de la mejor forma que puede. Sabe que no es la única en la familia que sufre esos terribles altibajos, pero como no es aceptable hablar del tema en casa, trata por su cuenta de no caer otra vez, usando las pocas armas que intuye pueden auxiliarla. Con Carmela, la única que ha sufrido su buena cuota de inestabilidad nerviosa y de la que Elvira todavía detecta muchos síntomas, tiene solo un intercambio esporádico y desconfiado que no ayuda a ninguna de las dos. Comprende que está sola en esto, y si quiere salir adelante va a tener que hacerlo por sus propios medios. La alternativa es el abismo de la depresión, y está determinada a no caer en él otra vez. Gran parte del éxito, se dice una y otra vez, reside en auto convencerse de ello.

El salón ya está casi lleno de invitados. Elvira y Lusa están sentadas en una mesa con Lidia y varias jovencitas del barrio. A poco de llegar, Helena les presentó un grupo de amigos nuevos, entre ellos un muchacho muy buen mozo, que al estrecharle la mano la ha mirado con atención.

–Elvira, este es Francisco García Cintas, pero todos le decimos Paco –dice Helena–, es el director artístico del grupo de teatro que ha prometido hacer una representación a beneficio en el barrio. Espero que salga todo como esperamos. Daniel está arreglando los detalles.

Paco se apresura a intervenir, mirándola:

–Justamente, tenemos una obra que ya presentamos en un par de lugares, *Las de Barranco*. Nos gustaría ponerla aquí.

Superando sus nervios, ella atina a responderle:

–No la he visto nunca, pero leí mucho sobre las obras de Laferrére.

Helena lo mira radiante.

–Estoy segura que va a ser un éxito–, y volviéndose a los visitantes–: ¿Seguimos la ronda?

Paco le hace una inclinación de cabeza, y ella siente subir un inoportuno golpe de calor a la cara. Seguramente se ha sonrojado como una adolescente, se dice con fastidio.

Todos saludan y siguen a otra mesa, pero él se vuelve varias veces a mirarla, y le sonríe de lejos. Aunque halagada, está sorpresivamente nerviosa, y trata de disimularlo.

–Ese muchacho es bastante buen mozo –observa una de las chicas, sentada a la mesa–. Se parece a Don Ameche, con ese bigote elegante.

–Tenés razón –comenta Lusa. Y dirigiéndose a Elvira le susurra–: Es muy buen mozo. ¡Y cómo te mira, che!

Ella ignora a su hermana con una sonrisa. Se siente bonita y admirada hoy, una experiencia que ha vivido pocas veces en los últimos años. La orquesta está en medio de un tema, y ya hay varias parejas bailando en el centro del salón. Paco se acerca a su mesa, a invitarla. Ella acepta, y solo alcanzan a danzar dos pasos cuando la música termina. De inmediato el director de la orquesta anuncia por el micrófono:

–Esta pieza está dedicada al director artístico de nuestro grupo de teatro, Paquito García Cintas, quién está acompañado por una hermosa señorita en la pista de baile. Para ellos, *Abril En Portugal*.

Ella lo mira sorprendida y él le sonríe con picardía mientras comienzan a bailar. Todos los ojos están puestos en ellos, y los amigos de él aplauden con fuerza alentándolo. Es evidente que lo ha planeado de antemano. Hace mucho que no se sentía tan elogiada y al mismo tiempo tan nerviosa. Bailan casi toda la noche juntos.

Cuando es hora de marcharse, después de que ella y Paco se despidieran con intercambio de domicilios, caminando hacia la salida Helena la toma del brazo con un aire conocedor.

–Vamos a caminar con Daniel hasta casa –dice, echándose sobre los hombros un cárdigan de lana. Y dirigiéndose a Elvira–: ¿No te dije que habíamos invitado a gente interesante esta vez? ¡Y vos no me creías!

En respuesta, Elvira ríe, con una carcajada feliz. Lusa la mira sorprendida. Hace mucho, mucho tiempo que su hermana no ríe con ganas. Este muchacho le debe haber hecho muy buena impresión. No se separó de él desde la primera pieza que bailaron, y ahora actúa como si hubiese tomado un litro de vino, a pesar de que solo tomó limonada toda la noche.

–Elvira, parecés en curda –le dice sonriendo–. Y eso que no probaste más que agua.

–Vamos–, le responde ella, tomándola por el brazo–. Ha sido un lindo baile, ¿No? Y la noche está tan tibia. Mirá cuántas estrellas brillan allá arriba.

Helena se prende del otro brazo y las tres, seguidas por Daniel, Nicolás y un amigo con el que vino al baile caminan lentamente por la ahora solitaria Calle Colón hacia la casa.

Una tarde todavía calurosa de otoño, unas semanas después de la fiesta, Inés está sentada en el patio a la sombra de los árboles limpiando una fuente de arvejas frescas para la cena. Elvira cruza por la casa y se acerca, sentándose en una silla cercana.

–¿Cómo anda, *Mamma*?

–Bien, bien. Recién se va Carmela a cocinar la cena, antes que llegue Víctor. Chichí está cada vez más alto, qué lindo muchacho, y qué inteligente es.

–Sí, es cierto, es un chico muy despierto, espero que lo hagan estudiar. Víctor seguramente va a hacer que estudie algo, aunque Carmela se meta y opine en contra.

–¿Por qué va a opinar en contra? Seguramente va a decir que sí.

Elvira contiene un suspiro. Hay cosas que *Mamma* nunca va a reconocer. Ya no vale la pena sacarlas inútilmente a la luz, en ese estéril ejercicio que ella supo intentar en otra época y solo consiguió frustrarla y sentir impulsos de huir de la casa. Quedan un rato en silencio, roto por el suave crujir de las vainas al abrirse bajo los movimientos expertos de las ajadas manos de la madre.

De pronto Inés comenta, como si hubiese estado pensándolo antes:

—Sabés una cosa, Elvira, cuando me dijiste el nombre de ese muchacho con el que bailaste la otra noche, me resultó muy familiar, y ahora creo que sé de dónde.

—¿De dónde puede conocerlo? Esa familia vive en el Barrio Talleres, del otro lado de la ciudad. Me parece que usted se equivoca.

—No. Dejame que te explique. Creo que esa familia García Cintas es la que tuvo esa desgracia, hace unos años, cerca de diez años, si no me equivoco, te acordás, una historia que salió por varios día en *La Voz del Interior*.

Elvira frunce el ceño, como tratando de recordar.

—No, no me acuerdo. ¿Qué fue?

—Hubo un tiroteo en la calle, cerca de la casa, entre vecinos. Salieron muchas fotos en el diario. ¿No dijiste que tiene dos hermanas?

—Sí.

—¿Y que vive con ellas y el padre? Son inmigrantes españoles, ¿No?

—Si —responde Elvira, ahora más intrigada—. Pero no creo que sea él.

—Me parece que sí.

—Pero *Mamma*, ¿Cómo se puede acordar de una historia tan vieja y ligarla con él? Hace tanto tiempo de eso...

Queda en silencio, pensativa. Lo que *Mamma* ha dicho le recuerda a algo, vagamente.

—Ahora que lo dice, yo también me acuerdo de los titulares del diario, la historia salió varios días. ¡Qué memoria tiene usted! –Y agrega, dudosa–: No sé si puede ser la misma familia...

Elvira se interesa porque sabe que *Mamma* tiene un registro preciso de las noticias en su mente y también porque recuerda que la tragedia conmovió a la ciudad.

—Ahora que usted lo dice, me acuerdo de las terribles fotos a media página y los titulares.

—Sí, Elvira. La hermanita menor estaba cerca de la madre, me dio tanta pena, esas fotos, fue tan triste–. Inés se persigna con respeto–. Cuando hay una tragedia como ésa a todos nos da pena, y uno ruega que jamás le pase una cosa así...

Hace una pausa. Elvira la mira en silencio, pensativa.

–Y si es el mismo muchacho, a él también lo hirieron... Claro que no sabemos si es él –se apresura a decir, afligida–. En una de ésas yo estoy equivocada. Hace tanto tiempo que pasó. Y aunque fuera así, aunque fuera él, no importa, demasiado habrá sufrido.

–Por supuesto que no importa si es que son ellos–, responde Elvira, todavía impresionada– es una cosa que pasó hace tantos años, *Mamma*.

Inés siente el impulso de disculparse ante la hija por haber hecho una conexión de la que no está totalmente segura.

–Es que cuando me dijiste el nombre me empezó a dar vueltas en la cabeza y después me acordé de esa historia–. Se encoge de hombros, como desechando el tema–. No importa, hija, no pensés más, fue un comentario. Ojalá me equivoque.

Elvira se inclina hacia la madre y le aprieta una de las manos que no han parado de limpiar las arvejas mientras conversaba. Inés detiene el movimiento automático y le toma la mano entre las de ella, apretándosela con ternura, en una de las escasas muestras de afecto físico que ha recibido en los últimos años de su madre. Inés tiene las manos tibias y asombrosamente suaves a pesar del trabajo doméstico.

Algo muy parecido a la emoción las invade mientras se miran a los ojos en un instante fugaz de mudo entendimiento.

Álbum Familiar

Filomena Demarco y Carmelo Yanicelli – Rosario, sin fecha

Bodas de Oro Demarco-Yanicelli – Rosario, 1930s
(Gentileza Familia Scalona)

Inés Yanicelli y Carmelo Aversa – 1950s

Parque Sarmiento, Córdoba (fragmento de una foto muy deteriorada)
María, empleada de la familia, con Elvira, (atrás) - 1917-18

María Elvira, 1929

Lucía, 1946

Boda Carmela Aversa-Victorino Vargas, 1928
(Gentileza Familia Vargas)

Lucía. Primera Comunión
Sin Fecha

Oscar Víctor Vargas, 1931
(Gentileza Familia Vargas)

Cabalgando en las Sierras Grandes, Córdoba, 1930s.
Elvira (a la derecha) con dos compañeras de la estancia del Yuspe

Elvira y Paco en Rio Tercero, Córdoba, 1942

Exceptuando los casos indicados, el resto de las fotografías fueron tomadas del álbum de la familia García Aversa.

LOS ESPAÑOLES

En Carthago Nova

Cartagena, España, 1898

El sol cae tras los edificios de enfrente y una hebra de luz dorada se filtra por las livianas cortinas de la ventana de la planta alta. El hilo pasa con un toque suave, como una caricia sobre el bello rostro una joven, inmortalizado en un amplio lienzo oval a carbonilla, enmarcado de oscuro, que cuelga de la pared. Tiene la mirada distante, pensativa, una nariz greco-romana, el espeso cabello oscuro recogido atrás y un recatado escote que deja ver solo un atisbo de su esbelto cuello.

Luis levanta los ojos de la página del libro de espadachines aventureros que está leyendo y repara en el rayo de sol que ahora ilumina los ojos de Ginesa María, su madre, eternamente fijos en ese gesto. Un gesto anónimo, para la cámara de fotos. No el gesto que Luis recuerda, tierno, al inclinarse sobre él para darle un beso o para acariciarle el pelo con esas manos de ángel. De pronto nota el nudo en la garganta y respira hondo.

La atenta y cantarina voz de su madrastra Consuelo llega desde la cocina, junto al ruido de cacerolas y agua que corre.

–Luis, hijo, ¿comerás algo antes de salir? Te puedo hacer un bocado, la paella no va a estar lista hasta más tarde–. Luis cierra el libro, todavía estudiando el rayo de sol que pronto va desaparecer a la izquierda de la frente de su madre.

–Gracias, madre, no tengo hambre–, responde, pensando en cómo hubiese sido la vida si en vez de Consuelo, su verdadera madre estuviese llamándolo ahora desde la cocina. Puede casi verla con un delantal, vestida de diario, tal como la recuerda, y no con esa elegante blusa con pasamanería que llevaba cuando le hicieron el cuadro. Pero no puede imaginarla sino de veintidós años, como está en la foto, como era un par de meses antes de su injusta muerte. Poco tiempo antes de que ese Dios inescrutable, desde quién sabe dónde, se la llevara porque sí, sin razón alguna y los dejara a los tres, huérfanos de su amor y su ternura.

Cada vez que se encuentra mirándola como ahora lo invaden los recuerdos dulces de los tiempos felices, cuando estaban los cuatro juntos, diez años atrás. Con la casa llena de sol y risas, antes de la muerte de ella, y antes de la tragedia que se llevó poco después a su hermano menor. Entonces la nostalgia por los tibios brazos y el timbre de su voz, casi olvidado ya, se le hace insoportable. Y luego la culpa. Porque si bien añora a la bella mujer del cuadro sabe también que su padre ha sufrido mucho y merece la felicidad que tiene hoy. Si tan solo él hubiese sido mayor. Seguramente algo habría hecho para que ella no cerrara los ojos para siempre. Algo, cualquier cosa. Pero con solo cinco años ni siquiera comprendió la ausencia irreversible. Hasta mucho después.

Un par de aldabonazos en la puerta de calle lo vuelven al presente. Ve a Paco, su medio hermano, pasar como flecha hacia la escalera. Cuando el niño abre la puerta de calle, se escuchan las voces de Antonio y Mariano, que llegan a buscarlo, y los pasos de los tres subiendo a los saltos. Con otro suspiro profundo cierra Los Tres Mosqueteros y echa una última mirada a la imagen del cuadro, ahora en sombras.

–Hale, venid todos a comer un bocado, para que no os vayáis con el estómago vacío–, anuncia el timbre maternal que reemplaza a la olvidada voz de su madre–: Chavales, ¡que guapos estáis! ¡Las niñas se derretirán por vosotros en la plaza! Ven, Luis, deja ese libro, ven que tus amigos te esperan –y agrega, más bajo, dirigiéndose al padre–: Francisco, ¿Quieres algo de comer tú también? Falta rato para la cena.

Luis entra en la cocina, a donde ya están sus compañeros, adolescentes torpes y endomingados, listos para ir a la plaza, a caminar, mirar a las muchachas y tomar algún refresco al paso. Están sirviéndose con gusto unos bocados, y Francisco lo mira con ternura, jugando al pasar con las trenzas de Ginesa, la hermanita menor que abraza a su muñeca de porcelana y ríe ante la breve caricia del padre.

Primavera de 1900

Van caminando calle abajo hacia la plaza de toros y Luis se toca la mano vendada, que le molesta un poco. Francisco nota el gesto de su hijo, u pesar de ir hablando con sus amigos le pregunta con interés:

–¿Todavía te duele?

Luis se sobresalta. No quiere demostrar debilidad.

–No, padre, ya no me duele como antes.

Fue una tontera de aprendiz bisoño el descuidarse con el formón en el taller, lo que le costó un par de días de trabajo lento.

Peor aún, lo que realmente le preocupa es que la herida le ha atrasado su práctica musical. Hace algunos años comenzó a tocar la bandurria con unos pocos amigos, por divertirse un rato pero ahora le ha tomado la mano y todos le dicen lo bien que se maneja, ya que empezó tocando de oído. Su padre aprueba, y Luis toma lecciones con un músico local y practica con un grupo pequeño, una banda compuesta de principiantes que toca en las ferias y el día de los santos de los pueblos aledaños. El amor al sonido que sus dedos hacen brotar de las cuerdas compite con su vieja afección a los libros de aventuras, volúmenes que compra por monedas y de los que siempre uno lo acompaña a todos lados. Lo lleva en la bolsa que carga al hombro, cerca de las herramientas y de la merienda que Consuelo le envuelve en una servilleta todas las mañanas.

Ahora Francisco se separa de los otros y lo toma por el hombro mientras bajan la corta pendiente desde la casa de Montanaro 57, a donde viven, en la ladera noreste del Cerro Concepción, hacia la plaza de toros situada a pocas cuadras de allí, cerca de la muralla. Es apenas después de mediodía y ya se escuchan los gritos de la multitud ansiosa por que comiencen las corridas. Los hermanos García Muñoz tienen sus lugares reservados, de modo que no se apresuran. La tarde de toros será larga y hay tiempo. Paquito viene jugando y saltando atrás de los mayores con un primito de su edad, hijo de uno de los hermanos de Francisco. Los tíos de Luis viven en casas linderas, ya que el abuelo Pedro García dividió años atrás su casona en cuatro amplios apartamentos, para que cada hijo tuviese su espacio independiente.

—No veo la hora de quitarme el vendaje, parece peor de lo que es.

—Todo a su tiempo, Luisillo. Yo también pasé de las mías cuando comencé en el taller de don Álvarez. Pero al menos no tendrás que estar en la construcción. Serás un artesano. Un ebanista se cotiza bien y el oficio te va a dar un buen pasar, vas a ver. En cambio la carrera de músico es dura, muchos son itinerantes y no pueden formar una familia y mantenerla como Dios manda. Quiero lo mejor para ti y tus hermanos.

—Ya lo sé, padre. Por fortuna don Jacinto está tomando trabajos grandes —dice, esquivando el tema de la música y el misérrimo futuro que su padre imagina para él si es que deja la ebanistería. Tratando de poner entusiasmo en la voz agrega—: Ahora estamos restaurando unos muebles de la biblioteca del ayuntamiento. El otro día me llevó para que colabore con algunas cosas menores y el edificio es hermoso... ¿Ha estado ahí, padre?

—No, solo en el salón central por trámites. Nunca en el interior.

—Don Jacinto está restaurando varias sillas antiguas y un par de estantes en las paredes... muy trabajados, hay que ser muy cuidadoso. Me va a dar un libro de muebles de estilo para que los estudie.

—Muy bien, Luisillo, tú serás un buen artesano. Estoy orgulloso de ti, pero tienes que ser constante. Nada mejor que la satisfacción de haber hecho una buena labor al fin del día. Para eso hay que trabajar duro, pero vale la pena. Algún día serás independiente, y es hora de que comiences a armar tu caja de herramientas. Consuelo y yo queremos comprarte tu primer juego de formones y gubias de buena calidad.

—Gracias, padre–, dice Luis, sorprendido por el valioso regalo.

—Te lo mereces, hijo. Y para que guardes tus nuevas herramientas, te estoy haciendo una caja especial en el taller. Ya te la traeré–, concluye, dándole un cariñoso apretón en el brazo.

—Me honra con ello, y voy a darles buen uso, téngalo usted por seguro –y la voz le sale un poco estrangulada por la emoción.

—Lo sé, Luisillo, lo sé.

Los hermanos García Muñoz ya están entrando cuando ellos llegan a la plaza de toros y Francisco vuelve su atención y se une a un par de hombres del barrio, quienes llegan caminando detrás de ellos. Intercambian unas palabras ininteligibles, pero Luis sabe de qué se trata. Se siente orgulloso de poder acompañarlos y ser testigo de sus conversaciones más secretas, de que confíen delante de él sus ideas políticas, aunque no tenga más que dieciséis años. Conoce pensamientos de estos hombres que nunca repetirá a nadie. Es una herencia antimonárquica que lo honra y que lo liga a sus antepasados cartageneros por quién sabe cuántas generaciones.

Llegan a la entrada de la plaza y se ubican en sus asientos. Luis, quien busca a sus amigos entre el gentío, y se siente exaltado por la gritería y el entusiasmos del público a su alrededor. Nada como la plaza en una tarde de toros, como dice su padre. Nada se compara con este sentimiento, con la vibración que llega de la tribuna mientras la banda toca marchas y trozos de zarzuelas. Es una parte de la herencia de España que él lleva en sus venas.

La otra es la que les dejó el abuelo Pedro, quien llevó con honra el estandarte de los republicanos, una afiliación considerada traicionera y peligrosa en una monarquía, pero que supo defender aún a costa de un alto precio personal y financiero. Es que esta ciudad, con una historia que se remonta a tiempos pre-romanos ha sido por cientos, tal vez miles de años un foco de comercio y de ideas en el *Mare Nostrum,* el Mar Mediterráneo, que baña las costas de su ciudad. Particularmente ideas independientes, liberales, democráticas, y el abuelo fue un digno representante de ellas entre los ciudadanos de *Carthago Nova,* como los romanos la bautizaron.

La ebullición y la vitalidad del puerto, la importancia estratégica que tuvo durante siglos para fenicios, romanos y moros, y el papel que jugó en el poderío naval de España definieron a sus hijos en forma decisiva. ¿Acaso no habían sido sus bisabuelos cartageneros los primeros en desafiar el poder Napoleónico en España a principios de siglo? A partir del movimiento liberador de Cartagena, España comenzó a sacudirse el yugo francés de sus espaldas. Y luego, cuando después de destronar a la Reina Isabel II, la Primera República rompe sus promesas de independencia regional y se convierte en un poder unitario central, ¿Quién sino Cartagena da el grito liberador y sola lleva a cabo la Revolución Cantonal? Luis se llena de orgullo al solo pensarlo. Una revolución que floreció durante dieciocho meses gloriosos, como dice su padre. En ese corto lapso, los cartageneros izaron su propia bandera y hasta acuñaron su moneda. Un logro titánico que costó sangre y lágrimas cuando el gobierno central ordenó bombardeos que dejaron el centro de Cartagena semidestruído. Y que también arruinó al abuelo Pedro, y se llevó el bienestar financiero de su familia, un asunto que mantiene a Francisco y sus hermanos en constante antagonismo político. Ellos no se enorgullecen de él, como su padre, a quien le pesa menos lo económico que su dignidad. Entonces surgen discusiones que las mujeres tratan de suavizar, sin éxito, cuando los ánimos inevitablemente se caldean, pues son todos obstinados, como buenos meridionales.

La gritería arrecia ahora en la plaza y ya los amigos de Luis se aproximan a la grada baja a donde están sentados los hermanos García Muñoz con su prole de varones. La música de la banda anuncia que la primera corrida va a comenzar. Se abren las puertas de la arena y sale el desfile colorido y magnífico de banderilleros y jóvenes osados que van a jugarse la vida ante los toros en esta tarde de sol.

De la estirpe cartagenera

Otoño de 1902

Han terminado la cena y los niños están sentados en silencio. Nadie ha abierto la boca durante el transcurso de la comida que Consuelo ha servido conteniendo la cólera, sin decir palabra, los ojos bajos para no mirar a Francisco, sentado con inusual gesto culpable. Luis lo observa de costado y puede leer en el rostro de su padre el arrepentimiento por haber puesto a la familia en una situación como la de hoy, pero siente un irrefrenable orgullo por tener un padre tan valiente. No podría ser de otra forma. Es una herencia familiar que Francisco no va a deshonrar callando cuando debe decir lo que piensa.

Nadie se mueve de la mesa hasta que los padres así lo indiquen, de modo que todos esperan tensos en el silencio que presagia la tormenta.

–¿Qué clase de hombre hace una cosa así? –explota finalmente Consuelo, en voz baja y cargada de rencor. Tiene las mejillas brillantes de lágrimas.

–No aquí, mujer, no aquí, ¡no delante de los niños!

Paco y Ginesa se mueven nerviosos en sus sillas. Consuelo sigue, con el mismo tono de voz que por ser tan inusual en ella los llena a todos de miedo.

–¡Sí! Aquí y ahora. Así como digo. El que tú nunca me escuches regañar no quiere decir que no sé lo que estás pensando, y lo que murmuras con tus amigotes. Esos gandules te llevan la corriente con tus ideas anárquicas y aquí tienes los resultados – Toma aire para serenarse pero continúa de inmediato–. Y da gracias a Dios que tienes un ángel de la guarda que te salvó de ésta, porque ibas camino al deshonroso destino de tu padre.

–¡Qué dices, ideas anárquicas! ¡Tú sabes bien que no soy un anarquista, Consuelo! Soy republicano, y a mucha honra. Quiero que los hombres elijan su gobierno y no adoren a un rey. Y mi padre, para que sepas, me llena de orgullo, mujer, ni te atrevas a decir nada de él–. Ahora Francisco ha levantado la voz y si bien no tiene el nivel de agitación de la voz de ella, sus palabras son firmes –Si hubiese más españoles con la valentía de mi padre te aseguro que

España no estaría humillada, como lo está hoy. Hemos perdido todo, vamos barranca abajo y este príncipe, niño bien que las sanguijuelas de las Cortes de Madrid nos han impuesto, va a arruinarnos aún más. Ya verás.

—No hables así. No grites delante de los niños. Y no digas esos disparates, porque te van a llevar preso de una vez por todas y eso sí que será la ruina. ¿Cómo puede ser que tus ideas te cieguen como para olvidarte de tu familia? ¿A quién se le da por gritarle al rey, frente a todo el mundo? ¿Es que estás loco? ¿Nos quieres mandar a todos al exilio? Y da gracias a Dios que su majestad el joven Alfonso es como es, porque si no, hoy estarías en el presidio.

Francisco no responde. Sabe que ella tiene razón, pero al mismo tiempo no pudo sino ceder al impuso que lo llevó a planear lo que hizo, cuidadosamente, con sus amigos. Claro que los otros se volvieron atrás a último momento, ya que el único que gritó "¡Viva la República!" fue él. Por eso lo prendieron los de la guardia, hasta que el rey ordenó parar la comitiva en medio de la avenida.

A Francisco le dio igual. Una vez que vio a ese jovenzuelo bisoño en su carroza, con el despliegue de penachos, sombreros con pluma y uniformes coloridos, todo lo que simboliza una España que se derrumba porque no puede aceptar que el mundo cambió y que los Borbones son cosa del pasado, bueno, no pudo contenerse. Es un encono que lleva adentro desde el desastre del '98, cuando España perdió las colonias de Cuba, Puerto Rico, parte de las Marianas y las Filipinas. Fue una humillación total a manos de un país novato, con un nombre demasiado ambicioso como los Estados Unidos de Norte América. Un país al que hace cien años nadie podía identificar en el mapa. Un país al que la corona española ayudó con dinero y armas a independizarse pero que no vaciló en mal pagar el favor. La grandeza de España está hecha añicos. Y a él todavía le duele casi físicamente, como le dolería a su padre si viviera.

El silencio en la mesa es opresivo. Consuelo juega con la servilleta y es el único movimiento que se percibe, junto con los ruidos familiares que entran por la ventana del comedor, abierta a la calle Montanaro, voces y risas de vecinos que van y vienen a la hora de vísperas. Luis nota de reojo que las lágrimas corren abundantes ahora por las mejillas de ella y se le anuda la garganta. Consuelo no es mujer de llantos frecuentes. Está mortalmente herida por lo que ha hecho Francisco, quien ahora habla conciliador:

—Perdóname, Consuelo. Yo sé que te duele, pero tú sabes con quién te casaste. Me honra seguir las ideas de mi padre.

–Tus hermanos están furiosos. Ellos no creen que fue algo bueno que a tu padre lo prendieran conspirando y lo mandaran por un año a las Marianas. La familia perdió todo, el negocio de pieles, el respeto de mucha gente, y se vinieron abajo. Tus hermanos tienen muy malos recuerdos de ese año en que sufrieron la ausencia de tu padre, lo que tu madre lloró y tuvo que arreglarse con migajas. Y para peor, cuando regresó, había cambiado, dicen que no fue nunca más el de antes.

Francisco levanta la cabeza, en un gesto contradictorio, pero responde con voz calma.

–Por lo menos salvó la casa. Si no hubiera sido por él mis hermanos tampoco tendrían techo hoy. Deberían estar agradecidos, esos ingratos, en vez de hablar por atrás de un hombre que les dio todo. Se mató trabajando hasta viejo, para salvar la casa. ¿Quién les dio el techo que tienen? Ahora le mal pagan hablando en su contra. Dejémoslo que descanse en paz. Se lo merece. Y también se mereció mejores hijos que los que tuvo.

Consuelo parece meditar unos segundos antes de responder.

–Tú tienes que dar gracias a una sola persona, y ésa es el Rey Alfonso XIII –lo amonesta como a un niño–. Que no te quepa duda. Si no fuera porque su majestad es un buen hombre y ha sido bien criado para que a sus cortos años pueda decir, ¿cómo es que dijo?, "Déjenlo ir, el hombre tiene derecho a decir lo que piensa". Ese chaval de dieciséis años va a ser un buen monarca, aunque tú y tus malcontentos amigos no lo podáis aceptar.

En el fondo Francisco está agradecido por la real benevolencia para con él, porque la alternativa era la cárcel y los guardias hubiesen estado más que felices de despacharlo a un calabozo y encausarlo por traición. Por suerte el inexperto Alfonso está empeñado en hacerse querer en su primera gira por todos los estados de la corona, y fue magnánimo. Francisco se arriesgó en público, pero la desesperación de ver al país sumido en la ruina lo amarga hasta la médula de los huesos. Su grito fue un grito de impotencia, de dolor, un intento fútil ante lo inevitable.

Luis, sentado en frente, lee en la voz y en el rostro de su padre como si fuese un libro abierto. Y aunque se identifica por completo, nunca hubiese tenido sus agallas, su entereza. Un orgullo inmenso le llena el pecho. Él es solo un muchacho sencillo y soñador, pero también es heredero de una tradición de librepensadores, que supicron no bajar la cabeza ante nadie, ni ante las bombas ni ante el rey. Heroicos como lo es su padre, sentado aquí frente a él.

Finalmente Francisco recupera su aplomo a pesar de la culpa que ahora siente:

—Estamos de acuerdo entonces, mujer, en que esta historia se ha terminado aquí.

Ella lo mira con una mezcla de pena y enojo, pero hay un aire en su mirada y su gesto que tranquiliza a los niños. Paquito suspira aliviado y Ginesa sonríe, porque conocen a su madre y saben que siempre perdona.

—Si tú prometes que nunca más en tu vida, me oyes, nunca más, vas a hacer una locura como la de hoy por la mañana y hacernos pasar un maldito día de miedo y llanto como el de hoy. ¿Me oyes bien? —Hay un silencio terco y ella insiste—: Respóndeme Francisco.

—Te oigo, te oigo. Vosotros sois lo mejor que tengo en el mundo—. Y después de una pausa agrega, con voz cortada por la emoción—: Pues que sí, que te oigo bien, mujer, te oigo, qué embromar.

Esa noche Luis lleva su libro a la cama para enfrascarse en las aventuras de espadachines franceses que tanto disfruta, pero encuentra a sus hermanitos despiertos, esperándolo.

—¿Os desvelasteis por la discusión en la mesa? —pregunta mientras se echa en la cama, dispuesto a leer.

Paco y Ginesa ocupan las dos literas ubicadas una al lado de la otra para ahorrar espacio, en tanto que el lecho de Luis está separado de ellas por una mesita de luz que soporta la única lámpara del dormitorio.

—Luisillo, cuéntanos alguna historia —suplica Ginesa con voz plañidera, pues sabe que con ese tono el hermano mayor va a concederle lo que ella quiera—. Cuéntanos de la abuelita viejecita otra vez. Cuéntanos cómo vosotros jugabais con la Nana y la hacíais llorar, pobrecilla.

Luis suspira, deja el libro de lado y se vuelve hacia sus hermanos, con cara de resignación. Paco le sonríe y Ginesa se acomoda para escuchar. Después de pensar un rato, para crear cierto suspenso, comienza la narración que sus hermanitos han escuchado decenas de veces sin cansarse.

—Pues resulta que cuando mi hermano Francisquito y mi madre, que en paz descansen, estaban todavía con nosotros, vivía en la casa una abuelita muy, muy viejecita. Era tan vieja que Padre decía que habían perdido la cuenta de cuántos años llevaba viva, pero que había pasado los cien hacía rato.

–Tenía ciento diez cuando murió, ¿No es verdad, Luis? – interrumpe Ginesa, conocedora de los detalles.

–Sí, padre le calculaba ciento diez más o menos, lo que quiere decir que nació en el mil setecientos y tantos, en la época de los grandes bucaneros del Caribe, y de los valientes espadachines franceses... imaginaos... –Luis se pierde unos segundos evocando la época romántica de sus héroes novelescos, pero al notar los ojos impacientes de los hermanos continúa–: Como os decía, la llamábamos la Nana. Ya no tenía dientes la pobrecilla y era tan menuda que cuando se quedó dormida para siempre en la silla del comedor, yo ya era casi más alto que ella. Parecía una niñita vieja, los ojos le lloraban con facilidad, y mucho más cuando se disgustaba porque a la hora de la comida le escondíamos la papilla de almendras, lo único que podía tragar sin ahogarse. Padre se enojaba con nosotros, y ella lloriqueaba como una niñita caprichosa, hasta que le regresábamos el plato.

–Qué malos erais, tratarla así, pobre Nanita.

–No éramos malos, Ginesa, éramos pequeños, no nos dábamos cuenta de que ella sufría como un niño de pecho. Era como una hermanita, porque le gustaba jugar con nosotros. La ayudábamos a vestirse, la sacábamos a caminar un poco, tal como una hermanita menor. Pero debíamos tener cuidado de que no se quebrara, siempre nos lo decían los mayores.

–Luis, ¿la Nana era abuela de papá? –pregunta Paco, haciendo cálculos mentales–, porque era tan viejecita que ya estaba quebradiza la pobre.

–Sí, era la mamá del abuelo Pedro García. Ella era la señora de la casa cuando este edificio era uno, junto con las casas vecinas, a donde ahora viven los tíos y primos.

–Porque el abuelo Pedro tuvo cuatro hijos, y dividió la casa para que cada uno tuviera la propia –agrega Paco, completando la historia repetida en conversaciones familiares.

–Debe haber sido una casa inmensa, imaginaos–, suspira Ginesa–. ¡Qué trabajo para limpiarla y ponerla en orden! Madre se hubiese quejado todo el día si hubiese sido la Nana.

–En aquellos años, según dice Padre, la familia tenía haciendas, el abuelo Pedro heredó el negocio de las pieles. Importaban pieles de las colonias y las vendían en el mercado al por mayor. Tenían criados, coches, ama y tutores para los niños...

–¿Qué es un tutor, Luis? –inquiere Ginesa.

–Pues algo así como un maestro que vive en la casa, cuando la casa es grande. Los señores nobles y los ricos tienen tutores para sus chavales.

–No puedo imaginarme tanto lujo, Luis –comenta Paco, suspirando– qué bien nos vendría a nosotros un poco de todo eso.

–Sí. Y pensar que lo perdieron todo. El abuelo Pedro era antimonárquico, tú lo escuchaste en la mesa –dice Luis con pena– Madre lo recordó enojada a padre porque los tíos y tías García Muñoz viven reprochando que el abuelo perdió la fortuna por cabeza dura y republicano.

–Es que los tíos son monárquicos –explica Paco.

–Sí, y es que ellos son todos monárquicos porque no tienen dos dedos de frente, claro, porque si no, serían republicanos.

–¡Madre también es monárquica! –exclama Ginesa, y luego se tapa la boca, para agregar en voz más baja–: A ella le place mucho tener al rey, dice que es un buen monarca. Yo la he escuchado rezongar contra lo que dice ese periódico republicano que tú traes de Pozo Estrecho y que también lee Padre–, y agrega, riñéndolo–: ¡Y madre tiene más de dos dedos de frente, Luisillo, aunque es monárquica, y que ni te oiga, porque arde Troya!

Luis ríe de buena gana frente al gesto adusto de la hermanita.

–Y tú no le cuentes... así no se enoja. Bueno, es hora de dormir, churumbeles, ahora apago la lámpara y hasta mañana.

–Hasta mañana, Luis –repiten a coro los hermanos.

La habitación queda a oscuras Luis fija la vista en la luz de la calle, reflejada en el cielorraso. La casa está en silencio y se perciben con claridad los sonidos que entran por la ventana semi abierta, en la que la liviana cortina de gasa es movida por una brisa fresca que viene del mar y trae aires de lejanas tierras. Tierras que sueña conocer algún día, y que ya imagina a través de sus amados libros de aventuras.

Verano de 1904

Durante el último mes Luis ha practicado la bandurria en cada rato libre que ha escamoteado a su trabajo. Ha abandonado los libros de aventuras, para concentrarse en la música que le llena el espíritu de colores y formas. Francisco, sorprendido por la facilidad con que su hijo maneja ya el tradicional instrumento, lo apoya y le justifica las llegadas tardes cuando los ensayos son largos y él viene después que todos han cenado. Consuelo lo ve absorto en la música y le insiste que coma más, porque se va a poner débil. No se queja cuando él se encierra en su cuarto a practicar, pero no pierde oportunidad de sermonearlo con respecto a la indecente y pecaminosa vida que llevan los actores, y en particular las actrices que Luis tanto admira. Él sonríe, ya que es cierto que las muchachas del teatro tienen un espíritu independiente y a veces audaz, pero por eso son más interesantes y le es más fácil establecer una amistad natural con ellas que con las mojigatas que están a la pesca de marido.

En enero pasado, durante la fiesta de San Fulgencio, patrón del pueblo vecino de Pozo Estrecho, ha conocido a un grupo de músicos. Éstos lo presentaron a miembros de la banda que toca en el teatro local. El grupo lleva el largo nombre de Sociedad Artístico Musical Santa Cecilia, y lo formaron hace unos diez años. Tiene un nivel que le permite acompañar las obras que se presentan en el famoso Teatro de la Sociedad Filantrópico Recreativa, edificado en una esquina donada por la municipalidad de Cartagena al grupo de teatro de Pozo Estrecho.

Luis está fascinado con la actividad cultural del pueblo y el entusiasmo de los miembros del grupo teatral que presenta obras famosas. Hay una ebullición particular en la gente de teatro que lo tiene hechizado. Aprende de memoria los libretos, y escamotea momentos libres para atender los ensayos entre bambalinas. Lo atrae la vida bohemia de los actores, siempre viajando de un lado a otro, viviendo romances y conociendo tierras lejanas.

Pero Consuelo puede estar tranquila, él nunca va a descuidar su profesión real, que es la de ebanista y en la que también sobresale, pero a fuerza de persistencia y voluntad. En cada pieza de mobiliario antiguo que restaura con cariño para sus clientes se siente parte de la obra ejecutada por el artesano creador, ya que él es ahora responsable de darle una nueva vida. Para Luis es un compromiso y al mismo tiempo un orgullo poder hacerlo bien, pero el teatro y la música son otra cosa. Algo a lo que se dedicaría por entero si no tuviera que ayudar en casa porque su padre ya no tiene la misma energía de antes para trabajar en la carpintería de construcción. Hay varias bocas para alimentar y dos hermanos menores para mandar a la escuela.

En el teatro ha conocido a un muchacho un poco más joven que él, vecino de Pozo Estrecho, quien abandonó sus estudios para dedicarse al teatro y actúa muy bien. Luis ha seguido sus ensayos entre bambalinas y está de acuerdo con todos los demás en que Narciso Ibáñez Contada es un actor nato.

–Hombre, me has emocionado hasta las lágrimas –le dice Luis cuando termina el ensayo, palmeándole el hombro, mientras salen a tomar unos tragos con los músicos de la banda de Santa Cecilia.

En el bodegón a donde cenan, Narciso les confiesa que está decidido a seguir el teatro en forma seria, y que va a armar una compañía por su cuenta. Está cansado de trabajar para otros y seguir sus caprichos. Él sabe lo que quiere y va a probarles que es capaz de mucho más que ser un actorcillo de la legua. Todos festejan y lo alientan. También se anotan por si llegan a ser necesarios para cualquier trabajo, cada uno en lo que sabe.

La energía y la capacidad creadora del grupo se pueden palpar y son contagiosas. Luis vuelve a casa tardísimo, la cabeza llena de planes y sueños que no sabe si algún día podrá cumplir, tratando de no hacer ruido, como siempre. Al día siguiente estará en pie a las siete, listo para ir al taller a ganarse su jornal y ayudar a la familia.

Pozo Estrecho es atractivo porque es una comunidad pequeña y progresista del Campo de Cartagena. En tanto que su ciudad natal, si bien es vibrante, llena de una fuerza y energía que en gran medida se la ha dado el arsenal, tiene sus desventajas. Desde el siglo XVI sido una de las bases de la Escuadra de Galeras de España, y es la capital del Departamento Marítimo del Mediterráneo, pero como en casi todo el país, allí la afluencia de las clases nobles y altas contrasta vivamente con la pobreza en la que viven las clases obreras y artesanales. Luis y su padre sienten que reman con fuerza desgastadora para permanecer siempre en el mismo lugar, sin posibilidades de progreso económico.

Ese contraste entre la clase alta y el pueblo es evidente en la vía pública, donde se desarrolla la vida cívica de los cartageneros. Hacia el oeste, desde el Barrio del Carmen hasta los muelles los vecinos ejercen sus oficios en las calles, bulliciosas y congestionadas. Los artesanos trabajan sus manualidades en las veredas, los barberos cortan el pelo y rasuran a sus clientes y los comerciantes exhiben sus mercancías. La higiene deja mucho que desear, particularmente en la zona donde los carreros y vendedores ambulantes estacionan sus vehículos.

En cambio en la zona de la calle de Gisbert, que desemboca en la Plaza de Toros, pasando por las calles del Alto, Marango,

Montanaro y hasta la calle Del Ángel, se pueden encontrar casi todos los oficios y pequeños negocios con productos alimenticios, en un auténtico muestrario de la ciudad. El barrio, edificado a partir de la calle del Duque que cruza de sudoeste a noreste, con sus callejuelas estrechas que la cortan y van en declive hacia la Muralla del Mar es un buen representante de la actividad social de sus habitantes.

Las aceras son prolijas y limpias, y abundan los cafés y las cervecerías a donde se reúnen los vecinos a comentar las novedades del día. Francisco, en un ritual diario al volver de su trabajo, pasa por el café que está en una esquina de la calle Mayor, también frecuentado por sus hermanos. Después de un rato de charla con los amigos y de tomarse un chato de vino tinto, regresa con ellos a la calle Montanaro, para la cena. El barrio tiene personalidad, y por su cercanía a la costa debe haber sido cuna de muchas generaciones de las tantas que se refugiaron en este puerto natural desde los albores de la marinería.

Las antiguas familias que no han prosperado económicamente luchan por sostenerse en una economía que no permite un movimiento fluido entre las clases sociales. Francisco y sus hermanos se mantienen adecuadamente, pero Luis se siente limitado y las inquietudes de progreso que nota entre sus amigos de Pozo Estrecho le han llenado la cabeza de imprecisos sueños para el futuro. El canto de sirenas de la emigración es muy fuerte en una ciudad naviera como Cartagena. Cientos de buques llevando gente que procede de todos los países de Europa surcan las aguas frente a la costa de Murcia. Playas lejanas con nombres evocadores como Buenos Aires o Montevideo, de donde se dice que un buen artesano es valorado y el trabajo abunda ejercen un gran atractivo para los jóvenes de su edad.

Consuelo y Francisco escuchan con aprensión los entusiasmados comentarios que los amigos de Luis hacen de comenzar una nueva vida en otras tierras. La familia ha vivido en este trozo de la bella costa mediterránea por quién sabe cuántas generaciones; tantas que ya nadie lleva la cuenta y los padres esperan que los hijos echen aquí también sus raíces, como corresponde a un buen español.

La Feria de 1906

Ginesa sube las escaleras corriendo y casi sin aliento se detiene frente a la puerta de la cocina. Consuelo está secando y guardando los cacharros del almuerzo y la mira interrogante.

—¡Madre! ¡Se me hizo tarde! Aún tengo que planchar la falda y las cintas para la feria —recita ella de un tirón, corriendo hacia el cuarto contiguo donde, junto a la moderna máquina de coser, hay una caja abierta con pasamanerías y cintas de varios tamaños y colores.

—Tienes tiempo, niña, no corras así. Ya he puesto la plancha, los carbones están listos. No te quemes los dedos. La falda está sobre la silla.

—¿Qué va a vestir usted, madre? —dice con curiosidad de adolescente.

—Lo de siempre, claro. Una de las dos faldas nuevas, iré turnándolas, y tengo los tres nuevos delantales que bordé. Ya sabes, no tengo nada especial.

—Los delantales son bellos —dice Ginesa—, y van bien con la pañoleta nueva que se ha tejido, se va a lucir esta tarde.

Consuelo ríe, y se prepara a repasar las faldas con la plancha.

—Me dice tu padre que esta noche los fuegos artificiales van a ser grandiosos, aún mejores que los de ayer. Después de la batalla de las flores vamos a ver el cinematógrafo. Aunque a él no le gustan mucho esas musarañas. Las figuras se mueven muy rápido y lo marean un poco.

—Pues sí, y cada dos por tres se corta la cinta, y todos chiflan—. Lanza una cristalina carcajada y luego continúa, seria—: La representación del teatro ayer estuvo hermosa, madre, lástima que vosotros os marchasteis temprano. Y Luisillo se sobresalió tocando su bandurria. Ese grupo de Pozo Estrecho es bastante bueno, ejecutaron trozos de zarzuelas y también de óperas.

—Así me lo dijo Paquito, que fue con unos amigos. Él está orgulloso de su hermano mayor.

—No es para menos, Luis es el mejor hermano del mundo, Madre. Cuando no está con alguna muchacha, claro, porque entonces ni me conoce en la calle si voy con mis amigas.

—Es que Luis es un hombre ya, y tú eres todavía una niña.

—¡Madre! Que no la oigan diciendo eso.

Consuelo se lleva la falda planchada en brazos, riendo de las ocurrencias de su hija y se apresura al dormitorio a vestirse. Francisco llegará pronto a buscarla para bajar a la feria.

Entre el 25 de julio y el 8 de agosto Cartagena celebra su Feria Anual en el Paseo de Alfonso XII. Es una romería que congrega a todos los cartageneros y también a muchos vecinos de pueblos aledaños. Las fondas se ocupan completamente con visitantes y las casas de familia dan albergue a parientes y amigos que llegan de afuera. La explanada del muelle se llena de puestos de feria que venden dulces y confituras, banderines y recuerdos. Por su parte los artistas vocacionales de la zona realizan actuaciones callejeras en algunos puntos del paseo a donde se levantan los lujosos pabellones oficiales del Ayuntamiento, del Círculo Militar, del Casino y de la Unión Mercantil, entre otros. También se arman quioscos y tarimas para los músicos, en las que se turnan los grupos locales y de los pueblos aledaños.

La magnífica Velada Marítima marca siempre la culminación de las festividades. En ella desfilan carrozas que desde hace cinco años son iluminadas con electricidad, las que cierran el llamativo espectáculo de luces, colores y sonidos con que Cartagena, considerada todavía la novena ciudad de España por su importancia naval y estratégica, celebra su auge.

Esta tarde del sábado 4 de agosto Ginesa se reúne en la puerta de su casa con tres amigas y echan a caminar cuesta abajo por la calle empedrada hacia el Paseo de Alfonso XII, a lucir sus galas juveniles. Mientras tanto Consuelo termina de peinarse para salir con Francisco, pues abajo ya los esperan sus hermanos. Luis se ha marchado temprano, pues esta tarde también tocará la bandurria con su grupo. Antes de que salga, y a instancias de Consuelo, Francisco ha hablado seriamente con su hijo.

—Chaval, ni tengo que decírtelo de nuevo. Ya sabes, cuando estés con tus amigos, no vayáis cerca de la feria de la Muralla, ya sabes que es peligrosa.

—Padre, ya lo sé. Ya le he prometido a Madre que nunca pisaré por ahí.

—Ten cuidado. Se emborrachan y se pelean. Hay mujeres de mala laya a la pesca de incautos, y una gitanería que se pone belicosa cuando bebe. No es sitio para jovenzuelos como vosotros. ¿Me oyes?

–Pero Padre, ¿Cuántas veces debo decirle que sí? No nos acercamos al barrio de las injurias, padre, no tema usted. No queremos morir apuñalados.

–Valga. Que eres un hombre ya. Cuídate.

Francisco lo mira descender por la calle y suspira profundamente antes de entrar a casa.

Con su bandurria al hombro Luis baja hacia el Paseo y va recordando con cierto remordimiento el año anterior, cuando él y sus amigos se atrevieron a llegar hasta las fiestas de la Muralla, siguiendo una muchacha mora bellísima y casi se ven envueltos en un altercado con un grupo de siniestros personajes. Uno de ellos hasta sacó una navaja y eso fue suficiente para que ellos se batieran en retirada hacia la feria general, lejos del jolgorio y las bacanales de los malvivientes. Este año él no está para experimentos de esa índole, anda detrás de una muchacha seria que lo elude desde hace varias semanas, y él no piensa parar sus avances hasta conquistarla.

El día es claro, sin viento, aunque una suave brisa marina refresca a los concurrentes que circulan por el Paseo anticipando una noche más de espléndidos desfiles y fuegos artificiales. Luis llega a la tarima a donde están los integrantes su banda y comienza a prepararse con los otros para tocar, cuando escucha por primera vez las confusas noticias que comienzan a circular por la rambla al atardecer. Son tan contradictorias que él cree que alguien les está jugando una broma pesada.

–¿Qué dices? ¿Un naufragio? Con este día espléndido, qué va–, fue lo primero que le viene a la mente–. Están jugándote una broma, hombre, y tú te lo crees.

El compañero de la banda se seca la transpiración de la cara enrojecida por la excitación, y continúa hablando casi sin aliento mientras otros se acercan y ya forman un círculo para saber de qué se trata.

–Te digo que sí. Allá en el pabellón de la Corporación Municipal el señor alcalde está reunido con un grupo de vecinos, y todos gesticulan y corren de un lado al otro.

–¿Habéis escuchado de un desastre en los bajos? –pregunta alguien, acercándose a ellos, mientras Luis mueve la cabeza, incrédulo.

—Sí, un naufragio, allá en Las Hormigas, frente a Cabo de Palos. ¡Un buque grande, italiano, dicen, se fue a pique, lleno de emigrantes que iban a Buenos Aires!

—¿Cómo que se fue a pique con este día tan calmo? Todos conocen esos escollos y bancos de arena, ningún barco grande va a acercarse allí... A menos que sea ciego.

—Os digo que sí, que embistió las rocas del faro de las Hormigas, están salvando a los pasajeros. Me voy para los pabellones, a ver qué más se dice.

Luis mira a su alrededor y nota que varios grupos de personas a lo largo del Paseo comienzan a moverse hacia el muelle. Un grupo de vecinos baja corriendo camino al puerto y al ver que Luis mira interrogante le gritan:

—¡Es un naufragio en los bajos de las Hormigas, frente al Cabo de Palos, la gente está ayudando a las víctimas! —y siguen su camino sin detenerse.

Otro confirma, agregando al pasar:

—¡Es el Sirio, un vapor italiano, y se ha partido por la mitad!

Allá a la distancia, sobre las aguas azules de la bahía, se ven varios barquitos pesqueros que salen de la dársena a toda velocidad, virando sus proas a la izquierda, camino al Mar Menor.

Los músicos alrededor de Luis se desbandan, cada cual con su instrumento al hombro, siguiendo a la multitud de se agrupa aquí y allá escuchando y pasando a otros las últimas noticias que llegan del Cabo.

Cuando cae la noche la feria se ha suspendido y grupos de vecinos desorientados bajan hacia el muelle, esperando la llegada del remolcador de las obras del puerto, que se dice traerá náufragos a bordo. Se sabe que el buque explotó y la gente hundida a babor no ha podido salvarse. Que la bodega estaba llena de emigrantes hacinados y quién sabe cuántos muertos hay.

Todos esperan con ansiedad las novedades, repitiendo una y otra vez los confusos rumores que les llegan sobre la tragedia de la tarde. Nadie quiere marcharse a su casa; algunos porque se preparan a prestar ayuda, otros porque la curiosidad los detiene y el resto porque el malogro de la fiesta los ha dejado sin saber qué hacer. Las nuevas circulan sin parar y es difícil discernir cuáles son ciertas, ya que todas parecen descabelladas y terribles.

Los hermanos García Muñoz han decidido subir hasta la casa para tomar un bocado y regresar a los muelles más tarde. Es una caminata de diez minutos o menos, con su prole se marchan a recuperar energías para encarar una noche que se anuncia larga y funesta.

–Debe ser un error, no pueden haber tantos muertos – comenta Francisco subiendo con los otros por la calle que bordea la Plaza de Toros para tomar Linterna y subir a Montanaro– la costa está a solo tres millas de distancia del faro de las Hormigas.

–Cierto, y para colmo es increíble que un transatlántico como el Sirio se haya acercado así al Cabo de Palos, y según dicen, a toda velocidad... –agrega su hermano menor, levantando uno de sus críos en brazos pues la cuesta es empinada y el niño está cansado después de una tarde de sol y juegos al aire libre–. ¿Escuchasteis que el señor alcalde está preparando un tren especial con autoridades, para ir hasta el Cabo?

–Enhorabuena, es tiempo de que esos señores hagan algo útil,   además   de   decir   discursos   –responde   Francisco, arrepintiéndose al instante. Sabe que debía haber callado, porque el alcalde de Cartagena, don Rafael Cañete y su hermano, don Ramón, juez municipal, son buena gente después de todo.

–Francisco, hombre, no seas así –dice el hermano, mirándolo con afectuoso reproche– Tenemos suerte que los Cañete se ocupen de la ciudad, la han embellecido, si es que te fijas un poco, están haciendo parques y paseos.

–Puede ser que tengas razón –murmura, porque no quiere mal disponerse con sus hermanos otra vez. Después de todo, piensa, los Cañete tienen sus cosas pero no son tan malos como otros que han pasado antes. Por otra parte, su familia nunca dejará de venerar al rey y a todo el séquito de autoridades buscavidas que le siguen en línea: políticos, militares y curas.

–Claro que sí, Francisco–, aprovecha la apertura el otro– tú lo ves. Las cosas están mejorando, habrás notado con qué rapidez se organizaron hoy todos para recibir a esta gente. Hasta abrieron una subscripción para ayudar y están recolectando bastantes pesetas. Yo aporté algo también.

Francisco le palmea el hombro:

–Eres un hombre de buen corazón. Yo también contribuiré con lo poco que pueda. Aún no puedo creer que esto esté sucediendo, y en un día tan espléndido como el de hoy.

–Quién sabe qué pasó realmente. Tiene que haber sido algo muy grave para que un buque como ése se desviara en esas rocas, y de día, con el edificio del faro a la vista.

Las mujeres están despidiéndose cuando ellos llegan a la mitad de la cuesta de Montanaro. Consuelo queda de acuerdo con sus cuñadas en llevar ropa y mantas a la Comisión de Ayuda a los Náufragos, creada esa misma tarde en el predio de la feria para centralizar las colectas de auxilio a las víctimas. Se despiden en la puerta, para encontrarse todos más tarde y bajar juntos al muelle a ver si pueden dar una mano.

Una vez en casa, Consuelo y Ginesa preparan y sirven algunas tapas, limonada y vino, y después del ligero refrigerio todos bajan a la calle donde muchos vecinos del barrio están congregados comentando y otros van bajando hacia los muelles. Son ya las diez de la noche, pero nadie piensa en dormir. Los hermanos de Francisco y sus familias están esperándolos y todos se encaminan con aire sombrío, acarreando abrigos y mantas extra por si hacen falta. Nadie sabe bien cómo será el arribo de las víctimas del hundimiento.

Recién a la una de la madrugada del domingo la muchedumbre que no se ha movido del malecón ve llegar al laúd pesquero Vicente Lacomba. Trae unos cien náufragos hacinados en la cubierta, los que después de unas horas de trámites formales comienzan a desembarcar lentamente. Los cartageneros en el muelle les abren paso en silencio, conmovidos por las muestras de aflicción y agotamiento que traen quienes han perdido tanto hace unas horas.

Hay llantos, desgarradores gritos y desesperados pedidos de auxilio que los vecinos no saben cómo calmar. Las historias de gentes que han perdido a sus familiares o que los han visto ahogarse frente a ellos embargan a todos de una especie de piedad horrorizada.

La ciudad se ha organizado para atenderlos, y los heridos que trajo el laúd, siete hombres, seis mujeres y dos niños, son ingresados rápidamente al Hospital de Caridad. Se dice que una de las mujeres está totalmente enajenada por la pérdida de su marido y sus cuatro hijos, y alguien comenta que han visto dos cadáveres de niños pequeños en la embarcación, cubiertos por una lona.

Las noticias circulan rápidamente entre los trasnochados vecinos, algunos con críos dormidos en los brazos, atentos a las nuevas que traen quienes están trabajando en los equipos de auxilio. Muchos envuelven a los ateridos náufragos con mantas, y otros los acompañan hacia los lugares a donde recibirán refugio.

Luis se une a la familia, llegando desde otro lado del muelle, cerca del Arsenal.

—Se dice que los veraneantes del Cabo de Palos ayudaron a los náufragos de inmediato. No me vais a creer esto: también se dice que el capitán del Sirio fue el primero en escapar a salvo con sus oficiales en un bote... y que está hospedado en un hotel del Cabo, bien tranquilo... y que el vapor Marie Louise, el mismo barco francés que zarpó de acá esta mañana, pasó cerca del naufragio y se negó a recoger más que unos pocos de los muchos que flotaban medio ahogados, y que siguió viaje hacia Alicante sin más ni más...

—Es increíble —se espantan los que están a su alrededor.

—Seguramente son exageraciones.

—Un verdadero capitán no dejaría su barco así...

—¡El Marie Louise es grande, yo lo vi en el puerto! ¿Cómo es que no levantó a todos los náufragos?   Tienen una cubierta inmensa...

—Parece que solo los pequeños laúdes pesqueros están ayudando realmente —agrega Luis.

—Ay, Luisillo, quién va a ser tan cruel y desalmado —exclama Consuelo, persignándose.

Las mujeres de la familia García Muñoz se unen a los voluntarios que organizan dormitorios improvisados en los lugares designados por la Intendencia: el Ayuntamiento, el Teatro Circo, la Tienda Asilo de San Pedro, a donde se ubica a la mayoría. En la madrugada vecinos y dueños de posadas y albergues de la ciudad que no estén repletos de visitantes a causa de la Feria Anual abren sus casas para cobijar a los náufragos que no han sido hospedados todavía.

Durante toda la noche y el día siguiente arriban las víctimas, tanto por tierra como por mar, trayendo su carga de terrores, angustias, duelo por las pérdidas de familiares y pertenencias a una ciudad que los recibe sobrecogida ante tanto dolor.

Los vecinos contribuyen de muchas formas en el auxilio de los náufragos desde el día siguiente. Rápidamente se organizan representaciones teatrales a beneficio, funciones de cine, y eventos varios para recaudar fondos. Uno de los más notables es la corrida de toros del domingo, con la plaza llena de público, en la que el torero Bienvenida cede el importe completo de sus ganancias a la colecta de las autoridades municipales.

Pasan los días y las muestras de solidaridad continúan mientras los náufragos, agradecidos, se recuperan y comienzan a marcharse de la ciudad que les dio albergue.

La dimensión total de la tragedia de aquella tarde de agosto frente a la rugosa costa murciana no es esclarecida por mucho tiempo. La investigación oficial establece que en efecto, el capitán José Piconne abandonó la nave y se puso a salvo con sus oficiales y que muchos de ellos se quitaron los uniformes para confundirse con los náufragos en la costa.

La caja fuerte del barco que, según rumores nunca admitidos oficialmente, contenía una fortuna en pagos por cereales al gobierno de la Argentina, no fue hallada.

Aparecen testigos que declaran que pocas horas después del choque y antes de que la popa se fuera a pique, con cadáveres aun flotando en las aguas, el Sirio fue asaltado por piratas, quienes se llevan todo lo de valor que encontraron en los camarotes

Durante el procedimiento el capitán Piconne declaró que había sido un accidente inevitable y que la nave llevaba solamente setecientos treinta pasajeros a bordo. Algunos testigos calculan que la cifra real es alrededor de mil setecientas personas, en su mayoría seguramente hacinadas en las bodegas de tercera clase. De ser así, la cuota legal del pasaje se habría sobrepasado en alrededor de un millar de personas.

Otras fuentes dicen que la nave sufrió una demora al recoger viajeros clandestinos en la costa valenciana, y luego aceleró para recuperar el tiempo perdido, una frecuente práctica ilegal de los capitanes que llevan inmigrantes a las Américas.

Durante meses las aguas del Mediterráneo acarrean a las costas de Murcia y Almería los restos humanos y los deshechos, pero ni el capitán ni la tripulación son sancionados oficialmente por su conducta durante el naufragio.

La tragedia continúa siendo un tema recurrente en los encuentros de la familia García Muñoz, y por meses las anécdotas siguen circulando en mesones y tabernas de la ciudad y del campo de Cartagena, en una especie de necesaria y colectiva aceptación de la pavorosa catástrofe.

Volando solo

Primavera de 1907

El fuerte viento del mar corta la piel en esta mañana húmeda de abril, con nubarrones que anuncian lluvia y Luis ruega que el agua se largue después de que él llegue al taller. Camina a paso firme, esquivando los charcos de agua negruzca por el hollín del barrio industrial de Santa Lucía. La actividad es febril en la zona que muchos llaman la "ciudad carbón" por el residuo oscuro que lo cubre todo.

Se cruza con obreros que caminan apresurados, con cara de sueño. Algunos pequeños comerciantes ya abren los mugrientos locales y sacan sus mercancías a las veredas. El olor penetrante de las fritangas mezclado con el humo eterno de las chimeneas baja a nivel de la calle gracias a las nubes que envuelven la ciudad. Esta combinación resultaría sofocante sin el aire marino que hoy sopla, limpiando un poco la pesada atmósfera.

Luis va fortalecido por dentro gracias al buen desayuno que le sirvió Consuelo, siempre atenta, a pesar de que desde ayer ella tiene un poco de temperatura. Luis se pone nervioso cuando ella está enferma. Así comenzó el mal de su madre y terminó con una de esas fiebres debilitantes que han atacado a los cartageneros en los últimos años.

Don Jacinto Macías, el maestro ebanista, en cambio, opina que no es mala suerte. Él atribuye toda la culpa de las fiebres que han matado a tantos vecinos a los mosquitos que se procrean sin control en los pantanos del Almarjal, detrás de la ciudad. Asegura que si los reyes no hubiesen desviado en el siglo pasado los canales y acequias que lo desagotaban en el antiguo Mar de Mandarache para construir el Arsenal Militar, el agua no se estancaría, y nadie moriría de males extraños.

Las palabras de don Jacinto le recuerdan a Luis lo aprendido en la escuela. Que cuando la ciudad se llamó, en sucesivas épocas, Mastia, Qarthadasth, Kainepolis, y por fin, Carthago Nova bajo los romanos, el Almarjal era una laguna de aguas claras, alimentadas por los arroyos que bajan de las sierras aledañas. El sitio es ahora un estero, y está reducido por sedimentaciones y rellenos que periódicamente se realizan para ganarle terreno al pantano. Desde que él tiene memoria se habla de secarlo definitivamente. Se dice que cuando terminó la Revolución Cantonal, en 1874, usaron los escombros de los edificios bombardeados de la ciudad para rellenar. También echan otros materiales, pero Luis duda que puedan secarlo del todo, o que la idea de hacerlo sea buena.

A partir del comentario de don Jacinto, piensa que los mosquitos del Almarjal bien pueden haber sido los culpables de la fiebre que se llevó a su madre tan joven y en forma inesperada. Las suyas son sospechas que tal vez no podrá confirmar nunca, por eso teme cada vez que alguien cae a la cama con fiebre. Nunca se sabe.

Al entrar en el taller, el ruido de las herramientas y las voces de los aprendices interrumpen de golpe sus oscuros pensamientos. Desde lejos don Jacinto le hace una seña para que se aproxime.

–Buen día, Luis, ven, hijo, que tengo que hablar contigo–. Caminan hacia el pequeño cuarto que hace de oficina y lugar de reuniones cuando es necesario pergeñar trabajos nuevos o difíciles–. El señor marqués de Torre Pacheco está buscando un buen ebanista y yo les he ponderado tu habilidad, ya que eres el mejor que conozco. Te esperan por el trabajo en el casal de los marqueses el lunes que viene. Estoy seguro que te tomarán de inmediato, ya que vas bien recomendado.

Luis necesita un par de minutos para digerir las inesperadas noticias y lo que puede significar en su carrera de artesano.

–Don Jacinto, no sé cómo agradecerle esto. Es una gran oportunidad para mí. Después de hacer tantas cosas sueltas por ahí, esto va a ser una entrada segura por mes. Gracias.

–De nada, hijo, de nada. Que te lo mereces.

La buena noticia, que presupone un trabajo delicado y bien pago es una grata sorpresa. Le complace que don Jacinto haya pensado en él. Todos conocen la magnanimidad de los marqueses en la zona y aunque Luis no mira con simpatía a los nobles, esta gente es nativa de Murcia, son vecinos, y mientras no se inmiscuyan en su vida privada una relación entre patrón y trabajador puede ser tan buena con ellos como con cualquier otro empleador de España, supone.

Torre Pacheco, a unos veinte kilómetros al norte de Cartagena, pasando Pozo Estrecho, está situado en una zona rural rica y próspera y es asiento de una de las casonas de la familia

Fontes, uno de los más antiguos linajes de Murcia. Todos los conocen en los alrededores. Los Fontes tomaron el nombre del pueblo en su título nobiliario, y el actual heredero de la línea es el VII Marqués de Torre Pacheco, don Fernando Fontes y Melgarejo, viudo con tres hijos, dos niñas y un varón, de su matrimonio con la difunta doña Concepción Díaz de Mendoza y Aguado. Si bien residen en Madrid muchos meses del año, los Fontes mantienen un palacio en la ciudad de Murcia y también dedican tiempo a su casona en las afueras de Torre Pacheco donde reciben a personalidades de las artes y de la política nacional. La familia es popular y mucha gente trabaja para ellos en las tierras de cultivo y en el antiguo casal. Son famosas en la provincia las fiestas y cenas con que los marqueses homenajean a sus distinguidos huéspedes y familiares.

—Don Jacinto, si es que me toman los marqueses, no olvide que si usted me necesita para algo en el futuro, siempre voy a tener unas horas para hacerle alguna cosa extra. Solo me manda a decir, y yo arreglaré mi tiempo para poder cumplirle. Estoy endeudado con usted.

—No te preocupes, pero gracias por ofrecerte. Si te necesito te avisaré. Ahora prepárate para ir a verlos. Tienen todo dispuesto para que comiences. Tienen habilitada un área para que puedas trabajar cómodamente. El taller de la casona es moderno y con buenas herramientas, aunque tú puedes llevar las tuyas si quieres. Dormirás en los dormitorios de servicio, y podrás salir los domingos, como es costumbre. Te va a ir muy bien, estoy seguro. Buena suerte, Luis.

Se instala en su banco de trabajo, pero apenas puede concentrarse en lo que está haciendo. Se siente halagado, pero al mismo tiempo lo amedrenta el súbito cambio.

Esa noche casi no duerme por la anticipación del nuevo trabajo. Imagina las formas en que va a presentarse ante los encargados de la casona, cómo será estar bajo el servicio del marqués, y baraja distintas escenas en su mente. Lo que le agrada de este nuevo giro de su vida es que podrá cortar definitivamente con dos muchachas del pueblo con las que ha tenido amoríos pasajeros, quienes no le despiertan ningún interés ahora. Las encuentra, según dicen ellas, "casualmente" en todas partes y está un poco cansado de sentirse perseguido. No quiere herirlas, por supuesto, diciéndoles cuánto lo fastidian con esas falsas coincidencias que le arruinan las veladas con los amigos y las fiestas locales.

Estos pensamientos lo llevan a la única mujer que lo tuvo encandilado dese muy joven pero con la que no pudo ser. La Carmencita, la niña más bella del mundo para él, se enamoró de otro y se casó con el patán. Ahora solo tiene amigas livianas, con las que se divierte sin compromiso, y espera seguir de esa forma por largo tiempo. En particular las jovenzuelas moras le resultan muy atractivas y sensuales, un secreto que guarda con celo, ya que no puede permitir que sus padres lo sepan.

Le preocupa el tener que cortar sus lecciones de música, y se pregunta si encontrará otro maestro cerca del casal. Por otro lado, la ventaja de vivir en Torre Pacheco será el estar más cerca del teatro de sus amores, y de la banda. Asistirá a los ensayos de Pozo Estrecho con más frecuencia, y podrá compartir más a menudo las salidas del grupo de amigos.

Las fiestas y los huéspedes de los Fontes son famosas y él espera poder ver, aunque sea de lejos, a algunos músicos y actores que visiten a la familia. Será interesante vivir en un lugar así, tan diferente a su sencillo barrio.

Consuelo y Francisco no han recibido las nuevas con mucha alegría porque significa que el hijo va a dejar la casa, si bien él les ha prometido venir seguido a verlos y estar en contacto continuo con ellos.

—Son solo veinte kilómetros —había aclarado él—. No me voy al fin del mundo después de todo, Padre.

—No. Pero no va a ser igual que si estuvieras viviendo aquí—, dice Francisco, tratando de no poner reproche en la voz.

—Quién sabe qué comidas te van a dar, hijo —se lamenta Consuelo, y Luis sabe que la palabra comida implica mucho más que víveres comestibles para ella—. Ten cuidado y no te confíes a todo el mundo, los servidores en casas tan grandes suelen ser envidiosos. A la primera duda, te vienes.

—Consuelo, ya soy un hombre, no me va a pasar nada.

Se duerme tarde, pensando lo que añorará a su familia viviendo en Torre Pacheco y volviendo de visita. Va a extrañar la comida y el cariño de Consuelo, la compañía de los hermanos, con los que se lleva muy bien. En particular va a extrañar a Paco, quien lo mira con respeto, lo imita en todo, y para quien Luis es el modelo a seguir. Y le duele porque sabe que el chaval va a sufrir mucho.

Los huérfanos andaluces

Catorce Años Atrás – Almería, Andalucía, 1893

El cortejo fúnebre se desbanda luego de los servicios, y de la larga comitiva que ha acompañado los restos de doña María Benavidez de Cintas ha quedado solo un grupo inconsolable de familiares más allegados y los dos niños, que se abrazan en silencio. Ya no tienen más llantos, ni súplicas ni rezos que los alivien de la pesadilla que están viviendo.

–Ven, José, tenemos que irnos –Isabel se enjuga las mejillas con el dorso de la mano libre. El pañuelo que la tía Josefa le diera camino al cementerio ya está empapado en el bolsillo de su abrigo, junto con los dos anteriores. La otra mano se apoya sobre el hombro de su pequeño hermano, quien mira fijamente la tumba de la madre, sin decir nada, pero sin moverse–. Tenemos que dejarla.

–No quiero. No quiero irme. Me quedo aquí.

Ella ya no tiene ánimos para insistirle, no sabe cómo convencerlo, José es un chiquillo testarudo a pesar de tener solo tres años. Las tías se encargarán de él. Le da un beso que él rechaza alejando su cabeza, y los labios de Isabel rozan la oreja, en vez de la mejilla.

Los tíos, que hablaban por lo bajo un poco más allá, se acercan nuevamente. Isabel está cansada, le arden los ojos y tiene la garganta dolorida de tanto llorar y gritar. Quisiera tirarse en el piso, al lado de la madre, en la tierra blanda y dormir, dormir y olvidarse de todo. *Si tan* solo *estuviese uno de ellos aquí*, piensa con rabia. Pero no. Ninguno de los dos va estar otra vez con ellos. Nunca más.

¿Por qué se fueron juntos? ¿Cómo nos dejaron así, solos? Dos entierros así tan cerca uno del otro. ¿Por qué? ¿Qué habré hecho de malo? ¿Y si se fueron porque no nos quieren más? Pero no hay respuestas. Ella sabe que los tíos tampoco tienen respuestas.

–Tía Pepa, tengo hambre –dice de pronto José, haciendo pucheros para llorar otra vez. El tío Carlos se separa del grupo de los adultos y se acerca forzando una sonrisa–. ¡Quiero a mi mamá!

–Vamos, pequeño, vamos –dice mientras lo levanta en el aire, sin hacer caso de sus protestas, y lo carga en brazos, siguiendo a la triste comitiva que se aleja de la tumba de la madre. El tío tiene lágrimas corriéndole por las mejillas, aunque la voz es firme cuando la llama–: Vamos, Isabelita, ándale, vamos a casa que hace frío.

La tía Josefa, llevándola de la mano casi a la rastra, también llora. Se unen a los otros tíos y primos en silencio y lentamente salen hacia la calle arbolada de cipreses oscuros, donde los caballos empenachados de negro brillante frente a las carrozas del cortejo fúnebre esperan inquietos por la inactividad y el frío. Suben y se sientan en un coche que pronto avanza al compás de los cascos golpeando el empedrado de la calle.

Lo que en otra oportunidad hubiese sido para ella una aventura maravillosa, un paseo por las calles de Almería siempre bañadas de sol bajo un cielo azul brillante, hoy es una pesadilla de la que quiere despertar. Se pregunta a dónde estarán sus padres. Y se responde que en algún lugar remoto y desconocido a donde Dios los ha llevado, ahora está segura, para castigarla por sus frecuentes caprichos. Le han dicho que se los llevó al cielo. Arriba de las nubes, supone, y la distancia la marea. Es demasiado lejos. De noche las estrellas parecen tan lejanas. ¿Los habrá ubicado en una estrella? ¿Pero, en cuál? De pronto no tiene más energía para articular preguntas y solo puede llorar y llorar.

Esa noche los dos huérfanos duermen profundamente, con un sueño pesado y sin imágenes. Como si las horas vividas los días anteriores les hubiesen saturado la mente y no quedara nada más que un quieto aturdimiento. Bien entrada la mañana Isabel despierta con un fuerte dolor de cabeza. La opresiva memoria retorna de golpe. Recuerda dónde está y que, de ahora en más y para siempre, es una huérfana. Como en el libro de cuentos que le leyera su madre tantas veces a la hora de dormir. Sobresaltada, mira a José quien respira serenamente, yaciendo a los pies de su cama, y siente miedo. Por ella, pero mucho más por él, tan pequeño e indefenso.

Primavera de 1900

El patio de la escuela está lleno de niñas bulliciosas. Hay abrazos, besos, saludos e intercambio de papelitos con domicilios. Es el último día de clase, y las mayorcitas del sexto grado han terminado su ciclo escolar. Las niñas de la escuela a la que va Isabel no siguen estudiando la secundaria, que es, en general, para unos pocos varones.

El barrio en el que ella y José viven con sus tíos es de gente sencilla, que sobrevive con jornales duramente ganados y mal pagos.

La educación escolar es un lujo y terminar la primaria un privilegio. Nadie piensa en seguir más allá. No habría como costearlo. Hay que salir a ganarse el pan y ayudar a la familia.

La escuela queda atrás para Isabel. Pronto entrará a trabajar como personal de limpieza en la casa de unos señores pudientes del centro, con una recomendación que le consiguió la tía Josefa. Pero no quiere. Ella ansía otras cosas, quiere conocer el mundo, le aterra el destino de las sirvientas, con manos callosas y uñas deshechas por la lejía y los jabones. Quiere lucir su esbelta figura, quiere que la admiren, quiere que vean en ella algo más que la huérfana sin futuro. Consigue libros en la biblioteca de la escuela, lee mucho y sabe que hay un mundo inmenso atrás de los límites de Almería. Y se rebela. Se torna contra las convenciones y por ello siempre la tienen castigada e invariablemente la hacen callar.

—Isabel, cuenta hasta diez antes de decir algo, y muérdete el labio, así no sale tanta palabrería de tu boca. Te pareces a un sabelotodo, hija. ¡No te pueden poner la tapa y siempre tienes que ganarla tú! —le grita a menudo tía Josefa, volviendo a su acento calé natal, harta de los berrinches y las insolentes contestaciones, que muchas veces son tan acertadas y pegan tan hondo que la tía no tiene respuesta. Ni quiere tenerlas.

Recuerda a su desdichada hermana y perdona otra vez. Ella tiene dos hijos que han crecido junto con los sobrinos huérfanos y son dóciles. Pero Isabel y José son distintos. Ella es un caso aparte. Nada la conforma. Lleva adentro una energía que vuelca a veces en cosas negativas que no puede controlar. *¿Qué va a ser de esta niña?* Se pregunta Josefa. Le ha buscado trabajo pero no tiene mucha confianza en que le dure.

José, aunque es un chaval todavía, también es rebelde y la tía lo atribuye a que se han criado sabiendo que sus padres murieron demasiado temprano. Los dos llevan un dolor adentro que no puede calmarse con nada, y lo vierten hacia afuera, lastimando a otros. Ella los comprende y les tiene piedad, pero a veces agotan su paciencia.

Isabel comienza a regañadientes el trabajo en la casa de la familia Díaz Sandoval y muy pronto ve sus miedos justificados. Las labores que le dan son duras, y las mujeres en la cocina no tienen ninguna consideración por la muchacha que recién llega y a la que perciben se siente superior a ellas. Las manos comienzan a lastimársele y a escondidas en la cama ella se las unta con una mezcla de grasa fría y jugo de limón que le da escozor pero cicatriza la piel.

Los días se arrastran y se convierten en meses, en los cuales solo la lectura en los ratos escamoteados al trabajo le da respiro y le hacen soñar con otras gentes y otras tierras. Hasta un día en que al llegar a casa se encuentra con que los tíos tienen un visitante en la pequeña sala que sirve de recibidor.

–Ven, niña –la llama tía Josefa, con ojos encendidos de alegría–, ven que te presento a tu tío Rodrigo Cintas, hermano menor de tu padre, que ha llegado de ultramar y vino de visita.

Tío Rodrigo es joven, de cabello claro y muy apuesto. Le tiende la mano y le estrecha la suya con afecto.

–Niña, ¡te pareces tanto a tu madre y a todos los familiares de Vélez Rubio! –mira a Josefa y le guiña un ojo, mientras le dice a Isabel–: Eres una Benavidez de cuerpo entero– y, volviéndose hacia un maravillado José–, y tú, chaval, con el pelo claro y ondulado, tú eres un Cintas, no hay dudas.

Ella está sorprendida, ha oído de este tío que nunca conoció ya que de muy joven se lanzó al mar, abandonando el pueblo natal de la familia, al norte de Andalucía, para trabajar en un buque carguero. Había echado raíces, según decían, en las lejanas tierras de Cuba, la maravillosa colonia. Es un hombre alto, corpulento y tostado por el sol, como los marinos. Los dientes blancos brillan cuando sonríe, y sonríe muy fácilmente. Isabel le encuentra una vaga semejanza con su padre, los ojos, la frente y la nariz se le parecen. Se sienta en silencio junto a José, quien mira a su tío como miraría a una aparición milagrosa. Ella le da con el codo y él se incomoda, aflojándose u poco.

Rodrigo es el centro de atracción, y por supuesto lo invitan a cenar. Josefa y Carlos lo conocen desde hace años y parecen impresionados al verlo aparecer de golpe en sus vidas, así, sin más ni más. Les cuenta que está de paso, que ha dado la vuelta al mundo en barco, que las islas Filipinas y el Japón son extraordinarios y que él ahora tiene familia en Cuba y que son muy felices allí. Es una isla con aguas cristalinas y verdes, y largas playas de arena blanca. Muestra una foto en sepia de una muchacha joven de piel oscura, y dos niños, uno en brazos y el otro pegado a la larga falda. Rodrigo dice también que el trabajo es duro y que no le pagan mucho, pero que allí se vive bien con poco.

–¿Cómo es que llegaste aquí, y por cuanto te quedas? –se interesa tío Carlos.

—Vengo con un grupo de gente que trae una carga especial para una familia de Murcia, los marqueses de Torre Pacheco. No sé qué contiene, pero me contrataron para ser parte de la guardia de seguridad de estos hombres. Un buen pago y una única oportunidad de volver a pisar el terruño. De camino a Torre Pacheco vamos a parar en Vélez Rubio, por supuesto. Iré a visitar la tumba de mis padres –dice, mirando de reojo a los sobrinos.

—¿A Murcia? ¿Entonces te vas pronto? –pregunta Isabel con miedo. Recién llega, el único miembro que conoce de la familia de su padre y ya está preparando la partida. Ella quiere saber más de su familia, de su padre, de su historia.

—Estaré tres días aquí –dice él para tranquilizarla, como si tres días fuese mucho tiempo.

—Niña, no acoses s a tu tío–, interrumpe Josefa, quien parece querer acapararse toda la atención del visitante–. Ya tendrás tiempo para hablar con él. ¿A dónde duermes esta noche, Rodrigo?

—Estamos parando en una posada no lejos del antiguo zoco musulmán. Partiremos pasado mañana. Tengo tiempo para visitar las tumbas de Pedro y María–, hace un silencio que todos respetan– si alguien me indica el lugar preciso.

—Nosotros vamos contigo –se apura a decir Isabel, mientras José se pone de pie, rápido, para que el tío Rodrigo no decida ir con otros–. Mañana es domingo, yo no trabajo, tío.

—Bueno, chavales, gracias por la oferta, pasaré a buscaros después de la misa, si es que tú apruebas –dice dirigiéndose a Carlos, quien asiente.

—Volveremos de la iglesia a las diez de la mañana. Después del cementerio almuerzas aquí–, agrega el dueño de casa, sonriendo satisfecho a sus sobrinos.

Y el tío Rodrigo se marcha, dejando la casa en silencio después de tanta excitación. Las historias de lugares maravillosos conocidos solamente por viajeros intrépidos reverberan aún en las paredes y en los oídos de todos. Pero en particular en los de Isabel y José, para quienes la velada y la presencia de su pariente desconocido hasta entonces han abierto una puerta por la cual entra una luz de esperanza, y los tienta con una profundidad que todavía son muy jóvenes para percibir en su justa medida.

Isabel

Verano de 1904

Isabel baja del tren en la estación de Almería, agotada por el largo viaje trasbordando trenes desde Cartagena y toma un coche de alquiler que la lleva hasta la casa de sus tíos, a donde espera encontrar a José. Viene nerviosa y dispuesta a darle de chirlos al caprichoso de su hermano si persiste en la tontera de irse a ver mundo por su cuenta, con tan solo catorce años. De no creer. Suerte que tío Carlos le mandó una carta urgente a Torre Pacheco y ella se apuró a pedir días francos a los marqueses para llegarse y tratar de frenar esa locura.

Esto, intuye, tiene que ver con aquella trascendental visita de tío Rodrigo, del que no han recibido más que una carta por año, allá por las Navidades, para hacerles saber que todavía está vivo. Ni pensar en volver a verlo, ya que ninguno de ellos podrá ir a Cuba, y el tío, por su forma de ser, nunca va a juntar dinero como para venir a su país natal otra vez.

Aquella visita fue decisiva para los dos hermanos, en particular para ella, recuerda, ya que trajo una brisa esperanzada y fresca a la depresiva vida de doméstica de última categoría a la que estuvo forzada por unos meses. Gracias a él y a sus contactos con el mayordomo del casal de los Fontes en Torre Pacheco, cerca de Cartagena, ella había recibido una recomendación para entrar en el servicio de las señoritas marquesas.

Cuando hizo su primer viaje a Torre Pacheco, con tan solo quince años y acompañada de tía Josefa, le impresionó el bello paisaje agreste del Campo de Cartagena, y se sorprendió con los inesperados molinos de viento plantados en muchos lugares del ondulado terreno. Era la imagen ideal que ella tenía de Castilla, la tierra de Don Quijote y su romántica naturaleza le dijo que había llegado al sitio indicado. Este lugar estaba esperándola, de modo que iba a hacer todo lo posible por quedarse. Y de ahí en más su suerte cambió. Apenas la entrevistaron, Isabel supo que le había caído muy bien tanto al mayordomo como a Rosa, el ama de llaves de la casa, dos figuras importantes para tener de su lado si quería conseguir un puesto con un nivel más alto que de fregona.

Isabel es rápida, capta las situaciones y se adapta con facilidad, un arte que domina desde que supo que nada se le iba a dar en la vida sin lucha y sacrificio. La tomaron inmediatamente en el casal y pronto se ganó la simpatía de toda la familia Fontes. Tanto el señor marqués, un noble español amable y distante al que todos quieren y respetan, y las dos niñas de la casa, Concepción y María del Carmen, quienes la recibieron con interés. Pronto se encontró atendiendo en forma personal a las muchachas, y ellas valoraron su inteligencia y buena voluntad.

La preferencia que los Fontes mostraron por la recién llegada no pasó desapercibida a las más antiguas servidoras, y durante algún tiempo varias la miraron con recelo. No comentaban cosas en su presencia, desconfiando de la desconocida. Una chavala de Almería, a donde pululan los gitanos y moros conversos que se mezclaron con los cristianos de pura cepa, cambiándose los nombres y yendo a misa como todos los demás.

A solo dos años de su llegada Isabel se ha ganado la total confianza de sus compañeros y de la familia Fontes. Ahora se le encomienda la supervisión de la vajilla más fina, las porcelanas importadas de las colonias y el tendido de la mesa para las ocasiones especiales. El casal se llena de luz y de sonido cuando los señores regresan de Madrid, y las fiestas son magníficas. La servidumbre se esmera y hay muchas corridas y apurones para instalar a los personajes con nombres famosos que se hospedan en la casa. Ella se luce con su celeridad y eficiencia. Canta mientras hace las tareas y en general es alegre. Pero no es una muchacha sencilla o fácil de llevar. Exigente y tiránica cuando no se le obedece, es temida por quienes no tienen poder para dominarla.

La seguridad en sí misma crece e Isabel se siente en su casa, algo que nunca experimentó desde la muerte de sus padres. Adora a las niñas Fontes, y ellas le retribuyen con atenciones y gestos que no tienen para las otras mujeres del servicio, salvo para con Rosa, a la que todos respetan con afecto.

Durante los años siguientes a su llegada a Torre Pacheco ha bendecido en sus oraciones al tío Rodrigo por haberla salvado de la horrible vida de fregona que probó por corto tiempo antes de conocerlo. Pero hoy, de forma inesperada, la presencia benefactora de él se ha convertido en un arma de doble filo que amenaza clavarse en su corazón. José, el querido hermano, el único familiar directo que le queda, ha decidido seguir el ejemplo del tío aventurero y echarse a correr mundo.

Hoy ella ha hecho esta larga ruta de vuelta a la casa de sus tíos para disuadirlo. Y está segura de que ella va a ganarle, como de costumbre. José es todavía un niño. ¿Quién le habrá metido en la cabeza la malhadada idea de hacerse trompeta en el ejército, y marcharse a un cuartel lejano? Es una locura que ella no puede permitir.

Una semana más tarde, Isabel regresa cabizbaja a la misma estación de trenes que la viera llegar esperanzada. Un sombrerito con un velo le cubre el rostro hinchado por las lágrimas que ha vertido desde que se despidió de su hermano. La próxima vez que se vean, le prometió José con firmeza, él vestirá el uniforme del ejército español y ella tendrá razones para sentirse orgullosa. Pero Isabel desconfía de los uniformes y teme por su seguridad personal en esa vida ruda y peligrosa que ha elegido.

Cuando se ubica en el incómodo asiento de madera del coche de segunda clase en el que viajará hasta Cartagena, elige una sección de cuatro bancos enfrentados en el que ya está un matrimonio con una niñita, quienes la saludan con amabilidad. Agotada por los nervios y el cansancio, y reasegurada por la presencia de la familia, apoya la cabeza sobre su pañoleta arrollada contra la ventanilla y cae en un pesado sueño mientras el tren sale lentamente de la estación, camino al este.

Torre Pacheco, invierno de 1906

Los meses se suceden y la vida en el casal continúa con un ritmo preciso que le da estabilidad y propósito a Isabel. El verano ha transcurrido entre mañanas agotadoras de trabajo y tardes de calma con las niñas en las playas del Mar Menor. A fines de Julio sucedió el hecho más destacado de la temporada estival. El festival anual de Cartagena se debió suspender, a raíz de la tragedia del transatlántico El Sirio, un desastre marítimo que sacudió los cimientos de toda la costa murciana durante meses. Los señores, voluntariosos como siempre, dieron albergue por unos días a dos o tres personajes ilustres que viajaban en el malhadado vapor rumbo a Sudamérica.

Hoy mientras el viento frío y seco bate los vidrios de la pequeña ventana, Isabel está en su prolijo cuartito, a la hora de la siesta, leyendo una carta de tía Josefa quien está débil de salud y le cuenta lo mal que la está tratando el invierno. La baja temperatura, aún en un clima tan benigno como el del sur se sufre en los huesos cuando la gente llega a vieja, se lamenta. Y los fríos comenzaron temprano esta vez, en octubre, para colmo.

También habla de José, de lo guapo que está con su uniforme, ahora que lo han nombrado cabo. Le sienta el ejército y se lo ve aplomado, juicioso y lleno de planes para el futuro. La tía tiene solo palabras de halago para el hermano desobediente, al que no le importó que Isabel dejara todo para ir convencerlo de que no abandonara la escuela, y al que ella ayudó económicamente todos estos años para aflojar un poco la situación de la familia.

Se nota que los tíos ya sienten el peso de los años y el rudo trabajo físico. Tío Carlos fue despedido sin consideración y ahora vive de changas menudas y temporarias, que no paran la olla. Tía Josefa le cuenta que sus hijos trabajan y contribuyen con sus magros ingresos.

Isabel levanta los ojos del papel con un suspiro. Los primos siguen el camino de la mayoría de los vecinos del humilde barrio: Trabajar de sol a sol desde temprano para ganar apenas el sustento y llegar, con suerte, a los treinta años envejecidos y debilitados por la mala alimentación y la rudeza de los trabajos manuales. Tal como los padres. El destino que ella temió para sí misma y para su hermano. Pensándolo a la distancia, tal vez José no haya estado tan errado cuando ella lo encontró decidido a hacer algo de su vida, aunque no fuera lo que ella esperaba.

Sigue leyendo. Ahora comprende que todas las alabanzas que tía Josefa le adjudica a su hermano son para mitigar la noticia de que José está pensando en dejar el ejército y marcharse a tentar suerte por su cuenta a las Filipinas. Que por ahora es una idea, pero que hay gente amiga en Manila quienes van a darle trabajo. Que la antigua colonia española está llena de posibilidades, que son unas islas hermosas, con gente buena y alegre. Tía Josefa comenta que a ella le preocupan los peligros de un viaje tan largo, pero no dice que va a pedirle que no lo haga.

Las lágrimas ruedan por las mejillas de Isabel, lágrimas de rabia y de impotencia. Qué está diciendo. Es una locura. Hay que detenerlo. Cómo se va a ir a esa antigua colonia, esas islas que los Estados Unidos de Norte América le han arrancado a España, de las que los únicos objetos filipinos tangibles para Isabel ahora son los abanicos y los mantones de Manila.

Un país embarcado en una larga guerra con los norteamericanos desde la independencia. Un archipiélago extraño ahora y en grave riesgo de perder la partida y pasar a ser colonia otra vez. ¿Qué futuro tiene José trabajando en esos mares infectados de buques de guerra?

Mira la página sin ver las letras. Le ciega la furia contra ese hermano díscolo, lo único que le queda de aquél núcleo familiar feliz de su primera infancia, planeando irse al otro lado del mundo, tan lejos de ella y al que no verá nunca más. Y se decide a actuar. Esta vez tiene que poner punto final a esta locura. Él es el único nexo con la memoria cada vez más tenue de sus padres, la razón que la hizo superar la terrible ausencia de ellos todos estos años.

En un impulso, baja las escaleras corriendo en busca del ama de llaves.

—Necesito viajar a Almería, doña Rosa. Los señores marqueses no vienen hasta dentro de dos meses, quisiera aprovechar para tomar unos días y ver a mi familia.

—No hay problema, mientras regreses unas semanas antes de que los señores vengan. Ya sabes el trabajo que siempre tenemos antes de su llegada—. Rosa frunce el ceño, mirándola a la cara—. ¿Pero qué te pasa, hija? Espero que nada grave.

Isabel trata de componerse y respira hondo.

—No, todavía no es nada grave, pero si no hago algo para evitarlo, sí que va a serlo. Tengo que partir pronto. Gracias doña Rosa, usted siempre tan buena conmigo.

Y ante la sorpresa de la mujer, quien no está acostumbrada a gestos cariñosos de sus subordinadas, Isabel la abraza impulsivamente y le planta un beso en la mejilla.

El encuentro

Torre Pacheco, primavera de 1907

Isabel ha regresado de la casa de sus tíos emocionalmente agotada y, para no pensar, se enfrasca en las tareas de preparación de la casa antes de la llegada del señor marqués y las niñas para el verano que se aproxima.

Es que José le ha ganado la fraternal pulseada otra vez y, sin oír sus consejos, está preparándose para viajar a Manila. Es un hecho y ella ha vuelto con la cabeza gacha, triste, como si le hubiesen arrancado un trozo físico. Lo conoce bien, él no escribe cartas, lo que supo de su vida durante estos años fue a través de tía Josefa. Cuando se vaya lejos habrá cortado con ella. Lo sabe, mejor dicho, lo siente dentro de su pecho. Algo se ha desgarrado, y le duele.

Su consuelo es la oración y reza mucho el rosario. Las palabras del señor cura en la misa de los domingos han servido de bálsamo a su angustia más de una vez, aunque cuando la arenga se torna vengativa y el señor cura habla del infierno y el castigo eterno por algún pecadillo menor ella se distrae y no puede seguirlo. No quiere un Padre rencoroso allá en los cielos, de modo que no puede imaginarse a Dios blandiendo un bastón para castigar a sus hijos. A pesar de esas ocasionales amenazas divinas, la iglesia le provee un ambiente de calma y paz que no encuentra en su vida diaria y a la búsqueda de ese sosiego ella atiende puntualmente los ritos. Un poco por el hábito familiar que le creó la tía Josefa desde niña. Pero aún más su búsqueda incesante de esos elusivos relámpagos de conexión que ha experimentado a veces. Algo que se aproxima mucho a lo que ella considera celestial, divino, y le da energía para seguir adelante.

Rosa y el mayordomo saben qué la aqueja, por qué el silencio y la tristeza. Las canciones y las risas que tenía antes de su última visita a Almería un mes atrás se han reducido a respuestas monosilábicas. Ni siquiera se enoja ante lo que solía sacarla de quicio y por lo que batallaba con las otras servidoras. Se pasa los ratos libres después de su tarea diaria leyendo y nadie la molesta porque no quieren despertar su mal humor. Con gesto sombrío baja a colaborar con la cena y se marcha a dormir apenas termina con su trabajo.

Los marqueses regresan con su revuelo de novedades y planes y eso la ocupa aún más. Trabajar intensamente es una distracción necesaria y les da la bienvenida a los señores con sincero afecto. Las niñas notan que está cambiada pero no preguntan, saben que cuando sea el momento va a confiarse a ellas.

La niña María del Carmen llega con grandes ideas de decoración para su dormitorio. Quiere algo parecido a lo que su hermana Concepción tiene en el bello palacio que los Fontes poseen sobre la calle Capuchinas, en la ciudad de Murcia. Han traído de Madrid telas y brocados, almohadones y cubre camas, y el señor marqués ha accedido a que le hagan construir un nuevo juego de muebles, porque el viejo está bastante venido abajo y lo van a reparar y pasar a uno de los dormitorios de huéspedes.

El antiguo ebanista que trabajaba para los Fontes se ha retirado por la edad y la artritis que le ha deformado las manos. Enterado de esto, el señor marqués ha mandado noticia al mayordomo para que busque un artesano que pueda hacer un trabajo digno del casal. Le han recomendado a un mozo veinteañero que vive en Cartagena, quien ha hecho muchas restauraciones de muebles antiguos en la ciudad y tiene fama de buen ebanista. Se lo espera en unos días y la niña María del Carmen está mirando fotos que ha traído de Madrid para decidir qué es lo que quiere para su juego de dormitorio.

Isabel escucha los comentarios pero lo único que le atrae de todo esto es el gran movimiento que va a haber en la casa, la actividad de este proyecto que se sumará a las refacciones y pinturas que ya están a punto de ser finalizadas para la nueva temporada de huéspedes y fiestas en el casal. Estará ocupada y no tendrá tiempo para pensar en las cosas que la frustran y le duelen. Como la terrible escena entre ella y José, en la casa de los tíos, cuando se gritaron a todo pulmón cosas que es mejor no recordar, en el fragor de la discusión sobre el malhadado viaje a Manila, a ese autoexilio totalmente innecesario que su hermano está por emprender.

Luis llega a Torre Pacheco temprano en el tren de trocha angosta que va desde Cartagena al norte. En la estación se detiene a comprar el periódico del pueblo, *La Tierra*, ya que sus amigos le comentaron que hay un artículo publicado sobre las actividades musicales del grupo Santa Cecilia, y se promete leerlo más adelante, deslizándolo dentro de la caja de la bandurria antes de colgársela en el hombro.

Se echa a caminar hacia el Albardinal, el barrio a dónde está el casal de los Fontes, en las afueras del pueblo. El sol aprieta como si fuese mediodía, calcinando la tierra seca del campo de Cartagena, que refleja la luz y enceguece. Hay un marcado contraste entre los sembradíos verdes, mantenidos y regados en su mayoría a noria, y el camino, ocre y polvoriento. Pasa plantaciones de olivos, un par de molinos de vientos y algunas viñas dorándose al sol y llega a los campos de los marqueses, sobre la Avenida del Platino.

Cuando divisa la casona respira aliviado, ya que la maleta de mano que contiene sus escasas ropas y neceseres le pesa después de la caminata. A la incomodidad general se suma el calor que le dan la chaqueta y la bandurria colgando en la espalda.

La casa está un poco retirada del camino y es una estructura grande, rectangular, de dos plantas, con balcones en el segundo piso y con un último piso de ventanitas rectangulares. Está rodeada de viejas y frondosas palmeras en parcelas muy cuidadas. Bellas matas de flores que, Luis está seguro, se calcinarán al sol en pleno verano dan color al ocre edificio. Algunos arbustos decorativos y muy verdes, que sobreviven gracias a un riego constante contribuyen a la impresión general de pulcritud del jardín.

El camino que lleva hacia la puerta principal es de piedras y en el frente de la casona se distingue el famoso escudo de los Marqueses de Torre Pacheco. Dividido en cuatro secciones, tiene dos torres en diagonal, una arriba a la derecha y otra abajo a la izquierda. Las otras dos secciones tienen franjas, tres lisas arriba al a izquierda y cuatro onduladas abajo a la derecha. Luis no cree en blasones reales y mira al escudo con aire burlón, mientras se dice: *Ay, estas gentes que por obra de Dios se sienten superiores a todos nosotros, ya que han tenido la suerte de nacer aquí y no del otro lado de la calle... sin otro mérito aparente...*

Entonces lo interrumpe el recuerdo de Consuelo, amonestándolo por sus obstinadas ideas liberales. Obediente, desecha de inmediato el pensamiento republicano porque viene determinado a caer bien y a conseguir el trabajo con buen salario que necesita y que le permitirá contribuir un poco más a la casa de sus padres.

Los Fontes tienen fama de buenos empleadores, de modo que él no puede elegir mucho. Es que no hay mucho para elegir en una Cartagena que parece haber entrado en el nuevo siglo con el pie izquierdo. Deja la valija sobre la piedra que hace de escalón de entrada y golpea la puerta con la aldaba. Está preparado para su nueva etapa laboral, con la mente en blanco y sin una idea preconcebida de cómo será esto de servir a unos nobles tan famosos como los marqueses.

Una mujer menuda y activa, quien se presenta como Antonia le señala una puerta lateral y lo hace pasar, guiándolo hasta un saloncito abierto a un patio interior. Allí le ofrece de beber. Él deja sus bártulos a un costado y se sienta a tomar aliento y refrescarse con el agua que ella recién saca de uno de los cántaros alineados en una galería lateral. El edificio es aireado, ha sido blanqueado a la cal no hace mucho, y los pisos de terracota están limpios y lustrosos, como en un convento de monjas.

Un par de empleados, un jardinero y una doncella joven pasan atareados y lo saludan sonrientes, como si estuvieran esperando al nuevo carpintero. Luis se siente más tranquilo y cuando Antonia vuelve, unos quince minutos más tarde, él ya está preparado para la entrevista y decidido a caer bien.

Para Isabel ha sido una semana de actividad sin descanso, los marqueses llegaron al casal con muchos planes para los dos o tres meses que permanecerán allí antes de regresar a Murcia para esperar el otoño.

Las niñas van a menudo a la costa a tomar el aire marino, y a disfrutar de la hermosa playa de Los Alcázares. Se trata de un viaje corto, y lo hacen en dos volantas tiradas por un caballo cada una, que cubren pronto los diez u once kilómetros que los separan de la playa. A menudo comentan que sería más divertido si pudieran usar la flamante Hispano–Suizo que el padre guarda con celo bajo techo, pero se conforman con los coches tradicionales.

En uno van las vituallas, asientos, sombrillas y mantas para armar el comedor campestre y en el otro van las señoritas con sus invitados si los hay. Por lo general parten a la mañana temprano y regresan tarde, justo antes del anochecer, para la hora de la cena. Isabel las acompaña casi siempre, y llevan alguna otra empleada para que atienda y sirva las viandas, además del cochero y su ayudante, quienes se turnan en el manejo.

La atención que las marquesas requieren es mínima en esas salidas, de modo que Isabel lleva siempre un libro para distraerse en las largas horas de la siesta, cuando la actividad es casi nula y todos descansan disfrutando a la sombra de la brisa marina. Es la hora de largas charlas y cuchicheos entre las niñas y sus amigas, en la privacidad que les da el amplio espacio a su alrededor. Hoy es un día particularmente lento y perezoso, de manera que la comitiva decide regresar un poco más temprano. Las muchachas bajan del coche y se apresuran hacia sus cuartos a refrescarse para la cena, y también a planear para el día siguiente, en que llegarán algunos huéspedes para quedarse durante una semana.

Isabel se apresura acarreando una de las canastas con libros y ungüentos faciales de sus amas por el corredor de entrada lateral a la casa, cuando al dar vuelta a una esquina se enfrenta de golpe con alguien que viene caminando en forma contraria. El encontronazo le hace tambalear y la canasta casi cae al suelo. El desconocido se repone inmediatamente, se disculpa y le ayuda a sostener el peso de la carga hasta que ella recupera el equilibrio. A lo sorpresivo del choque se suma la curiosidad de ella.

–Gracias, pero, ¿se puede saber quién eres tú?

Él sonríe ante la autoritaria actitud, lo que la fastidia un poco.

–Luis García Pérez, para servirte–. Mirándola de arriba abajo, agrega burlón, tal vez para contrarrestar la actitud de ella–. Y ¿se puede saber *quién* eres tú?

–Isabel, claro –responde casi sin pensar, con un tono que implica *por supuesto,* como si él tuviese que saber de quién se trata. E inmediatamente se sonroja. Sin saber por qué, el rubor sube a sus mejillas de golpe, y se siente absurdamente desarmada ante la sonrisa de él, una sonrisa de dientes parejos, acompañada por un brillo juguetón en los ojos que la hacen sentir como una tonta, justo a ella, quien nunca se ha sentido fuera de lugar ante un extraño.

–Mucho gusto de conocerte, Isabel, espero que no te hayas golpeado cuando chocamos.

–No... –iba a responder amablemente pero algo la hace reaccionar con soberbia, *quién se cree que es este extraño, de visita en una casa y con esa actitud burlona*, y le dice con el tono más despectivo que puede articular con este inexplicable desasosiego–: No creo que corresponda tutear a una dama cuando no se la conoce, señor García Pérez, particularmente en una casa extraña.

Luis hace un gesto de sorpresa y se repone enseguida.

–Mil perdones, señorita, no os quise ofender. No volverá a suceder–, e inclinando la cabeza sigue su camino, dando vuelta a la esquina del corredor mientras ella lo mira desaparecer con creciente furia contra sí misma por haber abierto la boca antes de pensar y haber arruinado un encuentro que bien puede no repetirse nunca más si es que el visitante se marcha.

Tiene que averiguar quién es el forastero. Inmediatamente. Apura el paso hacia la cocina, pero antes de entrar se encuentra con Antonia. La mujer viene caminando en sentido contrario, hacia la puerta por la que ya sale el perfume de la cebolla y el ají morrón frito que anuncia, antes de que los ojos alcancen a ver la actividad febril de los cocineros, que la preparación de la cena ya está encaminada.

—¡Isabelita! ¡Hoy regresaron temprano del mar! —le dice a modo de saludo.

—Sí, pero espera un momento, que tengo una pregunta, no te apures —dice ella, tomándola del brazo antes que entre, un poco nerviosa porque no quiere que se delate ningún interés en su voz—. Recién me crucé con un atrevido, un desconocido que iba de la cocina hacia la galería, dice que se llama Luis no me acuerdo cuánto. Por casualidad, ¿sabes tú quién es?

Ella larga una carcajada cantarina y le palmea el brazo.

—No te alarmes, muchacha, claro que sé quién es, es el nuevo carpintero, el cartagenero que reemplazará a don Joaquín y que va a hacer el juego de dormitorio para la niña María del Carmen.

—¿Y cuándo es que llegó a la casa?

—Esta mañana, por supuesto. Tú estabas en Los Alcázares con las niñas.

—Y ¿qué? ¿Entonces se queda? ¿Lo han empleado ya?

—Pues claro —dice Antonia, y mientras la mira de frente, una chispa de picardía se enciende en sus ojos y la piel arrugada de sus mejillas se extiende otra vez en una sonrisa — claro que se queda... y es guapo, ¿no?

—Ay, qué va a ser guapo. Es un atrevido. Si vieras como me habló, como si me conociera de toda la vida.

—Y tú no le dijiste nada, ¿no?

—Pues claro que le dije. Lo puse en su lugar.

La sonrisa de la mujer se convierte en una risa divertida y se vuelve para seguir su camino mientras Isabel, molesta, la sigue, tratando de cortar por lo sano cualquier suposición que esta mujercita esté haciendo sobre ella y ese atrevido recién llegado de Cartagena:

—Mejor que ese imberbe se cuide bien si es que se cruza conmigo.... —Pero ya Antonia no la escucha, porque está respondiendo alguna pregunta que le llega entre el ruido de cacerolas y voces que llenan la amplia cocina.

Isabel se dirige, todavía ruborizada, hacia los dormitorios, para limpiar la canasta para el día siguiente y también para refrescarse antes de la cena. La cena. Si Luis trabaja en la casa él va a estar en el comedor de servicio, con los otros. Lo verá nuevamente y la memoria de su sonrisa la pone nerviosa, se mira al espejo y tiene las mejillas arreboladas.

Qué tontera, se dice, *cómo me pongo así por un extraño que se cruzó conmigo por* solo *dos minutos...* Pero corre hacia el ropero para elegir qué vestido de diario va a ponerse para la cena sin despertar sospechas entre los otros empleados de la casa, aunque suficientemente atractivo como para que él la mire y la vea bonita. ¿Bonita? No se piensa bonita, aunque se lo han dicho muchas veces. Cada vez que escuchó ese halago y alguien quiso acercársele, ella entró en pánico y atinó solamente a rechazarlo, incómoda. Ha desechado varias invitaciones a salir desde que llegó al casal. Ella no sale con desconocidos. Nunca más desde aquel día, hace tantos años.

Aquel jovencito, recuerda, allá en Almería, antes de la visita del tío Rodrigo, antes de entrar en la casa de los Fontes. Eran casi niños, y cuando él le dio un beso furtivo e inesperado ella no quiso que la acompañara por la calle nunca más. Aunque después no podía borrarlo de su mente. *Esto será lo mismo*, se dice, *no quiero dolores de cabeza. Y menos con un atrevido como este Luis.* Con una sonrisa evoca a tía Josefa, repitiéndole: *Niña, nunca te dejes tocar por nadie, guárdate para quien sea el hombre especial con el que vas a casarte.* Por ese lado ella no tiene problemas. Pocos se han acercado ya que la barrera de hostilidad con la que ella se rodea ha sido una buena coraza. Al menos hasta ahora, se dice, un poco confusa por lo que siente.

A pesar de asegurar ante el espejo una vez más que no hay nada de especial en la cena de esta noche, se demora más de lo necesario en el peinado y antes de salir se pellizca las mejillas y mordisquea levemente los labios para darles color, aunque sabe que no lo necesita. Todavía siente el rubor de las mejillas que comenzó esa tarde, cuando tropezó con el desconocido.

Luis da vuelta a la esquina del corredor, todavía un poco picado por la agresividad de la muchacha, pero con el corazón agitado, y la premeditada sonrisa que dice: *La verdad es que no me interesas,* todavía solidificada en los labios. En los ojos asoma ahora una chispa conspiratoria; si ella trabaja en la casa, este contrato va a ser más interesante de lo que había pensado. La bonita figura de Isabel lo atrae. Es alta, casi como él, elegante y con una boca sensual. El talante orgulloso y majo evidencia una fragilidad que Luis está seguro yace no muy lejos de la superficie. Las mujeres displicentes son las más atractivas para él. La próxima vez que la vea va a preguntarle si gusta del teatro, y quien sabe, ese puede ser un tema afín.

Pero ahora tiene otras cosas en la cabeza. El día ha sido intenso, desde su llegada hasta el choque con Isabel. Qué día. Todo pinta bien hasta ahora y su impresión de los señores de la casa ha sido buena. Imaginándolos despreciativos, se encontró frente a frente con el señor marqués y se llevó una sorpresa. Sintiendo que la transpiración le corría por los costados del cuerpo a fuerza de controlar los nervios que intentaban paralizarlo, no atinó a responder más que con monosílabos, pero el señor marqués fue tan sencillo y amable que lo desarmó totalmente. Tenía muy claro lo que su hija quería, y había ya un dibujo del proyecto preparado por alguien en Murcia, lo que facilitó el intercambio y las instrucciones.

El taller del casal, como don Jacinto le anticipara, es cómodo y tiene herramientas nuevas y de buena calidad. Le han puesto a su disposición un ayudante aprendiz de unos quince años que parece voluntarioso y alerta. A la hora del almuerzo el mayordomo lo guió hasta la amplia mesa del fondo de la cocina, a donde comen los empleados y la que él calcula puede albergar en forma holgada a unas veinte personas.

Cuando Luis llegó ya estaban sentados a la mesa ella unos diez servidores y Antonia se los presentó. Ellos le dieron la bienvenida con saludos amables y le explicaron que algunos empleados estaban trabajando afuera, en el campo.

—A la hora de la cena todos estarán en la mesa —explicó la mujer—. Son ocasiones más complejas que los informales almuerzos. Nosotros comemos una vez que los señores de la casa han terminado su cena y el señor marqués se ha retirado a la biblioteca a fumar con los demás caballeros.

Mientras comían él se enteró de que la rutina de las cenas cambia y se acomoda de acuerdo a las necesidades de la ocasión, como cuando los marqueses dan fiestas o reciben visitas importantes. Luis escuchó con divertida curiosidad los rituales de los nobles, tratando de mantener el rostro serio y asintiendo en forma amable a las explicaciones de la voluntariosa Antonia, sentada a su lado. Más tarde el mayordomo lo acompañó al cuarto que le asignaron y que comparte con otros tres.

Las camas son limpias, cómodas y cada uno tiene un buen espacio, cerrado con llave, en el alto ropero que cubre casi todo el ancho de la pared de atrás. Hay un cuarto anexo de lavatorios de uso común para los hombres, pulcramente blanqueado a la cal y con una bomba de agua de mano. Todos los ambientes son amplios y aireados, y hay un tufillo a suelo fregado con lejía, que le hace a Luis restregar sus botas en las alfombrillas de yute en forma minuciosa para no importunar, antes de entrar a un ambiente cuando viene de la galería exterior.

Mientras acomoda sus pertenencias en el armario que le han asignado, Luis hace cálculos mentales de cómo va a arreglarse para salir cuando tenga ensayos con la gente del teatro. Tiene que hablar con el mayordomo o con Rosa sobre este tema, y dejar bien en claro que necesita su tiempo libre. Ya se arreglará para ver cómo llega desde Torre Pacheco hasta Pozo Estrecho en corto tiempo. Volviendo de hablar con Rosa se ha cruzado con Isabel. No se ha atrevido a preguntar detalles sobre ella a nadie, pues no tiene confianza todavía como para esas cosas.

Cuando llaman a la cena él se dirige hacia el comedor, un poco ansioso por ver otra vez a la bella muchacha y seguro de que ella ni lo va a mirar, si es que el encuentro de la tarde fue alguna indicación de cómo van a ser las cosas de ahí en adelante. Pero no se descorazona. Tiene tiempo y confía poder pulir esa superficie áspera de ella y llegar hasta su corazoncito, que debe ser aún más dulce y tierno por lo difícil que parece la ruta.

Siempre y cuando no tenga dueño, se dice. Pero tonto, cómo se le ocurre que una muchacha como ésa no va a tener novio. *Seguramente que hasta está comprometida para casarse.* Tiene que averiguar todos estos detalles antes de hacer un movimiento. Cuando avance en este tablero tiene que ser con todas las de ganar. Por ahora decide mantenerse en observación y no dar a entender más de lo necesario.

Desde la ventana de su cuarto Isabel ve llegar a los huéspedes en sus automóviles. Hay un revuelo de motores y se escuchan los gritos de los servidores del casal quienes, aunque están acostumbrados al estruendo de los nuevos coches a motor, siempre se ponen nerviosos si no es el conocido Hispano–Suizo del señor

Fontes. La vaga alarma general es producida por los sonidos a explosión que emiten y los bocinazos a los que son proclives los *chauffeurs,* el nuevo nombre que los cocheros tienen cuando están manejando las máquinas metálicas y se colocan esas ridículas antiparras con elástico atrás para protegerse del viento.

Chauffeurs, o *como sea que se pronuncie la bendita palabra, ya que aquí nadie habla francés, salvo los marqueses y el mayordomo,* piensa Isabel, mirando por la ventana hacia el camino de entrada del casal a donde los dos automóviles han parado. Las flamantes máquinas brillan a pesar del polvo del camino.

El señor marqués ha salido a saludar a los ilustres invitados y por detrás las niñas y el niño Fernando, quien está esperando también a su prometida, la que va a llegar con sus padres de visita. No es para menos la algarabía, con tanta gente importante. Entre abrazos, besos, risas y bienvenidas, Isabel divisa bajo una amplia capelina y un liviano velo blanco la imponente figura de doña María Guerrero y su esposo, don Fernando Díaz de Mendoza, quien ahora le da el brazo para bajar del automóvil. Isabel disfruta mucho cuando esta familia viene a la casa. Son dos de los más famosos actores del teatro español y además están emparentados con los Fontes, de modo que todos los años se llegan hasta el casal a pasar un par de semanas y tomar el aire marino. Esta vez vienen con sus dos hijos, Fernando y Carlos, quienes se quedarán solo por unos días para regresar a Madrid mientras los padres continúan con sus vacaciones.

Detrás de la cortinilla de su cuarto Isabel los mira dar órdenes a los empleados mientras éstos bajan los baúles de una de las máquinas brillantes, y recuerda la conversación de anoche durante la cena en la cocina. Algunos murmuraron que la formidable María domina a los muchachos al punto de no permitirle a su hijo mayor, Fernando, casarse con la mujer que dio a luz un hijo de él. Otros se enojaron y respondieron que son solo rumores. Ella en particular no puede creer que una dama tan admirable y dotada de esa gracia y talento pueda ser tan cruel con uno de sus hijos, también un actor famoso por derecho propio, de modo que desecha el rumor de su mente. Se los ve tan felices. No puede ser que tengan conflictos tan dolorosos entre ellos. Son casi perfectos, bellos, lujosamente vestidos... Isabel desea con toda su alma llegar a tener una familia así.

Hablando de deseos, su mente vuela a lo que fue el momento más importante de la cena de anoche, cuando el atrevido del nuevo empleado, Luis, entró a la cocina y se sentó a la mesa al lado de Antonia, justo en frente y la miró a la cara y le sonrió amable con esos ojos burlones y chispeantes. Ella supo que el rubor le había subido a la cara nuevamente, y dio gracias por la escasa luz de las lámparas de gas. Recordó la cara socarrona de la otra, que parecía obstinada en hacerle pasar vergüenza delante del forastero, fingiendo presentárselo, cuando bien sabía que ya se habían conocido esa tarde.

Ya voy a arreglar a ésta apenas pueda, se dijo mirándola con recriminación. Pero ahora, pensándolo bien, Luis se había comportado como un caballero durante toda la noche. Le alcanzó el pan un par de veces, le sirvió agua y hasta le ofreció vino. Se retiró temprano, de manera que no pasó nada memorable. Pero ella volvió a su cuarto con un desasosiego inusual, totalmente confundida y sin ganas de leer nada antes de dormirse. Así se despertó por la mañana, pensando en él. Estaba volviéndose loca. Nunca había sucedido algo como esto en toda su vida. Una vida en la que los hombres estaban totalmente fuera de sus planes. Una vida en la que los hombres siempre se marchaban lejos; o bien morían, o se iban y lo abandonaban todo. *Menos tío Carlos, claro, pero él es una excepción a la regla.*

Dejando caer la liviana cortina de la ventana, sale y se apresura a bajar la escalera para atender a los huéspedes que necesitan asistencia para ubicarse en sus cuartos y con ello trata de distraerse. Es inútil, durante toda la mañana la sonrisa de Luis y detalles que aparecen en su mente de golpe y sin razón alguna la distraen de sus tareas y ella se encuentra otra vez pensando en él. Como por ejemplo cuando él comentó en la mesa que tocaba la bandurria y le pidieron que algún día les ejecute algunas piezas, a lo que él respondió con una sonrisa entusiasta, y entonces ella le miró las manos, reparando en que son bellas, fuertes, de dedos largos y elegantes. Vuelve a sacudirse de la mente el recuerdo. ¿Qué le pasa? ¿Es que no puede hacer nada sin volver a pensar en ese desconocido? De pronto la idea de verlo en cada almuerzo y en cada cena de ahora en más la tranquiliza, e inexplicablemente, la hace feliz, y de pronto se encuentra tarareando para sí una canción de zarzuela que había olvidado que existía.

Lo que comenzó como un flirteo superficial y corriente para Luis, al cabo de un mes se ha vuelto peligrosamente serio. Mientras termina de pulir una pieza del juego de dormitorio que ya ha restaurado y que está listo para ser ubicado en uno de los cuartos de huéspedes cuando él termine el nuevo juego, su mente vuelve una y otra vez a Isabel y al hechizo que esta mujer ejerce sobre él. Lo tomó por sorpresa, ya que nunca pensó, aquella noche cuando le robó el primer beso a la luz de la luna, que en tan poco tiempo llegaría a este estado miserable. No se ha sentido así desde la época en que cortejaba a Carmencita, aquella muchacha de su barrio que hace tantos años lo abandonó para casarse con otro.

Con Isabel la cosa se puso seria aquella noche, después de una larga charla de sobremesa, cuando intercambiaron más sonrisas que de costumbre. Ella probó un poco del vino que le ofrecieron y tenía las mejillas sonrojadas y la sonrisa fácil. Todos estaban de buen humor, reflejando la alegría de los señores, quienes tenían una tertulia animada y escuchaban a uno de los huéspedes tocar el piano en el salón de música. El niño Fernando había pedido la mano de su novia y estaban planeando la boda para dentro de algunos meses. El humor de todos era excelente y se contagiaba a las estancias del servicio.

En la cocina se organizó una partida musical de sobremesa, y salieron al patio de atrás con sus sillas y bebidas para escuchar un poco de guitarras y cantos flamencos. Uno de los peones del casal, un jovencito con el que Luis intercambiaba ideas sobre música comenzó con las familiares coplas cartageneras, para terminar acompañado por otros en fandangos, malagueñas y cantes mineros. El aire era de regocijo y gracias al vino que corría en abundancia los ánimos estaban alegres y amigables como para continuar la velada.

Luis se sumó a los festejos con su bandurria y cuando la luna estaba alta en el cielo y ya los de más edad comenzaban a retirarse, él se atrevió a proponer una caminata por los jardines del costado de la casa. De inmediato se sumaron con agrado cuatro o cinco más y se armó un grupo que tarareando letras de zarzuelas y todo se echó a caminar a la luz de la luna.

De regreso, sin siquiera proponérselo, los dos quedaron rezagados y en cierto momento, mientras ella hablaba de algo que no recuerda ahora, Luis la tomó por la cintura y de frente, mirándola a los ojos la acercó hacia él. Ella lo miró con sorpresa pero había algo en su gesto que lo alentó a seguir. Le dio un beso en los labios, primero suavemente y después al sentir que ella le respondía y que la tensión de su tibio cuerpo se aflojaba con la presión de su brazo, la besó con toda la pasión que había acumulado en tantas semanas de mirarla y desearla a la distancia.

Después de separarse regresaron en silencio, siguiendo a los otros, quienes charlando animadamente no habían reparado en lo que sucedió. Con la frágil mano de ella dentro de la de él, sintiendo el temblor de ese cuerpo que solo un momento atrás había tenido entre sus brazos, Luis pensó que estaba tocando el cielo con las manos. Al día siguiente ambos actuaron como si nada hubiese sucedido, pero Luis notó que Antonia fue la primera en darse cuenta de que algo había cambiado aunque no dijo palabra, y él apreció su silencio.

Hoy después de un mes del beso, y de otros encuentros furtivos y ansiosos, en los que un par de veces pudo besarla de nuevo como si estuviese cometiendo un pecado, la ha invitado oficialmente al teatro de Pozo Estrecho a donde el grupo de Narciso Ibáñez Contada estrena una comedia. Ha solicitado permiso a las niñas para llevarla y traerla, y de acompañante él ha invitado a Antonia para que la salida nocturna sea posible. Le han prestado una volanta con capacidad para cuatro pasajeros y en algún momento de la noche piensa pedirle formalmente que sea su prometida. Es la única forma en la que podrá cortejarla sin estar escondiéndose de todos.

Anticipando la escena él está nervioso y no quiere cometer errores. Esta mujer le hace perder el sueño, no tiene paz si no la ve mañana, tarde y noche, aunque sea de pasada. Los días de playa con las niñas y los huéspedes son un infierno para él. Sueña con su boca, su piel, con abrazarla. Por un breve tiempo pensó que podía sustituir su presencia con alguna otra muchacha que conociera en sus idas y vueltas a Pozo Estrecho o a Cartagena, cuando va a visitar a la familia. Pero no. Ninguna es como ella. No quiere ni intentarlo. Hasta le han entrado celos, y por alguna inexplicable razón ha comenzado a observar de cerca a todos los que los rodean. Quién la mira mucho, quién puede ser que le dispute su afecto, y aunque no ha encontrado a nadie que ella remotamente pueda mirar con interés, él sigue alerta, por las dudas. Le pasan las ideas más locas por la cabeza. Fantasea con llevársela lejos, armar un mundo aparte para los dos. Pero tiene que lidiar con el presente, de modo que comienza por hacer planes pequeños, paso a paso.

Nunca pensó al tomar este trabajo que se encontraría encadenado de esta forma a un sentimiento tan fuerte. Y pasa de la desesperación a la felicidad más completa cuando evoca las miradas de ella, los gestos furtivos, las sonrisas dirigidas solo a él, el roce de esos labios de fuego sobre los suyos.

De mujeres complejas o simples

Es domingo y Luis llega a la casa paterna para el almuerzo semanal ensayando para sus adentros cómo va a informar a sus padres que ha tomado una decisión trascendental sin haberlo consultado antes con ellos. Les quiere presentar a Isabel, pero teme que la encuentren demasiado independiente. Las muchachas que lo han rodeado hasta ahora son formales y simples, pero Isabel es distinta, franca, y tiene opiniones formadas. Precisamente por eso él está loco por ella y no puede perderla.

Cuando el almuerzo termina y Consuelo trae las frutas secas él se decide.

–Quiero deciros algo importante.

Los padres lo miran atentos y Ginesa y Paco dejan de hablar entre ellos para no perder palabra.

–Ya os hablé de Isabel Cintas Benavidez, la muchacha que trabaja en la casa de los marqueses.

–Claro que sí–, dice la hermanita con una sonrisa pícara– esa es la muchacha que te sorbe el seso, ¿No?

Luis la mira con represión y Consuelo le hace un gesto admonitorio para callarla.

–Quiero que sepáis que estoy cortejándola formalmente. Ya hablé con las señoritas Fontes, ya que Isabel es muy apreciada en la casa. Y ellas me han aprobado–. Mira a su alrededor y encuentra cuatro pares de ojos fijos en él–. Bueno, pues, es que quiero que la conozcáis por fin.

–Pero claro, hijo, nosotros queremos conocerla –dice sonriendo Francisco, dándole una palmadita de aliento en el brazo–. ¿No es así, Consuelo?

La madre se repone de la sorpresa y asiente enfáticamente.

–Claro, por supuesto, queremos conocerla Luisillo, tráela a casa.

Luis suspira aliviado y se prepara a escuchar las bromas inocentes de sus hermanos, aunque sabe que lo peor no ha pasado. Desea fervientemente que la acepten y la quieran como él, pero conoce bien las ideas tradicionales de su madrastra.

–Cuando vosotros me digáis.

Francisco y Consuelo se miran entre sí, y por fin él dice:

—Tráela un domingo a almorzar, hijo. ¿Te parece bien, Consuelo?

—No sé, cuando tú digas, cuando sea, claro—. Y vacilando un momento, agrega—: Espero que nuestra modesta casa no le parezca demasiado poco...

—Madre, ¡Cómo dice eso! —pero se controla, porque Consuelo parece sinceramente apenada—. La traeré el domingo que viene, si no os parece mal.

—Ay, qué apuro tienes —dice Ginesa codeando a Paco y ambos se echan a reír aún más cuando notan la turbación de Luis—. Vamos, que todos queremos conocerla. Estaba bromeando, Luisillo, no te lo tomes así.

—Entonces vas en serio con esa joven —le dice Consuelo mirándolo a los ojos—. ¿La conoces bien? ¿Es una buena muchacha?

—Trabaja en el casal desde hace años. Todos la aprecian mucho, y en particular las marquesas. Es bella y muy inteligente, madre, estoy seguro que os va a caer bien.

—¿Tú la quieres? —pregunta ella, todavía con los ojos fijos en él.

—Sí—. Luis vacila, pero sabe a qué lleva la pregunta—. Y también pienso casarme con ella, si es que me acepta cuando se lo proponga.

—Muy bien, hijo, muy bien —intercede Francisco—. No vemos la hora de conocerla entonces.

Consuelo le sonríe con la mejor buena voluntad que puede y el padre le guiña un ojo conocedor a sus espaldas, para tranquilizarlo.

El domingo siguiente Luis llega a la casa trayendo a Isabel del brazo. Han bajado en la estación de trenes y tomado el tranvía eléctrico para acercarse al barrio. Es un día de verano calcinante e Isabel se ha puesto un vestido liviano de lino pero las botitas y las medias son de rigor, de modo que Luis quiere evitarle el sofocón que seguramente sufrirán ambos si caminan al sol.

Estás bellísima lo susurra él, complacido.

Ella sonríe coqueta y cierra el abanico. El aire que entra por las ventanillas abiertas les refresca un poco la piel húmeda y ella se pasa un peine para acomodar algunos cabellos sueltos en el prolijo peinado de rodete que se ha hecho.

—Estoy un poco nerviosa, Luis. ¿Tú crees que gustarán de mí?

–¡Seguro que sí! Ni lo dudes –responde él, apretándole la mano para darle confianza.

El tranvía baja por la calle Del Duque y ellos descienden en la esquina de Montanaro y caminan calle abajo. Más adelante comienzan las terrazas que le dan un aire medioeval a la calle y terminan cerca de la Plaza de Toros, junto a la muralla de la ciudad. La vía empedrada baja un escalón cada tantos metros y ellos se detienen frente a la casa paterna. Antes de que Luis abra la puerta de calle, Isabel le oprime el brazo y fuerza una sonrisa, inhalando aire como si necesitara serenarse. Él le besa la mano y abre, dándole paso con una inclinación galante y suben la escalera en silencio hasta el primer piso.

Apenas Isabel y Luis se marchan, después del abundante almuerzo que Consuelo ha preparado con la diligente ayuda de Ginesa, Francisco se sienta en su sillón favorito y los demás se arremolinan en sillas alrededor de él. Afuera cae la tarde y se escucha el bullicio de los vecinos que salen a tomar el fresco. Una guitarra suena a peteneras en una casa vecina y el rasgar de las cuerdas flamencas entra por las ventanas dando marco a los ruidos callejeros.

–¿Y? –aventura Ginesa, la más atrevida–. ¿Qué os parece Isabel? ¿No es bella? ¡Y qué hermoso vestido de lino llevaba! A que es un regalo de las señoritas marquesas, debe costar una fortuna.

–Bueno, como bella, tan bella no es... –comenta Paco encogiéndose de hombros–. Es bonita, sí, pero nada especial. Un poco alta para Luis, si me preguntáis.

–Yo sí creo que es especial –continúa Ginesa–. Me gusta mucho lo desenvuelta que es.

Consuelo intercambia miradas con Francisco, quien le sonríe, conocedor.

–Vamos, Consuelo –dice él–, estamos esperando tu opinión.

Ella mira a los tres y no puede evitar mover la cabeza en un gesto desaprobador.

–¿Madre? –frunce el ceño la hija–. ¿Qué no le ha gustado de ella?

–Bueno, si vosotros me lo pedís así, os lo digo. Francamente. Me pareció una soleta, demasiado desparpajo para una muchacha casta. Las niñas decentes no hablan así, ni opinan de esa forma, como los hombres, vamos.

Ginesa echa una carcajada, pero viendo el gesto serio de Consuelo, se contiene.

—A mí no me lo pareció, madre —afirma, sabiendo que el padre está de acuerdo con ella— Qué queréis que os diga, Isabel me gustó. Y esa soltura para opinar, parece una dama acostumbrada a lucirse frente a la gente. Ojalá tuviera yo esa osadía.

—Por suerte no la tienes —dice Consuelo con voz tajante—. Una señorita no actúa así frente a gente desconocida.

—Consuelo, no creo que sea para tanto —interviene Francisco— y Luisillo la adora, se le ve en la cara. Si ellos se llevan bien, ¿quiénes somos nosotros para opinar?

—¿Cómo, quiénes? Sus padres. Eso somos, sus padres. Y podemos evitarle que cometa un error.

—Madre seguramente tiene sus razones —interviene Paco—. Yo también la encontré un poco atrevida, hablando de política como los hombres en la fonda. Luis puede hacer lo que quiera, pero yo no elegiría una muchacha así.

—Esa mujer puede llegar a dominarlo—, insiste Consuelo—. Luisillo es muy bueno y no tiene un carácter muy fuerte—. Y mirando de frente a su marido—: Francisco, prométeme que vas a hablar con el chaval apenas regrese a la casa.

Él se encoge de hombros.

—No me pongas en esa situación, mujer. Déjalo así. Si él la quiere, pues nada lo va a convencer de que ella no es para él. Y no lo mencionemos frente a Luisillo, pues no quiero que se sienta desdichado por culpa nuestra ahora que se lo ve tan feliz.

Cuando Isabel abre los ojos está amaneciendo. Todavía no entra luz por los postigos de la ventanita de su cuarto pero ya se escucha el canto de los pájaros en el jardín. Un gallo cacarea, estentóreo, avisando que llega el día. Es un día especial. Nada puede ser igual de ahora en adelante. Anoche se ha prometido a Luis y hoy es la mujer más feliz del mundo. Los pequeños terrores que la acosaron cuando comprendió que lo amaba locamente se han diluido en la distancia. La magia de la mirada y la sonrisa de él han roto el encantamiento que la ataba desde que sus padres murieron, y ella se ha librado de ese miedo.

Luis me ama, y no solo me ama, porque eso ya lo sabía, me lo habían dicho sus besos. No solo me ama, sino que quiere que sea su esposa. La emoción es tan grande que si lo piensa mucho se le hace un nudo en la garganta y le brotan lágrimas. Lágrimas de felicidad.

A ella, que siempre pensó que llorar de alegría era un invento piadoso de los escritores de novelas. Pero no. Es real. Ella hoy lo sabe. Anoche ha llorado de felicidad por primera vez en su vida.

Todavía se estremece al recordarlo.

Luis, mirándola de frente, le tomó las dos manos dentro de las suyas, levantadas como para hacer una plegaria, y le murmuró con voz ronca de emoción:

−No puedo vivir sin ti, quiero que te cases conmigo. ¿Me aceptas?

Ella tenía sus ojos en los de él, leyendo el ruego, la esperanza y hasta un tinte de temor. Y luego del sí, que no recuerda ni cómo lo dijo, la luz iluminó la mirada y la sonrisa de él, contagiándola con una magia desconocida que los unió de pronto, y que ella no imaginó que pudiera existir entre dos personas.

Salta de la cama y tararea una copla mientras se lava la cara con el agua fresca de la jarra, que hoy hasta le parece perfumada porque todo es bello y grato a los sentidos.

Una sola nubecilla en el horizonte empaña un poco este panorama y ella la desecha porque ahora no puede permitir que nada se interponga en este camino que va a emprender. Está segura que con el tiempo la familia de él, en especial Consuelo, va a aceptarla como una hija. Ella va a hacer todo lo posible para que la quieran.

Isabel se viste con prolijidad. Hoy Luis va a hablar con las niñas de la casa para pedir su mano en matrimonio. Las marquesas están al tanto del romance y la han alentado, pues quieren verla feliz. Le han dicho que van a ayudarla en todo lo necesite. Y ella siente gratitud por estas mujeres que le han tomado tanto afecto y la tratan con cariño. Los Fontes le han dicho que si se casa ellos esperan que se queden a vivir en el casal al menos por un tiempo, hasta que Luis termine los muebles de estilo que está construyendo. Y como están más que satisfechos con su trabajo, ella no ve razón para marcharse a ningún lado. Esta es su casa, lo siente de veras. Aunque de ahora en más y a partir de la boda, su hogar será al lado de Luis.

Se mira en el espejo y sonríe. El futuro es un luminoso camino adelante. Corriendo, baja las escaleras para encontrarse con él.

El núcleo familiar

Fijan la boda para el último fin de semana de febrero de 1908. El viernes veintiocho, los novios cumplen con la simple ceremonia de casamiento por civil, en el registro de la ciudad de Cartagena.

Al día siguiente Isabel camina hacia el altar del brazo de tío Carlos, el único hombre de su familia. Él y la tía Josefa han llegado desde Almería pero los primos no han podido venir. La situación económica de la familia es muy precaria, como siempre, e Isabel aprecia y agradece el esfuerzo que han hecho sus padres substitutos para estar junto a ella en este momento tan feliz de su vida. El gran ausente es José, el hermano querido que ha dejado todo para correr en pos de una quimera en un país extraño y lejano. Con un suspiro profundo ella trata de borrar esta sombra para que Luis no note su pena.

Josefa se deshace en lágrimas cuando Carlos la guía hacia la mano extendida de Luis, quien la está esperando emocionado frente al altar. Carlos se ubica a un costado, junto a su esposa. Ambos se miran por un instante unidos en la ternura compartida por esa sobrina que es casi una hija para ellos.

Ella lleva un simple traje largo de encajes color crema, con una mantilla prendida de una cinta al oscuro cabello recogido en un rodete alto y tiene las mejillas arreboladas por la emoción. Luis lleva un traje negro con chaleco y se nota que hace un esfuerzo para parecer calmo.

Del otro lado de los novios están ubicados los padres de Luis, Francisco y Consuelo. Josefa los mira de reojo con aprobación, ya que cuando Isabel se los presentó dos días atrás a su llegada a Cartagena la simpatía mutua entre las dos parejas fue instantánea. El organista ha terminado de tocar. El sacerdote oficiante se aparta del altar y se aproxima a los novios para comenzar la sencilla ceremonia religiosa.

Las señoritas marquesas han contribuido a que las celebraciones sean memorables para los amigos y familiares de los novios, poniendo a disposición de todos los invitados la cocina y el área del comedor de servicio. Cuando la comitiva llega al casal, el amplio salón está decorado con flores y moños, y la vajilla de loza que se usa en los días de fiesta está ya ubicada. Los empleados del casal que no han ido a la iglesia están esperando, vestidos con ropas domingueras y luciendo alpargatas nuevas, a que la comitiva llegue y se siente a la larga mesa.

El menú es variado y gracias a la buena organización de Rosa todos los miembros del servicio doméstico puedan disfrutar, alternándose, de un rato compartido en la celebración.

A la hora de los postres los dueños del casal pasan a saludarlos y a brindar por los recién casados. La presencia de los Fontes pone una nota formal y también emotiva cuando el señor marqués levanta su copa para desearles un venturoso futuro. Después de que los señores se retiran la fiesta continúa por algunas horas más, y hacia el atardecer los invitados comienzan a marcharse.

Gracias a la munificencia de sus protectoras, Isabel y Luis parten hacia la cercana costa del Mar Menor, a donde pasan tres días inolvidables en una pequeña fonda para veraneantes que en esta época del año está casi vacía de huéspedes. Es un regalo infrecuente hacia la servidumbre y no faltan en el casal algunos comentarios a media voz en contra de la doncella andaluza a la que se le ha permitido todo desde que pisó las tierras de Torre Pacheco.

Los recién casados, totalmente ajenos a las quejas y comidillas, disfrutan de la paradisíaca soledad que les brindan las playas. Esas arenas tan concurridas durante la temporada estival, a principios de marzo son una inmensidad solitaria barrida por la fresca brisa marina. Ellos caminan por las mañanas y se acurrucan por las tardes junto a los crepitantes leños del hogar, tejiendo planes y proyectos para el futuro. Pero sobre todo, maravillándose de la dicha de estar juntos.

De regreso al casal la nueva pareja retoma sus labores habituales. Lo único que ha cambiado con respecto a la situación anterior es que Luis ha movido sus bártulos del dormitorio que compartía con los otros empleados al de Isabel. Las niñas les han otorgado una habitación un poco más amplia que el antiguo cuarto, con una cama doble, una cómoda y un ropero más grandes. Para los recién casados es un lujo que aprecian y valoran, en particular Isabel, quien se siente protegida y al mismo tiempo se siente obligada hacia ellas. Esos sentimientos en algunas ocasiones producen un escozor de inquietud en Luis, quien sin confesarlo teme que todos los beneficios que llueven sobre sus cabezas vayan a tener que ser pagados en algún momento con la valiosa prenda de su independencia.

Hasta ahora él ha logrado ocultar sus dudas. No quiere hacerle saber a ella sus más íntimos pensamientos, por temor a que sean malinterpretados como celos. Porque él no se considera un hombre celoso y trata de ser razonable, tal como su padre. Aunque para con Isabel sus sentimientos son tan avasalladores que a veces fantasea con llevársela lejos, a un lugar remoto y desconocido, para que solo le preste atención a él.

Si bien se le hace más difícil ahora, porque no quiere dejar a su mujer sola ni un minuto, ha seguido participando esporádicamente de la banda de música de Pozo Estrecho, como reemplazante cuando falta alguien en los instrumentos de cuerda.

Una noche, después de una representación de teatro y mientras toman un bocado en la fonda del pueblo, Luis les confía a sus amigos.

—Es una mujer tan maja, y soy tan afortunado. Pero esos señores que tiene por amos, en fin...

—No te preocupes–, le había dicho Narciso, entre vino y vino, dándole una palmada en el hombro–: todos los hombres sentimos así cuando nos llega la hora. Una hembra nos sorbe el seso por completo. Es nuestro destino. Y no te preocupes por los Fontes, que seguramente no serán peores que si te hubiera tocado una suegra con mala cara y peor carácter.

Los otros asienten. Todos han vivido algo similar.

—Nunca me pasó algo así –protesta Luis, arrastrando un poco la voz, por el vino y tratando de hacerse oír en el bullicio de la mesa llena de amigos–. No puedo decirle que no a nada.

—No es malo que suceda –le había asegurado Narciso– mientras ella no te quite de lo que realmente te importa... quiero decir, basta que no renuncies a tocar en la banda, hombre, que eso es lo importante.

—Claro que no. Nunca. Tenlo por seguro.

—¡Choca esos cinco entonces!

Con un coro de risotadas de fondo ambos se estrechan la mano, con el aire solemne de los mareados, ojos vidriosos y gestos excesivos.

A principios de mayo la primavera ha llegado a los campos de Cartagena y las plantas silvestres que las lluvias han hecho brotar por todas partes están en plena floración. En la huerta del casal la música de fondo del zumbido de las abejas, atareadas con su labor, llena el aire de expectativas para el verano que se avecina.

La construcción del juego de dormitorio de estilo al que Luis está dedicado con precisión y detalle sigue avanzando en forma lenta ya que él también hace algunas labores de mantenimiento de carpintería en el casal. Nadie parece tener apuro porque él termine el encargo principal, pero Luis ya está evaluando si es que quiere quedarse a trabajar para los marqueses una vez que haya terminado con el pedido que lo trajo a Torre Pacheco.

Una noche, después de la cena, cuando ambos se retiran a su cuarto, Isabel, dándole la espalda, dice con aire que quiere ser distraído pero con cierto temblor en la voz:

—Luis, esta tarde Rosa me trajo unas agujas finas para tejer y cuando se hagan los encargos para la ciudad voy a hacerme traer algunas madejas de lana.

Luis alza los ojos del reloj al que está dando cuerda a la alarma para el día siguiente y los fija en ella.

—Ah, ¿Sí?

El comentario le parece un detalle irrelevante. Isabel a menudo teje prendas al crochet o a dos agujas en sus ratos libres.

—Sí. Pero esta lana va a ser distinta, va a ser de una fibra más fina y delicada —continúa ella, volviéndose y mirándolo a los ojos— lana para ropa pequeñita...

Sobresaltado, Luis deja el reloj sobre la mesa sin mirar y tan rápido que golpea levemente la jarra de agua. Sin reparar en ello, se acerca a Isabel.

—¿Me estás diciendo... lo que yo creo que me estás diciendo? —pregunta, emocionado.

Ella asiente con los ojos brillantes, húmedos, mientras él la abraza con fuerza y ambos giran en una danza silenciosa, al compás de la íntima, maravillosa música que ambos perciben por dentro.

El cinco de diciembre, asistida por Consuelo y doña Pilar, la matrona del barrio, Isabel da a luz un varón, sano y fuerte en la casa paterna de los García Muñoz. Paco y Ginesa compiten por tener a niño en brazos cuando está despierto y los abuelos caminan en puntas de pie cuando duerme para no molestar.

Durante los últimos meses del embarazo, Isabel y Consuelo han reforzado la precaria relación de suegra e hija política que mantuvieron desde aquel primer domingo cuando Luis las presentó.

Las une la necesidad de compartir la maravilla de ese crío que es una extensión de Luis, a quien ambas aman profundamente.

La llegada del pequeño y los menesteres alrededor del parto han impresionado a Ginesa, quien mira con respeto y admiración a la comadrona, una enfermera diestra y eficiente que calma los ánimos con su sola presencia y no da lugar a tonteras. La mujer agradeció con una sonrisa la oferta de ayuda de la jovencita y permitió que presenciara la llegada al mundo de su sobrino. También aceptó su colaboración en pequeñas tareas de asistencia alrededor del nacimiento durante todo el día y Ginesa, transformada por la experiencia, tiene la certeza de que esa es la misión a la que va a consagrarse.

—Madre, estoy decidida —le dice a Consuelo esa noche, mientras preparan la cena. Quiero ayudar a traer criaturas al mundo.

—Ay, Ginesa, es un trabajo duro y tienes que estar dispuesta a cualquier hora del día o la noche.

—Ya lo sé. Pero eso es lo que quiero hacer, madre. Hay pocas cosas que son tan importantes como traer niños al mundo. Yo quiero ayudar a que lleguen sanos y buenos.

Consuelo suspira. Ginesa es una muchacha voluntariosa y también empecinada.

—Bueno, si es que quieres eso, podemos verlo más adelante—. Mientras piensa para sus adentros que bien puede ser otra ocurrencia pasajera y cambiará de idea si algo más atractivo se le presenta. Ginesa la abraza con fuerza.

—¡Gracias, madre! Yo sabía que usted iba a estar de acuerdo conmigo.

—Vamos, niña, baja de las nubes, que tenemos que servir la cena.

Luis regresa al casal al día siguiente, pero Isabel permanece con el niño una semana más en la casa de Montanaro antes de reasumir su trabajo. Un par de meses después, se realiza el bautismo del primogénito. Le dan el nombre de Francisco, como el abuelo y el tío, quienes se sienten halagados por la elección. Una de las marquesas será la madrina y como es costumbre en esos casos, el bebé recibe como obsequio la formal promesa de que ella se hará cargo de por vida de los gastos de la educación del pequeño. Al volver de la ceremonia religiosa la niña María del Carmen brinda por la salud del pequeño Paco, como lo llaman todos, con aire de orgullo y satisfacción:

–Estoy segura que Paquito García Cintas será un buen hombre, valiente y de noble espíritu. De acuerdo a lo que él elija, será o bien oficial de la marina de España, o bien sacerdote de nuestra santa Iglesia Católica. Ambas carreras son dignas de un hijo de un matrimonio tan querido como lo son sus padres.

Isabel resplandece de orgullo y afecto por esta familia que la ha albergado por tanto tiempo. Es una bendición que estén allí, y que su hijo sea protegido de esta forma. Luis agradece con la misma formalidad pero un nudo le estruja el estómago mientras los presentes brindan por el niño. Él es, ante todo, un republicano nato y si bien aprecia las bondades de los Fontes, siente que con este padrinazgo la poderosa mano de los señores guiará el destino de su hijo, y le duele.

La vida en el casal retoma su ritmo. Paquillo es un bebé tranquilo, sociable, y muy pronto está riendo de brazo en brazo. En el casal hay otros niños menores que están al cuidado de dos muchachas adolescentes hijas de empleados y durante las horas de trabajo Isabel deja a su hijo con ellos. Los chiquillos pasan largas horas a la sombra de las inmensas palmeras del amplio patio, bajo la atenta mirada de las jovencitas que tienen por tarea hacer remiendos y costuras de ropa de trabajo bajo la supervisión atenta de Rosa.

Isabel hace pausas durante su día laboral para sentarse en algún lugar discreto y amamantar al niño con la abundante leche que mágicamente parece brotar de sus pechos. Todo es un descubrimiento y la maternidad es una fuente inagotable de experiencias que le evoca una y otra vez la falta de su madre, con quien hubiese deseado compartirlas. Añora su ausencia con una fuerza que hace rato no sentía y cada vez que se encuentra en dudas, involuntariamente vuelve a esa borrosa memoria de unas manos cálidas y un pecho maternal a donde inclinaba su cabeza de niña, y la interroga, sabiendo que no hay respuestas a sus preguntas, que no podrá aprender de ella las cosas que necesita saber. Con un suspiro vuelve a la realidad, agradeciendo para sus adentros el tener cerca de él a mujeres como Rosa y Antonia.

Los domingos van a la ciudad y se reúnen con la familia. En una de esas ocasiones de sobremesa, poco después del bautismo y mientras las mujeres están poniendo en orden la cocina, Luis le comenta a su padre:

—Apenas termine el juego de dormitorio de los marqueses voy a buscar otro trabajo, tal vez más cerca de ustedes. Me gustaría volver a Cartagena.

Francisco lo mira con inquietud. Paco está presente, pero no dice nada, interesado en escuchar la conversación que sabe va a darse entre su padre y su medio hermano.

—Luis, da gracias a la Providencia por el buen trabajo que tienes y no te apresures, que ahora tienes una familia a tu cargo.

—Es solo un comentario, padre. Estas cosas no puedo hablarlas con Isabel. Nunca lo comprendería. Ella está muy apegada a las niñas y a la gente del casal, pero yo quiero comenzar a soltarnos por alguna parte. Tarde o temprano vamos a tener que marcharnos de allí.

—Es cierto, hijo, pero deja pasar un poco de agua bajo los puentes. Acepta lo que tienes—. Hace una pausa para terminar el pequeño resto de vino tinto que ha quedado en su vaso—. No digo que no pienses en el futuro, pero antes de tomar una decisión tienes que estar de acuerdo con tu mujer.

—Ya lo sé —suspira Luis con aire resignado—. Pero gracias por dejarme desahogar con usted, padre. Estamos bien, cómodos, pero no es que en el casal estemos sin trabajar de sol a sol, téngalo por seguro. No nos regalan nada, pagamos un buen precio.

Francisco intuye que hay algo más.

—Todos los trabajos son duros, Luis, en el taller trabajabas sin descanso. Nada es gratis, como sabes. ¿Estás seguro de que eso es todo?

Luis vacila pero decide ser franco con su padre.

—Lo que colmó mi copa fue aquello de que mi hijo será cura o militar. Ni se les ocurrió consultarme. Isabel lo toma como una gran ofrenda porque viene de la familia Fontes. Pero si yo puedo evitarlo, el niño no va a ser ninguna de las dos cosas.

Francisco ríe, y Paco, que escuchaba en silencio, tampoco puede contener una breve carcajada. A él tampoco le caen muy bien los favores que prodigan los hombres importantes.

—Luisillo —dice por fin el padre—, tú sabes que yo resiento a los nobles como el que más, y que tengo que frenar la lengua frente a Consuelo. Pero tú tienes un buen trabajo por ahora, y con un chaval para mantener, no estás en una mala situación. Deja pasar el tiempo, hijo.

Ambos quedan en silencio por un par de minutos, hasta que Francisco agrega:

–Por ahora Isabel aporta lo suyo. Si llegas a irte, tendrás que proveer para los tres tú solo. Tendrás que encontrar un buen trabajo antes de dar ese paso, hijo. Allí tienes vivienda incluida. Aunque, si quieres realmente, podemos hacerte un lugar aquí. Nos apretamos un poco más.

–Claro que sí–, confirma Paco–. Ni lo dudes, Luis.

En ese momento Consuelo e Isabel regresan al comedor, la primera trayendo una cesta con frutas secas y la otra con Paquillo en brazos, recién cambiado, seguida por Ginesa quien le hace monigotes para que él se ría.

–Es una hermosa tarde de sol, y nosotras tres vamos a salir a caminar con el niño cuando os vayáis a la plaza de toros –dice Consuelo colocando las frutas sobre la mesa.

Pasan los meses y en la casa de la calle Montanaro la familia continúa con un ritmo diario en el que la camaradería de la gente del barrio y los ocasionales desencuentros con los parientes que viven en las casas vecinas constituye una vida social atareada y sumamente entretenida.

Ginesa se ha convertido en una muchacha esbelta, trabajadora y tiene mucho de su madre. Ha conseguido un empleo de ayudante de doña Pilar, quien está certificada en el hospital y trabaja bajo la supervisión de un médico especialista en obstetricia. Ginesa se ha dedicado con entusiasmo a aprender el oficio y pronto se ha convertido en la mano derecha de la respetada partera del barrio.

En setiembre del año siguiente Isabel queda preñada otra vez. En este embarazo ha subido de peso notablemente y le cuesta mantener el ritmo de tareas al que está acostumbrada.

El 12 de junio de 1910 nace una niña a la que bautizan María Ginesa, para gran deleite de la tía, quien asiste en el parto como practicante y ahora sí tiene esperanzas de que su hermano y la familia se muden más cerca de ellos. Ella no podrá ejercer legalmente el trabajo independiente de comadrona hasta que no cumpla veinte años y pase un riguroso examen en el hospital, de modo que continúa acumulando experiencia que le sirve para atender a su cuñada y a su sobrina con eficiencia y dedicación.

De regreso a su trabajo en el casal Isabel se siente agotada con dos niños para atender al final de la jornada, y comienza a ver las sugerencias esporádicas y cautas de Luis con otros ojos. Una noche, después de caer exhausta sobre la almohada luego de atender los llantos de la pequeña María hasta tarde, suspira profundamente y murmura:

–Sabes, Luis, que no estás tan errado cuando haces esos planes en el aire para cuando llegue el día de marcharnos, cuando termines con el encargo de los muebles aquí...

Luis la mira con sorpresa, pero no dice nada. Sabe cuándo callar y dejar que ella madure las ideas que él ha sembrado. Por respuesta la abraza y la besa con ternura.

–Estás cansada ahora, hablaremos mañana si quieres. Que duermas bien.

Ella no responde. Ya está dormida, la mejilla apoyada en el brazo de él.

Nuevos horizontes

Hacia fines de marzo de 1911 Luis está dando los últimos toques a los muebles y otros trabajos que le han encargado los marqueses de Torre Pacheco. Previendo que es la oportunidad para dejar el casal definitivamente y llevarse a su familia, decide visitar el taller de don Jacinto Macías al que no ha visto desde la última Feria de Cartagena, cuando se cruzaron caminando por el Paseo de Alfonso XII.

Necesita tender las redes para conseguir un trabajo fijo y con una entrada suficiente como para mover a Isabel y los niños a la ciudad. También debe averiguar sobre viviendas que se renten a un precio razonable dentro del área del barrio natal. Después de las comodidades que han tenido en el solar de los marqueses él no puede llevarlos a cualquier albergue de mala muerte.

Al mismo tiempo teme que no sea fácil. La economía de la ciudad, si bien aparenta ser vital, oculta la real situación de los cartageneros, divididos rígidamente en clases sociales que no les permiten movilidad. Los trabajadores calificados y los pequeños artesanos son quienes sufren la estratificación pues se encuentran a mitad de camino entre las cultas clases altas y las crónicamente analfabetas y marginadas clases bajas.

A los García Muñoz en los últimos tiempos los ingresos apenas les alcanzan para vivir, y aunque Paco ya está empleado ganando un jornal fijo y Ginesa ha comenzado a trabajar con más frecuencia ayudando en los partos, Consuelo se ve obligada a hacer malabares para mantener el hogar con las comodidades de antes. Los sueldos son mínimos y si bien la familia se maneja con austeridad y los esparcimientos son escasos, la mera subsistencia resulta penosa.

Desde hace unos meses Francisco está trabajando como ayudante en el taller de Don Jacinto, haciendo algunas horas extras dos veces por semana. Se ha visto obligado a buscar otro salario, ya que los encargos de carpintería de obra con el pequeño contratista para el que ha trabajado por años han menguado en forma notable.

Luis e Isabel son afortunados ya que sus empleadores les permiten tomarse los domingos libres, que es cuando van a

Cartagena a visitar la familia. En muy raras ocasiones pueden tomarse un día libre sin que haya una urgencia de fuerza mayor. La oportunidad de ir todos a la ciudad en un día laboral se presenta cuando Ginesa, siempre interesada en la salud de todos, les recuerda que deben traer a los niños para control médico al Hospital de la Caridad. Isabel accede de buena gana, temerosa de las fiebres y males que aquejan a muchos niños en la zona. Ginesa les ha explicado que al menos un examen por año es indicado, ya que los médicos detectan cosas que a los padres les pasan desapercibidas y que pueden llegar a tener consecuencias graves para las criaturas. En la primera oportunidad que se presenta, les comenta a las niñas su inquietud y ellas la autorizan sin demora a que cumpla con una cuestión tan importante como la salud de sus hijos.

El tiempo ya está templado anunciando la primavera y una madrugada, a las cinco, parten todos hacia la estación de trenes. Quieren llegar a la ciudad temprano para no verse obligados a hacer una larga fila en la sala de asistencia pública del hospital de la Caridad.

Ginesa se ha ofrecido a esperarlos en la puerta para guiarlos y facilitarles el proceso de registro, ya que ella conoce todos los detalles del movimiento del servicio a los pacientes ambulantes. Después de aguardar con paciencia en línea su turno, hacia las diez de la mañana todo está encaminado y Luis deja a Isabel, Ginesa y los niños en la sala de espera a donde se apretuja una multitud que a ellos les parece exagerada pero según su hermana, es normal, y se marcha hacia el taller de don Jacinto Macías. Cuando lo ven llegar, varios de sus antiguos compañeros de trabajo interrumpen sus tareas para saludarlo con afecto.

—Don Jacinto está al llegar —le informan.

—¿Cómo va el trabajo? ¿Hay muchos encargos? —pregunta con cautela, para tener un panorama más claro antes de hablar con su antiguo patrón.

—¡Muy bien, por suerte! Hay tres nuevos empleados, contrataos en el último año. Por suerte el astillero trabaja mucho y nos han hecho pedidos sueltos que vienen muy bien.

Cuando don Jacinto se asoma por las grandes puertas de entrada, Luis deja a los compañeros que vuelvan a los bancos de trabajo y se acerca al pequeño cuarto que sirve de oficina y despacho. Al verlo el antiguo maestro lo saluda efusivamente.

—Luisillo, ¡Qué alegría tenerte por aquí! ¿Qué te trae a nuestro viejo taller?

–Usted sabe que el trabajo en Torre Pacheco era para hacer un encargo, y ya lo estoy terminando –comienza Luis–. Don Jacinto lo mira dubitativo y él se siente obligado a explicar:

–Bueno, no es que no me han pedido que me quede cuando lo termine, pero yo quiero aprovechar la coyuntura para buscar otros horizontes... Don Jacinto, usted me conoce y sabe que yo no soy desagradecido, pero tampoco quiero depender de los marqueses.

–Ajá, ya me lo imaginaba. Siéntate un momento –dice, sirviéndole agua fresca del cántaro en un jarro de rústica cerámica casera. Luis bebe y le sabe de maravillas después de la caminata y la agitación del hospital.

–Gracias, hombre, usted siempre tan amable.

–Nada, de nada. Dime, entonces, qué estás pensando hacer para el futuro. Ahora tienes muchas más responsabilidades y bocas para alimentar que cuando te emplearon los marqueses.

–Sí, es por eso que vine a pedirle consejo, don Jacinto. Mi padre insiste en que si los Fontes me ofrecen quedarme en el casal lo haga, pero no vamos a ser felices allí. Isabel trabaja mucho y los niños necesitan que ella les dedique más tiempo–. Hace un silencio breve–: Las mujeres deben atender a la familia, usted sabe.

–Tu mujer es fuerte y sana, Luis. Ha estado desde muy joven con los marqueses. No creo que le haga daño trabajar y compartir contigo los gastos del hogar–. Luis lo mira implorante y don Jacinto se encoge de hombros con una sonrisa–. Ya veo.

–Si usted supiera de algún lugar a dónde estén tomando gente...

–Yo quisiera que regresaras al taller, Luis, tú lo sabes, con lo hábil que eres, pero a estas alturas yo no voy a poder pagarte lo que te mereces ni lo que necesitas ganar para sustentar cuatro bocas.

Hace un silencio y Luis no lo interrumpe, todo indica que va a decirle algo más.

–Sabes que en el astillero del Arsenal están trabajando mucho. Sé que estaban buscando artesanos capacitados para la construcción de las cabinas de oficiales. Necesitan terminaciones como las que tú sabes hacer, ya conoces el nivel de los encargos de la Marina. Déjame hablar con algunas personas a ver si te consigo algo.

Luis se marcha lleno de esperanzas. Don Jacinto es un hombre de pocas palabras y nunca lo ha defraudado. La posibilidad de un empleo como ése es una gran oportunidad para él. El prestigio del astillero del Arsenal Naval es innegable. Inaugurado alrededor de ciento cincuenta años atrás, a partir de la decisión de Felipe V de establecer en el antiguo puerto natural de aguas profundas de Cartagena el Departamento Marítimo, fue por largo tiempo el complejo militar e industrial más importante de la costa Mediterránea.

Apresura el paso, camino a la casa paterna, a donde se encontrará con Isabel, Ginesa y los niños para almorzar con la familia, antes de emprender el regreso al casal.

–Luis, creo que es correcto que yo les avise a las niñas lo que estamos planeando –dice Isabel al día siguiente, cuando se reúnen a la noche antes de la cena.

–No nos apresuremos, mujer, que no sabemos todavía si es que el trabajo va a salir o no. Deja que pasen las cosas y después veremos...

–No, Luis, no creo que sea honesto ocultarles a las niñas esto. Si es que estamos pensando en dejar el casal, pues son las primeras que deben saberlo. En esto no voy a ceder un tranco, que no te quepa duda–. Los ojos de ella irradian determinación y Luis comprende que no va a poder convencerla.

Se hace un silencio pesado durante el que Isabel permanece de pie, frente a él, esperando una respuesta. Luis termina de sacarle lustre a sus ajadas botas, restregándolas con fuerza y deliberación. Por fin levanta los ojos. Ella ahora tiene los brazos en jarra y lo mira desafiante.

–No me vengas con esta historia ahora –se excusa evasivo–. Haz lo que quieras. Después de todo es asunto tuyo, qué va, yo no tengo nada que ver.

–Es asunto de los dos, Luis, y ellos son como mi familia. Que no se te olvide.

–Mira, tú sentirás que son tu familia, pero no. No lo son. Son tus señores, y tú eres una criada, y por más que te quieran y les correspondas, no eres de la familia.

Isabel tiene los ojos llenos de lágrimas y él se arrepiente de ser tan duro. Se pone de pie y la abraza con ternura, ignorando el gesto huidizo de ella.

–Cómo me dices eso, sabiendo cuánto nos quieren y cuánto nos han dado, en particular las niñas.

–No te lo tomes a mal, que yo te comprendo, tú los quieres mucho, pero ellos no te han dado nada, tú te lo has ganado trabajando duro. Nadie regala nada.

–No me vas a negar que son buenos señores, los mejores de toda Murcia, sin duda. Y para mí son como mi familia, no importa qué.

Él le da una suave palmadita en la espalda y la separa de sí.

–Ya lo sé, mi amor, ya lo sé. No quiero que me mal entiendas. Haz lo que tengas que hacer. Con que no se entere todo el mundo es suficiente. Está bien que las niñas sepan. Puedes hablarles cuando quieras. Pero ni una palabra a nadie más, pues todavía no tenemos nada concreto en las manos. ¿Me lo prometes?

Las voces de varios niños llegando por el pasillo de los cuartos de servicio interrumpen lo que ella iba a responderle. La cabeza de una jovencita se asoma por la puerta y cuando la autorizan entra con Paco de la mano, trayéndolo del huerto a donde ha estado jugando. Isabel se adelanta a levantarlo en brazos porque él ya corre hacia ella.

Una tarde, dos semanas después de la visita a Don Jacinto, Luis tiene que bajar a la ciudad a cumplir con un encargo para los marqueses. Anticipando que puede haber alguna noticia sobre el trabajo en el astillero, le avisa a Isabel que tal vez se quede a pernoctar en la casa de sus padres. Cuando llega al hogar, Consuelo lo saluda sorprendida y con buenas noticias.

–Luisillo, me alegro de verte tan pronto, Don Jacinto le ha dicho a tu padre que pases por el taller cuando tengas tiempo. Parece que tiene noticias para ti.

Cuando Luis llega al barrio de Santa Lucía el sol está bajando y Don Jacinto se prepara a cerrar. Los empleados saludan al salir a la calle y ambos pasan a la pequeña y desordenada oficina, lejos del ruido y el vocerío de la tumultuosa calzada.

–Adelante, Luis, pasa. Francisco se ha marchado hace muy poco y si no te lo cruzaste en la calle es que ya ha tomado el tranvía de vuelta a casa. Te mandé a llamar pues tengo buenas noticias, hijo.

–Así me lo dijo mi madre. Es sobre el trabajo, ¿no?

–Tienes que presentarte en el astillero–. Los ojos del viejo artesano brillan con satisfacción–. Hay una vacante para un buen ebanista como tú, haciendo las terminaciones de los camarotes de los oficiales. Están por flotar dos naves para la Marina y tú sabes la prolijidad minuciosa con que se hacen esos trabajos.

–Claro que sí. Si lo sabré, con tantas órdenes que hicimos para ellos años atrás.

Don Jacinto abre un cajón del antiguo mueble que le sirve de escritorio y de mesa de dibujo, y saca una tarjeta.

–Tienen un puesto para ti, pues tú vas bien recomendado. No creo que tengas ningún serio competidor, aunque otros se presenten. Tienes que hablar con el mayoral de la carpintería, Antonio Noguera Sánchez, quien te dará las instrucciones. Ve a verlo el lunes sin falta al astillero.

–Allí estaré, don Jacinto. No sabe cuánto le agradezco esta oportunidad.

–No es nada. Ahora tienes que velar por la familia, que es lo más importante. Vas a tener éxito, Luis, todos los que llegan a trabajar contigo te aprecian. Sabes que en la carpintería del astillero la cosa está bajo jurisdicción militar, de modo que la paga va a ser mejor que en ningún otro taller de Cartagena, estoy seguro.

–Me vendrá bien. Tengo que alquilar una vivienda aquí en la ciudad. Pero ya que estamos en este tema, si mal no recuerdo en el astillero entró a trabajar un antiguo empleado suyo, Felipe López, ¿No?

–Sí. Felipe está todavía allí, y lo tienen en muy buena consideración, te aseguro. Buen hombre y buen artesano. Precisamente, porque esos hombres del Arsenal son justos y aprecian a sus empleados. Él puede facilitarte las cosas al empezar, para conocer el ambiente, digamos.

Al marcharse deja a Don Jacinto trabando las pesadas puertas del taller. En la calle la noche ya ha caído. Cuando llega a la esquina de la avenida, saltando los charcos de agua mugrienta con la que han lavado las veredas para prepararlas para el día siguiente, debe correr para alcanzar uno de los nuevos tranvías eléctricos que hace muy poco comenzaron a reemplazar a los tirados por caballos. Sube al pescante, se toma con fuerza de un pasamano de bronce engrasado y después de ubicarse dentro del coche tiene oportunidad de observar a los rudos hombres que lo rodean. La iluminación de estos vehículos es extraordinaria, comparada con las mortecinas lucecitas de aceite que usan los tranvías a tracción a sangre. El vehículo está lleno de obreros que han salido de sus trabajos agotados, sucios y malolientes.

Luis bendice para sus adentros el destino que le ha tocado en suerte. Da gracias a que su profesión no tiene nada que ver con el polvo de carbón que se mete en los pulmones y debilita, ni con las fábricas que usan químicos que destruyen la piel o fuego abierto que quema y desfigura. Como la mala suerte de esos hombres y mujeres alrededor suyo, que parecen silenciosos fantasmas agotados por un día de trabajo embrutecedor, sin esperanzas de lograr soltarse de la noria que los ata.

Esa noche pernocta en la casa de sus padres. La familia se alborota con la noticia que Luis tiene una firme oportunidad de trabajar en el astillero. Ginesa lo abraza y baila un par de pasos con él, feliz al pensar que pronto vendrán a vivir con ellos, ya que el Arsenal está a corta distancia de la casa. Luis adivina lo que todos van a decirle y se adelanta:

—Padre, tengo que buscar un lugar para mudarnos. Pero no me vuelva a ofrecer la casa, porque esto ya resulta pequeño para todos, ahora que los niños están creciendo.

Ginesa y Paco quieren protestar, pero Consuelo les hace un gesto.

—Seguramente, hijo, pero supongo que será cerca, en el barrio —aventura Consuelo, sonriente—. Puedo averiguar por viviendas, si es que te parece bien, entre los vecinos.

Luis la abraza con ternura. Sabe que ella también albergaba esperanzas de tenerlos en casa, pero comprende que se les hará incómodo, en especial a Isabel, acostumbrada a moverse en forma independiente. Por otra parte, la relación entre suegra y nuera se mantiene formal y distante, y Luis prefiere que no vivan bajo un mismo techo.

—Gracias, madre, claro que sí. Me honra que me ayude a buscar casa. Usted sabe bien lo que necesitamos, que no es mucho. Dos cuartos y una cocina grande bastarán para todos.

—Mañana mismo me dedico a eso, hijo. Ahora come algo, porque seguramente estás cansado' y hambriento.

—Vale, madre, ahora que lo menciona, no he comido nada desde el mediodía.

Consuelo sale hacia la cocina, a donde le ha guardado la cena caliente en la hornalla. Francisco se acerca a Luis y le palmea el hombro con afecto.

—Me haces sentir orgulloso, hijo, ese es un muy buen empleo. Vas a ver que todo va a andar de perlas allí.

Consuelo regresa con un humeante plato de arroz con mariscos, y lo apoya sobre el mantel de la mesa del comedor, al lado del trozo de pan y del vaso de vino que le ha servido antes. Luis se sienta a comer, rodeado de la familia que lo interroga sin cesar sobre la salud y los progresos de Paquito y María, un tema de inagotable interés para todos.

El astillero del Arsenal

Una madrugada de julio el reloj despertador suena más temprano que de costumbre. Luis abre los ojos en la oscuridad del cuarto y manotea la campanilla que cesa de vibrar entre sus dedos. No necesita tirar de la cuerda de la luz eléctrica, esa novedad de las ciudades que les faltaba en los cuartos de servicio del casal de los marqueses. Sabe qué hora es, las cuatro. Totalmente despejado se sienta en la cama. Hoy es el primer día de trabajo en el astillero.

—¿Es hora ya? —murmura Isabel, somnolienta, dándose vuelta.

—Sí, pero quédate en la cama, estás pasada de cansancio después de esta noche en vela.

—¿No te importa si me quedo un rato más? Tienes la vianda preparada para llevarte.

—No, claro que no. Yo me caliento el café y salgo enseguida. Quédate descansando.

Se viste con sigilo y deja el dormitorio caminando en puntas de pie, tanteando la pared, un territorio que todavía no le es del todo familiar. Pasa por el cuarto de los niños, se detiene un instante a escuchar las acompasadas respiraciones y con un suspiro continúa adelante. Logra ubicar la cuerda y enciende la bombilla eléctrica que cuelga en el medio de la amplia habitación rectangular que hace de cocina, comedor, sala de recibo, cuarto de lectura y de costura. Isabel ha acomodado cada rincón para que entren las modestas pertenencias y el ambiente sea acogedor y ordenado.

Hace un mes que Consuelo obtuvo en el mercado del barrio el dato de que este departamento estaba disponible para rentar. La ubicación es ideal, en el segundo piso de una amplia casa en la Calle del Ángel, paralela a Montanaro. A Luis e Isabel les impresionó mucho, lo encontraron espacioso, lleno de luz y perfecto para los cuatro. El piso está dividido en dos apartamentos y las dos familias comparten un baño grande y cómodo en el corredor entre ambas puertas. El apartamento contiguo está ocupado por tres mujeres, una señora mayor con dos hijas adultas. Son dos muchachas sencillas que trabajan todo el día y no se las escucha nunca.

Luis se acerca a la mesada de la cocina, una piedra de mármol gastada, con una alacena de estantes en la parte inferior, cubiertos por una coqueta cortinilla que Isabel ha cosido a mano antes de mudarse. Sobre la hornalla de hierro forjado hay un pequeño calentador a alcohol que ahora él enciende para calentar el café que ella le ha preparado la noche anterior. Isabel prenderá el fuego de carbón para cocinar en la hornalla cuando se levante.

Estirándose con un gran bostezo recuerda que la noche pasada ha sido una de las peores que han pasado en los últimos tiempos. Ayer, apenas una semana después de la mudanza que conmocionó a todos más profundamente de lo que Luis esperaba, la pequeña María cayó con una fiebre alta y dolor de oídos. Lloró todo el día y casi toda la noche. Isabel la atendió, permaneciendo a su lado hasta que la niña se durmió profundamente. El pequeño Paco se había despertado varias veces también, refunfuñando y disputándole a la hermanita la atención de la madre. Fue entonces cuando Luis intentó levantarse a ayudarle.

–Tú sigue durmiendo –le había ordenado ella, terminante, antes de cerrar la puerta del cuarto–. Mañana tienes que presentarte al astillero en buen estado, no vaya a ser que piensen que trasnochas y que eres un farrista.

No hubo forma de disuadirla y un poco por la terquedad de ella y otro porque Luis estaba agotado y agradecía la posibilidad de descansar antes de su primer día de trabajo, finalmente él durmió varias horas sin interrupción.

Ahora sale del apartamento, con una toalla en la mano, camino al baño, tratando de no hacer ruido para no despertar a las vecinas que ya habrán tenido suficiente molestia con los llantos de la niña. Es un cuarto amplio, con baldosas limpias y brillantes, aunque algunas están quebradas y desparejas. Tiene una bañera enlozada que se parece a una tinaja con patas altas, incómoda para subir, pero grande y perfecta para bañar a los chavales. También un lavabo que consiste en un cántaro con agua, una jarra y un lavatorio de porcelana.

El agua potable es un problema crónico en toda Murcia, pero aún más en Cartagena. Su falta durante las largas temporadas de sequía hace que la inmensa cantidad de pozos y aljibes en los que se almacena el agua pluvial de las casas y edificios sean insuficientes para cubrir las necesidades de la ciudad. En algunas zonas existe desde hace varias décadas una limitada red de cañerías que baja desde Santa Catalina. Este sistema surte de agua a las residencias con mayor afluencia económica y su explotación está en manos de una empresa privada. Pero claro, el barrio de Luis no tiene esos lujos reservados para las clases altas.

A través de los años, tanto los cartagineses y sus predecesores, como después los romanos y los moros, mantuvieron un sistema de canalización para proveer a la población. Pero el crecimiento urbano a mediados del 1800 agravó el problema. El censo registró más de cincuenta mil habitantes a consecuencia del nuevo empuje dado por las autoridades centrales al Arsenal, y por ende a todas las industrias subsidiarias y que rodean a la construcción naviera.

Mientras Luis se lava la cara con el fresco líquido, recuerda la enumeración que hace un par de días le hiciera su hermana. En este momento hay solo tres fuentes públicas para la ciudad, abastecidas por acequias: Dolores, San Antonio y Calvario. Las filas para llenar los insuficientes cántaros son interminables y los miembros de las familias se toman turnos en la espera. Existe una estricta ración diaria de cubos que no se puede sobrepasar, aliviada en pequeña medida gracias al reparto de los vendedores callejeros, o aguadores, siempre presentes en la vía pública.

Hasta hace unos días la escasez de agua no era un problema para Luis. En el casal de los marqueses y gracias a los múltiples depósitos y aljibes edificados en el predio no les faltó para los menesteres diarios. *Isabel tendrá que acostumbrarse a las limitaciones de la ciudad*, se dice, aunque hasta ahora él no la ha escuchado quejarse. Es evidente que por el momento ella tiene muchos otros problemas de adaptación. En cambio, la que rezonga a diario y se lamenta de la situación es Ginesa, sosteniendo que la falta de agua es un riesgo sanitario grave y deplorando el que las autoridades no hagan nada definitivo al respecto. Desde que está en contacto con el hospital, Ginesa ha aprendido muchísimas cosas útiles para la salud de todos, y él se siente orgulloso de su hermanita menor.

Sale del departamento camino al astillero llevando en el bolsillo interior de su abrigo una carta de recomendación del señor marqués para el Jefe del taller de carpintería. Fue una gentileza a la que no pudo negarse cuando se despidieron de los Fontes. A él la referencia del noble le parece superflua, ya que ha conseguido el trabajo por cuenta propia, pero la aceptó sabiendo que Isabel no le hubiese perdonado un desaire de esa naturaleza para con él. Demasiado sufrió la pobre al despedirse del único hogar que conoció desde la adolescencia, una ruptura que él comprende y que todavía le llena a ella los ojos de lágrimas furtivas.

Desde la Calle del Ángel hasta la Calle Real hay un buen trecho, y Luis lo camina a paso firme. Temprano por la mañana el aire es fresco y grato, antes de que el calcinante sol de julio lo torne pesado y agotador. Ha estado un par de veces en el predio del Arsenal como visitante, pero ahora la magnitud del complejo del que Cartagena se enorgullece lo intimida un poco. En el astillero trabajan cientos de personas, ha sido por más de un siglo la sede del Departamento Marítimo de España y hasta llegó a ser, en sus épocas de gloria, el complejo industrial más importante de la costa del Mediterráneo.

Por la avenida se acerca una multitud de personas, empleados y obreros que van llegando y pasan al inmenso recinto militar amurallado que tiene más de un millón de metros cuadrados entre la superficie que ocupa en tierra y en el área de mar. La entrada es majestuosa, compuesta de tres arcos con sus inmensas puertas, y una torre rectangular que luce un escudo de la época de Carlos III. Más arriba hay un gran reloj, famoso en la ciudad por los diversos contratiempos que sufrió antes de ser instalado.

Luis sigue a un grupo de trabajadores que, charlando animadamente, pasan hacia el primer patio, llamado del Almirante, con sus altas palmeras y árboles frondosos que dan una sombra acogedora a una fuente y a grandes macetas que contienen flores y plantas bien cuidadas. Hoy está entrando por la puerta principal ya que debe presentarse a las oficinas que lo destinarán a su sitio permanente de trabajo, la carpintería artesanal, o de terminaciones. Ese taller es parte de un complejo de fábricas interiores, depósitos, almacenes, cuartel militar, varaderos, y una serie de edificios de administración. A uno de ellos se encamina Luis, de acuerdo a un rudimentario mapa que le ha dibujado Don Jacinto.

Luis finaliza su primer día en el astillero y regresa a casa ansioso por relatarle los detalles a Isabel. Ella, que hace rato está asomándose a la ventana cada cinco minutos para mirar hacia la esquina por donde él va a aparecer, le abre la puerta y le da un abrazo. Paquito salta del rincón a donde estaba jugando, para prenderse de las piernas del padre y disputarle la atención a su madre. Cuando el bullicio se aquieta, Luis se dedica a la pequeña María, ahora en brazos de Isabel, y le toca la frente.

—La fiebre ha bajado —dice, con un gesto de alivio.

—Si, por fortuna, ha dormido casi todo el día. Ginesa pasó a verla por un momento y ella también la ve mejor–. Mientras Luis toma a la niña en sus brazos, ella agrega–: Es solo un malestar pasajero.

—Estas fiebres me ponen nervioso, tú lo sabes. Me alegro que se haya recuperado.

—Siéntate y cuéntame todo. ¿Cómo fue el día? –dice ella, aproximándose a la hornalla para revolver el pequeño caldero a donde se está cociendo la cena–. ¿Te sirvo un vaso de vino?

Luis suspira, aún atento a la niña.

—Un vaso con agua, para empezar, te lo agradezco. Estoy agotado, pero todo salió bien. Hay mucho trabajo, por suerte, aunque no me ha cansado el trabajo, sino la multitud de cosas que he aprendido y trato de memorizar. Es un taller inmenso. Me siento afortunado, te aseguro.

—Sí que lo eres. Lo somos. Es un muy buen puesto, Luis, y como te mencionó el señor marqués, puedes avanzar con el tiempo y llegar posiciones más altas. Les presentaste la carta del señor Fontes, ¿no?

—Claro que sí. Les impresionó mucho, como te imaginarás.

Ella suspira satisfecha, ya que todo lo que provenga de su familia adoptiva es motivo de orgullo y respeto. Él cambia de tema, no queriendo darle demasiada importancia a la recomendación casi innecesaria que tuvo que presentar.

—Pero dime tú, cómo te arreglaste con los niños, ¿todo bien? –la pregunta tiene una segunda intención, ya que Consuelo la había invitado a almorzar con ella, pero como la niña estaba enferma, decidió que traería la comida a casa y él sabe que siempre existe la posibilidad de roces más o menos bruscos entre nuera y suegra.

—Muy bien. Consuelo trajo una empanada de pescado, deliciosa–. Hace una pausa, mirándolo, sabiendo que él espera más detalles–. Te guardé un pedazo. Lo pasamos bien las tres. Ginesa tiene siempre historias interesantes sobre sus parturientas y Consuelo tan preocupada por el bienestar de los niños... tú sabes. Trajo también pan casero que horneó ayer, acompañado de unos cuantos buenos consejos maternales. Eso es todo. Ahora cuéntame del taller.

Luis sonríe. Cuando ambas mujeres están bien, toda la familia lo está. Apenas hay un roce, todos padecen en silencio. Parece ser que es siempre así, entre suegras y nueras, según todos dicen, aunque él no lo comprende muy bien todavía. Mientras juega con Paquito, quien le ha traído un pequeño barco de madera a la mesa, y tratando de no despertar a María, ahora dormida en sus brazos, responde:

–¿Por dónde empezar? Tú sabes lo inmenso que es eso. Una pequeña ciudad de actividad incesante. Te soy sincero, la sociedad que maneja el Arsenal está muy bien organizada. No creo que los trabajadores ingleses tendrían razones para quejarse si estuviese en Inglaterra.

–¿Y la carpintería? ¿Cómo es?

–No te imaginas. Tienen máquinas nuevas, mecánicas, inmensas, que trabajan a electricidad y consiguen producir mucho más de lo que se puede hacer en un taller como el de don Jacinto, por ejemplo.

Ella se alarma.

–Ten cuidado, Luis, no vayas a sufrir un accidente...

–No, mujer, son sencillas, hay que aprender los detalles y tomarle la mano, nada más. Ellos nos entrenan. A mí me destinaron al taller a donde están haciendo los revestimientos y mobiliario para las cabinas de los oficiales en los buques de guerra. Hay órdenes para trabajos nuevos para los barcos que están fabricando, y también para remodelar cabinas antiguas, en los que están en reparaciones.

Hace silencio por un instante, pensativo.

–Sabes, creo que todo va a ir bien de ahora en adelante para nosotros. Es un puesto seguro y se trabaja cómodamente. Me dijeron que todos estos adelantos de leyes laborales los han impuesto los empresarios de la Vickers y John Brown, y que así se manejan también en los otros astilleros del país. Imagino las protestas de nuestros señores feudales antes de aceptar unas condiciones tan buenas para los jornaleros. A ellos que les place tanto imponer doce horas de trabajo corrido sin domingo ni día de guardar.

–Sí. Es un lujo eso de trabajar solo nueve horas por día, y con una de descanso. Muchos miran al astillero con envidia y tienen razón cuando se quejan. Es lo justo. Aunque va a llevar tiempo, y si es que sucede, para que ese cambio en este país.

–Otra novedad es que esta gente no toma revista diaria, como años atrás, para asistencia. Los ingleses tienen una forma más fácil de controlar las horas de trabajo de tanta gente junta. Se nos da una ficha al entrar, en la que anotamos la hora de llegada y salida. Es una buena idea para que ellos sepan cuántas horas exactamente hemos estado allí, y también para nosotros, así trabajamos las cincuenta y cuatro horas que ellos tienen estipulado. También los descansos tienen reglamentos, tomamos la hora libre del almuerzo todos al mismo tiempo y puedes ver a la gente comiendo sus viandas bajo los árboles, o sentados en los bancos, que los hay por todo el predio. Tal como los labradores en la huerta.

—Tanto aborrecimiento que hemos sentido por esos ingleses a cuenta de Trafalgar, y ahora resulta que son mejores que nosotros. Quién lo hubiera dicho. A ver si en vez de criticarlos tanto seguimos un poco su receta, porque hasta ahora les ha ido mucho mejor.

—La verdad es que sí, hay que reconocerlo.

Mientras hablaban Isabel ha tendido los platos y retirado el caldero de la hornalla.

—Pon a la niña en su cuna y ve a lavarte un poco, Luis, que la cena ya está lista—. Se vuelve hacia Paco quien ahora está jugando en el suelo con su barquito—. Y tú también, chaval, que tienes las manos bien sucias, vamos a asearnos un poco para sentarnos a la mesa.

Aunque Luis está agotado, mientras escucha la respiración tranquila de Isabel en la oscuridad del dormitorio, esa noche no puede conciliar el sueño fácilmente. Desfilan por su cabeza las imágenes del astillero, la cantidad de detalles que ha aprendido en un solo día y lo considerado y respetuoso que es el ambiente que lo rodea cerca de su banco. Todavía está admirado por las herramientas nuevas que han puesto a su disposición y la amable bienvenida de los compañeros. También ha sido una grata sorpresa encontrar que el viejo conocido de sus épocas en el taller de don Jacinto trabaja no muy lejos de él.

Felipe López, quien hace varios años era un mocetón inmaduro y adepto a jugarretas que Luis toleraba poco, hoy es un padre de familia y ha sentado cabeza. A la hora del almuerzo, compartiendo sus viandas a la sombra de una frondosa palmera, se pusieron al tanto de las mutuas novedades personales.

Luis, que nunca tuvo nada en común con él, para su sorpresa encontró afinidades. Recuerda las palabras de su viejo maestro, cuando le anticipó que al lado de Felipe tal vez pueda aprender cosas que le faciliten su adaptación al astillero.

Antes de dormirse, se dice que tiene que pasar por lo de don Jacinto para contarle las nuevas y agradecerle una vez más.

Cantos de sirena

–Bajemos las sillas para sentarnos un rato al fresco –sugiere Consuelo después de la cena, una noche de verano particularmente cálida en la que la habitual brisa marina se ha hecho desear– pues en esta casa no corre el aire.

–Yo os ayudo antes de salir –dice Paco, vestido con su camisa nueva, peinado y listo para ir a la feria.

–Está bien, hijo, deja nomás, nosotros lo haremos –protesta Francisco sin éxito.

Este sábado de agosto de 1911 la mayor fiesta estival de la ciudad está en puro auge y Paco va a encontrarse con algunos amigos frente a la portada al Real de la Feria. El plan, como de costumbre, es mirar a las muchachas en los puestos o en la fila del cinematógrafo e intentar acercarse a alguna. A pesar de que es la hora, él no se marcha hasta que ha colaborado con las sillas y solo después de bajar en brazos a la pequeña María, su predilecta, y dejarla con Isabel, quien está ya conversando con una de las primas en la puerta de calle.

Desde que Luis e Isabel se han mudado cerca de ellos, las veladas se han hecho más familiares y las caminatas hasta el paseo los días de feria se han tornado infrecuentes. Este año Consuelo está atareada con quehaceres domésticos y costuras para los nietos. Francisco baja algunas noches con sus hermanos o un par de vecinos, pero regresa temprano a la casa. Solo Paco y Ginesa, con juvenil entusiasmo, siguen asistiendo a las actividades de las noches feriales con amigos.

Las tertulias vespertinas que se arman en la vereda están organizadas por las mujeres de la familia y las vecinas, quienes se acercan a tomar el fresco después de la cena. Poco a poco los hombres ponen excusas y se retiran a la taberna o bien bajan hasta el Paseo a tomar un vaso de vino y mirar pasar a las personalidades de la ciudad mientras debaten los temas del día a viva voz.

Después de un rato de escuchar la plática femenina que gira alrededor de temas hogareños, Francisco palmea a Luis y le hace un gesto aparte.

–Qué dices si bajamos un rato tú y yo, a tomar el aire fresco.

–Vale, padre–. Se vuelve hacia Isabel, quien, con María dormida en sus brazos, está conversando animadamente con otras mujeres, para hacerle saber que volverán en un par de horas. A paso lento se encaminan calle abajo, fumando un pitillo y comentando las noticias del día.

–¿Cómo va ese trabajo en el Arsenal, hijo?

–Muy bien, muy bien, no puedo quejarme.

–Quiero decirte que estoy orgulloso de ti, ese ascenso a los pocos meses de empezar ahí, pues bueno, confirma lo que todos sabemos, que eres un buen profesional y te destacas en todo lo que haces.

–Gracias, padre–. Murmura Luis como quitándole mérito al progreso obtenido, aunque por dentro se siente muy satisfecho de que Francisco, un hombre detallista y con una ética de trabajo a toda prueba, le hable así.

Siguen caminando calle abajo en silencio y en la esquina de Linterna se unen a un par de vecinos que están bajando también hacia el Paseo. Las calles están concurridas, como de costumbre, y ellos tratan de evitar la zona frecuentada por los alegres borrachines, a donde son comunes las peleas callejeras que se arman en cuestión de segundos y por pretextos insignificantes.

Cuando llegan a la explanada brillante de luces y de algarabía, la música y el ruido de la multitud reflejan las tres Cartagenas unidas nuevamente para su Feria anual. La afluente, exhibiendo sus galas y sus personajes notables entre los que se cuentan las viejas familias terratenientes, los militares y el clero, rozándose con la otra, la de los artesanos y de los empleados administrativos. Y por fin están los mineros y los trabajadores del campo, vistiendo para la ocasión sus preciadas ropas de domingo, blancas camisas y alpargatas nuevas.

Luis y los otros entran por la majestuosa portada que se alza sobre el Paseo de Alfonso XII y que da acceso a la feria. Esta fue construida en 1907, decorada por pintores locales y es una de las más bellas de las tantas que se han visto erigir a lo largo de los años. Los cuatro pasan por debajo del arco y se encaminan hacia un kiosco de venta de bebidas, a donde ya están dos hermanos de Francisco envueltos en animada charla con otros amigos. Una media hora después, desde un grupo de hombres que pasa caminando se escucha una voz clara y potente, que Luis identifica de inmediato:

–¡Si no es Luisillo que no valga!

–¡Narcisón! ¡Vale, hombre, qué sorpresa!

Se abrazan como en los viejos tiempos, y Narciso, después de señalarles a quienes lo acompañan que sigan adelante, se vuelve con sincera alegría hacia Luis.

–¡Pero qué dices, tú, tanto tiempo sin verte! Me contaron que dejaste Torre Pacheco y has regresado a la ciudad, que tienes dos críos y que te volviste un hombre serio. ¿Es verdad tanta calumnia? ¿Y tu música? No se te ve más por la banda, según dicen.

–Sí, es verdad, ya tenemos dos chavales; un varón y una hembra. No tengo tiempo para la bandurria, Narciso, aunque practico en casa de tanto en tanto. Pero qué alegría encontrarte aquí. Te hacía de gira por el norte pero veo que ya estás preparando una nueva obra para traer a Pozo Estrecho. Te he seguido los pasos gracias a los periódicos y te felicito, hombre, cuántos éxitos. Ya veo que has dejado los libros de cálculo definitivamente.

–Nada, que la ingeniería de caminos nunca me va a dar las satisfacciones que me dan los telones y las bambalinas.

–¿Cómo anda la familia?

–Mis padres bien, estoy parando en casa de ellos.

–Dicen en los diarios que estás noviando nada menos que con Consuelo Menta. Todos hablan maravillas de ella. ¿Para cuándo la boda?

–Pues sí, es una mujer increíble, mi Consuelo. Pero todavía no hay nada en firme–. Sonríe y suspira profundamente–. Luisillo, te juro que esa mujer tiene la voz más bella que hayas escuchado nunca...

–Pues te creo, todos hablan muy bien de ella.

–Mira, estoy montando una compañía de zarzuelas y sainetes, Luis, y espero que en el futuro ella trabaje conmigo–. Lo palmea en el hombro y agrega–: Pero ahora vente con nosotros, estoy con un grupo de actores amigos, vamos a tomar algo antes de emprender camino de vuelta a Pozo Estrecho.

–Vale, dame un momento–. Y volviéndose hacia los otros– No me esperéis, me voy con Narcisón hasta la taberna, decidle a Isabel que vuelvo en un rato.

Mientras se adelantan por la calle de la feria, tratando de alcanzar a los amigos y esquivando al público que se agolpa frente a las mesas de los vendedores, Narciso lo toma de un brazo:

–Estuve en Buenos Aires, Luis –dice con entusiasmo–. Es una ciudad prodigiosa, parece una capital europea, y en un lugar tan lejano. Esa Argentina es un país lleno de futuro, con riquezas a flor de tierra. Hay una cantidad asombrosa de inmigrantes en la ciudad, y un público ansioso por recibir artistas europeos. Si vieras cómo se llenan las salas que dan zarzuelas y teatro español. Tiene una avenida, que parece una vía de París y está llena de teatros y cafés, y casas de comidas españolas, en fin, tienes que verlo. Llegan conjuntos italianos en gira también, es increíble. Un pedazo de la patria allá tan lejos.

–Así dicen. Yo escuché los mismos comentarios en el Astillero, todos los que pasan por el puerto de Buenos Aires vuelven asombrados. Es que América es el continente del futuro, sin duda, Narciso. Allí se puede empezar de nuevo, sin los estos viejos fantasmas nuestros. Nosotros estamos gastados y no vamos a ninguna parte así, arrastrando estas guerras y dándole de comer a tanto zángano con nuestro esfuerzo.

–Mira, yo estuve tendiendo mis redes por allá, y ya he establecido contacto con un par de actores y empresarios famosos por esas tierras, con los que me escribo regularmente–. Y agrega, con un destello de entusiasmo en los ojos–: Hombre, se me ha cruzado la idea de hacer algo en Buenos Aires en el futuro, como presentar una obra en algún teatro. Claro que debo esperar a tener un pie más firme aquí para largarme.

–Tampoco puedes marcharte ahora, cuando tienes en la mira a Consuelo Menta, nada menos.

Narciso lanza una carcajada, asintiendo, y ambos se unen al grupo de la gente de teatro que ya está entrando en una taberna aledaña a la feria.

Esa noche Luis regresa a casa con la cabeza llena de sueños de tierras lejanas y nuevos horizontes, alimentados por el entusiasmo de Narciso, quien corroboró los comentarios que él escucha tan a menudo en el Arsenal. Pero no lo menciona en casa. No puede hablar de esta locura justo cuando Isabel está ubicándose en un ambiente tan distinto al que ha vivido por tantos años. Él sabe bien la nostalgia que siente por el campo de Cartagena y la gente que ella considera su familia adoptiva, allá en la casona de Torre Pacheco.

Consuelo y Francisco se despiden en la puerta de calle una tibia noche de junio de 1912, después de la cena de festejo por el cumpleaños de la pequeña María que ha reunido a toda la familia en el departamento de Luis e Isabel.

–Gracias, madre, por traer esos deliciosos platos.

–De nada, hijo, que es un placer contribuir cuando se puede. La fiesta estuvo muy linda, y me alegró mucho que los tíos y primos García Muñoz vinieran también.

–Si –aprueba Francisco con aire satisfecho–, se comió y se bebió a la salud de la pequeña, y todos estuvieron alegres y de buen humor, lo que es mucho decir en esta familia.

–Es verdad, hubo armonía, pero no os olvidéis que todo estuvo bien porque no se habló del rey ni de la Iglesia –dice Consuelo dirigiéndose a su marido y a Luis con desaprobación–, esos temas por los que vosotros y vuestros primos termináis siempre peleándoos como chavales.

Padre e hijo sonríen pero no responden. Ella tiene razón en reprocharles tantas veladas en ruinas a cuenta de las eternas discusiones sostenidas por la familia dividida en dos facciones ideológicas irreconciliables, tal como parece estarlo el resto de España.

Una vez que todos se marchan, Luis e Isabel quedan a solas y en silencio por un rato, después de verificar que los niños están dormidos, terminando de acomodar los cacharros sueltos en la cocina. Isabel está silenciosa y él sabe a qué se debe.

Antes de que llegaran los parientes ella tuvo otro roce con su suegra acerca de la crianza de los hijos. Consuelo había llegado temprano, antes del anochecer, acompañada por Paco trayendo viandas para la fiesta. Encontraron a Paquito y María todavía sin cambiar, jugando mientras Isabel terminaba de preparar los platos para servir. Sin vacilar, le reprochó a su nuera la autoridad maternal no ejercida como corresponde e Isabel se sintió herida y le respondió mordazmente. Después del tenso intercambio ambas estuvieron por un largo rato sin hablarse, con esa muda hostilidad que tanto molesta a Luis y que su hermano Paco adjudica al irrespetuoso sarcasmo que despliega su cuñada para con la madre. Con gran esfuerzo de las dos mujeres los ánimos fueron serenándose a medida que los invitados llegaban y la velada transcurrió en paz.

Él sabe que ella todavía está resentida por la breve fricción con Consuelo y para sus adentros le agradece el que haya superado su disgusto y cumplido como una graciosa anfitriona frente a todos. Sin decir palabra, se acerca y le da un beso al pasar.

–Esta noche te has lucido como una perfecta dueña de casa, me da tanto orgullo –dice, continuando con su trabajo. Ella lo mira con un gesto entre burlón y cariñoso.

—Ajá, con que soy una perfecta ama de casa, pero solo cuando me callo la boca.

—No me des vuelta las palabras, mujer, que sabes bien qué te estoy diciendo y por qué.

—Claro que sé. Pero ella me saca de quicio, Luis, te lo aseguro, cree que lo sabe todo y que yo soy una tonta porque viví en el casal de las niñas y no se me ajaron las manos trabajando de doméstica como a las demás. Y le duele que le responda. Para ella las mujeres no responden, a callar y obedecer. Pues yo no.

—Tienes razón. Consuelo es un poco exigente, y se mete en lo que no le corresponde. Pero es mi madre, y no sé cómo pararla además de haberle dicho mil veces que no opine cuando no le preguntan.

—Ya lo sé. Ya sé que tú te ves en el medio entre nosotras. No te envidio el papel. Espero que con el tiempo las cosas cambien. Me cuesta mucho ajustarme a subordinarme cuando nunca le tuve que dar cuenta a nadie de mis actos personales. En particular cuando se trata de tonteras.

—Dale tiempo, ella va a cambiar, estoy seguro.

Isabel suspira pero no responde. No cree que Consuelo vaya a cambiar, ni que su cuñado Paco la mire con mejores ojos nunca. Todavía extraña a la gente del casal, y se siente sola. Las vecinas son unas simplonas y le han comentado que se dice en el barrio que ella es demasiado altanera y orgullosa. Isabel no está segura si es por sus vestidos o su forma de actuar, pero definitivamente hay distancia entre ella y las demás, lo que le duele pues necesita amigas.

Terminan de acomodar las cosas y el agua para un té caliente hierve en la hornalla. Ella pone dos jarros, vierte el té y ambos se sientan a la mesa, con aire de cansancio.

En el silencio de la noche llegan desde la calle las voces de un grupo que pasa hablando fuerte y riendo. De pronto Isabel dice, tratando de fingir un desinterés que está lejos de sentir:

—Cuando Paco te preguntó qué eran esos comentarios que te había escuchado el otro día mientras hablabas con tu padre, ¿Por qué le hiciste callar?

—¿Yo? ¿Le hice callar? —responde él, mirando hacia otro lado, en apariencia muy interesado en la hornalla apagada. La voz de ella tiene otro tono y a él no le gusta nada—. No recuerdo de qué hablaba.

—Oye, Luis, que no soy tonta ni sorda. Paco dijo claramente que estabais hablando de lo bien que se vive en la Argentina, y de lo bueno que sería tentar suerte. En ese momento tú le hiciste un gesto, estoy segura, porque tu hermano cerró la boca de pronto y no dijo más. Pero a mí no se me escapan esas cosas. Dime la verdad, ¿estás pensando otra vez en esa locura?

—No, pero igualmente, no es locura, es un comentario de lo que hacen otros, no quiere decir que nosotros vayamos a seguirlos.

—Por favor, Luis, no me vengas con eso, que ya estoy cansada de mudarme como una gitana de un lado a otro. Y menos con dos niños. Si me mudo otra vez será de regreso a Torre Pacheco.

—Pero no, mujer, qué dices. Vamos a dormir, estamos cansados, no hagamos una historia ahora. Nadie habló de dejar nada ni partir a ningún lado.

Ella pone las tazas en el fregadero y él la abraza con ternura. Isabel suspira, apoyada en su hombro.

—Tú sabes que yo no quiero nada que tú no quieras—, le murmura él al oído, con ese tono cariñoso particular que ella conoce bien y que la desarma totalmente.

—De pronto me ha dado miedo —dice conciliadora—. No más cambios por ahora, Luis, y menos hablar de irnos más lejos. Debe ser duro dejar la tierra natal. Qué sabrán esos marineros trotamundos que van y vienen de un país a otro y no tienen raíces en ningún lado. No los escuches más.

—Tienes razón, como siempre. Hale, vamos a la cama.

Se encaminan hacia el dormitorio, él todavía con un brazo alrededor del ahora amplio talle de ella.

—¿Sabes que eres la mejor cocinera que conozco? —sigue murmurando él. Cuando pasan frente al cuarto de los niños Isabel entorna la puerta, y siguen hacia el dormitorio.

—No seas zalamero, Luis. Qué voy a ser.

—Te lo juro. La paella que hiciste hoy con la receta de mi madre, Dios la tenga en la Gloria, es la mejor que he comido en mi vida. Mejor aún que la de Consuelo —dice Luis mientras apoya el vaso de agua que trae en la mano sobre la mesa de noche.

Isabel hace un gesto, sonriendo complacida ante el halago. Ambos se vuelven y las bocas se encuentran en un beso largo, apasionado, casi ansioso, como si quisieran comunicarle al otro los miedos y las secretas esperanzas que la incipiente idea de lanzarse a ultramar les produce.

Durante todo ese verano de mil novecientos doce han llegado nuevos pedidos de reparación al taller de carpintería del Arsenal. El oficial de marina que está a cargo de las operaciones en el área de Maestranza donde Luis trabaja es un Capitán de Fragata. Se trata de un ingeniero naval experimentado y capaz que ha reforzado el plantel con la entrada de nuevos empleados y aprendices. Hay un nuevo ímpetu de parte de la Real Armada para recuperar el tiempo perdido en las últimas décadas del siglo anterior. La Sociedad Española de Construcción Naval, a cargo del renacimiento, ha satisfecho ampliamente los requerimientos de la Armada en los astilleros españoles, lo que ha resultado en un auge de construcción y mantenimiento. En el Arsenal de Cartagena no solo se trabaja en buques y acorazados de gran tamaño sino que también se repara y acondiciona naves a vela, de menor envergadura.

Gracias a su habilidad con las herramientas y la precisión de artesano, Luis se ha ganado la confianza del Capitán. La oportunidad de destacarse entre los otros se presentó en forma inesperada, un mes atrás, cuando el encargado de la sección de tallado y ebanistería recibió un pedido de la oficina del Capitán, en forma de una orden verbal urgente traída por un Cabo Segundo.

–El Capitán hizo traer un escritorio antiguo, una reliquia de familia, desde Madrid y en el camino ha sufrido un accidente–. Explicó el hombre–. El escritorio tiene una serie de mellas y roturas, y él está muy enojado. Necesitamos el mejor restaurador que tengas a mano entre los artesanos pues es un escritorio valioso, una pieza de museo, según dicen.

–Yo tengo al artesano. Dime cuándo y a dónde lo mando, y él estará allí.

Luis se presentó en la oficina del Capitán y cumplió concienzudamente su trabajo de restauración, mientras el oficial estaba fuera de la ciudad.

Cuatro días después, Luis estaba a punto de terminar la labor cuando un hombre alto, de unos cuarenta años, de rostro bronceado por el mar y ojos alerta entró al cuarto a donde él trabajaba con un ayudante. Luis se puso de pie, inmediatamente, con gesto interrogante.

–El jefe de Maestranza me dice que tu nombre es Luis García Pérez, y que tienes una mano de oro para las restauraciones... –Luis traga saliva y asiente con la cabeza, aún sorprendido por la súbita entrada. El otro sonríe con franqueza–: Soy el Capitán Segura Aragón, y es un gusto conocerte.

–El gusto es mío–. Luis no se impresiona con los cargos altos. La presencia de los oficiales de marina en el Arsenal es cosa cotidiana, y él sigue convencido de que el privilegio se les sube a la cabeza muy fácilmente a todos los hombres, nobles o plebeyos–. Estoy a punto de terminar. Estaba bastante dañado, como usted habrá visto.

El Capitán inspeccionó cuidadosamente el borde y la pata del escritorio que fuera tan maltratado durante su transporte a Cartagena y sonrió satisfecho.

–Has hecho un trabajo excelente, Luis –dijo con admiración.

–Gracias, mi Capitán. Es un placer trabajar en una pieza tan valiosa como ésta.

–Sabes que este escritorio ha estado por dos siglos en la biblioteca del palacio de mis abuelos y es una herencia de un tatarabuelo mío que fue Notable en la Corte de Felipe de Borbón. Estas piezas que hice traer son invaluables. Van a formar parte de la casa que un discípulo del arquitecto Víctor Beltri está construyendo para mi familia en Cartagena.

A partir de ese día, Luis se ha encontrado con frecuencia trabajando para el Capitán, quien tiene una conversación fluida y amable con breves comentarios que giran alrededor de la música y el teatro dos temas con los que tienen opiniones en común. En ningún momento Luis siente que lo subestima como otros oficiales hacen a menudo con los empleados de maestranza. La satisfacción que el hombre siente por haber recuperado su valiosa pieza se ha traducido en una recomendación que sorprende al jefe del taller de carpintería. A partir de ese día, Luis ha sido llamado a hacer diversos trabajos especiales en otras dependencias, lo que lo saca de su ahora rutinaria labor con los revestimientos de paredes y armado de muebles para las cabinas de los buques.

En cierta oportunidad el Capitán le comenta que sus periódicos viajes de ultramar le han llevado al puerto de Buenos Aires más de una vez. Conoce la ciudad y sus expresiones de admiración por la gran urbe del sur contribuyen en gran manera a incrementar el interés de Luis por la Argentina. Todavía no ha escuchado nada adverso, y el proyecto de probar suerte en el nuevo mundo llena muchas horas de su pensamiento, mientras trata de encontrar la forma de articular sus sueños en voz alta frente a Isabel y su familia. Sabe que se opondrán, y por ello debe hacerlo con firmeza, pero con cautela.

Un par de meses después, el encargado de sección le asigna un trabajo especial, por recomendación del Capitán Segura Aragón.

Tiene que coordinar con un grupo que se dedica a velamen y materiales de cáñamo, en la fábrica de jarcia.

—Llévate a Manuel Navarro contigo. Ya te están esperando allá. Pregunta por el Contramaestre Ayala, es el que coordina el material para la nave que está en reparaciones —le dice, entregándole un cilindro con copias de planos.

En la puerta del taller Luis se une a Manuel, uno de los nuevos empleados, un joven locuaz que comparte los descansos y el breve refrigerio del mediodía con él y Felipe. Se echan a caminar, y mientras él presta atención solo a medias, Manuel lo pone al tanto de comentarios sobre de la vida de un torero que va a debutar en Cartagena muy pronto. Caminan buscando la ocasional sombra que dan los árboles y palmeras que bordean la calle interior.

Corre el mes de agosto y a las nueve de la mañana el sol ya aprieta anunciando que el calor se va a tornar sofocante dentro de los edificios del astillero. Ahora la conversación gira alrededor del cante flamenco, ya que ocasionalmente Manuel toca la guitarra y canta en el bar de una posada del barrio de Santa Lucía. Luis sonríe para sus adentros, este jovenzuelo es una máquina parlante, salta de un tema a otro y nunca le falta motivo para conversar. Así es como puede componer con facilidad esas coplas, supone.

—El sábado' por la noche vendrán un par de cantaores famosos a la posada —dice Manuel—, por si es que quieres venir con tu hermano, como la vez pasá'.

—Veremos, Manuel, depende. ¿Son locales?

—Algunos son cantaores locales, pero uno es muy especial, un discípulo del Niño Escasena, y viene desde Jaén. Va a canta' en varios tablaos del campo 'e Cartagena. Lo admiran mucho.

—Gran cantaor, El Niño —dice Luis, asintiendo con la cabeza—. Famoso. Mi padre cuenta que lo escuchó una vez en las fiestas patronales en Los Alcázares.

—Sí, señó', uno 'e los mejores.

—¿Y tú? ¿Vas cantar también?

—Sí, pero muy poco. Hay gente mejo' que yo, Luis, ya lo viste el otro día. No me pueo' comparar con ellos

—No sé. Yo creo que eres muy bueno. Veré si puedo ir, Manuel, no te prometo, pero trataré de ir, pues es un placer. Son buenos cantaores, los de ese tablado.

—Y buen vino, y mujeres guapas...

Luis ríe y le palmea el hombro.

–Disfruta de tu libertad, chaval, mientras te dure, que después vienen las responsabilidades.

Se están acercando al taller, un edificio viejo y menos cuidado que los otros. La fábrica de aparejos del Arsenal es, tal como algunas secciones del taller de carpintería, un resabio del pasado espléndido en la navegación a vela. Durante el siglo anterior y previo a la construcción del varadero de Santa Rosalía, la competencia entre las armadas española y francesa estuvo en pleno apogeo en la costa del Mediterráneo. Aunque las naves de hoy son de acero y movidas por máquinas a vapor, la fábrica de jarcia todavía elabora cordelería y velamen para algunas pocas elegantes naves de la Marina Real. El cáñamo, la materia prima, se importa desde varios puntos del mundo, tal como se hacía en las épocas gloriosas de la Armada.

El Contramaestre Ayala está atareado en un pequeño cuarto que hace de escritorio y sala de operaciones para los toques finales del velamen y cordelería de su nave. Es un hombre joven, de pelo castaño claro desteñido por el sol, como el de muchos hombres de mar y con un aire ejecutivo pero amable.

–Vienes bien recomendado, Luis García Pérez –sonríe–. Esto va a llevar un par de días. Queremos tener todo terminado para la semana que viene y echarnos a la mar cuanto antes. Muéstranos que eres el hombre indicado.

Con una inclinación de cabeza Luis acepta el amable reto y se concentra en su trabajo, pero la plática con Manuel le ha traído a la memoria una conversación que sostuviera con dos marinos recién llegados de los puertos sudamericanos en la posada de Santa Lucía. Fue antes que comenzara el cante flamenco, y los hombres hablaban de Buenos Aires, esa ciudad mítica en las antípodas, de modo que Luis prestó atención. Le quedó grabado lo que uno de ellos dijo:

–Esa ciudad es la viva réplica de una capital europea.

No solo le ronda en la cabeza el comentario de los hombres de mar en la posada, sino también la pintura que le hiciera Narciso de esa fabulosa Avenida de Mayo, llena de luces, con una red de trenes subterráneos, meca de artistas españoles de zarzuelas y teatro, a donde se da cita un público culto e informado que mira a Europa con veneración.

Están también los relatos de los oficiales de a bordo de varios buques españoles que han pasado por el puerto y el Arsenal, y que han visto con sus propios ojos las maravillas de la inmensidad de La Pampa y la belleza de los Andes, unas montañas comparables a los Alpes Suizos.

Si no pruebo suerte allí, sé que lo lamentaré toda la vida, se dice. La promesa de un futuro venturoso para sus pequeños es demasiado atractiva para poder resistirla.

La decisión

La oportunidad de hablar con Isabel se le facilita en forma inesperada un día en que él regresa del astillero y la encuentra llorando, sentada en la cocina de casa, mientras Paquito trata de calmar a María quien también lloriquea inquieta. Luis siente que se le estruja el estómago. Alarmado, se acerca.

–¿Qué sucede? ¿Qué os pasa? Por favor, dime, mujer, ¿Qué es?

–Mare' tuvo una pelea con la abuela –dice Paquito, limpiándole las lágrimas a su hermanita con el faldón de su pequeña camisa.

–Ay, Isabel, ¡dime qué pasó!

–Fue horrible, tu madre me dijo de todo y yo le grité lo que se merece porque no la soporto más tratándome siempre como si yo fuese una inútil –solloza, mirándolo con ojos enrojecidos y furiosos.

Luis se serena un poco. Ya está acostumbrado a estas riñas, pero esta vez parece haber llegado más lejos. Nunca ha visto a Isabel tan disgustada.

–Cálmate y dímelo todo, pero cálmate, mujer. ¡Estás fuera de quicio!

Ella suspira, a su pesar, y él le abraza la cabeza, alisándole el pelo y acomodándole el rodete casi deshecho, como a una niña.

–Anda, anda, dime qué pasó, tranquila. ¿No ves que los chavales se ponen mal? Trata de componerte–. Va hacia el lavabo y llena un vaso con agua–: Bebe, así te calmas.

La historia del enfrentamiento entre las dos mujeres esa tarde no tiene nada de particular. Se trata de una más de las tantas veces que han chocado amargamente en los últimos tiempos, y por las mismas o parecidas razones. Luis se sienta a la mesa con María en brazos, mientras escucha la narración que ella le hace, entre hipos y sollozos, con Paquito abrazado a sus rodillas, como si quisiera protegerla de la pena que detecta en su voz.

Por fin se calma y él le ayuda a preparar la cena, mientras la escucha desahogarse de las muchas mortificaciones que ha sufrido a manos de Consuelo desde que se conocieron. Mientras ella habla, Luis comprende que también de esto quiere escapar cuando sueña en largarse a cruzar el Atlántico. No es solo la rutinaria tarea del astillero y el futuro de jornales que apenas alcanzarán para sustentarlos. Quiere vivir en paz y armonía familiar, pero aquí no es posible.

Para Consuelo él ha elegido la mujer equivocada. Isabel no calza en el molde que su madre tiene de lo que debe ser una buena nuera. Y eso no va a cambiar nunca, porque por sobre todas las cosas él no quiere que cambie. La ha elegido así, distinta a las otras, una mujer con la que no se aburre, con la que la convivencia es un desafío diario para mejorar y renovarse, una inconformista que le inyecta la energía que él necesita.

Se pregunta cómo sería si su madre estuviese viva. ¿Acaso se llevarían bien las dos mujeres, o habría celos y tensiones como con Consuelo? En forma casi involuntaria se vuelve hacia la imagen de la muchacha joven de pelo recogido, vestida con la blusa de encaje blanco, que lo mira desde ese gesto inmortal que captó la cámara del fotógrafo tantos años atrás. Y no encuentra una respuesta. Las memorias que guarda de la adorada madre son las de un niño pequeño: La visión etérea de una mujer muy alta llevándole de la mano por una playa, y luego un pálido rostro de cera devorado por la fiebre, sonriéndole desde una almohada blanca. Todo lo demás que guarda de ella son las memorias de su padre, que lo sustentaron en el dolor, pero no son las propias.

El domingo siguiente Luis se decide a encarar el tema por fin. Han subido a caminar con los niños al atardecer por la calle del Duque, en busca del quiosco de helados de la Plaza de la Merced. Isabel está de un excelente humor, más tranquila después de decidir hacer las paces una vez más con su suegra.

–No quiero sembrar discordia entre ustedes, Luis –le ha dicho, pensativa–. Creo que lo que corresponde es que hablemos Consuelo y yo, y tratemos de ponernos de acuerdo en que no debemos pelear más. Esto no puede seguir así, va de mal en peor.

Luis asiente, no muy convencido, pero aprecia las buenas intenciones de ella.

–Me parece bien, estoy seguro que va estar feliz de que le hables y lleguen a un acuerdo

Después de comprar los helados en el kiosco de la plaza, caminan alrededor, disfrutando del aire y de la música que está ejecutando una banda militar. Encuentran un banco libre frente al Palacio de Aguirre y se sientan a descansar mientras Paquito lleva de la mano a María, caminando alrededor de ellos, jugando a las escondidas tras los árboles.

–Qué hermosa tarde, Luis, y esta plaza es tan bella... en días así apenas si extraño el casal...

–No te has acostumbrado todavía a Cartagena, ¿no? –pegunta él con ternura.

–A veces me siento en casa, sí, pero muy pocas –admite ella.

–Sabes, creo que no has encontrado tu lugar. Y yo tampoco. Por eso tenemos esta inquietud. Creo que nuestro futuro está en otro lado...

–¿Qué quieres decir? ¿Dónde? –ahora hay desconfianza en su voz.

–Bueno, me da vueltas en la cabeza que tanta gente haya intentado con suerte otros lugares y pienso que tal vez tú y yo estemos destinados a buscarnos el hogar lejos de aquí...

–Oh, no, no me digas eso, Luis.

–¿Por qué no? ¿Quién te dice que no sea nuestro destino? ¿Cómo puedes saberlo? Cuando que te hablo de la Argentina me haces callar. Dime que me dejarás decirte lo que tengo pensado y que no vas a interrumpir.

Ella lo mira, convencida de que cualquier cosa que él pueda decirle no va cambiar su aversión a marcharse lejos.

–Bueno –dice resignada, mientras sigue con los ojos a los niños–. Anda, cuéntame.

Luis aspira hondo el fresco aire del anochecer y siente que debe poner en sus palabras toda el alma, todo el sentimiento, todos los sueños que ha ido amasando en silencio para el futuro de los cuatro, para poder transmitirle cómo es que ha llegado a la conclusión de que tienen que tentar suerte en Buenos Aires.

Habla durante largo rato, mientras ella lo escucha sin decir palabra, ni mirarlo de frente.

–Tampoco te estoy pidiendo que sacrifiquemos nada más que tiempo –prosigue él, ahora un poco nervioso, restregándose las manos húmedas en el pañuelo–. El tiempo que lleve establecerme en Buenos Aires y mandaros los pasajes para el próximo vapor que salga de Cartagena. Porque no quiero que nos arriesguemos todos, solo déjame ir a ver si es posible, si vale la pena. Dame seis meses no más. Lo tengo todo pensado, tú y los chavales viviríais de nuestros ahorros, lo que no es mucho pero alcanzará para vuestros gastos diarios. Yo no necesito nada. Muchos hombres del astillero y el puerto han viajado trabajando a cambio del pasaje y no me será difícil colocarme en algún transatlántico que vaya para la América del Sur. Si no resulta, yo volveré y mi trabajo en el astillero estará esperándome. He hablado con el Capitán Segura Aragón y me ha dicho que va a guardármelo por un año. Es un hombre honorable, sé que lo hará. Pero ahora necesito tu apoyo, porque tenemos que organizar esto juntos, y hacerlo por el futuro de los hijos. Mira cómo se sacrifican mis hermanos y no tienen nada, ni llegarán a tener en esta tierra estéril y llena de odios. Hagámoslo por ellos, si no es por nosotros, Isabel, por los chavales.

Cuando Luis termina su monólogo y por primera vez desde que empezó a hablar, ella lo mira de frente. A la luz de los faroles de gas él nota un brillo húmedo sus ojos pero también se sorprende, porque la mirada es pensativa y tierna. En ese instante él tiene la certeza de que la mitad del camino está ganado.

En los días que siguen Isabel le hace muchas preguntas y ambos barajan posibilidades negativas para encontrarles salida, durante largas sobremesas. Una noche, mientras los niños duermen Isabel finalmente acepta su proyecto, condicionado a que el intento solitario de él no supere los seis meses.

–Prométemelo –dice seria y con preocupación en la voz–, solo seis meses. No podré soportar más que eso lejos de ti, y aquí sola con los niños.

Ahora a Luis le toca superar un escollo aún más difícil: Que sus padres y hermanos entiendan cuán firme y madura es la decisión que han tomado. Para ello espera a que hagan las paces entre suegra y nuera, aunque sea en la forma precaria de costumbre, para reunir a todos y hablarles. Mientras tanto él va tendiendo las redes en el astillero y en el puerto, buscando una plaza abierta para carpintero en algún buque que vaya camino a Buenos Aires.

Dos semanas después de la tarde en la Plaza de la Merced, Luis pasa como tantas otras veces a saludar a sus padres de vuelta del astillero. En los últimos tiempos Francisco está trabajando menos horas en el taller de carpintería y llega a la casa mucho antes de la cena. Lo invitan a compartir un vaso de vino y unas tapas que Consuelo improvisa en unos minutos.

–Hoy vino Isabel de visita –comenta ella, mirándolo de reojo.

Él presta atención, interesado, pero prefiere no decir nada.

–Sí, pues que vino como corresponde–, continúa la madre– a disculparse conmigo por las cosas horribles que me gritó el otro día. Supongo que tú la habrás convencido para que venga, ¿no?

–No, madre. No sabía que iba a venir –responde con sinceridad.

–Vamos, Luis –intercede Francisco, con aire desconfiado– no me digas que no sabías. Que tú no le has dicho que venga y se disculpe como corresponde, hijo, no puedo creerlo.

–¿Y por qué no? Ella no sigue mis órdenes, padre, es una mujer adulta que sabe lo que debe hacer. No necesita que yo le obligue a nada.

–Ay, Luisillo, qué cosa –dice Consuelo, moviendo la cabeza con desaprobación–, esa mujer te maneja y te domina, hijo, ¡Cuándo abrirás los ojos! ¡Te va a llevar a la ruina!

Luis se siente herido por el antiguo prejuicio contra Isabel que es evidente su madre no ha podido superar, y siente que tiene que frenarla de alguna manera.

–Que os quede claro, ella a mí no me da órdenes, ni yo se las doy a ella–. Se acomoda en la silla, con enojo, mientras los padres lo miran sorprendidos–. Que no me casé con una sierva, ni la compré en el mercado. Es mi mujer, y su opinión merece respeto. Y eso lo aprendí de usted, padre, así es como yo veo que la trata a madre, y así lo voy a hacer yo con ella. Que no os plazca la forma de ser de Isabel es harina de otro costal, no tiene nada que ver con cómo nos tratamos ella y yo.

–¿Te parecen bien sus faltas de respeto hacia tu madre?

–No, no me malentienda, no me parece bien. Y ella lo sabe. Pero también tenéis que ver que cada uno tiene su forma de criar a los chavales y que no todos pueden pensar igual. Madre, no lo tome a mal, pero a veces ella tiene razón, y a veces la tiene usted. No quiero que haya roces. Me alegro que Isabel haya venido por su propia voluntad a disculparse. Vale más que si yo la forzara a ello.

Se hace un silencio tenso, roto en ocasiones por el tintineo de los cacharros que Consuelo manipula para cocinar. Luis mira hacia el piso, esperando algún reproche.

–Es cierto, mujer, Luis tiene razón en esto –dice Francisco, conciliador, ya que lo ha tomado por sorpresa la actitud del hijo.

Consuelo los mira con desconfianza, poco convencida, aunque Luis sabe que va a demorar un rato en aceptar lo que él dijo, pero que lo va a pensar bien, y eso es lo que vale. Francisco le sirve un poco más de vino, y le palmea el brazo.

–Entonces para celebrar que estamos todos de acuerdo en respetarnos mutuamente, vamos a hacer una rica paella este domingo y quiero que vengáis y que nos reunamos. Paco va a traer a su novia, una muchacha a la que está visitando formalmente desde hace unos meses, para presentárnosla.

—Enhorabuena, me alegro que Paco se haya decidido por fin a traerla a casa —dice Luis, y no agrega nada más porque Consuelo lo mira de una forma particular y él no quiere terminar la noche con otra discusión provocada por celos maternales.

Y se marcha, pensando que el domingo buscará la forma para hablarles del proyecto de partir. La idea le produce un nudo en el estómago. Sabe que no será fácil, pero confía en poder convencerlos.

Los nervios de Luis no eran infundados. Aunque el almuerzo del domingo transcurre en armonía, facilitada por la presencia de Josefa, la novia de Paco, una joven tímida que llega con su hermana menor trayendo como ofrenda un gran pote con higos en arrope. Una vez terminado el almuerzo, las dos colaboran con Ginesa e Isabel, levantando los platos y sirviendo el postre y el vino moscatel.

Luis espera a que Paco se marche acompañando a las dos muchachas de vuelta a su casa para encarar el tema con los padres. Cruza una mirada significativa con Isabel y comprende que ella también está nerviosa. Con la elocuencia que usó para hablar con ella en la plaza y la que desplegó después, en los días sucesivos tranquilizándola y aclarando sus dudas, Luis les detalla los planes para la partida. El efecto es devastador en todos ellos.

Cuando termina de hablar, se hace un silencio significativo, roto en ocasiones por las risas despreocupadas de los niños que juegan en el cuarto vecino. Luis tiene frente a él tres pares de ojos que lo miran incrédulos y sorprendidos. Por fin, con desaprobación en la voz, Francisco corta la tensión del momento:

—Y esto que nos dices, ¿ya está resuelto? —es evidente que hace un esfuerzo por parecer calmo.

—Sí. Lo hemos hablado largo y tendido con Isabel.

Consuelo se vuelve hacia su nuera, interrogante.

—¿Y tú, qué dices?

Isabel vacila, no quiere cometer errores ahora.

—Primero yo me opuse, pero después que hablamos mucho sobre esto Luis me convenció de que puede ser algo bueno intentarlo, y ver qué pasa.

—Esto no es *para ver qué pasa*, hijo —dice Francisco—. Te marcharás a las antípodas, un mes de barco, a un mundo desconocido. ¿Es que podrás volver si algo sale mal? ¿Lo has pensado? Y lo peor, ¿cómo sabes que te será fácil regresar?

– Es una empresa de locos, Luis, hijo –agrega ansiosa Consuelo, mientras las lágrimas le corren por las mejillas y ella las seca con el dorso de la mano–, piénsalo bien, tú tienes dos chavales, ¿y si te pasa algo en el camino? ¿Qué será de ellos, sin padre? ¿Isabel, tú no tienes miedo?

–Claro que sí, madre, tengo miedo, pero Luis ya lo tenía decidido desde hace mucho tiempo, mucho antes de decírmelo.

Les lleva un par de horas tranquilizar a todos. Ginesa llora por largo rato en un rincón y después se lleva los niños a pasear por la vereda, porque las voces altas y tensas de los adultos los han puesto nerviosos y están gimoteando. Isabel no responde más que con monosílabos ahora, teme que cualquier expresión de simpatía hacia Luis provoque la ira de Consuelo. Por fin, parece que los ánimos se serenan y ellos se marchan, poco convencidos de haber ganado el favor de la familia para su causa.

Caminan el par de cuadras que los separan de su hogar en silencio, llevando a Paquito de la mano y a María dormitando en brazos de Luis, tristes y exhaustos por el desgaste emocional del día. Esa noche le leen a los niños más tiempo que de costumbre, porque los pequeños están nerviosos y desvelados y ellos dos no quieren hablar más del tema que ha conmovido los cimientos de toda la familia.

A partir de ese domingo, los días y las semanas se suceden como en un sueño para Isabel, quien teme el momento de la partida y quisiera prolongarlo. Se despierta de noche después de sueños amenazadores, que sin ser pesadillas tienen un común denominador: suceden de noche y el ambiente en el que ella y los niños están es tenebroso. Como no es supersticiosa, trata de tranquilizarse achacándoselo al miedo que siente por lo que están por hacer. No le habla a Luis de sus sueños, no quiere llenarlo de temores o de pena justo ahora, cuando tiene que estar tranquilo para preparar la partida. Tampoco puede hablar con Consuelo o con Ginesa, ya que todos terminan llorando.

Hay un solo lugar a donde puede volcar su corazón y recibir apoyo.

Desde que se mudaron del casal ella ha visitado a sus adoradas niñas en el Campo de Cartagena varias veces, y en una oportunidad ellas la han honrado viniendo a su humilde hogar a tomar el té por la tarde. Como siempre, le trajeron bolsas con regalos, ropa, neceseres para la casa, y hasta un dinerillo, que le pusieron en la mano imperiosamente, para que no lo rechazara.

Ahora Isabel siente que necesita el apoyo emocional de ellas y también el de Rosa, la mujer que la ha ayudado tanto como una tía durante los difíciles años de su adolescencia.

—Luis, mañana después que tú salgas yo me iré con los chavales al casal, a visitar a Rosa y a las marquesas. Volveremos temprano, antes de que regreses, si es posible.

—Ve, y ofréceles mis respetos a todos ellos.

Al día siguiente Isabel llega con los niños temprano a Torre Pacheco. La reciben con gran alegría, como siempre. Los servidores se arremolinan para ver cuán grande están los chavales y qué bonita es María Ginesa, con ese pelo castaño bien oscuro, ondulado y los ojos y el carácter tan parecidos a los de su madre. Después que el alboroto por la visita se calma, Isabel se queda a solas con Rosa y descarga todo lo que la acongoja. La experimentada mujer no la defrauda. Para cuando están entrando otras ayudantes a la cocina a preparar el almuerzo, ellas están terminando la plática e Isabel ha escuchado, de la voz serena y llena de sentido común de su amiga, una serie de consejos y observaciones que la reconfortan.

—¿Te sientes un poco más tranquila ahora? —le palmea un hombro Rosa, mientras Isabel sale llevándose a los niños, camino a los aposentos de las marquesas—. Después de ver a las niñas vuelve a la cocina, que te tendré el almuerzo preparado.

Las marquesas también la reciben con el cariño de siempre.

—Muchos han hecho fortuna en el nuevo mundo, Isabel —le dice la niña María del Carmen—. ¿Quién te dice que Luis no sea uno de ellos? Lo único que me apena es si todo sale bien te vas a llevar a Paquito lejos de nosotros para siempre.

—Ya sé, y yo valoro mucho cuánto vosotras lo queréis y los dones que él ha recibido de esta familia. Vosotras sois mi familia.

—Ay, Isabel, tú te lo mereces. Aquí te extrañamos mucho, nos has hecho falta, pero comprendemos como piensa Luis, y es justo que sigas a tu marido.

Isabel parte esa tarde hacia Cartagena con un bolso lleno de comestibles caseros y ropa para los niños.

—No me deis más, por favor. No podré caminar las cuadras que van del tranvía a mi casa con tanto peso. María estará cansada y tendré que llevarla en brazos, Rosa. Esta niña es muy consentida.

Rosa la mira sonriendo, y asiente con la cabeza.

—Pues que tiene a quien salir...

Se despiden en el portón lateral, y uno de los empleados los lleva en la volanta hasta la parada del tren.

Esa noche durante la cena Isabel le narra a Luis todos los detalles de la visita y lo que le dijeron acerca de la aventura que van a emprender. Mientras observa el entusiasmo y el cariño con que su mujer evoca los encuentros de conocidos y amigos en Torre Pacheco comprende que él ha subestimado el dolor que ella ha padecido al dejar el casal. Lo consuela saber que siempre tendrá esa gente amiga que la protegerá y ayudará en todo lo que su propia familia no pueda asistirla, si es que algo le sucede a él en tierras extrañas.

Hacia el Nuevo Mundo

Apoyado sobre la barandilla del inmenso vapor noruego en el que va a cruzar el Atlántico, Luis mira hacia la explanada a donde se amontonan grupos de personas inquietas, saludando ocasionalmente, despidiendo a los que parten con destino a Sudamérica y que ascendieron esa mañana en Carthago Nova. Es la primera vez que él ve a su ciudad desde esta perspectiva, desde lo alto de un navío.

Esto es lo que ven los viajeros de paso, se dice, *y también lo que ven los que como yo, dejan su tierra.*

Se pregunta si esta será la última vez que sus ojos miran los bellos cerros y las playas que rodean la profunda bahía azul. Esos senderos de pedregullo que él ha ascendido tantas veces, esas extensiones de arena blanca acariciada por las frescas olas en las que él ha nadado desde niño.

Vuelve su mirada hacia el muelle. Luis no sufre de vértigo, por eso no puede explicarse el vahído que siente al distinguir allá abajo a las tres figuras que componen todo su mundo: la mujer y los dos chavales queridos por los que él se larga hoy a buscar fortuna. Él, que nunca antes ha ido más allá del Campo de Cartagena.

Nadie de su familia fue a despedirlo y eso le duele. Aunque él no cedió, por amor propio, y no se arrepiente, ante la presión a la que lo sometieron. No quiere pensar ahora en los disgustos y las peleas que mantuvo con ellos. No pudieron aceptar sin quejas ni lamentos sus planes de intentar una nueva vida en otro país y aunque por fin, a regañadientes, hicieron las paces con él, todos se empecinaron en no ir al puerto hoy.

Luis mira hacia la derecha e imagina la casa natal, allá, tras aquel montón de edificaciones, del otro lado del cerro. Se despide mentalmente de la vieja y empedrada Montanaro y de los balcones con geranios carmesí frente a los que ha pasado a pie por última vez, hace solo un par de horas. Porque él no ha podido marcharse sin descender lentamente por la calle natal, llevando las maletas, a guisa de despedida, con Isabel y los chavales siguiéndolo.

Detrás de las ventanas estaban ellos, Francisco, Paco y Ginesa, sin duda llorando, no le hace falta haberlos visto para saber. Él también sollozaba en silencio, imaginando a Consuelo sentada en su silla de hamaca, el rostro entre las manos como cuando una gran pena la acongoja. Y él, el hijo mayor de esa casa, pasó frente a la ventana con la cabeza en alto, la última mirada para la mata de pelo oscuro del padre, allá arriba, detrás de los vidrios rectangulares.

Ahora vuelve su atención a la muchedumbre agolpada y divisa a Paquito que agita un pañuelo muy grande para él. Se pregunta si un chaval tan pequeño, que no ha cumplido aún cinco años comprenderá el riesgo que ese adiós a su padre significa. Le devuelve el saludo tratando de fijar la imagen deformada por las lágrimas como una fotografía impresa en sus retinas. Esta memoria es lo que va a sustentarlo en los próximos meses.

Hay un revuelo de manos cuando suena la sirena del buque anunciando la partida. Lentamente, la mole de acero humeante se aleja de la costa, metro a metro, y su movimiento parece hechizar a todos, porque los viajeros apoyados en las barandillas de las dos cubiertas no pueden desprender los ojos del embarcadero, ni la gente que se arremolina cerca del agua puede dejar de saludar y moverse inquieta, como si quisiera saltar la superficie azul oscura que los separa de quienes aman y se van. El nudo que tiene en la garganta se le hace casi insoportable mientras mira a la multitud, cada vez más pequeña e indistinguible, allá en la orilla.

Rodeado de emigrantes que se despiden como él, Luis se siente parte de una gran corriente, uno más de los miles que dejan sus países natales en Europa para aventurarse en el nuevo mundo, en este inestable año de mil novecientos trece. La atracción es irresistible y Luis va en pos de un destino que ha marcado a los hombres desde la prehistoria: explorar qué hay más allá del horizonte. El precio que pagan es alto, piensa, la partida es casi un desgarrón físico.

Levanta la mano una vez más aunque ya no lo ven, ni él puede distinguir a nadie, pero la agita de todos modos, en un mudo adiós a su tierra.

El vapor llega a la altura de la entrada a la rambla de Benipila, y luego deja a su izquierda la de Escombreras, para salir al mar abierto, inmenso, tal como Luis solía mirarlo desde los cerros, cuando soñaba con embarcarse y partir.

La costa se va alejando mientras la proa se encamina hacia el Oeste, hacia Almería, bordeando a la distancia el litoral y buscando la salida hacia el Atlántico.

Una vez en alta mar, la gente abandona las barandillas de cubierta y comienza a dispersarse. Tal como le aconsejaron al darle las instrucciones de su trabajo a bordo, Luis se marcha inmediatamente a buscar la angosta cabina que compartirá con otros once operarios de mantenimiento y vigilancia. Sus cuarteles están abajo, no lejos de la bodega, pero sí lo suficientemente retirados de las máquinas, descubre complacido, como para permitirle un sueño reparador.

El camarote de servicio es un espacio pobremente ventilado, como casi todas las cabinas comunes de la tripulación. Pero está limpio y Luis recibió estrictas órdenes de mantenerlo en buenas condiciones. Las doce camillas de hierro están fijas de a dos contra los costados, y las seis superiores tienen una pequeña escalera entre medio. Sobre cada colchoneta recién cardada se encuentran, en prolija pila, dos sábanas, una funda de almohada y una manta de lana.

Separando las literas se alzan angostos guardarropas de madera, numerados, para las pertenencias del personal. Comprueba con desaliento que en el espacio apenas caben un par de botas, un bolso y tres perchas para ropa y abrigos gruesos. El resto de los enseres que los tripulantes llevan en este viaje, maletas grandes o baúles, fue enviado a un depósito en la bodega antes de subir al barco. Ubica su litera, que por fortuna está abajo, cerca de la entrada, y guarda su equipaje en el armario.

No hay nadie en la cabina a esta hora, y Luis después de tender las sábanas y la manta, cae sobre el lecho con un suspiro de alivio. Está agotado y le duele todo el cuerpo, tanto por la noche que ha pasado en vela sosteniendo a una desconsolada Isabel en sus brazos, como por los nervios de la despedida, una experiencia más dura de lo previsto. Anhela conciliar el sueño pronto, ya que deberá estar en pie para tomar su turno de sereno a las diez, después de la cena, junto con otros tripulantes que vigilarán con él durante la noche.

Pero no puede dormirse. Las memorias se atropellan en su mente y él trata de ponerles orden, volviendo al principio, al comienzo de lo que fue una larga partida despidiéndose de todos y de todo.

Apenas el viaje estuvo decidido, Luis le comunicó las nuevas al jefe de Maestranza del astillero, y durante el almuerzo detalló sus planes a Manuel y a Felipe. Pocos días después, el Capitán Segura Aragón lo llamó a su despacho. Pensó que se le encomendaría alguna otra refacción o que tal vez el oficial necesitaba restaurar algún mobiliario de estilo, de modo que se sorprendió al escuchar la bienvenida:

–Pasa, Luis. Me dicen los del taller que tú estás pensando en emigrar a Buenos Aires, ¿Es cierto?

–Pues sí, mi capitán, quiero probar fortuna. Todos dicen que la Argentina es el país del futuro, y claro, usted y los otros me han pintado un panorama tan bueno que creo que vale la pena probar suerte.

Hablaron por un rato sobre las posibilidades a favor y en contra, hasta que fueron interrumpidos por un asistente. El capitán se puso en pie.

–Luis, sabes que si necesitas cualquier cosa en la que yo pueda ayudarte...

–Gracias, muchas gracias –dijo Luis, siguiéndolo hacia la puerta. Pero el capitán se detuvo a medio camino.

–Espera Luis –dijo, como si se le hubiese ocurrido una idea feliz–. Mira, si es que tú regresas dentro del año, te guardaremos el trabajo aquí. Si es que vuelves, tendrás un puesto seguro en la carpintería. Así, si es que las cosas te salen mal, o no es lo que esperabas, sabrás que puedes retornar a Cartagena y al astillero. ¿Qué dices?

Luis no tuvo palabras. Se le secó la garganta de golpe, pero temiendo parecer descortés ante semejante oferta, carraspeó e hizo un esfuerzo:

–¿Qué puedo decir y cómo puedo agradecerle? –atinó a murmurar.

El otro lo miró, sonriendo satisfecho.

–Pues ya me lo agradece tu cara. Quiero que si vuelves, vengas de nuevo con nosotros.

Se despidieron en la puerta con un apretón de manos y Luis se marchó conmovido. A pesar de haber considerado siempre a los señores de las clases altas como unas sanguijuelas sin respeto por los trabajadores, tuvo que reconocer que con los que le tocó rozarse personalmente no se parecían en nada a la imagen que él se había formado de ellos.

Esperó a que pasaran las horas de trabajo, ansioso por contárselo todo a Isabel, aunque sabía que la noticia echaría más leña al fuego para que ella le reprochara otra vez su cinismo y sus recalcitrantes ideas republicanas. Sonrió para sus adentros. De pronto el riesgo de marcharse a las lejanas costas del Río de la Plata no le pareció tan descabellado.

La desazón de Isabel ante el viaje de Luis era tal, que ni la feliz anécdota del trabajo la tranquilizó. Tampoco los padres parecieron impresionados con ese seguro laboral para un futuro incierto. Es más, cada paso exitoso que él daba para concretar su plan parecía otra estocada que incrementaba el dolor de su familia, y ellos no lo ocultaban, en el vano afán de convencerlo de que desistiera.

—Lo que nos amarga, Luis, es que te vayas —musitó un día Consuelo con tristeza—. Y si vuelves, quiere decir que te habrá ido mal, y eso tampoco es bueno.

—Pero es algo, madre, mejor que nada.

—Ya sé, hijo, ya sé. Pero será tiempo perdido... Si tan solo tu mujer te hubiese abierto los ojos. Pero no, ella parece que no quiere opinar.

—¡Madre! Otra vez con ésas... No, por favor, no hable así, que ya tenemos muchos problemas ella y yo porque me voy.

Consuelo lo miró con desconfianza, y no respondió. Ella no creía que era la idea del hijo, esa de irse a tierras extrañas, teniendo aquí un trabajo tan bueno y en el astillero, nada menos. Ella siempre supo que era esa mujer la culpable, esa soleta que él eligió contra todos sus buenos consejos maternales.

Con amargura Consuelo maldice para sus adentros a los hombres caprichosos que imponen su voluntad a pesar de todo y siguen a mujeres que son su perdición. *Y las madres sufrimos por ello* —se dijo, con rencor hacia la nuera.

La tensión entre ellos y la familia García Muñoz alcanzó el clímax cuando Luis les comunicó que había sido aceptado como parte de la tripulación de un barco noruego con emigrantes que zarparía en Barcelona, haciendo escala en Cartagena y con rumbo a Sudamérica.

El dato de la vacante de sereno de a bordo le llegó a Luis a través de un compañero del taller y de ahí en más obtener la plaza le resultó sencillo, después de una entrevista en el puerto con un empleado de la compañía naviera. El pacto fue trabajar durante las noches, de sereno, recorriendo el buque. Pero la paga ofrecida era mísera, de modo que él consiguió que también lo contrataran para hacer arreglos de ebanistería, asistiendo fuera de hora al carpintero oficial, lo que incrementó casi al doble su salario.

Satisfecho con estas noticias, el domingo siguiente llamó a toda la familia para comer una paella de mariscos que Isabel preparó cuidadosamente. Luis compró un botellón de vino de mejor calidad que el que habitualmente bebían en casa, y después del almuerzo les hizo saber que la fecha de la partida estaba cercana.

A pesar del cuidado que pusieron para la ocasión y el tacto con el que planearon la velada, ésta terminó en un rotundo fracaso. Hubo recriminaciones de ambas partes y un agrio intercambio de palabras entre Consuelo e Isabel. La discusión provocó que se marcharan ofendidos.

Después de desahogarse llorando por un rato mientras Luis le ayudaba a acomodar los trastos de la cocina, Isabel dijo, como si de pronto comprendiera con claridad:

—Sabes, Luis, cuando pasan cosas importantes en la familia, siempre terminamos tu madre y yo trenzadas en una pelea—. La voz era tranquila ahora—. Antes yo no podía entender por qué, pero hoy mientras nos decíamos cosas duras, lo vi claro. Somos las únicas que nos atrevemos a decir lo que nos duele y lo que pensamos, por eso hablamos por todos los otros. Vosotros nos dejáis, pues, claro, es más cómodo que nosotras hagamos el trabajo duro, ¿No?

—No hables tonteras, mujer —respondió Luis súbitamente molesto—. Es que a los hombres no nos gusta pelear por cualquier cosa, eso es lo que pasa, y nada más. Las riñas son cosas de mujeres.

Isabel permaneció en silencio un rato, como si no quisiera prolongar la discusión. Por fin le dijo con aire más calmo:

—Acuérdate lo que te digo. Ella no me quiere y nunca va a quererme. No va a ser fácil cuando no estés tú aquí cerca. Estaré muy sola, Luis.

—Tonterías. Después que yo me vaya ellos van a protegerte, estoy seguro. Y después de todo no será por mucho tiempo. Mandaré pronto por ti y los chavales, vas a ver. O volveré en unos meses. Ten paciencia, por favor, ten paciencia.

La fecha de la partida llegó inexorablemente y Luis, sin haber visto a sus padres por dos semanas, fue el día antes a saludarles y avisarles a qué hora zarparía el vapor. Hubo llantos, promesas y abrazos. Él dejó la casa de Montanaro con los ojos llenos de lágrimas de dolor y frustración y ellos quedaron deshechos por la despedida. Antes de bajar las escaleras, Francisco le palmeó un hombro por última vez.

—Hijo, que no te duela, pero no iremos al muelle. No vamos a verte salir. Ni Consuelo ni yo tenemos fortaleza como para eso. Tus hermanos tampoco. Paco está muy amargado, hijo mío, y Ginesa es un mar de lágrimas.

En silencio se abrazaron una vez más, estrechándose fuerte, ambos sintiendo contra el pecho el sollozo silencioso del otro. Por fin, Luis se apartó de su padre y bajó las escaleras de a dos en dos, apenas necesitando ver esos peldaños que había transitado desde que aprendió a dar el primer paso y que conocía de memoria.

Ahora, tendido en la litera del vapor que lo lleva lejos, Luis tiene los ojos llenos de lágrimas. Aspira profundamente para aflojar el nudo que le aprieta la garganta.

El ronroneo de las máquinas lejanas y el suave vaivén del buque lo arrullan y sin darse cuenta, con la imagen de los tres seres amados en sus retinas, cae en un sueño profundo por primera vez en muchos días.

Vicisitudes a bordo

El pesado y reparador sueño que Luis consigue durante las primeras seis quietas horas de navegación es quebrado por fuertes gritos y risotadas. Necesita unos minutos para despertar y tomar conciencia del lugar. Está ya camino a Buenos Aires, ese puerto mitológico y lleno de promesas. La realidad lo conmueve pero no tiene tiempo para pensar más; los recién llegados se presentan a grandes voces cuando ven que él ha corrido la cortinilla que da una precaria privacidad a los camastros. Son tres bulliciosos camaradas que llegan a ocupar sus guardarropas y a tender las literas después del día de trabajo.

–Soy Salvador, y éstos son El Rojo y el El Francés –se presenta un rústico mocetón de unos treinta años y señala a los otros.

–Bienvenido a bordo, veo que tú eres el nuevo sereno –dice El Francés mientras acomoda sus pertenencias. Luis asiente y el otro prosigue–: Hay dos nuevos en este viaje, tú y el italiano Giovanni, que embarcó en Barcelona y trabaja con el personal de seguridad. Los demás hemos servido en viajes anteriores.

Los tres pertenecen al personal de limpieza, dos andaluces y un francés meridional, que farfulla un castellano pasable con fuerte acento y que, como Luis, también están bajo las órdenes del Sobrecargo.

Por ellos se entera de que el resto de los que compartirán la cabina durante este viaje trabajan en la sala de máquinas en puestos menores y terminan sus turnos más tarde. Al poco rato le informan cómo puede conseguir ron de contrabando buen coñac francés y vinos de marca a bajo precio. También en el mercado negro de abordo se puede obtener cigarros de la Habana, alguna comida especial como encurtidos, aceitunas o especias para condimentar los insulsos platos que son la ración diaria de la tercera clase y de los de maestranza.

–No debes esconder las botellas o vituallas en la cabecera, y nunca en el ropero –explica El Francés, quien tiene el valioso contacto a bordo para las bebidas–, ponlas con cuidado bajo el colchón, a los pies. Así.

Y coloca dos bultos envueltos en papel rústico, cubriéndolos bien con la ropa de cama.

Luis ríe, divertido por la soltura de sus compañeros.

—Es una ventaja conocer el barco y saber tanto buenos detalles. Gracias por los datos. Yo estoy medio perdido todavía.

—Pronto aprenderás —asegura Salvador, listo para salir—. Supongo que tienes el primer turno de comida, como todos los de la noche.

—Sí, tengo que presentarme a las siete.

—Entonces vente con nosotros a buscar el potaje que sea que nos sirvan hoy.

La cantina es un comedor espacioso, que alberga dos mesas largas con bancos fijos a ambos costados. En ellas se sienta el personal con el plato del día. Luis los sigue cuando levantan de una pila una escudilla y un jarro de lata cada uno, y avanzan por el mostrador hasta donde un ayudante de cocina les dispensa la ración. Más allá hay un cántaro con agua fresca y con un cucharón llenan el vaso antes de ubicarse en la mesa.

Mientras comen la humeante mezcla de fideos con carne de buey, que para sorpresa de Luis no sabe tan mal como esperaba, otros compañeros de camarote van ubicándose alrededor de ellos. Así conoce al resto de los tripulantes con los que compartirá el camarote durante el viaje.

Por último aparece un macizo hombre de pelo desteñido por el sol, que sobresale no solo por ser uno de los pocos empleados de maestranza rubio, de ojos claros y piel enrojecida por el viento marino, sino que es también uno de los más altos que Luis ha visto.

—Este es Giovanni, el italiano que trabaja en la seguridad de a bordo —lo presenta El Rojo —: Aquí está Luis, el otro nuevo, como tú.

Giovanni es nativo del Friuli, al norte de Italia, lo que justifica su apariencia. Habla tres idiomas y entre bocado y bocado, en un castellano pasable, le pone al tanto de los detalles que se sucederán en la primera noche como sereno. Por fin, se ofrece a acompañarlo por los intrincados pasillos del área de servicio que Luis ha recorrido por completo una sola vez, cuando visitó el vapor recién arribado a Cartagena, dos días atrás.

Después de identificarse y recibir las instrucciones en la cabina del sobrecargo, Niels Skaanes, un noruego inmenso con una disposición amable, comienza su trabajo a bordo. Las rondas de la primera noche las hace con otro sereno, experimentado y eficiente, que lo pone al tanto de los detalles. No parece ser muy complicado. Luis tiene que cumplir tres recorridas por noche, para lo que se le provee de una lámpara de mano, un bastón corto que se calzará al cinto y un capote impermeable para cuando deba salir a cubierta. Por lo demás, su misión básica es revisar los pasadizos, rincones desde el puente superior, pasando por la elegante área de la primera clase y la pequeña segunda clase, hasta la bodega, a través de las escotillas de las dos cubiertas, por el lado de popa. El itinerario incluye patrullar los estrechos pasillos de la tercera, a donde viajan apretujados en grandes dormitorios comunes los novecientos setenta tres inmigrantes de pocos recursos que han subido al buque. El tramo final desciende hasta el área de las sentinas, a donde están las zonas inferiores del barco. Hay vericuetos y rincones alejados hasta del paso común de los tripulantes, y él debe controlar que las puertas estén seguras y las bocas de paso cerradas.

El área de popa es transitada por Luis y por otro sereno que lo hace a la inversa, en un turno que va de las ocho de la noche y las seis de la mañana, hora en que el personal diurno toma servicio. Su compañero de tareas es un gitano joven y bien dispuesto, al que todos llaman por su apellido, Navarrete. Con él se debe cruzar en ciertos puntos para controlar que todo esté en orden y sin novedades. La zona de proa es compartida por otros dos serenos a los que Luis reconoce por haberlos visto sentarse al final de la larga mesa en la cantina. El transatlántico cobra forma y tiene sentido para Luis a medida que lo va reconociendo y puede ubicar las diversas secciones. La primera noche transcurre sin novedades y después de unas siete horas de sueño diurno, se presenta en la sección de maestranza para conocer al carpintero de a bordo y ponerse a su servicio.

Al día siguiente la cena deja mucho más qué desear. Es un guiso indescriptible, que contiene ingredientes sospechosos, y Luis apenas si lo prueba. Más tarde algunos compañeros que trabajan de noche en las máquinas, y otros que han terminado su labor se reúnen a tomar aire en la zona de cubierta reservada para los tripulantes. El buque atracó temprano por la mañana en el puerto de Almería para recoger carga y pasajeros, pero se ha demorado a causa de una pequeña e inesperada reparación de última hora. Tienen previsto zarpar a la madrugada para tocar Málaga y luego salir al Atlántico, en su ruta a Río de Janeiro, la primera escala en Sudamérica.

Navarrete está apoyado en la borda, fumando una pipa cuando Luis se le acerca.

–¿Listo pa' empezá', Lui'? –lo saluda con un leve gesto de la cabeza, entre sonrisa y guiño.

–Sí, cuando tú termines la pipa te sigo–, afirma Luis mirando hacia las oscuras aguas del puerto en las que se reflejan en forma quebrada y titilante las luces de las grúas mecánicas y de un par de edificios cercanos. Los puertos tienen esa belleza misteriosa de noche, como el de Cartagena. Sacude la cabeza apartando el recuerdo. No quiere sentir nostalgia. No todavía.

De pronto Navarrete suelta una bocanada de humo que huele a tabaco barato y carraspea y murmura:

–Esta pará' que vamo' hacé' en Málaga no está en el plan. Me huele mal...

–¿Por qué? ¿No es común que agreguen paradas en la ruta?

–Sí, sí hay motivo pa' ello. Pero no he escuchao' que pase naa' con el buque, o que haga falta cargar naa'. Ya tenemo' too'.

–Quién sabe –dice Luis, sin estar seguro de qué responderle.

El andaluz tendrá sus razones para preguntarse por qué el capitán va a alterar la ruta, pero como el hombre es de pocas palabras y no elabora más, Luis no le da importancia al comentario.

–Vamo', pué' –dice por fin. Sacude la pipa y la guarda en uno de los bolsillos del pantalón–. E' hora.

Regresan al comedor de servicio, lo cruzan y se encaminan por adentro del barco hacia su zona de trabajo. Luis quisiera averiguar todo lo que necesita saber de una sola vez, pero tendrá que ser paciente e ir aprendiendo a medida que pasen los días.

–Dime, Navarrete –pregunta por fin, a la zaga del otro por el pasillo–, ¿Qué piensas del sobrecargo, el noruego, Niels? Parece decente ¿no?

–No tengo queja, qué va. Se ha portao' muy bien conmigo, cuando hubo necesidá', y eso vale –da unos pasos y agrega, a modo de explicación–: Nil' habla poco, pero sabe escuchá', y eso e' bueno en un patrón.

Luis asiente, suspirando conforme. Hasta ahora todo parece salir bien. Sus vagos temores ante lo desconocido se van disipando a medida que conoce a los hombres y la nave.

Sin mayores novedades y después de una parada de cinco horas el transatlántico deja el puerto de Málaga. Al cuarto día de haber zarpado de Cartagena Luis se encuentra a punto de cruzar por primera vez las célebres Columnas de Hércules, el Estrecho de

Gibraltar. Las rocas que fueron la "puerta del mundo" para los antiguos navegantes mediterráneos, quienes llamaron al océano que se abría más allá del peñón con desconfianza el *Mar de Afuera, o el Mar Exterior.*

El tranquilo vaivén de las olas que caracterizó hasta ahora la ruta paralela a la costa meridional de España, al aproximarse al cruce se convierte en marea agitada. Los compañeros de cabina le anticipan del brusco cambio meteorológico que se da con gran frecuencia al dejar el Mar Mediterráneo atrás.

–Prepárate, Luis–, bromean en la mesa–, que nos acercamos al peñón y tendremos baile fuerte esta vez. Ya se lo ve venir.

–Así me han dicho, que el cruce es bastante movido. ¿Se sabe por qué?

–Pues claro, todo tiene explicación –dice Salvador, quien es el que más veces ha cruzado al Atlántico de todos ellos–. El peñón tiene dos montes altos y forman un estrecho angosto, el aire se acumula y se vuelve una ventolera brutal. Tienes que estar preparado, porque si está ventoso, vamos a tener mucha gente enferma a bordo.

–El viento suele levantar velocidad de golpe y llega hasta 40 y 50 nudos cerca del paso –explica El Rojo–. Desde acá no se nota, veinte millas antes o veinte después del peñón puede que no sientas ni una brisa. Es cuestión de estar alerta, nada más, para que no te pille desprevenido.

–Y el estrecho es bien hondo, no sé cuánto mide, pero es un abismo allá abajo–, informa Salvador satisfecho de poder sorprender al nuevo tripulante.

A Luis le impresiona el estrecho. Pasar por el extremo de dos continentes que se acercan hasta casi tocarse, a no más de diez kilómetros de distancia le resulta imponente. A la izquierda está Marruecos en África, y a la derecha la Sierra Nevada y el valle del Guadalquivir, en Europa. Innumerables aves de distintas variedades cruzan la zona, en su emigración continental, y se ven las aletas de delfines y tal vez de ballenas, Luis no puede identificarlos, saltando no muy lejos del vapor que se aproxima lentamente a las altas rocas.

–Pensar que este peñón no nos pertenece más, aunque está en nuestro suelo –comenta pensativo– y que lo hayamos perdido a mano de los ingleses gracias a los vaivenes de las monarquías, esas joyas de nuestra patria...

–Sí, y no creo que los ingleses lo devuelvan nunca–, determina Salvador.

–Lo inglese' apostao' en nuestro suclo y nosotro' en el suelo 'e Marrueco –dice Navarrete, meneando la cabeza con incredulidad– cosa 'el imperio ¿no?

–Tienes razón –responde Luis– así está el mundo, patas arriba.

Poco más adelante los bamboleos del vapor fuerzan a la mayoría de los pasajeros de tercera clase, quienes viajan encerrados en salones-camarotes multitudinarios y sin ventanas, a salir a tomar el aire a cubierta, la que se llena muy pronto de gente enferma y macilenta.

Solícito, Luis colabora asistiendo a algunas mujeres realmente afectadas por el despiadado vaivén a subir y encontrar un lugar libre para sentarse en la atiborrada cubierta. Mientras tanto el personal de limpieza ya tiene dificultades para mantener la higiene y los cubos de agua que vierten resultan pocos para limpiar el piso. El acre olor se torna insoportable. Es imposible encontrar un lugar a donde ubicar a las señoras, ya que todos los rincones parecen haber sido usados para vómitos de emergencia. Luis compadece a sus compañeros asignados a refregar el piso después de esta multitudinaria indisposición.

Cuando el cruce queda atrás, entrado en aguas más calmas, dejan a babor las islas Canarias y el ritmo de a bordo se torna regular, previsto. Tripulación y pasajeros se disponen a recorrer la lenta ruta sin nada a la vista durante las tres semanas que se estima les llevará entrar al puerto de Río de Janeiro.

–Me gusta esta vida de a bordo –comenta Luis en la mesa– no es mala. Y mis trabajitos de carpintería son livianos… no puedo quejarme. ¿Pensáis que va a ser un viaje calmo de aquí en más?

–Salvo que se nos cruce alguna tormenta peligrosa, la única novedad va a ser la fiesta que habrá en primera y segunda cuando crucemos el Ecuador –le informa Salvador, y agrega con una sonrisa de lástima–: Vosotros los serenos tendréis un buen trabajo extra esa noche, pues el alcohol corre como agua entre los de arriba y habrá más de uno pidiendo por el médico de a bordo.

–Y qué, no me digas que tendremos que acarrear ebrios…

–Tendrás que auxiliar a algunos, si la experiencia me sirve de algo. También separar a los pendencieros de tercera, si es que corre el aguardiente barata como la última vez.

—Ya hice mi práctica de enfermero en el cruce del peñón—, se resigna Luis.

Terminada la cena, se presenta como de costumbre al sobrecargo y emprende su gira habitual, comenzando por el puente superior. Poco después se cruza con sus habituales compañeros de tarea, y con conocidos cerca de la sala de máquinas.

Al bajar la escalera que va del pasillo de tercera hacia las sentinas le parece ver una sombra, mejor dicho, el brevísimo borde de un abrigo que desaparece en una esquina. Pensando que alguno ha bajado a trabajar en algo, apura el paso pero no ve a nadie en el largo pasadizo. Revisa las puertas y todo está en orden. Con paso lento se vuelve hacia la ruta diaria, pero a mitad de camino, antes de subir, al iluminar con la lámpara debajo de una escalera, encuentra una manta prolijamente doblada, que no recuerda haber visto antes.

Pone un pie en el primer escalón pero se queda un instante dudando si volver y levantar la prenda, o dejarla ahí para investigar en su próxima ronda, en un par de horas. Por fin decide no tocarla; es evidente que fue puesta ahí a propósito, no se le ha caído a nadie. Hace una nota mental de fijarse en ella otra vez.

La noche transcurre sin más novedades pero en su tercera y última ronda, la manta está doblada en forma distinta a la que la vio las dos primeras veces y también ahora está corrida más de medio metro hacia la izquierda. Mientras sube, Luis se dice que algo raro está sucediendo en ese oscuro pasadizo que va al fondo de la bodega y es poco transitado por los tripulantes. El lugar está vagamente iluminado por una lamparilla muy alejada, inserta en un sucio y viejo soporte, lo que contribuye a que la luz sea mortecina y no llegue al hueco de la escalera.

Decide no comentarle a nadie lo que ha visto porque sospecha que hay un polizón a bordo y quiere estar seguro antes de crear una falsa alarma.

Luis se retira a descansar después del frugal desayuno que consiste como siempre en el pan de a bordo: las galletas marineras, y una jarra de café hirviente endulzado con azúcar morena, un resabio de los muchos productos que se importaban baratos desde la ahora irremediablemente perdida colonia de Cuba.

Su camarote está vacío, como siempre a esa hora. Se tiende en el lecho y corre la cortinilla para quedar a oscuras, pero no puede dormir. Le da vueltas en la cabeza la increíble posibilidad de que haya un viajero furtivo, pero se dice una vez más que debe estar equivocado, que en esta época y con los controles que existen en la salida y entrada de pasajeros a los navíos, es una idea demasiado novelesca.

Para quitarse la duda, Luis decide investigar sin falta antes de la noche. Porque si se trata de un polizón, razona, aunque pueda pasar desapercibido durante el día entre la gente de tercera clase, no le debe resultar sencillo salir ni regresar a estos pasadizos por donde solo transitan los tripulantes y donde puede ser identificado muy pronto. Tampoco le debe ser fácil obtener comida. Y si es así, hace ya veinticuatro horas que están en alta mar, sin contar los días previos, dependiendo del puerto en que se infiltró en la nave. Si el individuo está débil como Luis imagina, no será difícil rastrearlo.

Una vez decidido su plan de acción, Luis cae en un profundo y reparador sueño, arrullado por el zumbido de las máquinas lejanas y el suave movimiento del buque

A la una de la tarde, puntual como un reloj, se despierta y se prepara para ir a tomar un bocado a la cantina antes de presentarse a la zona de maestranza para ver qué necesita el carpintero ese día. Antes de salir se calza el bastón al cinto, y alza la linterna. Por suerte hoy le asignan un pequeño arreglo en uno de los camarotes de primera que no tomará más de una hora, dejándole tiempo libre para la expedición a las sentinas. Dos horas serán suficientes para lo que él necesita hacer. Al terminar, sin perder tiempo y con sigilo desciende el tramo de escalera bajo la que ha visto la manta la noche anterior.

No enciende la lámpara, y se guía por el pasamano, conteniendo el aliento y apoyando los rudos botines cuidadosamente sobre el metal de los peldaños. Llega al piso y gira de súbito para ver qué hay bajo la escalera. En la penumbra de la lejana lamparilla que apenas ilumina, distingue una figura tendida en el piso que se sienta, sobresaltada, apoyándose contra la pared. Con el corazón batiéndole el pecho como un tambor, Luis enciende la lámpara. Sentado sobre la manta, ahora extendida en el suelo, y mirándolo con ojos redondos por el pánico hay un joven de unos veinte años, delgado, pálido, con el pelo castaño claro pegoteado contra la frente, sucio y totalmente a su merced.

El misterioso vagabundo

Luis intenta tranquilizar al joven que lo mira más sorprendido y alarmado de lo que él esperaba, sin dejar de medir para sus adentros qué hacer. Puede denunciarlo a las autoridades de la nave, poniendo en riesgo de mal trato a un hombre que bajo todas las apariencias es inofensivo. Por otra parte, si nadie lo ha visto todavía quiere decir que el polizón es cuidadoso y nada tonto. En un impulso, decide averiguar más antes de delatarlo.

–Cálmate, no te va a pasar nada –dice, improvisando–. Dime quién eres, y cómo llegaste aquí.

El otro se pone de pie, se sacude la ropa arrugada y sucia como si estuviese en un salón de visitas, y le responde en un español con fuerte acento portugués:

–Joäo. Mi nombre es Joäo –y levantando la frente, demanda–: ¿A quién tengo el honor de dirigirme?

Luis no puede evitar una sonrisa ante la cortesía exagerada del mozo, la cantarina modulación de su culto castellano y la desconfianza que lee en sus ojos. El nombre seguramente es falso, se dice. Portugal está lleno de Joäos.

–Yo soy Luis, Luis García Pérez. ¿Cómo llegaste aquí? Me parece quc tienes mucho que explicar –pero notando el gesto nervioso del interrogado cambia de tono–. Antes que nada, tranquilízate, ¿Joäo, dijiste? ¿Y duermes aquí? ¿En el piso?

–Sí, duermo aquí. O en la cubierta, cuando hay buen tiempo.

–No has contestado a mi pregunta. ¿Cómo te escurriste a esta parte del barco? Seguramente alguien te dio paso. ¿Es que hay más gente como tú en las bodegas?

–Me deslicé sin que me vieran. Es una historia larga, y no, no hay más gente oculta que yo sepa. Subí solo, y con gran riesgo. No he visto a nadie –y agrega, implorante–: Por favor…

–Si te ven te encerrarán en una celda… y te meterán preso en el primer puerto que toquemos. ¿Estás seguro que nadie te ha visto merodeando por acá?

–No, nadie reparó en mí, y le ruego, no avise a las autoridades. No voy a molestar. Nadie me ha visto aquí, porque nadie pasa por este rincón de noche, y el otro sereno, un hombre alto, ni siquiera baja la escalera. Mira desde arriba y se va.

Luis sonríe para sus adentros. De modo que el pillo de Navarrete no cumple con el recorrido completo. Vuelve su atención al mozo frente a él, que ahora se ve más pálido y macilento con la lámpara cerca del rostro.

—¿Has comido algo? ¿Cómo te las arreglas?

—He tomado un poco de pan de una cesta cuando nadie me veía... y encontré un jarro abandonado, para buscar agua de beber. No estoy tan mal... podría ser peor.

—Hombre, tendrás hambre... y estás bastante sucio, si no te lavas te van a descubrir pronto... Quédate aquí por ahora, y te veré en la cubierta después que amanezca. Te voy a procurar un cubo de agua y una camisa limpia, así te hago lavar la que tienes puesta.

Joäo lo mira sorprendido, y al ver que Luis no bromea, afloja los hombros y se relaja, amagando una especie de sonrisa todavía poco convencida.

—Gracias. ¿Puedo esperar que no me delate, entonces?

—Digamos que sí —responde, afirmando con la cabeza— pero me vas a tener que explicar qué es lo que haces y quién eres. Si me sales con algo raro, se terminó conmigo, ¿estamos?

Joäo asiente, con rostro serio.

—Estoy tratando de llegar a Brasil, a Río de Janeiro, a unirme con mi familia.

—¿Tienes familia allá? Creí que eras portugués...

—Sí. Pero todos mis familiares viven fuera del país... algunos están en Brasil, y voy a unirme a ellos.

Luis lo mira, evaluándolo de pies a cabeza.

— Joäo, tú no eres pobre, me lo dicen tus ropas. ¿Cómo es que viajas así?

—Un par de cosas que me salieron mal, me quedé sin un cobre, y tuve un contratiempo con gente de mala calaña en el norte.

—No estarás huyendo de la policía, ¿no? ¿Eres un delincuente? Dime la verdad, no hay nada que perder, no soy un delator.

—¡Pues claro que no! —el gesto de indignación parece auténtico—. Me insulta diciéndome eso. No tiene derecho a insinuar que soy un malviviente porque me veo en estas condiciones.

Luis se encoge de hombros, ya averiguará más tarde, cuando este imberbe se haya calmado un poco. Su situación le inspira lástima, y no le cuesta nada darle una mano.

—Tienes que asearte un poco —le dice con tono autoritario—: Te esperaré junto a la puerta de los lavabos de tercera, al amanecer, antes de que los pasajeros comiencen a transitar por ahí. Ve con cuidado. Y haz desaparecer esa manta de aquí, que alguien puede verla.

Cuando Luis sube a continuar su vigilancia, comprende que lo que ha hecho tan impulsivamente es proteger a un polizón, algo terminantemente prohibido según el reglamento de la compañía naviera. Su deber es denunciarlo al sobrecargo, pero es evidente que Joäo, si ése es su nombre, no es un pordiosero. Por su corte de pelo, los finos anteojos con armadura de plata que calza y la calidad de las sucias prendas que viste se nota que es de buena familia. Luis no sabe qué situación lo habrá llevado a colarse en un buque, y cómo ha conseguido hacerlo. Tal vez pagando bajo cuerda a algún tripulante. Él ha escuchado más de una historia de capitanes y oficiales que permiten pasajeros de contrabando a cambio de un buen precio por viajar anónimamente en sus buques.

Una vez finalizada la ronda, y cuando las primeras luces del amanecer se levantan en el horizonte Luis se encuentra con Joäo quien, puntual, está esperándolo inquieto detrás de una columna. Lo acompaña a los baños de tercera clase, y le provee de una rústica camisa limpia y una muda de ropa interior, de los que él trae en su reducido equipaje.

—Dame tu ropa, la haré lavar. Mientras tanto usa ésta. Aquí tienes provisiones —agrega, tendiéndole un envoltorio en arrugado papel marrón—. Un poco de pan, queso, un trozo de jamón serrano y unos higos secos, así no te mueres de hambre. Ah, y una toalla, pa' enjugarte cuando te laves.

Joäo lo mira agradecido, y se encamina a uno de los amplios fregaderos, que están todavía casi desiertos, excepto por un par de hoscos hombres que entran y salen sin decir palabra. Luis permanece en la puerta, fingiendo inspeccionar una zona de cubierta.

Joäo aparece por fin, limpio y con el cabello húmedo estirado hacia atrás. Lleva la camisa de Luis y su ajado pantalón de paño fino. Es evidente que lo ha sacudido con prolijidad. Calza los elegantes botines de cuero liviano que delatan a un señorito, ahora libres del barro que los cubría.

—Así, más decente, pasarás por un pasajero, y podrás ir a buscar tu ración a la cantina.

—Le agradezco mucho este favor, García Pérez. Espero poder devolvérselo algún día.

—Está bien, no hace falta que me devuelvas nada, es que no quiero que te encuentren y tengas que viajar encerrado. Ya se te ve bastante débil, no necesitas maltrato encima de lo que estás pasando. Claro que si te detienen, tú no me conoces, ¿de acuerdo?

Al día siguiente Luis se cruza con el furtivo viajero en cubierta, quien se atreve a dormir en un banco lateral, ahora que está presentable y nadie sospecha de él. Se le acerca.

—¿Andas bien, Joäo? Tienes color en la cara. Has comido en la cantina, veo.

—Muy bien, muy bien, gracias—. Se estira, sosteniéndose la cintura—. Después de dormir en el piso por tantos días tengo los huesos deshechos—, sonríe—. Pero al menos estoy libre para caminar y estirar las piernas. Y tengo alimento seguro. No puedo quejarme. Le estoy muy agradecido.

Luis siente piedad por el muchacho, y se decide a ofrecerle algo que ya tenía pensado desde el día anterior, pero que vaciló en proponérselo, porque quería estudiar al raro personaje un poco más.

—Oye, si eres discreto, te ofrezco que duermas unas horas en mi litera. El camarote está desierto durante parte del día, pero tienes que correr la cortinilla, por si entra alguno. No quiero que te vean. Puedes ocuparlo algunas horas durante la noche, cuando todos estén durmiendo, siempre que no te dejes ver.

—¿Está usted seguro? ¿No es mucho riesgo? —Joäo tiene los ojos brillantes ante la perspectiva de tenderse en una cama blanda.

—No. Mi cama está justo al lado de la puerta, y abajo. Si haces lo que te digo nadie te verá. Puedes descansar tranquilo. Solo ten cuidado al marcharte, que no te vean. Y tiéndete sobre la manta de lana, no te quites las botas... Tus botas son muy finas para que crean que son mías —agrega con un guiño.

Joäo lo sigue escaleras abajo, y una vez en el camarote, Luis le señala su litera.

—Hale, tiéndete.

—Muito obrigado —murmura—. Nunca voy a olvidar lo que usted hace por mí, García Pérez, nunca.

Sin más, se echa con toda su fuerza sobre el camastro y en ese instante Luis se da cuenta de que no le ha pedido que lo haga con cuidado. El ruido de vidrios rotos hace que Joäo dé un salto y se levante.

—¿Qué pasa? ¿Qué es ese ruido? ¿Qué es lo que he roto? —grita alarmado.

Luis no sabe si reír o enojarse.

—Es mi culpa —dice, apresurándose a levantar las cobijas para revisar el daño en las botellas de ron y de coñac que guarda a los pies de la cama—. Olvidé explicarte que apoyes los pies con cuidado, hombre, que guardo bebidas aquí.

Solo una se ha roto y deshaciéndose en disculpas Joäo lo ayuda a sostener el colchón mientras Luis quita las botellas sanas y los trozos de vidrio rotos.

—No te preocupes, que el que me las vendió tiene más. Es una suerte que hayas quebrado la que estaba casi vacía. Ahora tendrás que dormir con este olor a alcohol, si no te importa.

—No me importa, téngalo por seguro, señor García Pérez.

Luis se encoge de hombros, mientras hace un hatillo con las sábanas empapadas de ron, y Joäo extiende cuidadosamente la manta, corriendo las dos botellas restantes a un extremo contra la pared.

—Hazme un favor, no seas tan formal. Llámame Luis, que no soy señor, solo Luis.

—De acuerdo, Luis —y se echa sobre el camastro con cuidado, apoyando las botas sobre la colcha. Luis corre la cortinilla—. Esto es muy cómodo, gracias otra vez.

—Duerme, que te vendrán bien unas horas tendido sobre algo más blando que el piso.

La vida a bordo continúa con la monotonía del trabajo cotidiano para Luis, matizado con los pedidos que le llegan de la carpintería y la ocasional llamada a colaborar en pequeñas emergencias de distinta índole que se presentan en el amplio transatlántico que resulta reducido cuando se transporta a tanta gente.

Un día antes de pasar la línea del ecuador, cruzan una breve tormenta que crea en la cubierta de la tercera clase una situación parecida a la del paso por el peñón de Gibraltar. Por fortuna en cuestión de unas horas la dejan atrás, aunque la tripulación tiene que correr para cumplir con la limpieza de tanta descompostura imprevista, y terminar a tiempo para subir a la primera clase a trabajar en el montaje de los adornos para las festividades del cruce.

Luis es llamado durante el día a instalar las decoraciones, y no tiene ocasión para hacer sociales con nadie, si bien se encuentra al pasar con Joäo un par de veces en la cubierta de tercera. El mozo parece haberse adaptado a su situación como pez en el agua, y Luis se siente satisfecho por haberle dado una mano a alguien necesitado.

Esa tarde, después de unas horas de sueño y cuando Luis se prepara para ir a tomar su cena en la cantina antes del turno, Salvador y El Rojo entran al camarote.

–Hola, me alegro que estés aquí –dice Salvador, como si lo estuviesen buscando– queríamos verte.

–Si –agrega el otro– dinos quién es ése que ocupa tu cama a veces durante el día. Yo volví por mi tabaco ayer y me encontré que alguien roncaba profundamente en tu lugar.

–¿Y qué? ¿Qué viste entonces? –pregunta Luis, quien comprende que sus compañeros han visto a Joäo. Salvador lo mira con burla y pone los brazos en jarra.

–Vamos, Luis, no te hagas el desentendido. ¿Quién es el que ocupa tu litera de día?

–Que no somos tontos ni ciegos –agrega El Rojo–, ni queremos extraños aquí.

–Claro que no. Creo que debo disculparme por no deciros nada antes. Es un viejo conocido que encontré a bordo y que tiene boleto de tercera, le he dejado que descanse un poco a solas y en silencio–. Inventa de pronto, y eso le da confianza para seguir–. Es que le toca dormir al lado de una familia con dos niños de pecho que lloran toda la noche. No pensé que iba a molestaros, el pobre viene cuando no estáis aquí, a echarse un par de horas.

–¿Estás seguro que es gente de confianza?

–Claro que sí, hombre. ¿Cómo piensas que puedo traer a alguien que no conozco?–. Continúa mintiendo con total calma. Joäo le impresiona como honesto a pesar de su situación, aunque claro, es solo una corazonada. No hay garantías de que sea así, pero ojalá el muchacho no lo defraude ante estos hombres.

Los compañeros de cuarto se consultan entre sí con los ojos.

–Mira, nosotros aquí no hacemos esos favores –dice Salvador por fin–, pero esta vez lo vamos a dejar pasar, siempre y cuando no haya problemas. Te haces responsable, Luis.

–Sí. Este hombre no va a molestaros. Lamento no habéroslo dicho antes, y gracias por dejarlo pasar.

–A la primera artimaña te las tendrás que ver con Niels, directamente. ¿Estamos?

–Os doy mi palabra. Yo me hago responsable por él.

Durante las celebraciones del cruce que se prolongan todo el día siguiente, el personal debe quedar atento a las necesidades y sujeto a ser llamado de un momento a otro si es que hace falta. Los pasajeros de la clase más pobre, con menos alharaca de preparativos pero con gran alegría y entusiasmo están teniendo su propia fiesta, que incluye una improvisada orquesta con tres instrumentos, desafinada ejecución y muy buena voluntad de parte de los bailarines. Los chiquillos, encantados ante la súbita felicidad y despreocupación de los padres se entregan a los juegos y el baile, disfrutando de la inesperada bonanza.

Luis duerme por la mañana y después de comer da un par de vueltas alrededor de la cubierta de tercera. Allí se encuentra con Joäo.

—¿Fumas? —pregunta Luis, sacando los cigarrillos y ofreciéndole uno. El joven lo acepta y pitan en silencio por unos minutos, mirando las ondas que forma la proa hendiendo las aguas azul oscuro—. Veo que estás recuperado. Me alegro—. Y agrega con tono de broma—: El semblante te ha cambiado y tienes color, y hasta un par de kilos más, me atrevería a decir.

—Sí. Y todo gracias a usted, Luis, le estoy en deuda.

—Nada. No me debes nada. Todo está saliendo bien, por lo menos hasta ahora.

Se hace un silencio en el que la improvisada banda está atacando una apenas reconocible tarantela italiana. Fuman unos minutos, Luis marcando el compás con los dedos sobre la barandilla. Por fin le pregunta, mirándolo a la cara:

—¿Sabes que nunca me dijiste cómo llegaste aquí?

—Sí. Es verdad —dice él, bajando los ojos—. No quería hablar de eso. Es una larga historia.

—Si es que ningún borracho se cae por la borda, tengo tiempo para escucharte.

Joäo apaga el cigarrillo con su bota y mirando a las parejas que danzan incansables en el calor de la tarde soleada del ecuador, suspira hondo y parece buscar las palabras.

—Digamos que me vi en un problema cuando el grupo al que yo pertenecía se tuvo que desbandar gracias a los carabineros—. Mira a Luis de reojo—. No, no éramos malhechores, no. Era un grupo político pro monárquico, apoyado por nobles portugueses que viven en Galicia. Estábamos tratando de reinstaurar al *Patriota*, su Majestad Miguel II, a su justo puesto de monarca de mi país. Los republicanos están destruyendo a Portugal, Luis.

—¡Nada menos! —murmura él—. Así que eres monárquico...
Bueno, tengo que decirte, para que sepas, que yo soy un republicano
acérrimo, y a mucha honra.

—Cada cual a lo suyo, Luis. No hace falta que me lo diga.

—Pero como tú me lo has confesado, me parece justo que
sepas a dónde me planto yo.

—Es cierto. Supongo que cada cual tiene sus razones para
pensar lo que piensa.

—Así es. Pero el rey portugués huyó a Inglaterra, y a ustedes
ya les fracasaron dos intentos—. Luis no quiere ser descortés, pero no
puede callarlo—. El líder que tienes, de Paiva Couceiro se llama,
¿no?, pues se dice en Cartagena que no pudo conseguir apoyo
económico. No le veo futuro a tu causa.

La prensa española se ha ocupado por años de este tema, y
Luis sabe que Enrique Mitchel de Paiva Couceiro, llamado *El
Paladín* por su tenaz intento de restaurar la monarquía en Portugal
no tiene el éxito que los exiliados quisieran.

—Nosotros no perdemos las esperanzas. La república no va a
prosperar—. Responde con firmeza—. En fin, tuvimos que
dispersarnos y cada cual fue por su camino, algunos cruzaron el
canal y otros pasaron a Francia. Yo terminé siguiendo a una dama
que retornaba a Málaga—, suspira, encogiéndose de hombros—. Para
abreviar, quedé sin un cobre.

—Sin un cobre y sin la dama, me figuro.

—Así es. Ahora, como le dije, voy a reunirme con parte de mi
familia en Brasil.

Quedan callados por unos minutos. Luis no quiere
entrometerse, pero tiene curiosidad por saber cómo ascendió al
vapor sin ser visto.

—Dime, ¿Quién te dejó subir y en qué puerto? Puedes
decírmelo ahora, yo voy hasta Buenos Aires y no soy de la
tripulación. Estoy pagándome el pasaje. No voy a delatarte, ya te
diste cuenta.

Joäo vacila y luego parece decidirse.

No es cierto que perdí todo lo que tenía. Vendí un par de
joyas de la familia que me pertenecían y con eso pude pagarles a dos
marineros para que me dejaran subir de contrabando —aspira hondo
y lo mira de frente—: Luis, le voy a confesar que hay otro polizón que
subió junto conmigo, en Málaga fingiendo, como yo, ser cargador y
anda escondido por la proa del buque. No lo conozco ni quiero saber
quién es. No le vi la cara. Estábamos ocultos y nos hicieron pasar de

a uno. Después de todo lo que ha hecho usted por mí, no puedo mentirle. Pero no me pida que le dé nombres. No voy a delatar a quienes me ayudaron.

—Vaya, que eres audaz y valiente. Supongo que soltero todavía.

—Sí. Aunque estuve prometido, años atrás... en Lisboa, antes de la revolución.

—Con una muchacha de rango, me imagino —aventura Luis, curioso por saber un poco de la historia del otro, que está descubriendo es más rica y enmarañada de lo que pensaba.

João vacila, y cuando Luis enciende otro cigarrillo extiende la mano pidiéndole uno.

—Voy a mostrarle algo —dice bajando la voz, aunque sin necesidad, ya que con la música es imposible escuchar nada a tres pies de distancia. Hurga en el ajado pantalón y saca una pequeña pitillera de baquelita que, cuando la abre, en vez de tabaco tiene una pila de tarjetas de presentación—: Este es mi nombre completo —dice, mirando alrededor, y extendiéndole una.

Luis la toma y lee el nombre, escrito en letra dorada, bajo un escudo que no sabe identificar. Lee en voz alta.

—João Alfonso Jaime Xavier Sergio de Bragança, Vizconde de Guimarães e Ourem—. Levanta los ojos y lo mira con sorpresa y duda—. ¿Es éste tu nombre verdadero? ¿O estás jugándome una broma?

—No. No es broma. Soy primo segundo de Su Majestad —dice con el rostro serio, tomando la tarjeta de vuelta—. Pero esto quedará entre nosotros, ¿prometido?

—Claro que sí, qué sorpresa me das, nunca lo esperaba... —vacila, dudando si debe dirigirse a él con otro tratamiento que tú, ya que es un noble, pero lo deja de lado de inmediato—. Ahora entiendo que vayas a reunirte con tus familiares...

—Mis hermanos y dos primos están en Brasil... Esperaremos allí a que la situación sea favorable para regresar. Nunca dejaremos de intentar recuperar la corona.

—Supongo que sí, y te deseo buena suerte, después de tantas peripecias.

—Ya le dije, Luis, la república no tiene futuro. Mire a Francia. Solo le trajo destrucción.

Luis se vuelve a apoyar en la barandilla, y mirando a la infatigable orquesta de tres que ahora ensaya un desentonado vals vienés, expele el humo del cigarrillo despacio, pensativo.

El transatlántico ya está cerca de la costa sudamericana, y Luis, que ha esquivado a Joäo durante dos días, se cruza con él inesperadamente en la cubierta.

—¿Cómo estás? —dice, fingiendo naturalidad.

—Faltan solo unas horas para llegar, Luis —le responde, preocupado—. Lo estaba buscando.

—Sí, mañana temprano entramos en el puerto.

Él sabe por qué lo busca, y aunque preferiría que las cosas se dieran de otra forma, tendrá que serle sincero tarde o temprano. El otro insiste:

—Necesitaba verlo para saber qué me responde a lo que le propuse un par de días atrás.

Luis vacila. El portugués ha sido un caballero y él se siente feliz de haberlo ayudado a llegar sin problema a su destino. Pero no está dispuesto a cambiar su plan para el futuro, así, de pronto, jugándoselo a una carta si bien atractiva, muy precaria.

—Luis, dígame, ¿qué ha resuelto? ¿Va a bajar conmigo en Río de Janeiro como le pedí?

—Ay, es una oferta tentadora, hijo. Pero no, te lo agradezco mucho. No la voy a aceptar.

—¿Por qué no? Usted no tiene a nadie esperándolo en la Argentina. ¿Qué más le da bajar en Brasil y hacer fortuna allí? Déjeme devolverle un poco de lo que ha hecho por mí a bordo, Luis, no pierda esta oportunidad. Con mi familia y conmigo usted va a estar siempre bien, se lo aseguro.

Luis vacila otra vez, y no por indecisión. No quiere ofenderlo. Él ha meditado mucho la oferta de su joven amigo, dudando por momentos. Pero el recuerdo de su dependencia en la casa de los marqueses de Torre Pacheco le trae a la realidad. Él no va con la nobleza. Le cuesta dejar sus convicciones de lado por un beneficio económico. Ya lo ha probado sin éxito.

—Mira, te seré sincero, tengo todas mis herramientas en una caja en la bodega. No puedo bajar sin ellas.

Y es verdad, no lo está mintiendo. No quiere perderlas por nada.

—¿Sus herramientas? Podrá comprar mejores en Brasil.

—Son un regalo de la familia. Valen mucho para mí. No puedo desprenderme de ellas.

—En ese caso, claro que no, es cierto, no puede dejarlas. Las mandaremos a buscar a Buenos Aires, cuando el barco llegue. Yo enviaré a alguien a que las retire del puerto y nos las mande a Rio. Luis, le aseguro que no va a perderlas.

Luis suspira profundamente. Tiene que hacerle ver que no va a seguirlo, y adopta un tono de voz más determinado, más severo.

—Aun así. Yo creo que mi futuro está en Buenos Aires, hijo. Algo me dice que tengo que ir allí, y no a otro lado. Gracias otra vez. Aprecio mucho tu oferta, no sabes cuánto.

—Luis, por las dudas, si es que las cosas no son como usted espera —dice Joäo, sacando la pitillera que Luis sabe contiene el pequeño mazo de tarjetas color crema con un escudo al tope— tome. Aquí le he escrito la dirección a dónde voy a parar. Si es que no le va bien, si Buenos Aires no es lo que espera, Luis, por favor, escríbame dos líneas y mandaré a buscarlo inmediatamente.

Lo mira a los ojos mientras extiende el pequeño trozo de cartulina con un garabato escrito en lápiz atrás.

—¿Me lo promete?

—Pues sí, chaval, te lo prometo. Me emocionas, te lo aseguro, porque veo que es una oferta sincera.

Joäo guarda cuidadosamente la cajita de metal, y le extiende una mano que Luis estrecha con fuerza.

Una vez que han descendido los pasajeros en Río y los movimientos de carga y descarga están finalizados, comienzan a subir los pocos que harán la ruta hasta Buenos Aires. Luis se acerca a la zona de cubierta a donde ya están preparados los oficiales para recibir a los viajeros y con sorpresa ve que su amigo está todavía a bordo.

—¿Qué haces aquí?

—Sabía que usted iba a venir por acá antes de zarpar. Me quedé rezagado por las dudas se arrepintiera de no haber bajado conmigo. Pero veo que no trae su maleta. ¿Se queda, entonces?

Luis menea la cabeza sonriendo con incredulidad, y también con pena.

—Me quedo. Pero te prometo que si las cosas cambian, tendrás noticias de mí.

—Cuídese, Luis. Espero verlo otra vez, y pronto.

—Vale, hombre —responde él, conmovido—. Baja pronto, antes que alguien sospeche, ya has estado expuesto bastante tiempo. Buena suerte con tu familia. Cuídate.

Lo mira bajar y cuando desde la explanada el joven lo saluda con la mano en alto, él le responde.

Joäo es el primer amigo que ha hecho en su jornada, y va a echarlo de menos.

Ausencia

El inmenso vapor noruego va alejándose lentamente del amarradero, dejando atrás los varios grupos de personas que comienzan a dispersarse. Isabel no puede quitar los ojos de la blanca popa, y de esa línea a babor que es la cubierta, y en la que apenas se distinguen ya los pasajeros acodados sobre la barandilla. Pasajeros entre los que va el hombre que desde que se encontraron ha significado todo en su vida, a quien ella ahora imagina saludando todavía a los de tierra. Diciéndole adiós a ella y a los chavales. A esas criaturas que él adora y por las que emprende esta aventura. Para esa niña que ella lleva en brazos hoy, brazos acalambrados por sostenerla sin moverse. Y para el hijo que ahora rompe con un lamento el hechizo que los ha tenido inmóvil a los tres desde que el buque levantó amarras y la amada figura de Luis fue achicándose con la distancia.

–¡Mare'! ¿Cuándo volverá? –un ansioso Paco le tira de la falda, de pie a su lado, lloriqueando– ¿Falta mucho todavía? ¿Cuántos días, mare'?

Hay angustia en la voz del chaval. Aunque ella tiene pensado desde hace tiempo qué va a decir, cómo va a calmar los inevitables momentos de nostalgia y necesidad de Luis que tendrán por quién sabe cuántos meses, ahora tiene la boca seca. No puede articular ni una palabra y siente que las lágrimas ruedan a pesar de su empeño en contenerlas.

–¿Por qué llora usté? –Se alarma el niño. –¡Si le prometió a pare' que no iba a llorar!

–No, no –murmura ella, secándose las mejillas con el dorso de una mano que María trata de tomar con sus manecitas inquietas, ahora ella también nerviosa, intuyendo la tristeza de la madre–. No estoy llorando, hijo, vamos, tenemos que marcharnos.

Pero no se mueve todavía, porque tiene los ojos fijos en el punto a donde el vapor ha girado y se ha perdido detrás del faro, dejando Cartagena en su camino hacia Almería.

Paquito sigue prendido de la falda, y por fin ella junta fuerzas, toma de la mano al hijo y de espaldas al agua, a Luis, se encamina despacio, junto con los que han quedado rezagados, hacia la salida del puerto.

Los dos primeros meses transcurren como en un sueño. Isabel llena sus horas con el cuidado de los niños y con los ocasionales trabajos de zurcidos livianos y bordados que toma de una casa de modas de la Calle del Carmen. Ha establecido un ritmo y un horario estricto, para no pensar mucho y para asirse a un orden que la ayude a equilibrar el tumulto que hay en su mente, el súbito desasosiego que la invade.

Vuelve una y otra vez al momento en que decidieron separarse y siempre llega a la misma conclusión. Cuando ella aceptó que el plan de Luis era una idea razonable, no pensó nunca en qué iba a suceder exactamente durante el lapso de tiempo en el que ella quedaría a solas con los chavales. Cómo serían *en realidad* los meses de ausencia. En aquel entonces pensó que todo lo sobrellevaría con su férrea voluntad. Nunca entró en sus cálculos lo que está sucediéndole ahora. Una regresión total a la inseguridad de la infancia, al desgarre que sufrió cuando niña, al miedo a la soledad y el desamparo. Una mujer adulta y segura de sí misma, se ve hoy temblando como un niño aterrorizado. Esta reacción la ha tomado totalmente desprevenida, pero no quiere bajar la guardia y derrumbarse. Los hijos la necesitan firme y estable al timón. Por eso planea las actividades diarias con cuidado, llenando las horas en forma determinada, y sigue su trazo meticulosamente.

Pero por las noches la ausencia Luis es casi insoportable. Añora su voz, su compañía, su calor y sus caricias. Por su parte los niños parecen tener un sueño más liviano que de costumbre y se despiertan con pedidos y pretextos. Como necesita dormir y no puede darse el lujo de pasar más vigilias sin pegar el ojo hasta la madrugada, pues debe trabajar para que los ahorros no se le agoten, accede a los ruegos de los chavales y deja que duerman con ella en la cama matrimonial. Les pide que no le cuenten a Consuelo, porque no quiere que la suegra la regañe otra vez por ser floja con ellos. Con la aguda intuición infantil, los niños comprenden y no dan detalles cuando la abuela les interroga, fingiendo desinterés, para saber qué pasa en el hogar del hijo mientras él está lejos.

—Isabel, déjame a los niños cuando vayas a entregar las costuras —le dice Consuelo, para aportar su cuota de ayuda, pero también, como le ha confesado a Ginesa, porque quiere tener a los nietos cerca, y esta porfiada de su nuera se los escatima—. Ya te lo he pedido muchas veces.

—Gracias, madre, pero como a ellos les gusta viajar en el tranvía... —responde, tratando de evitar pedir favores.

—Cuando vamos al centro mare nos compra helaos', abué' —comenta Paquito—, y caminamos entre la gente, y cruzamos las calles. Me gusta ir al centro.

Nuera y suegra cruzan una mirada, la una con culpa, la otra con reproche.

—¿Cuántas veces te voy a decir que mucho helado es malo para los niños, Isabel?

Ella no responde. Ha aprendido a callar algunas veces, aunque no todas.

—Madre—, intercede fastidiada Ginesa—, los chavales necesitan un poco de esparcimiento. ¿Qué de malo tiene un helado? Usted es demasiado exigente, pobrecillos...

—Sí, abué', yo soy pobre... déjame comer helaos' —ruega el nieto, sabiendo que él le puede sacar cualquier cosa a su abuela si le suplica con cariño.

Consuelo se encoge de hombros ofendida, pero no dice nada. Isabel sabe que es una estocada para ella y que su suegra aprovecha cualquier oportunidad, real o imaginaria, para hacerle ver cuán mala madre es.

—Isabel, no le hagas caso —le murmura Ginesa cuando se despiden en la vereda—. Mi madre no tiene nada qué hacer y le gustaría tener a los niños con ella todo el tiempo, ya sabes. No te lo tomes a mal.

—Quisiera saber qué la conforma viniendo de mí—, responde Isabel con pena— supongo que nada. No hago nada bien a sus ojos, Ginesa, y estoy cansada de las recriminaciones, grandes y pequeñas.

—Lo sé, lo sé y lamento que sea así, pero no quiero que dejes de traerlos, por favor.

Isabel le palmea el hombro con simpatía.

—Que no te dé pena, Ginesa, mientras vivamos cerca nos veremos seguido, te lo prometo.

Después de un mes que a ella le parece una eternidad, llega un sobre con un sello de Brasil. Es la primera carta de Luis y ella la recibe con mano temblorosa y rodillas flojas. *Ha escrito, de modo que está sano y salvo. Eso es lo importante,* se dice con un suspiro de alivio. La guarda en el escote del vestido y levanta a María en brazos para subir el tramo de escalera hasta el departamento. Paquito ya está arriba, esperándola, con gesto interrogante.

–¿Es una carta de pare'? –Grita, y al ver la cara de su madre, salta de contento. –Hale, mare', abra la puerta que quiero saber qué dice.

Ella les lee en voz alta la misiva, con los ojos llenos de lágrimas, y por fin besa el papel con ternura. Paquito y María están sentados a sus pies, mirándola, atentos, esperando más.

–Otra vez, mare', léala otra vez –pide el niño.

–Sí, otra vez –hace eco la pequeña María.

–Ya os la leí, eso es todo. Son solo dos páginas, chavales, eso es todo.

–¡Otra vez! –gritan a coro.

Ella les sonríe, y les narra las noticias como si fuese uno de los cuentos que les lee antes de dormir.

–Veamos, qué dice vuestro padre. Dice que el barco es hermoso, que está comiendo mucho y muy bien, que hubo una gran fiesta al cruzar la línea del Ecuador...

–¿Y eso qué es? ¿Una línea pintaa' en el agua?

–No, hijo, no. Es una línea imaginaria, que divide la tierra en dos... No se la ve, pero los marinos saben dónde está, cuando la atraviesan–. La cara del niño demuestra perplejidad, pero no preguntan más–. Como os decía, hubo una gran fiesta con orquesta, y padre tuvo que vigilar que todo estuviera bien. Hizo un par de amigos, y le gusta la vida a bordo. Ya debe estar en Buenos Aires... El barco ya debe haber llegado. Seguramente pronto tendremos otra carta de él–. Se pone de pie, como si recordara algo–. Hale, vamos niños, venid conmigo al a casa de los abuelos, vamos a mostrarles la carta, que se alegrarán mucho de recibir las noticias.

Esa noche Isabel pone el ajado sobre en la mesa de luz, y antes de dormirse lo toca un par de veces, para cerciorarse de que sí, de que aún está a su lado ese papel que estuvo hace tan poco tiempo en las manos del hombre que ella ama y añora con tanta fuerza.

El Hotel de los Inmigrantes

—Hoy es tu último día a bordo, Luis —comenta El Rojo mientras cenan, el vapor todavía anclado en el puerto de Montevideo—. Zarparemos antes del alba, y en un par de horas estarás caminando por Buenos Aires.

—Brindemos por Luis —dice Salvador, levantando el jarro con vino de contrabando, que ha servido a todos de una botella que llevaba escondida bajo el abrigo.

Esa noche la conversación se estira hasta tarde. Están a punto de llegar a destino y Luis hará su última ronda como sereno, pero antes de bajar quiere escamotear un par de horas y descansar. Imagina que será un largo día, el primero de su vida como inmigrante.

—Espero tener un rato libre antes de bajar para echar un sueño corto.

—Seguramente el trámite es largo —dice El Rojo—, como el de Río de Janeiro y Santos, tendrás tiempo de dormir. Pasarás entre los primeros, pues eres de la tripulación. Bébete tu vino y no te preocupes, que estarás descansado.

—Mientras dejes el barco antes que el gentío de tercera... —aclara Salvador—. De lo contrario tendrás que esperar horas.

Ahora El Francés se ha sumado al grupo y levanta la copa saludándolo:

—Luis, estás de suerte, hombre. En el puerto tienen un nuevo hotel para los inmigrantes, moderno y cómodo, se dice que tratan muy bien a la gente y les buscan trabajo. Todo va a salir bien, no te preocupes.

Las perspectivas son alentadoras, pero aun así Luis no está seguro de que vaya a poder conciliar el sueño. Desde que se acercaron a Montevideo siente un nudo en el estómago, mezcla de incertidumbre y de excitación por llegar a destino.

La ronda nocturna es monótona. Cuando terminan está amaneciendo y se encuentran frente al puerto de Buenos Aires. Hay una masa imprecisa de grúas, construcciones masivas y bruma que no le permite distinguir bien el contorno de los edificios de la ciudad, más allá de la costa. Arrastrada por un par de pequeños remolcadores, la nave está esperando para entrar en la dársena.

Luis baja a su cabina, se echa sobre la litera, y a pesar de los nervios y la ansiedad, en unos minutos se duerme profundamente.

Un par de horas más tarde Salvador lo despierta. Luis recoge los bolsos que ya tiene ordenados, se despide de Giovanni y de Navarrete y saluda en el camino a varios compañeros con los que ha compartido cenas y ratos libres. Cuando sube a la cubierta las autoridades de la junta de abordaje del puerto ya han finalizado la revisión de la papelería de los pasajeros de primera y segunda. La multitud de tercera clase espera pacientemente que se les dé autorización para entrar a la zona de cubierta. Se los ve ansiosos pero agotados, con las ropas ajadas y sus bultos de mano ahora desaliñados después de tantos días de incomodidades, descomposturas y falta de privacidad a bordo.

Los estrictos reglamentos impuestos a los de tercera les prohíben el acceso a la parte superior del barco. En cambio, a la inversa no hubo inconvenientes y Luis encontró a varios pasajeros de las clases más altas mezclados entre los de la bodega por razones que, según se rumorea, estarían relacionadas con algún tipo de contrabando de víveres, bebida o tabaco.

Niels Skaanes lo ve en la cubierta y lo llama aparte.

–Quédate por acá cerca –dice el sobrecargo, mientras verifica unos papeles con un marinero– ahora te va a tocar a ti, así puedes pasar el control médico y bajar antes que a los de las bodegas–. Y agrega, estrechándole la mano–: Te deseo mucha suerte Luis, en tu nueva vida.

–Gracias, Skaanes. Ha sido un placer trabajar a su servicio.

Luis pasa por el control de la papelería con un par de marineros que también terminan su itinerario en Buenos Aires. Dos funcionarios del puerto, sentados ante una mesa, cumplen con la inspección de los documentos. Son asistidos por tripulantes de seguridad, que ahora alinean a la gente de tercera que va llegando, más o menos ordenadamente, frente al improvisado escritorio y luego son guiados hacia el salón comedor a donde los médicos del puerto cumplen con los controles sanitarios. Mientras Luis mira, se produce un revuelo en esa zona y, sorprendido, ve a Giovanni aparecer casi corriendo hacia la puerta de la improvisada enfermería. Dos de los marineros que colaboran con el movimiento de la gente tienen que ser asistidos por el habitualmente afable gigantón, quien ahora actúa bruscamente, con gestos precisos, eficientes, forzando a dos de los agitadores a calmarse, y llevándoselos por el brazo hacia una de las escotillas. Dos adolescentes y una mujer que llora a gritos siguen a Giovanni bajo la custodia de dos marineros.

–¿Por qué tanta alharaca? –pregunta, intrigado, a un tripulante–. ¿Y por qué se llevan a esos hombres que protestan?

–Esto pasa siempre –le responde el otro con tranquilidad, encogiéndose de hombros–, seguramente es una familia que debe separarse. Alguno de ellos estará enfermo y no lo dejan bajar. Van a tener que regresar todos o dejarlo a bordo–. Se encoge de hombros y agrega–: Es triste, pero sucede en todos los puertos.

–¿Qué, los enfermos no bajan?

–No, si tienen fiebre o algo que puede ser contagioso. Tampoco los inválidos o los que están insanos –dice, girando el dedo índice a la altura de la sien–. O los viejos, no se aceptan viejos, nadie de más de sesenta. Son las leyes de este país.

Luis no tiene tiempo para reflexionar porque llega su turno y después de responder a un par de preguntas que le hace un malhumorado funcionario, sigue a los demás. Se ubica, preparado a esperar un buen rato, al final de la corta fila de hombres. Nota que la de las mujeres y los niños, unos metros más allá, es considerablemente más larga.

En su interior la improvisada enfermería está dividida por una serie de biombos de tela para separar a los sexos. Pasan en grupos de a diez y una vez terminada el examen Luis se viste y levanta sus bolsos para descender.

Al salir del salón no puede evitar pensar lo incómodas que se sentirán esas mujeres sencillas que esperan con rostros cansados y ansiosos, al tener que desvestirse en un espacio tan grande, frente a un médico y a varias enfermeras, todas al mismo tiempo, sin ninguna privacidad.

Cuando Luis se apresta a bajar la rampa del barco, cargando a la espalda las dos bolsas marineras que contienen toda la ropa que lleva consigo y que gracias a las botas ahora tienen un peso considerable, Buenos Aires lo recibe con un golpe de aire fresco. Abajo, en el andén a donde llegan los pasajeros hay un techo de metal que refugia del sol y de la lluvia. El aire huele a humo mezclado con bocanadas de olor a frituras. Desde la ventajosa posición de la cubierta Luis tiene tiempo de estudiar el inmenso edificio de concreto que soporta la chimenea de la que sale el olor a comida: es el edificio más grande del complejo de techos más bajos que forma el famoso Hotel de los Inmigrantes, ubicado atrás del desembarcadero.

Se trata de una construcción masiva, rectangular, de por lo menos cien metros de largo. Está paralela al río y tiene cuatro pisos, con grandes ventanales en el frente. El conjunto de líneas es muy moderno. Luis respira hondo y baja a tierra con paso seguro, optimista. *Un país que invierte de esta forma en recibir a los recién llegados sin duda tiene un futuro brillante,* se dice esperanzado.

Los inmigrantes, algunos tímidamente y otros con decisión, avanzan desde el andén a donde se amontonan los que recién bajan y pasan hacia la zona a donde están las oficinas. Es evidente que los viajeros de primera y segunda clases no van a necesitar hospedarse allí y ya han salido a la calle por una puerta al costado de la plataforma.

Guiado por empleados del hotel, Luis sigue a los demás. Cruzan una callejuela interna, y pasando por el portón de una verja divisoria, entran al jardín del hotel. Busca con los ojos a los dos marineros que bajaron con él del barco. Espera verlos, aunque ahora la cantidad de gente es tan grande que difícilmente pueda ubicarlos. Tampoco encuentra a ningún cartagenero de los varios con los que se ha cruzado a bordo.

Los recién llegados se agrupan en un área adonde se les instruye con un megáfono sobre las reglamentaciones del hotel en castellano, idioma que habla la mayoría de los que han desembarcado con él. Otros grupos, algunos italianos y otros griegos, son asistidos por traductores. Así se entera de que su caja de herramientas está siendo transportada con los baúles y cajones grandes de los otros pasajeros, mediante vagonetas que corren en un riel de ferrocarril, hasta el depósito a donde serán revisadas y distribuidas a sus dueños.

Siguiendo las directivas con una mezcla de hesitación y esperanza, los grupos de cansados viajeros van acercándose al galpón del desembarcadero a donde funciona el depósito e inspección de equipajes. Luego del control de las bolsas y paquetes de mano, se ponen en línea para retirar los bultos grandes, o bien para dejarlos en custodia durante la corta estadía en el hotel.

Junto a Luis hay una pareja de catalanes a los que ha escuchado hablar brevemente entre sí y en voz baja. Ahora el hombre se dirige a Luis.

—Tú estás solo, te vimos bajar uno de los primeros. Trabajabas a bordo, ¿no?

Intercambian unas palabras después de presentarse como Manuel y Leonor. Luis avanza en la fila con ellos. Son recién casados, le dicen, y esperan unirse a un grupo de catalanes que viven en los suburbios de Buenos Aires.

—Hay mucha gente de Murcia, tengo entendido —dice Manuel—. En estos cinco días que nos permitirán quedarnos en el hotel encontrarás a varios. Mis amigos me dijeron que agrupan a la gente por nacionalidades. ¿Tienes amigos en la ciudad?

—Pues no, no conozco a nadie, ni tengo referencias. Vengo a ver qué oportunidades se presentan. A ver si puedo traer a mi familia más adelante.

—Vale la pena quedarse en el hotel, pues ellos te buscarán trabajo —agrega Manuel—. Están bien organizados. A muchos los llevan al interior del país, a las provincias y el hotel se hace cargo de los pasajes. Dicen que abundan los pedidos de trabajadores desde Córdoba, una ciudad en el centro del país.

—¿Cómo sabes tantos detalles?

—Por las cartas de amigos y familiares, y lo que decían algunos pasajeros en el barco. Muchos vienen como nosotros, a unirse a gente que los espera aquí. La mayoría de los campesinos van a las provincias de Santa Fe, Corrientes y Misiones. Hay trabajo allí, en pueblos que llaman colonias agrícolas. Dicen que la tierra es muy fértil y hay buenas perspectivas de trabajo.

—A los de las ciudades se les enseña a usar las maquinarias de labranza, si quieren aprender —agrega Leonor con entusiasmo—, y a las mujeres se les enseña costura.

Les llega el turno y después de retirar sus bártulos Luis se separa de ellos. El del megáfono les indica los distintos edificios e instalaciones que rodean la gran plaza central. Las fachadas están prolijamente pintadas de blanco, y el aspecto general es limpio y ordenado.

—Esa es la oficina de la Dirección del Hotel, las oficinas de pasaportes, correos y telégrafos, de informaciones, y una sucursal de banco para cambiar el dinero que traigan por pesos argentinos —anuncia el guía—. Más allá están los lavaderos, y los servicios sanitarios y baños. Aquél es el hospital, a donde se encuentran todos los que estaban en malas condiciones y fueron llevados desde el barco. Más tarde sus familiares podrán ir a buscarlos. Para ello harán una fila a la entrada, identificándose.

Hay movimientos inquietos entre la gente. Algunos se acercan al hospital, y otros continúan adelante. Luis sigue la línea que le marcan los encargados del hotel, y llegan hasta una mesa en la que se les entrega un cartón con un número impreso. Con esa tarjeta se les permitirá salir durante el día para conocer los alrededores y regresar al complejo del hotel dentro de un estricto horario.

–Quienes no cumplan con estar de regreso a las siete de la tarde no podrán dormir en el hotel. Así que por favor, sean puntuales si salen a la ciudad –grita el guía, por si la gente no sabe leer las pequeñas letras impresas al dorso del cartón.

El término del hospedaje gratuito es cinco días, durante los cuales los hombres podrán aplicar en la oficina de trabajo para obtener una colocación, sigue explicando. Pero se hacen excepciones breves si es que el interesado no consigue trabajo a tiempo.

–Y por último, antes de entrar –indica el hombre– aquella es la residencia del Administrador del complejo y la del jefe de la oficina de trabajo y sus familias.

Más adelante otro guía, que los espera de pie sobre una pequeña tarima, anuncia:

–Ahora vamos hacia el hotel –indicándoles la gran puerta de entrada al masivo edificio que Luis vio desde el barco.

La luminosidad y amplitud al entrar es una alentadora bienvenida para todos. Se trata de un salón largo, con columnas que le permiten un espacio abierto considerable, al que se suma la claridad que entra por las dos hileras de grandes ventanales a los costados del salón. Largos bancos doble de madera ocupan el centro y también se alinean contra las paredes, a donde ya están ubicados muchos inmigrantes, esperando que se les adjudique el dormitorio.

Las innumerables empleadas vestidas con amplio delantal blanco que asisten en el edificio y a las que los encargados de recibirlos llaman celadoras, se hacen cargo de distribuir las plazas para dormir. Así Luis se entera de que hay cuatro salones por piso, cada uno de los cuales puede albergar hasta doscientas cincuenta personas. Mujeres y hombres están estrictamente separados.

–Tenemos capacidad para hospedar hasta cuatro mil personas enfatiza una celadora con aire de satisfacción– y el régimen es exigente para asegurar el bienestar de todos los huéspedes. De modo que les pido que por favor cumplan con las reglamentaciones, por respeto a sus vecinos y para no tener problemas con las autoridades del hotel–. Las amables palabras no ocultan la velada amenaza.

Después de un instante admonitorio, ella prosigue–: Nosotras los despertaremos a todos a las seis de la mañana, y después de vestirse y asearse, bajarán ordenadamente al comedor a tomar el desayuno. Las mujeres serán orientadas en los quehaceres domésticos para mantener el lugar y la ropa limpios, y los hombres podrán dirigirse a la oficina de empleos para registrarse.

Las grandes habitaciones están en el piso alto, se entera Luis por comentarios que escucha a su alrededor. En la planta baja está el inmenso comedor, que Luis ha tenido oportunidad de ver al pasar, con grandes mesas que lo cruzan a lo largo.

Se murmura que la cocina y los servicios auxiliares para alimentar la cantidad de huéspedes que comen en dos turnos a partir de las seis de la tarde son inmensos y modernísimos, con paredes pintadas de blanco, gigantes bateas de acero para la comida y reglas higiénicas equiparables a las de un hospital. Los rumores circulan sin pausa entre los que esperan turno y Luis va recogiendo detalles sueltos, que acrecientan su buena impresión.

–Dicen que cinco días es lo máximo que se necesita para conseguir un trabajo con un buen salario –le dice esperanzado un hombre que ocupa el asiento a su lado.

Por el tono de la voz Luis comprende que esa perspectiva es un lujo para quienes huyen de la desocupación y la indigencia. Como este grupo de desharrapados que lo rodea. Esta gente humilde le evoca los labriegos del campo de Cartagena, bajo el yugo implacable y demoledor de las siembras y cosechas, a cambio de un jornal mísero. También a los trabajadores de las minas de las sierras, quienes se consideran afortunados si llegan a los cincuenta, tosiendo y debilitados. Cualquier empleo que no requiera tanto sacrificio para ellos será un adelanto positivo. Y se pregunta qué destino le espera a él, y a todos los que como él no vienen huyendo de esas condiciones paupérrimas.

Por fin, Luis es llamado a una esquina del salón a donde se le adjudica el dormitorio que le tocará durante su estadía. Con un grupo de hombres sube por una de las dos amplias escaleras ubicadas en los extremos del salón. Los cuartos son inmensos, aireados y claros. Hileras dobles de camas en dos niveles, hechas con caños de hierro pintados de blanco llenan el ámbito y su distribución es muy parecida a la de los dormitorios de tercera del vapor en el que recién llegaron, excepto por la limpieza, y la luz. Hay dos niveles de camas y a Luis se le adjudica una de las bajas, lo que le hace sonreír para sus adentros, ya que aborrecería tener que subir la escalerilla cada vez.

En el dormitorio se cruza con uno de los dos marineros que han bajado a tierra con él. Se saludan como viejos amigos, y es evidente el alivio de ambos al encontrar una cara conocida entre tanta gente. Para cuando su grupo termina de ubicarse ya es la hora del almuerzo y Luis baja con otros hasta el comedor. Reconoce al marinero en una de las mesas y se sienta frente a él.

El hombre se presenta como Joaquín Cánepa, y al entablar conversación él encuentra que también se ha largado solo, con la esperanza de hacer un buen pasar y traer a los suyos. Cánepa es nativo de los alrededores de Mazarrón, un pequeño pueblo costero al oeste de Cartagena y ha trabajado de herrero toda su vida, hasta que se decidió tentar suerte en el nuevo mundo. A Luis le cae simpática la verborragia del hombre, que comparte con él gustos musicales y también aprecia el teatro, de lo que se entera mientras devoran el almuerzo.

Las celadoras les sirven una deliciosa sopa espesa, con verduras y trozos de carne de vaca que lo satisface inmensamente después de dos días del mal comer por los nervios del arribo. La cazuela de alimento viene acompañada por un pan recién horneado, crujiente y tibio, y un jarro de agua fresca. Unas canastas con naranjas y manzanas cierra a la perfección la excelente comida.

La oficina de trabajo está repleta de gente esperando sentada y de pie por un turno para ser atendidos. Quedan de acuerdo en visitarla al día siguiente bien temprano, apenas terminado el desayuno y deciden salir a ver un poco de la ciudad.

La Perla Del Plata

Cuando Luis y Joaquín bajan a la amplia plaza del Hotel ya son las tres y media de la tarde, lo que les da unas pocas horas para regresar a tiempo antes que se cierren las puertas del complejo.

Abajo se cruzan con los niños que salen de tomar la merienda que se sirve puntualmente a las tres en el comedor. Las celadoras han separado un área del jardín en el que reúnen a los chiquillos para que jueguen, mientras los más grandecitos se sientan en grupos, o caminan alrededor hablando entre ellos.

–Tanto orden y serenidad –comenta Luis– me recuerda a una escuela de monjas.

Joaquín se ríe de buena gana, satisfecho.

–Esto es un recibimiento de reyes, si me lo preguntas a mí. Lo único que me molesta un poco es que compartimos el dormitorio con gente de tantos países. Hablan a gritos entre ellos y no sé qué coño dicen. Espero que hagan silencio por las noches. Algunos tienen mala cara, no me los quiero encontrar en un callejón oscuro.

–Seguramente las celadoras se encargarán. Con verlas, nomás, te das cuenta de que con esas señoras no se juega.

Salen por la doble puerta hacia una calle amplia, que según el mapa impreso que les han provisto en la oficina, no está muy lejos de la estación de trenes que llaman El Retiro, frente a la Plaza Británica. En realidad, son tres estaciones en línea. La llamada Ferrocarril Central Argentino, en construcción, es inmensa. Tiene el frente cubierto de andamios. Una gran cantidad de obreros trabaja en él, mientras otros descargan materiales unos metros más allá. Sorprendidos por la magnitud del proyecto, pueden apreciar detalles arquitectónicos similares a los edificios europeos. La inmensa cúpula desde el exterior es bella, así como el amplio y moderno acceso cubierto para coches, delante de las puertas principales de la estación.

A la zona de El Retiro llegan varias líneas de tranvías a caballo y eléctricos que hacen recorridos por el centro de la ciudad y algunos barrios suburbanos. Mientras esperan uno que los lleve al centro, tienen tiempo de observar el grupo de edificios detalladamente a través de la calle y consultar el mapa para identificar los inmuebles. A la derecha de la obra en construcción está la estación Central Córdoba, es evidente que recién inaugurada, y más allá hay otra, más antigua, llamada Buenos Aires Al Pacífico. Ambas tienen redes tendidas hacia las provincias.

Por fin se deciden y suben a un tranvía que un peatón les aconseja tomar, si bien no conocen los nombres de las calles. Ha comenzado a lloviznar muy fino, y el vehículo es un refugio del fresco viento que llega del río.

A través de las ventanillas Buenos Aires los impresiona con sus edificios modernos y la palpitante actividad de sus calles. Luis no ha visto nunca tantos automóviles juntos, que a la par de los carruajes tirados por caballos se alinean en la vía pública. Esta cantidad produce un lento tránsito de vehículos y peatones. Es invierno y la llovizna cubre todo con una pátina brillante.

–Bajemos aquí –dice Joaquín cuando el tranvía llega a una intersección de imponentes edificios–. Volveremos por el mismo camino, no es muy lejos.

Deambulan por las calles desconocidas, esquivando personas y coches, curiosos como niños, sorprendidos por la inmensa metrópolis, que se asemeja más a las fotografías de Madrid o París que a lo que ellos han imaginado encontrarían en un país nuevo como éste.

Cuando la llovizna cesa, deciden regresar caminando hasta el Hotel, alzándose el cuello del abrigo para resguardarse del frío. La última parte del camino es la más sencilla, bajando por un gran espacio verde bordeando la barranca, llamado Campo de Marte, con caminos empedrados y asientos. Notan que tiene en una esquina un bello pabellón, con arcos y ventanas, muy ornamentado.

Al acercarse leen que allí funciona el Museo Nacional de Bellas Artes. Una placa al lado de la puerta indica que fue construido para la Feria Universal de París de 1889 y después de desmontarlo, se lo volvió a armar en este sitio.

–Esto me recuerda a las puertas de nuestra feria anual, en Cartagena.

–Tienes razón, Luis, qué festividades, con esos pabellones magníficos.

Están agotados por la caminata y después de verificar en su reloj de bolsillo que hay tiempo suficiente, Luis acepta descansar en uno de los varios asientos de madera y hierro forjado que bordean una de las calles de la plaza. Pequeñas bandadas de palomas se acercan y alejan, esperando algún alimento de los peatones. Sentado en uno de los extremos del banco está un viejecito que luce una boina de paño negro muy parecida a la que ellos llevan. Entablan conversación y el hombre, un español de vieja cepa, les cuenta que llegó a Buenos Aires treinta años atrás desde su nativa Galicia. Mirando hacia la barranca que baja al puerto, más allá de los canteros de la plaza, comenta pensativo:

—Todo eso que veis allí, es tierra ganada al río. Una costa baja, que fueron rellenando con los años. Cuando yo bajé del apestoso barco a vela y vapor en el que viajábamos apretujados y sucios y puse pie en el fangal que era el puerto en esa época, al sur de la ciudad, en la zona de La Boca, os aseguro que el hotel de los inmigrantes no existía. Lo que encontramos los recién llegados fue una pocilga llamada Asilo de los Inmigrantes, lejos de aquí, que cambió de lugar muchas veces antes de convertirse en el hotel al que vosotros habéis tenido la suerte de llegar.

—Nosotros estamos muy conformes con el tratamiento que nos dan —se apresura a decir Luis—, lamento que os haya tocado tan mala época.

Joaquín asiente.

—La verdad sea dicha, no podemos quejarnos. Y la ciudad es moderna y organizada, se ve que han trabajado duro. Si esto era una barranca del río...

—Sí que lo era —agrega el viejo, y haciendo un amplio gesto de la mano—: se dice que aquí entrenaban durante la época colonial al cuerpo de granaderos, los que hicieron la campaña por la Independencia de España... Con un tal general San Martín, que es el héroe aquí, a la cabeza.

Luis sonríe. Ha leído bastante historia del país antes de embarcarse.

El amable gallego les cuenta que las cosas no eran precisamente fáciles para los europeos que bajaban de los barcos. Que él ha trabajado toda su vida pero que los sueldos eran y son magros y que las horas de trabajo resultan largas y agotadoras por el jornal que se paga.

—Pero si tenéis persistencia y sois buenos para los negocios, hay muchas oportunidades. Yo no hice dinero pues no soy comerciante, toda la vida fui un artesano, y a mucha honra. Pero conozco a varios compatriotas que han amasado una buena fortuna aquí, a donde yo no hice más que mantener a mi familia.

—Pues ¿qué es lo que usted hace ahora? ¿Trabaja todavía?

El hombre se encoge de hombros, saca un pedazo de galleta del bolsillo y la rompe en pedazos, tirando los trocitos lejos, a donde un revuelo de palomas dispone de ellos inmediatamente.

–Vivo de la caridad de mi hija y su marido –dice, con un gesto de disculpa–. A propósito, mi yerno está entregando un trabajo no lejos de acá, y pronto pasará a buscarme.

–¿Es que vive lejos de aquí?

–Pues sí. Ellos tienen una linda casita, modesta, pero segura. Está en un barrio llamado Floresta, al oeste de la ciudad–. Se pone de pie y sacude las migas del ajado pantalón–. Por ahora llegamos allá en tranvía. Para el año próximo haremos casi la mitad del camino en subterráneo. ¿Habéis viajado en subterráneo alguna vez?

–No, nunca.

–Yo tampoco –explica el viejo, flexionando la cintura–. Va a ser toda una experiencia. Es un tren muy moderno. Lo inaugurarán para diciembre. Corre bajo la Avenida de Mayo, y pasa al lado del edificio del Congreso. Tienen planes de construir una red grande de trenes bajo tierra, como en Nueva York. Esta ciudad crece por minutos–. Se acomoda la boina–. Voy a seguir mi camino, a reunirme con mi yerno. Os deseo mucha suerte.

Se aleja despacio, un poco encorvado, como si los años de esfuerzo le pesaran sobre los hombros. Ellos se miran, inquietos. El hombre no les ha dado ninguna buena imagen de lo que puede esperarles.

Por fin se echan a caminar barranca abajo, hacia El Retiro, unos trescientos metros más allá. Después que pasan las estaciones de tren, Joaquín es el primero en romper el silencio.

–Quién sabe, Luis. Tal vez este hombre ha tenido mala suerte. Nosotros vamos a hacer un futuro, ya verás. No hay que desanimarse, cuando no hemos empezado todavía.

–Claro que no. Quién sabe qué historia tiene el pobre viejo. Anda, apuremos el paso, son casi las seis y media –dice Luis, y hacen el resto del camino en silencio.

Esa noche después de comer van a escuchar una de las muy promocionadas conferencias informativas. Allí se les da un bosquejo histórico del país, y también reciben una lección de geografía política y económica, que Luis absorbe con interés ya que no quiere perder oportunidad de saber más detalles sobre esta nueva tierra.

Antes de retirarse a dormir, Joaquín y él hacen números calculando cuánto sería lo mínimo que deberían ganar por jornal para poder pagar un cuarto en una pensión barata, no lejos del lugar de trabajo y al mismo tiempo ahorrar unos pesos para traer a la familia. Se guían por los valores que escucharon se manejan en la ciudad y también por comentarios de algunos huéspedes del hotel.

Al día siguiente bien temprano, después del habitual desayuno con pan recién horneado, abundante café con leche y una poción verde llamada *mate* se presentan en la oficina de trabajo. Después de esperar alrededor de una hora por su turno, Luis se encuentra con que no hay pedidos de carpinteros especializados, y menos aún ebanistas. Todos los puestos disponibles son para trabajo rudo de carpintería de obra y con salarios que apenas cubrirían el hospedaje más modesto. Ni pensar en comida, ropa o ahorro.

–¿Cuáles son las alternativas –pregunta desalentado.

El hombre detrás del escritorio lo mira con lástima y Luis se pregunta a cuántos recién llegados como él este empleado público desmoralizará diariamente. También a cuántos tratará de encauzar dentro las pobres circunstancias en las que se encuentran después de haber padecido ese largo, incómodo viaje con tantas esperanzas.

–Tiene tres –el oficinista habla con tono paciente–: Se queda en el hotel hasta que consiga trabajo, cinco días con una extensión en el caso extremo de que no lo podamos ubicar en ningún lugar, o acepta aprender algún otro oficio para el que haya vacantes.

–Dijo tres. ¿Cuál es la última alternativa?

–Irse a las provincias. Se engancha en algún tren que va para alguna que pinte bien, con el boleto pago por esta oficina, y allí tienta suerte por su cuenta.

–¿Cuáles son las provincias a las que puedo ir con el boleto pago?

–Bueno, veamos, están Santa Fe, Corrientes, Misiones, Córdoba, Mendoza... también el sur, en La Pampa, pero es más frío, apenas habitado, y usted viene de España, de un clima cálido.

Luis evalúa rápidamente lo dicho y descarta el sur. No está dispuesto a sumarle un clima hostil a las necesidades económicas que tal vez tenga que pasar.

–¿En cuál de ellas hay posibilidades para un carpintero ebanista como yo?

El joven vacila unos segundos, midiéndolo con los ojos.

–Bueno, yo le diría que en Córdoba... Las demás son provincias que reciben muchos trabajadores agrícolas... A menos que usted quiera aprender a manejar alguna máquina para el campo–. Concluye con tono escéptico.

–No, no, nada de trabajo de labranza. Ya he visto a muchos sufrir con eso en mi patria. No. Entonces, es Córdoba, ¿No?

–Muy bien –dice haciéndole una seña para que espere–, entonces déjeme asignarle un hospedaje temporario en Córdoba, que correrá por su cuenta, así tiene un lugar a dónde ir a parar aunque sea en los primeros días, hasta que se ubique.

Se levanta del escritorio y va a otro, a donde habla por lo bajo con otro oficinista y espera unos minutos. Por fin, regresa con una tarjeta en la mano:

–Aquí tiene el nombre y domicilio de la fonda a donde puede quedarse. Mañana después del almuerzo preséntese con sus maletas, retire sus cosas del depósito, si es que tiene algo guardado, y espere afuera de esta oficina. Allí se reúnen los viajeros. Se les entregará todo lo que necesiten para el traslado, y los llevarán hasta la estación de trenes. El tren parte a las siete de la tarde desde el Central Córdoba, acá cerca nomás.

Esa noche se despide de Joaquín, quien ha decidido tomar un empleo que le ofrecen en un barrio llamado Avellaneda, más allá de un río que cruza al sur de la ciudad. Es un lugar en el que están levantando fábricas. Hay vacantes para herreros y los sueldos son relativamente buenos, comparado con lo que le han ofrecido a Luis.

La despedida es triste, ya que tienen la casi certeza de que no se volverán a ver. Joaquín todavía no sabe a dónde va a hospedarse. Como para no cerrar definitivamente todas las puertas, deciden intercambiar unas líneas mediante el correo del hotel, que ofrece un casillero para que por varios meses puedan retirar correspondencia quienes se han hospedado allí.

En lugar de subir al dormitorio, Luis quiere concluir la carta que ha comenzado a escribirle a Isabel el día anterior para poder despacharla antes de partir, y va al salón en el que se reúnen los huéspedes a socializar. Después de las diez solo quedan algunos noctámbulos entretenidos en juegos de cartas y dos o tres pequeños grupos conversando en voz baja. Se sienta cerca de dos hombres que están leyendo las noticias de los periódicos locales y saca las páginas que ya tiene escritas.

Hay tinteros insertos en el centro de cada mesa y plumas disponibles. Pensando con cuidado las palabras, termina de narrarle con un tono más o menos optimista los sucesos de los últimos días. Ella habrá recibido ya la misiva que él despachó desde Brasil. Le pide que tenga paciencia, que apenas pueda mandará por ella y los niños y le cuenta brevemente sobre lo poco que alcanzó a ver de Buenos Aires. Imprime un aire esperanzado a sus líneas, porque sinceramente cree que las cosas van a cambiar en la nueva ciudad. Busca la tarjeta que le dieron con la información de su próximo destino y agrega: "Escríbeme a la Fonda España, Frente a la Estación Central, Ciudad de Córdoba, Argentina". Cuando llega a la línea de despedida y el mensaje para los chavales, debe bajar la cabeza disimuladamente, ocultando dos lágrimas que ruedan involuntarias por sus mejillas y parecen salir del nudo que tiene en la garganta.

Sobre la mesa hay un ejemplar de una revista llamada *Caras y Caretas,* que uno de los lectores ha abandonado. Luis la levanta antes de marcharse para leerla en el tren, durante las largas horas de viaje que le esperan. También comprará un par de libros en El Retiro, si es que los venden. Ha dejado todos los suyos en Cartagena, y los extraña. En el vapor sacó de prestado algunos volúmenes de la pequeña biblioteca para la tripulación que era usada generalmente por los oficiales de a bordo. No quiere cargar más peso a su equipaje, pero el viaje a Córdoba será largo y monótono y la lectura lo abreviará.

A la mañana siguiente Luis hace todos los trámites necesarios en la oficina de trabajo, despacha la carta, cambia algún dinero por pesos argentinos y después de almorzar se reúne con un grupo grande que ha decidido, como él, tentar suerte en Córdoba. Es la ciudad capital de la provincia del mismo nombre, en el interior del país, a unos setecientos kilómetros, según le han informado. Se sienta sobre la caja de herramientas a esperar, mientras recapitula lo acontecido desde que pisó tierra. Si bien la realidad es muy distinta de lo que esperaba, tiene fe en que el interior del país, en crecimiento y necesitado de mano de obra, le sea más propicio.

Finalmente un par de ruidosos vehículos de transporte de carga llegan a las puertas echando humo por sus escapes. Empleados del hotel apilan sobre ellos las cajas y baúles prolijamente numerados y marcados con el nombre de cada propietario. Luis guarda en el bolsillo de su abrigo el boleto de tren que le han entregado en la oficina y el número de su caja, a la que ha atado fuertemente uno de sus bolsos. El otro lo lleva al hombro, y en él va un paquete conteniendo la vianda para el largo trayecto que les han provisto antes de partir. El tren tiene un coche comedor al que pueden ir a comprar víveres y si lo desean, pueden sentarse.

Pero Luis no quiere gastar sus magros ahorros en alimentos elaborados. Por ahora se arreglará con lo estrictamente necesario para mantenerse sano y fuerte.

Tres grandes vehículos de pasajeros se han alineado frente a las puertas a donde se agrupan los inmigrantes y Luis sube a uno de ellos, mezclándose con los demás.

En la estación Central, un edificio nuevo con un hangar inmenso con varias vías, muy inglés, ya hay un largo tren esperando en una de ellas. Los empleados del hotel los guían hacia la plataforma llena de gente. La mayoría de los vagones del largo convoy son de segunda clase, y los que vienen del hotel llenan por completo tres de ellos. Sirviendo de divisorio entre las dos clases están los vagones de carga, y más adelante se ubican los de primera clase. A ellos están subiendo elegantes pasajeros que fueron transportados hacia el frente del largo tren en pequeños tranvías eléctricos, sin techo, que corren sobre las vías paralelas al andén. Luis los observa a través del empañado vidrio. Las señoras lucen vestidos ceñidos a la cintura, sombreros amplios y parasoles cerrados. Los hombres visten traje con chaleco y sombreros bombín o de copa alta, y todos ostentan un aire de superioridad mientras dejan atrás a los grupos de inmigrantes pobremente ataviados.

Los coches de segunda clase del tren están llenos y Luis comprueba que su asiento, si bien ha tenido suerte de que le tocara la ventanilla, es duro e incómodo. Para dormir tendrá que tender su chaqueta y hacer una almohada con la bolsa marinera. Después de mucho ir y venir de peatones y transportes en el andén, el tren parte con un largo ulular de sirena.

Una media hora después las vías los llevan a través de campo abierto y el paisaje se convierte en una interminable extensión, en la que se alternan sembradíos y bosques muy verdes, con pequeños núcleos de casas bajas, construidas con bloques de adobe y techos de paja.

Luis saca de su bolso el ejemplar de *Caras y Caretas* que tomó del salón del hotel. Tiene una portada atractiva, y él considera durante un rato el nombre de la publicación, para concluir por fin en que es ingenioso. Se trata de una edición fechada el 18 de enero de este año, y él la hojea sin mayor interés. Los artículos hablan de gente que él no conoce. Se detiene en una crónica sobre algunos personajes europeos, prestando atención a los españoles, y finalmente llega a una nota larga, de varias páginas, titulada *Los Futuros Millonarios,* que lo sorprende gratamente ya que habla de los inmigrantes que se hospedan en el hotel que él ha dejado hace tan solo unas horas.

El periodista habla de una visita que efectuó al complejo y que, dice, "proporciona siempre al espíritu ocasiones de meditación", para continuar: "Si bien es verdad que en ese hotel no huele todo a rosas, y si es verdad, asimismo, que ciertas escenas de miseria no son muy gratas a la vista" y más adelante: ...los poderosos de hoy deberían visitar el hotel de inmigrantes, con objeto de abatir el demonio de la soberbia". Con respecto a la función protectora de los recién llegados por parte del Estado nacional, cuenta que "...la providencia funcionaria les provee de suculenta sopa, de muelles camas", mientras ellos "pasean por los pabellones, por los jardines del vasto establecimiento en una ociosidad de bestias". Sin embargo, a continuación el cronista advierte que el holganza de los inmigrantes preludia el trabajo, "el sudor, el polvo, la fatiga... Pero también acaso la fortuna".

Luis cierra la revista y la apoya sobre las rodillas, pensativo. Está dirigida a las clases altas, se lo puede ver por la brillante edición y el tipo de material que trata. Hay muchas señoras bellas, llamadas *representantes de la sociedad porteña,* fotografiadas en distintas actividades de arte y de beneficencia. Es claro que el cronista, a pesar de ser despectivo para con la plebe recién llegada y sentirse un poco celoso por las atenciones con las que se los agasaja por unos días, comprende que no les será fácil hacer dinero. Y que los extranjeros han apostado su futuro y el de su familia a un juego de dados. Exactamente como él.

Apoyando la cabeza, cierra los ojos y se dedica a su pasatiempo favorito: evocar la memoria de Isabel y de los chavales, deteniéndose en minucias, en gestos, en detalles que antes no parecían importantes pero que hoy son todo lo que de ellos trae consigo.

Una larga espera

La segunda carta de Luis desde Buenos Aires llega tres meses después de la partida. Para entonces Isabel ya ha tenido dos encuentros desagradables, a gritos, con su suegra.

Consuelo parece echarle en cara toda la nostalgia por el hijo lejano. Por su parte, ella acarrea sus propios miedos. Teme por la integridad física de él. Casi a diario lo imagina en situaciones peligrosas, al punto de que en ciertos momentos llega a sentirse mal físicamente.

El remitente dice: *Luis García Pérez, Hotel de los Inmigrantes, Puerto de Buenos Aires, Argentina.* El tono de la misiva es optimista, pero Isabel conoce bien a su marido para engañarse. Le cuenta que el hospedaje es un lujo y que los inmigrantes son atendidos como reyes y pueden quedarse durante cinco días, mientras ellos les ayudan a conseguir trabajo. Que aunque él no ha tenido éxito, en el interior hay buenas perspectivas y está por partir para Córdoba, en la provincia del mismo nombre, una ciudad del centro del país. Desde allí le escribirá nuevamente. Con palabras cariñosas le pide tiempo para mandarlos a buscar apenas ahorre para los pasajes.

También comenta brevemente que Buenos Aires es enorme, con edificios muy modernos, pero que en este momento abunda la mano de obra barata. Hay inmigrantes de todas las nacionalidades que se ofrecen y las filas de postulantes son largas y no hay muchos pedidos para ebanistas y restauradores.

"Escríbeme a la Fonda España –le dice–. Frente a la Estación Central, Ciudad de Córdoba, Argentina. Allí me hospedaré". Cierra la carta con palabras tiernas para los tres, en las que se lee la nostalgia que él siente por lo que ha dejado atrás.

Isabel pone la misiva a un lado y se lleva a los niños al otro cuarto. Cuando regresa, se encierra a llorar por un rato, tratando de imaginarlo en esa tierra extraña, solo, añorándolos y sin un cobre.

Puntualmente, ella lleva la carta a la familia. Después que circula entre todos los García Muñoz, ellos tienen la impresión de que las cosas no andan muy bien para Luis. En particular los primos de la casa vecina, quienes también dudaron de la aventura desde el primer día. Consuelo la mira varias veces en silencio, sin ocultar el rencoroso reproche que siente porque ella no hizo nada por disuadirlo, y quién sabe, hasta lo habrá alentado a esa locura.

Los comentarios reafirman los temores de Isabel, pero como aprendió a no confiarles sus pensamientos, ahora no tiene a quién acudir para desahogar la inquietud que siente por el futuro de los niños. El diálogo con la familia se ha empobrecido al punto de que por semanas solo se limita a que ella les lleve los chavales para que estén con los abuelos y los tíos todo el día para ir a buscarlos a la noche. O bien Ginesa, siempre voluntariosa, se los trae de vuelta a casa y mantienen una charla breve, el único contacto real con la familia de Luis.

Después de muchas cavilaciones decide consultar con quienes sabe van a darle apoyo tal como su propia familia. Una mañana soleada, después de entregar las costuras y caminar un rato con los niños por la Calle del Carmen, compra un helado para que Paquito comparta con su hermanita y toma el tranvía que va hasta la estación de trenes. Allí saca dos boletos, uno para ella y otro para Paquito y sube con los niños al lento tren local que, pasando por el campo de Cartagena, la llevará a Torre Pacheco.

Un pequeño coche de alquiler la deja en los jardines del casal. Cuando pone un pie sobre el empedrado que lleva hasta el gran portón por donde entran los carruajes y que en los últimos tiempos los señores utilizan como entrada de automóviles, Isabel se siente otra vez en casa.

Su inesperada aparición en la cocina produce una algarabía general. De inmediato son rodeados por los empleados que se hacen cargo de los chavales, mientras Isabel se desploma en una silla a invitación de Antonia, quien le trae un vaso de limonada fresca para que se reponga del largo camino.

—Hija, ¡hace tanto que no vienes! No sabes cuánto te extrañamos aquí.

—Y yo a vosotros. A las niñas, y a ti, en particular—. Hace una pausa pues tiene un nudo en la garganta—. Ay, cómo quisiera tenerte cerca, cómo quisiera que mi suegra fuese como tú. Si ella fuese tan solo un poco como tú, yo sería la mujer más feliz de la tierra, Antonia.

Las manos toscas de la mujer toman las de Isabel sobre la mesa, y la acaricia como haría una madre con su hija. Quedan en silencio por un instante y por fin, la palmea suavemente antes de dejarlas.

—Anda, sabes que nos tienes aquí. Que somos tu familia.

–Sí, lo sé. Vaya si lo sé.

–¿Has recibido noticias de Luis?

–Ay, sí. Pero las cosas en Buenos Aires no son tan fáciles como las pintan los viajeros, y todos los que nunca pisaron ese país. Luis tuvo problemas para conseguir un buen trabajo, se ha trasladado a otra ciudad. Le será difícil juntar el dinero de los pasajes.

Antonia suspira profundamente.

–¿Qué vas a hacer entonces?

–No sé. Todavía no sé. Nuestros ahorros se van a terminar en un par de meses, y aunque estoy haciendo costuras no alcanzará para pagar la renta. Y no quiero que la familia de Luis sepa esto. No quiero los reproches de mi suegra junto con la ayuda. No lo soporto más.

–Habla con las marquesas. Si es necesario ellas te recibirán en el casal, y nosotros felices de tenerte, hija, ni lo dudes. Esta fue y será tu casa siempre. La niña María del Carmen está aquí hoy. Los demás salieron de compras a Murcia, y pasarán la noche en la casona de la ciudad.

Cuando Isabel llega al salón de lecturas a donde está la madrina de Paquito, encuentra que los chavales están corriendo y jugando en un revoltijo ruidoso sobre la alfombra con los dos perros de presa del señor marqués. Los sabuesos, viejos ya, han sido retirados de las excursiones de caza por los achaques de la edad y se han convertido en dos falderos.

La niña María del Carmen la abraza con ternura.

–Bienvenida, Isabelita. Qué dicha que nos hayas traído a los niños. Paquito está hermoso y es un chaval muy inteligente. Va a ser un buen oficial de marina, ya lo imagino con su uniforme de cadete, apenas cumpla los doce años. Porque sacerdote, ya nos avisó Luis, no va a poder ser... –concluye mirándola con una sonrisa pícara.

–Ay, niña, cuánto os he extrañado a todos vosotros. No os imagináis cuánto.

–Nosotros también, Isabel, que ha sido muy difícil reemplazarte, tú sabías exactamente qué hacer y que decidir en cada situación... nos conoces tanto. Hemos cambiado ya dos doncellas en tu puesto porque nadie es como tú.

Un mes después Isabel levanta todos los bártulos y vacía el departamento de la Calle del Ángel. Sabe que Luis no va a estar de acuerdo, como no lo están los García Muñoz, que pusieron el grito en el cielo cuando ella les avisó que regresaba a Torre Pacheco. Salió de la casa de sus suegros llorando, y llevándose a los niños a la rastra, ya que no querían despegarse de los abuelos. Pero a ella no le importó. No más. Lo siente por Ginesa, la única que hizo siempre lo posible para allanar las cosas cuando surgió un nuevo enfrentamiento con Consuelo. La cuñada es la única que demuestra algún afecto por Isabel. Ni Francisco ni Paco tomaron partido apoyándola en lo más elemental frente a la hostilidad de la madre. Y Luis está muy lejos para poder consultarle nada. La correspondencia demora mucho y ella necesita resolver las situaciones a medida que se le presentan.

Las marquesas le envían un carro para mudar sus pertenencias y el lento camino hasta el casal es fatigoso, con los chavales impacientes e irritados bajo el sol implacable del campo cartagenero. Cuando por fin arriban, llenos de polvo del camino y con los huesos molidos, Isabel siente su ánimo renacer. Ha vuelto a casa.

Esa misma noche, apoyada sobre la mesa de luz, le escribe una larga carta a Luis, llena de añoranzas y ternuras. Él hace lo posible allá lejos, y ella tiene que hacer otro tanto de este lado del océano. Mientras vuelca su corazón y sus pensamientos en el papel, adquiere la certeza, por primera vez, de la real magnitud de lo que han emprendido. Y también, en forma arrolladora, la sacude la evidencia del tamaño del planeta en el que están viviendo, que ahora no es más un mapa trazado en el papel, sino una realidad concreta y palpable, que hasta le produce vértigo.

Con su larga misiva Isabel incluye dos páginas que los niños mandan al padre, palabras cariñosas que le han dictado precediendo un dibujo hecho por cada uno. El de la pequeña María es simple, un garabato, pero el de Paquito es una detallada vista de la plaza de la Merced, con los árboles y el quiosco de helados que él tanto apetece. Abajo, él ha escrito una breve dedicatoria con letras torcidas y vacilantes. Isabel contempla con orgullo el trabajo del hijo antes de doblarlo, admirándose una vez más de su precocidad para copiar, a los cuatro años y medio, figuras y formas.

El chaval tiene una veta artística, y en eso sale al padre, piensa con ternura. Abre el ropero y mira el ajado estuche que contiene la bandurria de Luis, silenciosa desde que él se marchó. *¿Habrá tocado música alguna vez en todos estos meses?* Se pregunta, mientras cierra sin hacer ruido la crujiente puerta de madera.

Los hijos duermen apaciblemente compartiendo una de las dos camas del cuarto que les han asignado, no lejos del antiguo dormitorio de soltera en el que pasó toda su adolescencia. Ha ubicado a María contra la pared y a Paquito de este lado, para mayor seguridad. Los besa en la frente con ternura y después de guardar las hojas plegadas en un sobre y ponerlo cuidadosamente dentro del cajón de la cómoda, apaga la lámpara.

Al día siguiente lo colocará junto con el paquete de correos que sale del casal, y pronto la misiva estará en camino a las tierras del Plata, hacia las manos del hombre que ama.

Toma de decisiones

Luis despierta del liviano e intermitente sueño, y estira sus músculos doloridos por la incómoda posición en el duro asiento de madera.

El tren está llegando a Córdoba después de un viaje lento, con largas y frecuentes paradas en estaciones de pueblos pequeños. Unas horas después de la partida, el paisaje ha ido dejando el verde intenso de la provincia de Buenos Aires y tomando las características de llanura, en la que hay muchos campos vacíos de cosecha, listos para la próxima siembra de maíz, trigo o girasol.

Durante el viaje los aburridos pasajeros de tercera y segunda bajaron a estirar las piernas, o bien a caminar por los coches de su clase, de ida y vuelta, más de una vez. Los más afortunados echaron un sueño que fue interrumpido por los gritos de vendedores ambulantes, o por los llantos de chiquillos exasperados. Por fin, mal dormidos y ojerosos después de quince horas de traqueteo llegan a la ciudad.

Junto con otros pasajeros a los que les han indicado el mismo hospedaje Luis va a la Fonda España, uno de los muchos albergues sencillos que se alinean frente a la estación. En las calles laterales que desembocan en el predio del ferrocarril hay hoteles de mejor categoría, pero Luis apenas si les presta atención. Una cama recién tendida y un baño limpio es todo lo que necesita por ahora.

Los recién llegados se registran y como hay varios hombres solos y una familia completa, toman dos habitaciones. Los cuartos son inmensos, pues es común compartir el dormitorio con otros huéspedes. En el de Luis hay seis camas, y el grupo lo ocupa por completo. Los dormitorios dan a un ancho pasillo con alero, con dos baños bien amplios en cada esquina. Toda la construcción rodea un patio interior de grandes baldosas rojas. En el centro hay un aljibe decorado con helechos plantados en macetas de barro cocido. Una inmensa parra da buena sombra y el ambiente es limpio y ordenado, lo que impresiona favorablemente a los recién llegados.

La fonda tiene un comedor, ubicado al frente del edificio y que da a la calle, comunicándose con un bar y despacho de bebidas. Los dos ambientes tienen grandes ventanales enrejados por el lado exterior, muy al estilo de los edificios españoles que él ha visto en

Buenos Aires. El desayuno y la cena están incluidos en el precio y todos observan satisfechos que las porciones resultan ser más abundantes de lo que esperaban, si bien no llegan a tener la calidad de la comida del Hotel de los Inmigrantes.

Una semana después de su arribo Luis ha reconocido a pie todo el centro de la ciudad, apreciado las magníficas iglesias coloniales de las que hay al menos una en cada manzana, y golpeado a las dos o tres puertas de talleres que exhiben anuncios buscando carpinteros. Cada día, después del desayuno, cruza hasta el edificio de la estación y compra el diario matutino cordobés, *La Voz del Interior,* revisa cuidadosamente todos los avisos y se presenta a cada uno. Allí espera en una larga fila, por lo general en la calle, y muy pocas veces llega a entrevistarse con alguien. Los solicitantes se dispersan cuando alguien del taller anuncia a gritos que ya han tomado un carpintero, que muchas gracias a todos por venir.

Los pequeños ahorros se están terminando y no podrá pagar el hospedaje si no encuentra pronto un empleo que cubra comida y cama por lo menos. No es el único que sufre la frustración del desempleo. Los comentarios de los huéspedes de la fonda son poco alentadores. La situación es crítica a consecuencia de que el mundo industrializado está en pie de guerra. Después de la llamada "paz armada", una carrera armamentista de más de una década, los países europeos están preparados para poner en uso, nuevamente, sus sofisticadas artillerías.

Las noticias de *La Voz* indican que la Segunda Guerra de los Balcanes está en pleno desarrollo, y Luis siente que es un ejercicio previo para algo más grande y violento, a juzgar por las actitudes y enfrentamientos verbales. Las relaciones entre los dos grandes bloques políticos que se establecieron a partir de 1882 están en su peor momento. La Triple Alianza, formada por Alemania, Austro–Hungría e Italia se encuentra preparada para medirse contra la llamada Triple Entente, a donde se agrupan Francia, Gran Bretaña y Rusia. Por fortuna, España no se ha alineado con ninguna de ellas aún. Luis piensa que su patria no puede darse el lujo de incrementar el presupuesto bélico. En este momento enfrenta demasiados problemas económicos y políticos, acelerados después del derrumbe colonial. Por otra parte, los anarquistas y socialistas cada vez confrontan con más energía al estado monárquico, creando inestabilidad.

Sin haber conseguido nada que pague bien, Luis termina aceptando un puesto menor, de ayudante en una fábrica de muebles de estilo. Hacia el final de la segunda semana en Córdoba ya está trabajando. Al igual que todos sus compañeros de cuarto, gana un jornal mucho más bajo de lo que necesita para sobrevivir y ahorrar. Tampoco podrá seguir hospedado en la fonda España, pues si bien disfruta la regular y abundante comida, sabe que deberá pactar por una alimentación más pobre si quiere cubrir sus gastos.

Deprimido por la falta de posibilidades, tan malas o peores que las de Buenos Aires, Luis no le quiere pintar a su familia un presente feliz que no existe. Por ello demora en escribirles, espera tener alguna buena noticia y poder darle esperanzas para un futuro cercano. Si bien sabe que todos están al tanto de sus esfuerzos. En una de las cartas que recibe de su padre hay, al pie, una nota muy sentimental de Consuelo, con palabras tiernas inusuales en ella que lo emocionan. Entonces responde con misivas cortas, superficiales, similares a los anuncios a favor de la inmigración a la Argentina que abundaban en los edificios públicos de Cartagena.

Un día al regresar del trabajo se encuentra con la carta de Isabel, en la que le cuenta que ha dejado el departamento de la Calle del Ángel y que está viviendo en Torre Pacheco, trabajando para las marquesas. Si bien la noticia lo entristece, pues comprende que su familia no ha podido o no ha querido ayudarla, el saber que ella y los niños están rodeados de buena gente lo deja más tranquilo. En el casal no le faltará nada ni a ella ni a los chavales.

Cuelga de dos clavos en la pared los dibujos que le han enviado sus hijos, secándose las lágrimas con el dorso de la mano. Mañana faltará al trabajo y perderá el jornal de medio día para hacer otra ronda en busca de algo mejor, porque no puede demorarse más en resolver su apremiante situación económica.

La recorrida por los lugares que anuncian vacantes es otra vez infructuosa y a mediodía se reintegra al taller, más desalentado que antes. Durante el fin de semana en la fonda se presenta la oportunidad de hacer un pequeño arreglo en uno de los roperos de una habitación de huéspedes. Ante la satisfacción del dueño de casa, Luis se ofrece con franqueza para hacer las pequeñas refacciones que hagan falta a cambio de una reducción en el alquiler. El acuerdo le permite continuar viviendo allí, en vez de salir a buscar algún miserable conventillo de los que abundan en la ciudad, con su falta de higiene y sus problemas de convivencia. Los conventillos son el refugio de los inmigrantes que están en ese limbo inesperado que es la desocupación, en un país sin industrias suficientes para absorber toda la mano de obra que llega al puerto de Buenos Aires.

Han pasado dos meses y él no ve ninguna posibilidad de mejora inmediata. Por el contrario, casi todos sus compañeros de pensión tienen salarios más bajos que el suyo. Muchos todavía no han conseguido nada fijo y se dedican a esperar en las esquinas a donde se agrupan los desocupados, a que alguien pase con un carro y los contrate para una changa de horas o con suerte, de uno o dos días.

Los domingos Luis aprovecha el tiempo libre para visitar a pie los museos gratuitos y recorrer las calles del centro de la ciudad, o bien tomar el tranvía, por un centavo, y hacer una gira por lugares alejados, para conocer los alrededores. Córdoba es apodada La Docta, por sus universidades de viejo cuño, y por el ambiente de estudiantina que tienen sus antiquísimas calles céntricas. Hay un aire rebelde y desafiante en la culta juventud compuesta por muchachos de distintas provincias. Luis ha escuchado rumores de algo que se está gestando, llamado *la reforma universitaria*, y aunque no tiene idea de qué se trata, el mero nombre le inspira simpatías. Para él los años mozos son los del idealismo y de los planes de cambiar el mundo. Recuerda las palabras de los amigos de su padre: *Si no son ellos los que meten jaleo, ¿quién se va a ocupar de mejorar las cosas?* Y a él le consta que los cartageneros saben del tema.

Un domingo por la mañana entabla una conversación casual con un par de mocetones que es evidente vienen de juerga y quienes resultan ser nativos de Almería. Los jóvenes le cuentan que en la zona en la que viven, llamada Barrio Seco, parte de un barrio más grande llamado Los Talleres, hay una cantidad muy grande de inmigrantes españoles de Andalucía y de Murcia. Luis se interesa y ellos lo invitan a una feria y procesión que se hará en sus calles la semana siguiente, en honor a la Virgen Del Mar, patrona de Almería, que coincide con las festividades locales en honor de una venerada virgen peruana, Santa Rosa de Lima. Él acepta, ya que se tratará de una distracción en su monótona vida. *De paso*, se dice con un poco de vergüenza, *no me vendrá mal encomendarme a alguien, si es que hay alguien allá arriba, para que me ayude a traer a la familia.*

—Vente pal' barrio —le dicen—, que la fiesta va del sábado por la tarde hasta el domingo. Este año es especial, el 30 agosto es sábado, pa' Santa Rosa, y el 31 es domingo, pa' nuestra Virgen del

Mar. Habrá comida, paella en la calle, y vino. Las familias argentinas, los criollos, hacen muy buenas empanadas de carne.

El sábado siguiente Luis va a la feria y se encuentra con ellos. Allí conoce varios cartageneros que viven en la zona, y después de comer y caminar varias cuadras, los hombres se sientan en un patio a donde han improvisado un tablado en el que se baila flamenco. Luis se emociona con los *cantes* flamencos y bailes que siempre lo deleitaron, pero que en esta tierra lejana adquieren un significado más emotivo y profundo. Después de tantas semanas en las que ha tenido la mente fija en su precaria situación y en conseguir trabajo, esta velada que se prolonga hasta las tres de la mañana le evoca su juventud.

Uno de los compañeros de mesa lo invita a quedarse a pasar la noche en su casa, y Luis termina durmiendo en un camastro improvisado en un galpón de maderas al fondo de una casita a medio terminar, a donde vive el hombre con su mujer y tres niños. Al día siguiente lo llaman a desayunar y después de asearse, Luis los sigue a donde se llevará a cabo la procesión. Otros vecinos van sumándose hasta que llegan a la única calle del barrio nivelada y apisonada con pedregullo, a donde están los quioscos de venta de la feria. Para agradecer su hospitalidad Luis invita a sus anfitriones a comer paella después de la ceremonia y luego compra dulces para los niños. Cuando se despide, ya entrada la noche del domingo, después de agradecer a sus nuevos amigos la cálida acogida, regresa en tranvía a la fonda.

Luis ha saboreado brevemente lo que es vivir en un barrio español como inmigrante. Todos esos hombres están en su misma posición, aunque han llegado al país años atrás. La única diferencia es que ahora son propietarios, o aspiran a serlo, ya que lentamente se han ido comprando un trozo de tierra en este suburbio alejado, con calles de tierra, apenas iluminado por lámparas titilantes en las esquinas. Si ellos permanecen allí, se dice, es porque en sus pueblos vivían aún peor. Luis no está convencido de que esto sea mejor que lo que ha dejado. Es muy distinto de lo que él esperaba. Y la situación del mundo no va a mejorar en el futuro inmediato, eso es evidente, de modo que las perspectivas para él en esta ciudad no son alentadoras.

Trabajando horas extras consiguió ganar unos pesos más, y así reunió el dinero de un pasaje de emergencia a Buenos Aires. Lo guarda como último recurso, y en sus cartas no le menciona nada a Isabel todavía. No quiere darse por vencido, y va a tratar durante unos meses más. La siguiente misiva desde Torre Pacheco es detallada con novedades domésticas y una gran dosis de aliento en forma de imaginarios planes para cuando él les envíe los pasajes. No hay quejas, pero él sabe que las cosas son duras para ella también. En los meses siguientes intercambian noticias con más frecuencia. Ambos tratando de dar ánimo y esperanzas al otro.

Los momentos más duros de la separación para Luis son las fiestas de Navidad y Año Nuevo. Los pocos huéspedes que quedan del grupo que llegó con él a Córdoba se reúnen ambas noches, pero son velada melancólicas, a pesar de los esfuerzos que hacen todos y la buena comida que la dueña de la fonda les sirve como festejo de vísperas el 24 y el 31 de diciembre.

Enero de 1914 llega bajo nubarrones que amenazan una tormenta mundial. Las economías están semi paralizadas en toda Europa y América, expectantes por lo que puede suceder. Cualquier inversión es un riesgo y los países en crecimiento del continente americano son los que soportan las consecuencias de la incertidumbre general. Luis trata de conservar su empleo en el taller, y cuando se le reduce a medio día, consigue otro que llene esas horas, mientras se ofrece en distintos lugares para tomar trabajos menudos y temporarios. Así sobrevive durante los meses siguientes, perdiendo valiosas horas de trabajo en cobrar lo que se le debe a pagadores remisos, quienes por lo general lo hacen volver una y otra vez hasta cumplir con lo pactado.

El verano llega temprano a Córdoba, calcinante y abrumador, salpicado aquí y allá con tormentas eléctricas muy fuertes, en la que el granizo de respetable tamaño no es infrecuente. Aunque a Luis no le molesta, extraña en esta ciudad mediterránea la falta de la fresca brisa marina que Cartagena disfruta y que hace llevaderos los veranos. Ocasionalmente frecuenta Barrio Seco. Acompañado por un par de vecinos de cuarto, se llega hasta allá cuando hay alguna fiesta comunitaria, pero en general se conforma con una limitada vida social, alrededor de la fonda y de la gente que, como él, vive allí en forma semi permanente.

Ya no encuentra más excusas ni pretextos para poner en las cartas a Isabel. Como no quiere continuar diciéndole trivialidades pero todavía no se anima a reconocer que su intento ha fallado, deja una carta de ella sin respuesta por un mes entero. Da vueltas en su mente qué puede decirle. No quiere repetir todo lo que ya escribió en su última, de modo que lo pospone, y las semanas pasan.

Después de haber buscado un cambio de fortuna durante lo que le parece un tiempo razonable, a mediados de mayo Luis toma la decisión. Siente que no hay futuro en este país para los artesanos. No hay señales de que España vaya a entrar en ningún conflicto bélico, y muchos inmigrantes en su situación están regresando a sus pueblos natales. Alentado por este movimiento de retorno ante las malas perspectivas, le hace una larga carta a Isabel. Le pide que tenga paciencia, pues él está partiendo de vuelta para Cartagena. Le cuenta sobre sus ahorros, que apenas alcanzan para llegar a Buenos Aires, y del plan que tiene de buscar empleo en algún buque que salga de vuelta para Europa, trabajando a bordo, como lo hizo al venir. Cuando echa el sobre en el buzón de correos unos días después, se siente aliviado, como si le hubiesen quitado un peso de encima. La decisión lo ha retornado a un papel activo, lo opuesto a sobrevivir así como hasta ahora, sin esperanzas. Entonces traza el plan del regreso y se da una fecha, no muy lejana, para marchase de Córdoba.

El treinta de mayo ya tiene todo preparado, y compra un boleto de tren de segunda clase para poder dormir más confortablemente que en tercera. Cinco días después se despide de los pocos amigos que tiene y toma el tren El Serrano, en su diario ir y venir entre la ciudad mediterránea y el puerto de Buenos Aires.

Lleva consigo la pequeña caja metálica de tabaco, que ha estado escondida bajo una de las tablas del piso que soportaban su cama, y en la que fue sumando el dinero penosamente ahorrado. Ahora solo contiene unos pesos y cambio menudo, todo su capital en el nuevo país.

Del otro lado del Atlántico hay otra caja, que originalmente guardó chocolates, regalo de las marquesas para su cumpleaños, en la que Isabel ha comenzado a juntar centavo a centavo todo lo que puede separar de su salario. Sin negarle pequeños gustos a los chavales va haciendo una diferencia que crece mes a mes. A ello le sumó el dinero de la venta de varias pertenencias de la Calle del Ángel. Todavía no sabe qué hará con el contenido del pequeño cofre, pero su quieta presencia en un cajón de la cómoda le da una tranquilidad económica que no ha conocido desde que Luis se marchó.

Su vida en el casal es monótona y los días se suceden sin mayores novedades hasta que los esperados arribos de los correos de su marido le producen esos golpes de alegría y de esperanzas para los que ella vive el resto del tiempo. Sin embargo, una tras otra, las cartas de él se tornan genéricas, muy afectivas, sí, pero genéricas. No le da ningún detalle específico además de reiterarle que está haciendo todo lo que puede para juntar el dinero de los pasajes. En forma inevitable, sus evasivas la llevan a dudar.

Temer que esta ausencia los dañe no es nada nuevo para ella. Cuando él partió, Isabel sintió el pinchazo de los celos, imaginándose las tentaciones carnales a las que estaría sometido tanto a bordo como en la maravillosa ciudad del Plata.

¿Cómo serán las mujeres allá? Seguramente majas y pizpiretas —se torturaba—. ¿Tendrá él la suficiente fuerza de voluntad para ignorarlas? ¿Y si ya se encontró con alguna que logró reemplazarme? ¿Cómo podré saberlo? ¿Y por qué no nos envía el dinero? Todos dicen que allá las cosas son tan fáciles, ¿Por qué Luis nos pinta una realidad tan distinta?

Todavía la atormentan estos pensamientos, que se alternan con los pequeños pánicos que siente cuando sueña algo que la perturba o tiene una pesadilla. Luego se siente culpable por dudar de él. Todo le parece un signo negativo y malo, hasta que habla con Antonia. La vieja amiga con la sabiduría de sus años deja que se desahogue y luego la calma con su lógico razonamiento. Hasta la próxima vez que la aprensión la invade. Se consuela rezando, asistiendo a misa puntualmente y dedicándose a los hijos, pero al parecer se ha contagiado un poco del agnosticismo de él. Cuando va a la iglesia no puede concentrarse en las oraciones con el mismo fervor de antaño.

Tampoco encuentra consuelo en su propia familia, ya que el contacto con los de Almería se ha cortado después del fallecimiento de tía Josefa hace tres años, seguido poco después por el de tío Carlos, quien nunca pudo reponerse de la pérdida. Tampoco ha sabido nada más de su tío Rodrigo Cintas, de quien han perdido la pista hace unos cuantos años, cuando dejó de escribir desde Cuba por quién sabe qué motivos. Lo último que se supo es que tenía tres hijos. Primos segundos que nunca conocerá, con un destino cubano misterioso para ella.

Lo único que la separa de haber perdido todo nexo con su infancia es el esporádico intercambio epistolar con su hermano. Una o dos veces por año recibe una pequeña tarjeta con tres o cuatro líneas de José. Por ellas sabe que cuando no está navegando, él vive en Manila, la capital del país, en la isla de Luzón, al norte del archipiélago. También se enteró de su boda con una muchacha filipina de una ciudad cercana, San Fernando. Él todavía trabaja en barcos mercantes para la marina de la cx–colonia española, que desde el año pasado es una formal posesión norteamericana después de catorce años de sangrienta guerra con los Estados Unidos. La derrota de los isleños ante el colosal poder americano le produjo un poco de pena, pero por otro lado el fin de las escaramuzas le dio una gran alegría, ya que siempre temió por la vida del hermano, sabiéndolo en alta mar todo el tiempo.

Para la Navidad pasada José mandó su nuevo domicilio en un barrio de Manila, a donde compró una casa, sin duda alentado por el fin del conflicto armado, para recibir a los críos que esperan tener en el futuro. Isabel se deleita con cada nota, y le responde invariablemente con largas misivas que no sabe qué efecto tendrán en él, pues las concisas respuestas llegan meses después, si no al año siguiente. Pero es el único lazo, aunque tenue, que la une al hermano que se alejó de ella tan joven y del que guarda la memoria de un muchacho hostil y díscolo.

Los días se arrastran interminables en Torre Pacheco. Después del largo invierno de sequía llega el mes de abril con sus lluvias, tan esperadas en el campo cartagenero. Hace más de dos meses que Isabel no recibe ninguna noticia de Luis y comienza a preocuparse seriamente. Todos celebran la próxima llegada de la primavera, con el renacimiento de los campos, pero Isabel no puede dejar de pensar en que su lugar es a lado de él y no aquí, tan lejos.

Ha mantenido un esporádico contacto con la familia García Muñoz a través de Carmen, una empleada del casal quien tiene a sus padres viviendo en el Barrio de la Concepción. Ocasionalmente la mujer se llega hasta la calle Montanaro, a llevar y recoger noticias entre ella y sus familiares políticos.

Un domingo de mayo Isabel baja temprano a la ciudad, con motivo de la misa de Primera Comunión de uno de los sobrinos nietos de Francisco y Consuelo en la Iglesia del Sagrado Corazón, sobre la Calle San Diego. Va con Paquito y María acicalados y compuestos, para encontrarse con sus suegros y, en particular, para ver otra vez a Ginesa. Después de la ceremonia todos van a comer a la casa de los padres del niño, también en la calle Montanaro, y más tarde Consuelo la invita a que suba con ellos a su casa.

Pasan la tarde conversando amigablemente y guardando las distancias. Es evidente que ambas hacen un esfuerzo y Francisco y Ginesa aprecian la tregua. El tema obligado es Luis, y ellos están preocupados también por las espaciadas noticias que reciben de él. Se sorprenden de saber que ella está en las mismas condiciones. Entonces Isabel les confía lo que ha decidido hacer.

–Quería hablaros porque no soporto más esta separación. Espero que me deis vuestra bendición. Me voy a la Argentina con los chavales a buscarlo, o bien a quedarme. No puedo vivir lejos de él por más tiempo.

Después de la primera reacción de asombro y de duda en los rostros, para su sorpresa, parecen comprenderla y aceptar su decisión. Francisco rompe el silencio.

–Eso quiere decir que tal vez no nos veamos nunca más, hija. Que no veamos a Paquito ni María –murmura pensativo.

–Pero es lo mejor para todos –dice Isabel con tono conciliatorio–. Son pequeños y necesitan al padre.

Ginesa tiene los ojos llenos de lágrimas, y sin decir nada se acerca y la abraza.

–Me parece que es lo mejor que puedes hacer.

Los padres quedan en silencio, intercambiando miradas entre sí.

–¿Está Luis de acuerdo–pregunta de pronto Consuelo–, porque te estarás largando sola con los chavales, a una aventura, ¿te das cuenta de ello?

–Sí que me doy cuenta. Pero él no sabe nada aún. Hace mucho que no me escribe. Sé que está en Córdoba, una ciudad del centro del país y yo iré a encontrarme con él. Le voy a hacer una carta apenas consiga los pasajes.

Hay un silencio que nadie quiere romper. Por fin, Francisco observa:

–Eso cuesta por lo menos ciento cincuenta pesetas, o tal vez más, hija. ¿De dónde sacarás para pagarlos?

–Tengo unos ahorrillos que he puesto aparte desde que vivo en el casal. También las niñas Fontes me han ofrecido ayuda si lo necesito. Son muy buenas. Ellas quieren completar lo que me falte para comprarlos. Los chavales son pequeños, espero que por ellos cobren medio pasaje. Así me han dicho.

Francisco suspira hondo y mira alrededor, a los demás, que no dicen palabra.

–¿Cuándo piensas partir, entonces? –pregunta por fin.

–No lo sé. Tengo que esperar a que un transatlántico eche anclas en este puerto. Todavía no sé cuándo será. Os lo haré saber.

—Yo tenía esperanzas de que mi hijo regresara —murmura Francisco, apenado— pero no te culpo porque quieras marcharte para estar cerca, es tu marido. Y ha pasado casi un año.

En un arranque inesperado, Consuelo contribuye con una idea en su favor:

—Francisco, tú puedes ir al puerto a averiguar qué hay con esos barcos —dice con naturalidad—, a ver qué transatlántico, o vapor, o como sea que les llamen ahora, va para Buenos Aires.

Todos se vuelven algo sorprendidos pero se reponen inmediatamente.

—Es una buena idea, madre —aprueba Ginesa, apresurada, como si temiera que cambie de opinión—. Tanto padre como yo podemos ir al despacho del puerto y preguntar.

Una semana después, al responder a la sonora campanilla del nuevo teléfono instalado por la Compañía Peninsular hace tan solo un año en lo de los marqueses, Isabel reconoce del otro lado del hilo la voz de Ginesa.

—Tengo buenas noticias para ti. Hay un vapor que hará escala aquí, y va a Buenos Aires. Se llama León XIII, y dispone de lugar. Tu pasaje cuesta doscientas diez pesetas, y los dos chavales van por ciento cincuenta en total. Padre dice que si dispones de esa suma que te vengas, porque van a esperarte dos días no más guardándote las plazas libres.

—¿Cuándo echará anclas?

—Ese es el problema, Isabel. El León XIII llega a Cartagena el domingo veintiuno de junio y sale al día siguiente. ¿Estás preparada para dejar todo tan pronto?

Isabel siente el corazón palpitar como un caballo galopando sin control. Trata de serenarse, mientras Ginesa espera en la línea, y por miedo a que la comunicación se corte sin haberla terminado, lo que es frecuente con la operadora local, ella se apresura a responder sin pensarlo más.

—Vale, que estoy lista, Ginesa. Dile a padre que pida me guarden los pasajes.

—¿Estás segura? —reitera Ginesa—. Tienes solo un mes y medio para prepararte.

—Pues claro que sí, ¿Qué tengo que hacer sino juntar unos trapos y unos pocos enseres? Anda, dile que mañana bajo a Cartagena a pagarlos—. Y después de un corto silencio en el que ambas están incorporando el significado de la decisión, ella agrega–: Ah, Ginesa, ¡muchas gracias por llamarme!

Esa misma noche escribe una larga carta a Luis, explicándole las razones de su decisión. Lo hace con el entusiasmo de una enamorada que va a encontrarse por fin con el hombre sin el cual no puede vivir. Se deja llevar por la imaginación y le describe un futuro en el que todo será brillante porque ellos se aman, y que si es que hay momentos duros, ella quiere compartirlos con él, así ambos superarán los obstáculos juntos.

En su camino hacia el puerto pasa por la oficina de correos y despacha el sobre en el que imprime un beso antes de echarlo al buzón. Al salir, tiene que ponerse las dos manos sobre el pecho durante un rato, y respirar hondo, porque siente que el corazón quiere saltársele.

Mensajes cruzados

Hace una semana que el León XIII navega con un ritmo sostenido y veloz, echando una continua humareda por la alta chimenea central, y abriendo un espumoso surco con su afilada proa. Después de una salida borrascosa hacia el Atlántico durante la que Isabel estuvo tan enferma que pensó iba a morir vomitando y los chavales quedarían solos a bordo, se siente mejor y con el estómago sosegado. Ese bienestar físico se traduce en tranquilidad para organizarse y atenderlos. Porque hay un largo camino por delante, y si bien Francisco le explicó que por ley los transatlánticos deben viajar a más de diez millas marinas por hora, ella quisiera que la nave echara alas, como esos aparatos voladores forrados de tela que surcan el cielo de vez en cuando metiendo un ruido ensordecedor.

Apoyada en la cubierta, al evocar la partida se ve otra vez en el casal. Desde que supieron de su decisión Antonia y las marquesas la ayudaron con el preparativo del ajuar para el viaje, haciéndose cargo de vestir a los niños de arriba abajo y también comprándole a ella un par de trajes de muy elegantes en Murcia. Uno de sus dos gastados baúles fue reemplazado por uno nuevo y al pagarle el último salario le entregaron un aguinaldo por el valor de tres meses de jornales. Isabel no lo esperaba, ya que las niñas le habían ayudado ya, completando el precio de los pasajes de barco. Protestó un poco pero los Fontes no quisieron escuchar ni una palabra.

A pesar de su ansiedad y las corridas, cuando llegó el día ella tuvo todo dispuesto. Desde que tomó la decisión el tiempo que la separa de Luis, aunque sea menos que antes, le resulta demasiado largo. Después de verificar los últimos detalles, el lunes veintidós de junio, al amanecer, se despidió de los marqueses y de los compañeros de trabajo. El último abrazo que le dio a Antonia fue el más difícil.

—Aunque nunca volvamos a vernos, recuerda que yo estoy aquí y que te quiero como a una hija —le susurró al oído con ternura.

—Este es y será mi hogar, no importa a dónde vaya, Antonia. ¡Es que aquí viví la mitad de mi vida!

Lloraron abrazadas un rato. Todavía se le llenan los ojos de lágrimas al recordar el rostro ajado y querido, despidiéndola desde el portal, con la mano en alto. Recién en ese instante Isabel sintió que era algo definitivo, y la certeza fue una punzada en su pecho. *Esta es mi vida*, pensó. *Despedirme demasiado temprano de todos los que amo, ya sea porque me abandonan, o yo los dejo a ellos.*

El automóvil del señor Fontes, en un gesto característico del marqués, la llevó desde Torre Pacheco hasta el puerto. Al descender y saludar al chofer, por primera vez tuvo la impresión de estar dando un salto al vacío. Fue una sensación breve, de la que tuvo que sobreponerse ante la llegada de la familia García Muñoz. Esta vez ninguno faltó al amarradero a decir adiós a los nietos, como si quisieran enmendar la intransigente tozudez con que despidieron al primogénito un año atrás. Isabel, más allá de los rencores domésticos y ante la magnitud del paso que está dando, les agradeció sinceramente el gesto de reconciliación.

La salida de Cartagena fue menos traumática de lo que ella esperaba. Paquito se comportó como un pequeño adulto, haciéndose cargo de María en cada oportunidad en que Isabel lo necesitó. La dársena era un hervidero de gente que se marchaba y otros que quedaban.

Por fortuna, en estos primeros años del siglo Cartagena no es un puerto del que partan masivamente grupos de emigrantes hacia las Américas, y se mantiene en consecuencia un orden de prioridades para ascender a los navíos. Isabel no tuvo que vivir con los niños las situaciones extremas que se murmura son frecuentes en los grandes puntos de salida del país como Galicia, Málaga o Cádiz. Allí es moneda corriente que los embarques sean accidentados para la gente de tercera, ya que es habitual la venta clandestina de billetes falsos efectuada por miembros de las tripulaciones a gente de mal vivir, quienes con papeles adulterados se atropellan y embarcan a empujones, golpeando y lastimando a otros, ocupando las plazas legítimas. Son también reiteradas las historias de humildes campesinos que han sido estafados de sus magros ahorros por falsos empleados navieros con pasajes ficticios. Como consecuencia, las escenas desgarradoras de familias enteras que han quedado totalmente destituidas, sin dinero y sin poder partir, son una imagen que se repite en los puertos de Andalucía.

A pesar de los temores iniciales, viajan bastante cómodos. Es un vapor amplio, de ciento veinticinco metros de eslora, y unos catorce metros de manga. Tiene tres cubiertas, y sobresalen la esbelta chimenea y dos altos palos, uno a popa, liso, y el de proa cruzado por dos barras. Isabel imagina que las instalaciones de primera clase deben ser muy elegantes, a juzgar por la categoría de los viajeros que subieron antes que los de segunda y tercera. Los únicos considerados *pasajeros* en las listas de navegación son los de primera clase. Los de segunda y tercera, como ella, son llamados *emigrantes*. No tiene un número concreto de cuántos viajan, pero calcula que debe haber más de mil personas en su nivel, a juzgar por el tamaño de los dormitorios. Si es que los de las mujeres y hombres son iguales.

La comida no es buena, y entre la descompostura y los fuertes guisados que se sirven, ella ha ingerido muy poco. En cambio los chavales comen bien, y el aire marino y los correteos les abren el apetito. También duermen profundamente, ambos compartiendo una litera al lado de la de ella, y se han comportado como si supieran que deben conducirse así ante tamaña circunstancia. Después de cuatro días tienen el rostro rozagante y tostado, y se los ve muy felices.

Isabel pasa mucho rato del día en la cubierta mientras los niños juegan, reflexionando en el paso que ha dado, y también imaginándose distintos escenarios en los que la llegada a Córdoba y la sorpresa de Luis cuando ella ponga pie en la Fonda España ocupan el lugar principal. Oscila entre uno y otro; un futuro que prevé esperanzado, brillante, y el pasado que atesora, lleno de memorias queridas.

Hace y deshace diálogos en su mente, a veces positivos y otros, asaltada por vagos temores y dudas, totalmente negativos. En esas oportunidades y para distraerse, busca conversación con alguna de las pasajeras con las que comparte el inmenso dormitorio de mujeres, o lleva a los chavales a caminar por la cubierta a donde Paquito ha hecho un par de amigos de su edad con los que juega bajo la mirada aguileña de ella y de alguna otra madre.

Es así que entabla conversación con una muchacha a la que ha visto hablando con un marinero un par de veces. La joven está siempre acompañada por una niña de unos doce años, quien no parece feliz de tener que hacer de chaperona de la hermana. Una mañana cuando el viento vuela el sombrero de Isabel, la jovencita se lo alcanza sonriente y se presenta como María Cristina y a su hermanita como Milagros. Le cuenta que la madre, con la que viajan a Buenos Aires, está indispuesta por el movimiento del buque y se pasa casi todo el tiempo en el dormitorio.

Al día siguiente se encuentran otra vez, y mientras están conversando, se les acerca el marinero que Isabel vio anteriormente con ella.

–Por favor, Isabel, no se vaya–, le pide María Cristina, casi suplicante–. No quiero quedarme sola con él, pero no quiero que él se vaya tampoco. Y Milagros no quiere quedarse quieta a mi lado.

Isabel le sonríe con un gesto de entendimiento.

–No te preocupes, tengo que mirar a mis chavales desde aquí. No pienso moverme.

El marinero se presenta como Pietro, un italiano muy amable, que habla castellano con un acento simpático. Tiene asignada una ronda diaria con otro por la cubierta de tercera clase. Apenas cumple con su tarea se demora al menos media hora diaria conversando con María Cristina, que por una de esas increíbles casualidades que hacen sonreír a Isabel, resulta estar siempre puntual en determinado sitio de popa. Se entretiene escuchando las inocentes conversaciones y el evidente flirteo de ambos, que le recuerda otras épocas. Le hace feliz poder contribuir a que la solitaria jovencita tenga un rato de esparcimiento sin llamar la atención ni parecer una libertina ante las otras señoras, de quienes ella sospecha que disfrutan de las murmuraciones, tal vez a falta de algo mejor que hacer.

Pietro le da una detallada información del barco, y de cuán elegante y magníficos son los salones de la primera clase, que él les describe minuciosamente.

–Es un buen navío, y nos llena de orgullo trabajar en él –comenta un día, alentado por el interés de ella–. Tiene una larga historia también. De los transatlánticos, éste es uno de los más nobles. Como se imaginará, fue muy bien construido, en Inglaterra. Los ingleses son prolijos y detallistas. Sirvió para la corona por muchos años, con otro nombre, desde 1888 hasta el '94, cuando lo compró la Compañía Trasatlántica de España.

–¿Y cómo se llamaba antes? –se interesa Isabel.

–Lo botaron al mar como Taroba, y viajaba desde Londres a Brisbane, allá en las antípodas, en Australia. Cuando la Trasatlántica lo compró lo bautizaron Isla de Cuba, pero pronto lo reformaron y lo remodelaron, con mejores dormitorios, salas y comedores. Entonces le dieron este nombre, León XIII, para hacer viajes entre a las Filipinas, hasta que tuvo que ayudar con la evacuación de Cuba…

–¿Hace mucho que va a Buenos Aires?

–Sí. Hace más de diez años, desde mil novecientos uno. A veces vamos hasta Santiago de Chile, del otro lado del estrecho, y un par de veces llegamos hasta Lima, en Perú, sobre el Pacífico. A mí no me gusta cruzar el estrecho de Magallanes, es muy turbulento y peligroso.

–Qué historia tan variada –comenta María Cristina–, cuánta gente habrá viajado cruzando los mares en este vapor, parece increíble.

–Dicen que antes de la remodelación, en tercera ubicaban a mil setecientas personas. Imagínense.

–¿Tanta gente en ese pequeño espacio? –Isabel se sorprende–. ¡Qué incómodo habrá sido! Si ahora mismo es poco espacio, para poner... ¿cuántos somos ahora?

–Mil ciento noventa y ocho...

–¿Y cuántos en primera y segunda?

–Unos cien en primera, y cincuenta y ocho en segunda.

Agradecida por tanta información, Isabel lamenta no poder echar una mirada a las instalaciones de las clases más altas, un favor que no puede pedirle a Pietro. Sin esperar a que ella diga más, él se ofrece.

–Si le interesa, señora Isabel, puedo traerle algunas fotos que tenemos de los salones y de los dormitorios.

–Me gustaría mucho verlas, gracias –responde ella complacida.

Es así que cuando él baja con el álbum Isabel consigue entrever rincones del vapor que le está vedado visitar. El lujo y la elegancia de la decoración resultan ser como se los imaginaba.

–Esto es como mirar por el ojo de una cerradura –bromea–. Tú eres muy gentil, Pietro, gracias.

Los restantes días de navegación transcurren sin mayores inconvenientes. El tiempo es bueno, los vientos son calmos y el vapor se desliza sin contratiempos rumbo al puerto de Buenos Aires. El once de julio se aproxima, e Isabel comienza a organizar sus pertenencias, guardar la ropa limpia y preparar mentalmente a los chavales para la llegada. Les habla de la ciudad inmensa que van a conocer y del viaje a Córdoba, en tren, a donde verán por fin al padre después de un año.

La carta de Luis con fecha veinte de mayo de 1914 llega a Torre Pacheco el martes treinta de junio. Como viene dirigida a Isabel, Rosa, el ama de llaves, se la entrega a Antonia y el domingo siguiente Carmen la lleva a la ciudad, en su visita semanal al Barrio de la Concepción. Esa tarde, la muchacha va hasta la calle Montanaro y al abrir la puerta, un consternado Francisco recibe en silencio el sobre dirigido a la nuera ausente.

– Guárdelo usté', seño', que en el casal no sabíamo' qué hacé' con él.

El sobre de Isabel, fechado el cuatro de mayo en Torre Pacheco llega a la Fonda España el diez de junio. Los dueños del hospedaje preguntan sin éxito a los huéspedes más antiguos si es que Luis ha dejado algún domicilio cuando partió, para enviárselo. Finalmente deciden guardarlo en un cajón del mostrador a donde archivan el registro de pasajeros, por si alguien lo reclama en el futuro.

Albur

Cuando Luis llega a Retiro el domingo 31 de mayo lo recibe el aire húmedo y frío del Río de la Plata. Baja con paso firme; tiene un plan de acción en su mente y siente que esta decisión le traerá un cambio de suerte. Lo primero es saber a dónde pernoctar durante los días que permanecerá en la ciudad. Necesita un cuarto cerca del puerto, barato pero lo suficientemente limpio como para que no esté infectado de insectos. No puede fiarse de los obsequiosos representantes de conventillos y fondas de mala muerte que pululan en la puerta de la estación de trenes al acecho de viajeros desprevenidos. Ya fue alertado por los empleados del Hotel.

Lo segundo es averiguar qué barcos llegarán desde Europa en los próximos días que al regresar tocarán puertos de España y si es posible, Cartagena. Sabe que es mucho pedir, y está preparado a descender en cualquier ciudad de la costa del Mediterráneo y hacer el viaje a casa por tierra, de una forma u otra, ya verá cómo, a cambio de un trabajo abordo.

Los dos cursos de acción lo llevan al Hotel de los Inmigrantes, para él fuente de toda confiable información. Deja sus bártulos más pesados en depósito y se dirige a pie hasta el puerto, levantándose el cuello de la chaqueta de paño que apenas le da reparo contra el frío viento, y calzándose la gastada boina negra sobre el abundante pelo oscuro, un poco largo ya, a fuerza de no cuidar su apariencia en los últimos meses.

Seguramente en el vapor en el que me embarque habrá un barbero, se dice, *y llegaré bien prolijo a casa.* Ahora no tiene tiempo para esos vanidosos menesteres.

La perspectiva de volver a las playas del Mare Nostrum lo llena de energía. La certeza de ver pronto a Isabel y a los chavales, y también a sus padres, le da esperanzas para lograr lo que se propone. Esta experiencia ha sido dura, pero le valdrá para el resto de su vida: Ha aprendido mucho, conocido a mucha gente, y la jornada lo ha convertido en un hombre más humilde y conocedor del mundo que antes. El Luis que regresa a Buenos Aires no es el que vino trabajando en un barco noruego un año atrás.

Al llegar al Hotel se encuentra con la barrera de los vocingleros ofertantes de hospedaje que le suenan tan engañosos y poco confiables como los que vio un rato antes frente a las estaciones del Retiro. Representantes de los conventillos y casas de inquilinato a bajo precio esperan a que salga el próximo grupo de inmigrantes que abandonarán el Hotel después de sus cinco días reglamentarios. Los cruza a empujones, se acerca a las puertas y pide permiso para entrar. Menciona uno o dos nombres de empleados que recuerda de su estadía y uno de los porteros, un argentino de piel cetrina, considerable musculatura y gesto rudo, lo reconoce y lo deja pasar.

Alentado por la buena suerte, ya que es difícil ingresar sin la tarjeta que lo identifique como huésped, se dirige a la oficina. Frente a cada ventanilla hay una larga fila de consultantes y mira con atención el gesto y la forma de conducirse de los empleados. Por fin elije uno que parece bien dispuesto para con los expatriados que hablan con él. Después de unos cuarenta y cinco minutos de paciente espera llega su turno.

El oficinista lo escucha con atención y cuando termina le responde con un acento muy porteño y aire de conocedor:

—Mirá, vos no sos el único que está en ese problema. Aquí vemos a mucha gente que quiere volverse a su patria. Yo no te puedo recomendar ningún hotel ni fonda, tenemos prohibido hacerle propaganda a nadie. Pero como estás solo, te doy un dato: no busqués nada en el centro. Tomás el *tranway* y te vas para el barrio de Balvanera, pero eso sí, no te metás en ningún hotel cerca de Junín y Lavalle. Está lleno de burdeles de mala fama. Por Corrientes vas a encontrar algunas pensiones que alquilan cuartuchos por pocos pesos, por semana—. Hace una breve pausa pensativa—. Sabés, Almagro es otro buen barrio, tomá el tranvía o el subte que va por la Avenida de Mayo. Buscá siempre lejos del puerto. También está La Boca, en el Riachuelo, pero ahí son casi todos cocoliches. No sé cómo te llevás con ellos.

—¿Coco... qué?

—Quiere decir tano, italiano. ¿Notaste cómo hablan los tanos? Bueno, eso es cocoliche.

Luis sonríe, más identificado con los recién llegados de la península itálica que con este servicial argentino quien no parece tener problemas en dar apodos a los extranjeros.

—Gracias, hombre, pues no sabes el favor que me haces con la información que me has dado.

—Ya sé, gaita, no te preocupés —responde con aire protector, ahora utilizando el apelativo que le dan en Buenos Aires a todos los españoles y que deriva de la palabra gallego–. Todos aquí sabemos las que pasan ustedes ahí 'fuera.

Cada vez que un argentino le llama *gaita* Luis no sabe si ofenderse, o reír. Le han explicado que no es peyorativo, pero él no aprecia que lo confundan con la gente del norte de su país, con quienes los meridionales tienen diferencias notables. Pero esta vez sonríe, el tono de la voz le dice que su interlocutor no guarda el rencoroso desprecio que ha notado cuando algunos locales se dirigen a los españoles.

–Una última pregunta. ¿A dónde puedo anotarme para buscar trabajo a bordo?

–Tenés que ir la oficina de Puerto Madero, en la dársena, al sur. Tomá el tranway para llegar, queda camino a la casa de gobierno, a la Avenida de Mayo. Pedile al *motorman* que te avise cuando llegás, así no te perdés–. Lo mira por un instante con dudas–. No te va a ser fácil enganchar un laburo para volver, gaita. Preguntá por barcos de carga también. Hay tantos inmigrantes que están como vos, desesperados por volverse... pero, nunca se sabe...

–Ya encontraré alguno que me dé trabajo. Muchas gracias por la ayuda –dice, moviéndose a un costado.

–Buena suerte, che –lo despide el empleado y sin más se dirige a gritos al primero de la fila, mirando sobre el hombro de Luis–: ¡A ver el que sigue!

Sale con paso firme del patio interior del complejo hacia la calle. Después de un corto viaje en tranvía, una vez en el puerto debe caminar varias cuadras bordeando altos edificios de ladrillo rojo, depósitos de mercaderías, frente a inmensas grúas. Por fin llega al que le indicaron cuando entró al muelle. Cansado y con el estómago doliéndole por el hambre, sube a una oficina en la que un empleado de mala gana le da una lista de buques comerciales y de transporte de pasajeros.

–Estos son los que vienen y van al Mediterráneo –masculla impaciente.

En un trozo de papel que el hombre también le facilita con gesto exasperado, Luis copia rápidamente los nombres y las fechas de llegada. No quiere importunarlo más de lo necesario.

–Gracias, esto es muy importante para mí –dice Luis con sinceridad.

–Le conviene estar aquí o en el desembarcadero de los inmigrantes apenas llegan los barcos –responde el otro con mejor tono ahora y tal vez con un tinte de lástima–. La gente se mata por conseguir trabajos a bordo. No hay muchos.

Cuando se marcha siente que por fin ha tomado el hilo que lo llevará, si bien no sabe cuándo, a salir de este laberinto y llegar hasta su familia. Lo próximo es encontrar un cuarto decente para dormir y también rebuscarse algún trabajito menor para ir tirando y no debilitarse por el hambre.

Luis pasa todo el mes de junio de mil novecientos catorce anotándose, rogando y pidiendo por favor que le informen de cualquier trabajo disponible en los buques que arriban al activo puerto de Buenos Aires. La búsqueda ha sido infructuosa pero él trata de no desmoralizarse ante las negativas. Las naves que tienen posiciones abiertas no van al Mediterráneo, y así él va turnándose por las mañanas entre los cargueros de la dársena y los transatlánticos del desembarcadero del Hotel.

Por la tarde hace encargos de carpintería menor que consigue aquí y allá, que no le remuneran mucho pero cubren la comida y el techo. Está parando en un conventillo del barrio de Almagro. Después de buscar por dos días seguidos un hospedaje definitivo e higiénico, pactó con un italiano fanfarrón pero buen humorado por una cama en un cuarto diminuto y relativamente limpio, que comparte con dos jornaleros rusos. Sus compañeros no pueden hablar más que lo indispensable con él, pero parecen hombres decentes. La casona es muy vieja, y tiene cuartos que han sido separados en dos con tabiques precarios y que albergan seis o siete personas en cada división. Es evidente, por la construcción y el estilo señorial, que el edificio ha visto tiempos mejores, y ha sido la residencia de alguna familia adinerada de la ciudad |.

Hay solo dos baños para todos los inquilinos y ninguna intimidad, pero Luis está acostumbrado a estas faltas de comodidades que, se dice una y otra vez, son temporarias.

Le ha escrito otra carta a Isabel, con el domicilio del hospedaje, y se apena al no tener noticias de ellos. Imagina lo angustiada y hasta furiosa que debe sentirse para con él, después de recibir noticias tan esporádicas. ¿Cómo estarán los chavales? Lo consuela saber que viven seguros en el casal de los marqueses, y que mientras ellos permanezcan allí, nada malo puede sucederles.

El veintiocho de junio el mundo toma nota distraídamente de un asesinato ocurrido en Sarajevo, una ciudad de Serbia, en los Balcanes, que hasta este momento es conocida por las monótonas noticias de la segunda guerra que viene desarrollándose en la zona desde el año anterior. Luis se alarma, y se reúne a comentar en el patio con otros europeos del conventillo que comprenden lo peligroso de la situación. La noche es fría y destemplada, pero el grupo de hombres se junta alrededor de un brasero encendido. Hay dos andaluces y un italiano con simpatías anarquistas o socialistas, y dos catalanes, republicanos como él. Todos coinciden en que el crimen traerá consecuencias graves.

–Austria no va a dejar pasar esto sin atacar a Serbia – aventura uno de ellos.

–Si eso pasa, Rusia va a entrar en la pelea, son sus protectores –dice Luis–. Esto es malo, muy malo.

–¿Má come se le ocure hacere cuesto? –Se enoja el italiano–. 'E la Mano Nera, te lo dico io. Cueste serbe sono tutti matti. Porca vergoña. ¡Contra i *Tedeschi*!

–Sí, es verdad, puede que sea La Mano Negra. Han jurado venganza contra Austria, y no van a parar hasta que arda Troya – murmura Luis, quien ha leído sobre el famoso grupo sedicioso que opera en los Balcanes.

–¡Y nada menos que matar al Archiduque Francisco Fernando! Es como pedir que los ataquen.

–¿Qué pasó –pregunta interesado otro inquilino que viene desde el baño.

–Hoy asesinaron a Francisco Fernando y a Sofía, la archiduquesa, en Sarajevo.

Los mira en silencio, con desazón, mientras termina de secarse la cara. La inquietud es palpable entre los politizados hombres. Algunos de ellos han participado en la gran huelga de los conventillos siete años atrás, una rebelión contra los dueños de los hospedajes que se propagó como un reguero por todos los barrios de la ciudad y llegó hasta los miserables inquilinatos del interior. Es probable que hasta se salvaran de ser expulsados del país, como sucedió a los identificados como instigadores de la huelga. Pero hoy se encuentran en iguales o peores condiciones que antes de la dura represión policial y es evidente que la experiencia los ha hecho más cautos, y menos dispuestos a las rebeliones.

Luis sabe que muchos de ellos regresarían a sus países de origen de inmediato si supieran que pueden mejorar su condición, o si tuviesen el dinero para un pasaje de tercera. Pero están condenados a quedarse en esta miseria, sin muchas esperanzas, trabajando doce o más horas por día, por un jornal de hambre.

También ha observado en silencio que las hijas jóvenes de tres familias inquilinas, que trabajan como sirvientas y costureras en los talleres de confección, llevan ropas demasiado caras para los sueldos que ganan, y se acicalan y salen los fines de semana con mucho carmín en los labios. Él nota cómo los vecinos cambian miradas silenciosas entre sí, y los padres levantan la cabeza sin ningún orgullo, pero desafiantes, ante lo que no pueden o no quieren evitar. Por su parte los hijos se anotan en pandillas, y siempre hay grescas callejeras en las que los muchachos entre quince y veinte años terminan magullados o heridos de arma blanca.

Una tarde que Luis está sentado en el patio, esperando turno para usar el baño se acerca una vecina que vive dos cuartos más allá del suyo y con la que siempre intercambian unas palabras, trayendo un canasto para la ropa. Unos segundos después, dos jovencitas con escotes marcados pasan taconeando con sus zapatos nuevos, las faldas cortas, arriba del tobillo, camino a la puerta de calle. Acercándose a él, la mujer le comenta con aire conspirador:

–Ésas dos van al almacén de los Ferreira, a la milonga del patio –dice con su fuerte acento porteño, mientras desprende la ropa seca de la cuerda–. Bailan un rato y se divierten con los malevos del barrio, esos cafishos... Siempre les traen clientes del centro. Ahora se usa el tango, un baile escandaloso hasta hace poco. Son jóvenes, que aprovechen. Total, ya van a tener que agachar la espalda como todos cuando les salgan arrugas... las presumidas no duran mucho aquí.

Julio llega sin que Luis haya conseguido su anhelado pasaje trabajando a bordo, aunque revisa una y otra vez la lista de los buques que arribarán desde Europa y no pierde uno. Por las noches cae agotado como si hubiese cavado zanjas. Quienes encargan trabajos de carpintería son remisos para cumplir con la paga, y él hace extensas caminatas para ahorrar los centavos del transporte cuando va y vuelve a cobrar, muchas veces sin resultado.

El sábado once de julio, bien temprano, parte hacia el desembarcadero del Hotel de los Inmigrantes esperando ser uno de los primeros en la línea de postulantes para el transatlántico que hoy entrará trayendo italianos y españoles. Uno más de los tantos barcos en los que ha tentado suerte. Un buque que, según le dijeron, ha hecho escala en Cartagena.

Mientras se bambolea de pie en el tranvía, asido de una de las manijas colgantes y rodeado de jornaleros madrugadores camino al puerto, sonríe imaginando qué bueno sería encontrarse con algún vecino de su ciudad bajando del vapor. O mejor aún, si llegara a ver alguna cara conocida.

Cuando se sitúa en la corta fila de los que esperan en el desembarque, ya todo está listo para recibir al transatlántico León XIII, que se acerca majestuoso, con la bandera española al mástil, guiado por dos pequeños remolcadores.

A bordo del vapor que llega, la expectativa es evidente. Los viajeros comienzan a arremolinarse en la cubierta, en la que ya se han montado cuerdas para separar la zona de salida por donde descenderán los de primera y segunda clase. Una mesa grande, destinada a los controles de aduanas, empleados del puerto que subirán apenas amarren, está ubicada cerca del acceso a donde se enganchará la escalera de bajada.

Isabel ha vestido a los chavales de punta en blanco para que pongan pie en su nuevo país de residencia como corresponde. Los niños perciben lo trascendente del momento y si bien no se despegan de la falda de la madre ante lo desconocido por suceder, permanecen silenciosos y obedientes. Paquito ha insistido en llevar un bolso al hombro, como los mayores. Vestido con un traje nuevo de marinero, regalo de las marquesas y a la última moda, se baja el amplio cuello con ribetes azul marino cuando el viento del río lo levanta contra el pelo recién cortado. María luce un vestidito color crema, de falda bordada y un gran moño en la espalda, además de botitas con medias tres cuartos.

Isabel estrena uno de los trajes de dos piezas que, como el resto del vestuario familiar, fue regalo de sus queridas niñas Fontes. Lleva el largo pelo oscuro levantado en un rodete y luce un pequeño sombrero que le da un aire señorial. Es evidente que los tres tienen prendas de vestir de mejor calidad que el resto de la muchedumbre con la que esperan su turno para bajar. Eso los diferencia y también pone un poco incómoda a Isabel, quien en el casal se ha encontrado muchas veces en situaciones semejantes.

La tarde anterior, previendo los amontonamientos del arribo, ella se despidió de todos los que fueron sus compañeros de viaje. En particular de las hermanitas María Cristina y Milagros, más tranquilas ahora que la madre se ha recuperado de sus mareos y descomposturas y las ha acompañado a menudo. Ellas continuarán viaje hacia la provincia de Santa Fe, a reunirse con familiares que viven en un pequeño pueblo llamado Rafaela, a mitad de camino entre Córdoba y Buenos Aires, según le dicen. Intercambian nombres completos y domicilios con la tenue esperanza de contactarse otra vez en el futuro.

El aire del Río de la Plata es frío esta mañana. Isabel echa un abrigo sobre los hombros de cada uno de los niños y sobre los de ella. La espera es larga, y por fin, cuando les llega el turno del examen médico y control de los papeles, los chavales están cansados y con hambre. Un par de manzanas escamoteadas temprano del comedor tendrán que bastar hasta que bajen a tierra.

El panorama de los edificios que componen el Hotel de los Inmigrantes la emociona. *Esto es lo que Luis debe haber visto cuando llegó*, se dice. *Seguramente él tuvo que esperar así, como nosotros, tenso y ansioso a que llegara su turno. Y ese edificio es sin duda el hospedaje del que me habló. Tal vez podamos pasar la noche allí antes de salir hacia Córdoba.*

La idea de verlo en los próximos días la llena de felicidad. Si no fuese porque la situación que él le describió es tan crítica, ella le hubiera pedido que viniera a encontrarlos a Buenos Aires.

Se colocan en la fila para descender y poco a poco se acercan a la pequeña plataforma de la pasarela escalonada que llega hasta el piso de cemento de la dársena. Isabel calza la bolsa marinera en el hombro de Paquito, levanta su bolso en el brazo, y llevando de la otra mano a María, los tres comienzan el descenso. El puerto está lleno de inmigrantes que ya ha bajado y se dirigen a una salida que lleva a un gran patio interior, guiados por varios uniformados que les dan instrucciones.

Detrás de una barrera de caballetes de madera alargados hay una cantidad de gente que espera y mira con curiosidad a los que llegan. Seguramente son los familiares de los pasajeros, se dice Isabel, que vienen a recibirlos.

En la dársena Luis espera paciente en su fila a que desciendan todos para poder llenar su solicitud de empleo. Bajan los elegantes señores de primera y segunda, con sus sombreros y botas de cuero fino, y después los inmigrantes, luciendo una variedad de atuendos y bagajes que señalan las distintas clases a las que pertenecen. Desde los bien vestidos artesanos con bolsos y valijas de mano, hasta los humildes jornaleros en alpargatas, acarreando bolsas de arpillera o bultos de gran tamaño envueltos mantas rústicas.

Después de una hora de este espectáculo, cansado de esperar quieto en la fila, se entretiene observando a los que bajan la pasarela. Algunos tantean las cuerdas con temor, otros con firmeza, y los niños deben ser acarreados en brazos o bien sostenidos sólidamente de la mano para que no tropiecen.

Es así que cuando distraídamente ve a los dos niños que bajan con una elegante señora que luce un sombrerito y que a la distancia tienen un vago aire familiar, vuelve a fijar la vista en ellos. El corazón comienza a latirle con fuerza, se parecen tanto a Isabel y sus chavales. Cree, con un sobresalto, reconocer a Paquito vestido de marinero. Cubriéndose los ojos del sol del mediodía que lo enceguece, busca alrededor de ellos algún hombre que los acompañe, pero solo distingue a una familia adelante, y a dos mujeres que bajan detrás.

Ahora está seguro. Son Isabel y sus hijos. Los latidos se tornan ensordecedores y la emoción lo embarga mientras sale de la fila para acercarse a la barrera que separa a los inmigrantes de los que esperan. Peleando contra las lágrimas, agita la mano en alto, con la esperanza de que lo vean.

—¡Isabel! ¡Isabel, aquí estoy! —Grita con voz ahogada por la emoción.

—¿A dónde vas, hombre? —lo llama un valenciano que está en la línea y con el que intercambió unas palabras antes— ¡Que vas a perder tu turno!

Luis lo mira como en un sueño.

—No lo sé... ¡creo que ésa es mi familia!

El otro se encoge de hombros, como si lo creyera loco. Luis sigue acercándose hasta que se ubica en un punto en el que los de la pasarela pueden verlo. Y espera a que los tres lleguen hasta la altura en la que él está, con un nudo en la garganta, sin comprender cómo es que está sucediendo esto, sin dar crédito a sus ojos, aunque los mira y los reconoce una y otra vez allá arriba, mientras ellos bajan cuidadosamente, ajenos a su brazo en alto, lejos todavía para escuchar su voz.

Paquito pisa con determinación, sin perder el control de la cuerda que sostiene con una mano mientras que con la otra se toma de la falda de la madre, por las dudas. La pasarela es larga, y solo queda un trecho de unos cinco metros para llegar a tierra, estima Isabel. El descenso es lento, y eso les da a todos una adicional seguridad, como para mirar alrededor y tomar nota de la gente y los edificios allá abajo.

De pronto Paquito le tironea de la falda, y ella, sorprendida, atina a reprenderlo.

–Chaval, ¡no hagas eso que vamos a caernos! ¿Qué te sucede, hijo...?

–¡Mare', mare', mire, ahí, abajo! –no atina a decir lo que se le traba en la garganta.

Isabel mira alrededor y repara en un hombre que agita los brazos y está llamando, aunque ella no comprende qué dice... hasta que reconoce a Luis.

Isabel y Paquito se detienen, paralizados por la sorpresa.

–Es tu padre, sí, chaval, ¡es tu padre! ¡Toma de la mano a María, hijo!

Aturdida y sin siquiera escuchar el llamado de él a través de los ruidos y el griterío de la gente, ella levanta el brazo libre para responder al saludo.

–Luis, Luis, ¡Aquí estamos, Luis! –dice a todo pulmón, mientras las lágrimas brotan libres y caen sobre su trajecito nuevo– ¡Te traje a los chavales, Luis, venimos a reunirnos contigo!

Él sigue agitando la mano, cuando comprende que ellos lo han visto.

–¿Cómo, pero cómo? – no se cansa de preguntar, mirándolos descender, todavía confundido por el asombro y lo inexplicable de la situación, por la coincidencia, porque comprende que la fortuita decisión de él de venir al puerto hoy en vez de presentarse en la dársena sur a buscar trabajo en el barco mercante que llega allí es lo único que lo separa de un desencuentro total.

Y el pensamiento lo pone de inmediato frente a un abismo, en el que involuntariamente se le cruza dar las gracias a un Dios del que profesa dudar, pero sin cuya divina influencia no entiende cómo puede haber sido posible esta reunión.

Y sonriendo entre las lágrimas, porque no sabe rezar, murmura un agradecimiento que le sale del alma.

La Boca

El encuentro los conmueve profundamente. Luego de los reiterados abrazos ante la extraordinaria casualidad que los ha unido, comprenden que el arribo ha puesto punto final al plan de Luis de regresar a España. Adquirir cuatro boletos es imposible por ahora. Habrá que ahorrar mucho, y él no tiene siquiera un ingreso fijo para alimentar a la familia. Deberá comenzar desde el principio, como si recién hubiese llegado a estas lejanas tierras.

El italiano a cargo del inquilinato de Almagro, asombrado por la experiencia que la familia ha vivido en el puerto y tratando de ayudar, los ubica en una división desocupada de uno de los cuartos grandes de la casa.

—Io tengo cuesta pieza, Luigi —dice con gesto de disculpa—. Pueden quedar cui per due settimane, má la he promesso a un'altra famiglia.

—Ya buscaré otro lugar, gracias. Nos iremos apenas encuentre algo. —Responde, todavía confundido por la sorpresa—. Le agradeceré que nos acomode por unos días, no más.

Sabe que la renta es demasiado alta para las comodidades paupérrimas que el lugar ofrece. Habrá que encontrar otro albergue.

Del otro lado del tabique que divide la inmensa habitación se hospeda otra familia, padre madre y tres niños casi adolescentes. Hablan un idioma eslavo incomprensible, de modo que si bien todos escuchan las voces de los otros, mantienen la relativa intimidad que da el no saber qué sucede en la vida ajena, y viceversa.

Tratando de encontrar una salida a la situación, Luis recuerda las palabras del empleado del Hotel de los Inmigrantes y el barrio de La Boca de pronto surge como una posibilidad. Le narra a Isabel los detalles que le ha dado de la zona y ella se interesa.

—Nunca he tratado a italianos —dice— pero en el barco conocí a un buen muchacho, Pietro.

—Son buena gente, al menos todos los que yo encontré —dice Luis—. Tenemos mucho en común, el bienestar de la familia es importante para ellos y trabajan duro—. Y agrega, sonriendo: —Te cuento un detalle curioso. Esas familias que llegaron en las primeras épocas desde Italia al puerto formaron los primeros *conventillos* de Buenos Aires.

Ella lo mira intrigada.

—No, no son pequeños conventos. Los *conventillos* aquí son casas grandes con muchos cuartos, alrededor de un patio. Albergan una familia, o un grupo de gente sola, en cada uno. Se parecen a este albergue, pero no son transitorios.

—¿Es que no hay suficientes casas para que cada uno tenga la suya en esta ciudad?

—No. Llega tanta gente en los barcos que no hay a dónde ubicarlos.

Luis le dibuja un planito esquemático de la capital y los alrededores, como el que ha visto en los folletos del Hotel.

—¿El puerto antiguamente estaba en La Boca? —se interesa ella.

—Sí. Dicen que en el barrio hay una mezcla de nacionalidades, pero en su mayoría son genoveses.

—Espero que tengas suerte y encuentres algo bueno, Luis—. Y acercándose le acaricia el rostro, sonriéndole—. Ya se solucionará esto, verás.

Al día siguiente él sale temprano a buscar un albergue razonable y a explorar el pintoresco suburbio del que ha oído tantos comentarios. Al descender del tranvía en la boca del Riachuelo se sorprende. La vía fluvial es un río pequeño para haber sido un puerto importante. Le resulta fácil imaginar una población de hombres de mar, siempre de paso, tal como le han comentado. Todavía se ven resabios del diminuto puerto rodeado de saladeros y pulperías, edificados sobre las bajas y anegadizas tierras costeras. Pero le cuesta concebir a miles de personas arribando a este pequeño espacio.

Los colores de las construcciones del barrio son variados, y el efecto es pintoresco y grato. Inicia la búsqueda de hospedaje preguntando en los cafés, que lucen carteles de *bar y billares,* y en las modestas *cantinas,* que sirven por lo general abundantes y económicos platos de pastas frescas caseras. Los vecinos que cruza por la calle son amables lo que Luis considera un signo auspicioso. Por otra parte, él se lleva bien con los peninsulares por las muchas afinidades que tienen con sus ideales republicanos y con la cultura hispánica en general. Además, son alegres y disfrutan de la música, lo que para Luis es un detalle importante.

Datos sueltos lo llevan a preguntar en varias casas de inquilinato y en una de ellas, situada no muy lejos de un recodo del río llamado La Vuelta de Rocha, consigue hacer un pacto con el encargado. Construirá una escalera nueva, de madera sólida, para reemplazar a la enclenque estructura de gastados peldaños que tiene la vieja casa y que es un peligro para los inquilinos. Lo hará por las tardes, cuando regrese de su trabajo diario y el valor cotizado le cubrirá algunos meses de renta para él y la familia.

La arquitectura de la vivienda es como todas las curiosas construcciones del barrio, y está coloreada con restos de las pinturas de barcos y barcazas que se reparan en la zona. Si bien la utilización de sobrantes le da a las paredes una fisonomía alegre, no resulta brillante ni llamativa ya que las compañías de navegación utilizan tonos pastel en sus naves. El conjunto es curioso pero agradable. Luis valora la creatividad que suele nacer de la pobreza, tan evidente aquí en la modesta edificación y en la contagiosa música italiana que se escucha al pasar por las puertas de los estrechos zaguanes.

Antes de marcharse da una vuelta a pie para familiarizarse con el lugar. Muy cerca del inquilinato que ha contratado y un poco más allá del recodo del río, se levanta un elegante puente transportador de hierro pintado de negro.

Sobre la misma acera, unos cien metros adelante Luis divisa a un hombre de edad, sentado en una silla de madera frente a una vivienda. Observa pensativo el movimiento de la calle con una pipa encendida en la mano. Al acercarse Luis, lo saluda tocándose el sombrero y Luis se detiene.

–¿Novo dal barrio?

El hombre tiene un fuerte acento italiano.

–Sí. Recién alquilé una habitación no lejos de aquí para la familia.

–Viene de España. Bello paese.

Entablan una breve conversación sobre el tiempo y la penetrante humedad, tema favorito de los porteños. Luis le pregunta acerca de la imponente estructura.

–Cruza a la Ísola Maciel –explica– que non 'e una ísola.

–¿Y por qué le llaman así? –el hombre se encoge de hombros.

–Má, no lo só –e intentando un castellano dificultoso agrega–: Quién sabe, cualcuno que ha pensado que era una ísola–. Y agrega, señalando a la estructura de hierro–: E cuello é il transbordadore. Troppo bello.

Le informa también que el puente, al que todos llaman El Transbordador, fue inaugurado tan solo un par de meses atrás, el treinta y uno de mayo. Parece ser el orgullo de todos, a juzgar por el gesto del vecino. Del otro lado se divisan instalaciones de astilleros y talleres de reparación de barcos, establecidos allí al parecer por un célebre Almirante argentino de origen inglés, apellidado Brown. Luis sonríe para sus adentros. Los ingleses parecen estar en todos lados a donde haya un barco, incluso aquí, en las antípodas.

Regresa a su habitación de Almagro satisfecho con las buenas nuevas e Isabel se entusiasma con la idea de vivir en un lugar tan novedoso.   Dos semanas después de la llegada de la familia a Buenos Aires, el sábado veinticinco de julio, se mudan. El cuarto es aceptable, los vecinos son trabajadores y honestos, y por unos meses consiguen una semblanza de equilibrio mientras se adaptan al nuevo país.

Como todos los huéspedes son inmigrantes y tienen dificultades para hablar en castellano, el fuerte acento español de la familia no es una desventaja, por el contrario, resulta conveniente, Mientras ellos corrigen pronunciaciones, aprenden a cambio varios giros italianos. Luis comprende a grandes rasgos el idioma peninsular, pero les resulta difícil comunicarse con la mayoría de los genoveses, quienes hablan el cerrado dialecto de su tierra.

—Sabes, Isabel, ese lenguaje tan complicado que tienen aquí, que no es totalmente italiano se llama Xeneize —comenta Luis en la mesa un día, ante los ojos admirados de sus hijos—. Así lo pronuncian todos, pero se escribe xeneixi, que es el nombre que ellos mismos se dan en Génova.

—Ay, pues yo no les entiendo una palabra, Luis, no sé cómo tú comprendes lo que dicen.

—Aprendí un poco aquí y allá, en el vapor en que vine y en algunos trabajos. Pero cuando hablan rápido no sé qué dicen, te aseguro.

—Por fortuna nos entendemos con gestos y Paquito no parece tener problemas con los otros chavales, —agrega Isabel con un guiño hacia su hijo, quien sonríe orgulloso.

Tres días después de instalarse en la nueva vivienda, estalla el conflicto mundial que los diarios anticipan *terminará con todas las guerras.*

—Es una exageración —dictamina Luis al leer los titulares—. Nadie va a terminar con todas la guerras. Mientras se lucre con la muerte, las guerras seguirán creándose.

Europa se convierte de inmediato en el laboratorio de prueba de las modernas armas que se han almacenado en la última década. Entre ellas hay dos nuevos y sofisticados instrumentos tecnológicos de ataque difíciles de combatir y capaces de portar bombas de largo alcance: aeroplanos y submarinos.

Los telegramas internacionales que llegan al país desde Europa son leídos con avidez por los politizados vecinos del barrio. Todos comparten el temor de que este enfrentamiento se propague y afecte a la Argentina. También les preocupa la suerte de sus países natales y están alerta sin perder detalle de los cables transoceánicos que divulga el periódico local con fotos y grandes titulares de primera plana.

A pesar de que las noticias señalan que España no entrará en el conflicto, Isabel y Luis dudan en proseguir con el plan de reunir dinero para regresar en algún momento a España. Si bien quedándose tendrán que afrontar tiempos difíciles por la falta de trabajo y oportunidades, volver no es una alternativa aceptable y no lo será por quién sabe cuántos años. Una vez declarada la guerra los combates también se llevarán a cabo en alta mar y la navegación será peligrosa mientras dure el conflicto. Ambos coinciden en que por el momento tendrán que esperar.

–Las cosas pueden cambiar si es que este país vende granos y carnes a los que están en guerra –sugiere Luis, esperanzado–. Así habría más trabajo para todos.

–Que Dios te oiga. En casa no teníamos futuro para los chavales. Aquí yo tengo más esperanzas…

La vida en el conventillo es animada. Hay una gran cantidad de gente que va y viene por el gran patio, pero Isabel no ha podido hacer amigas entre las mujeres de la casa. Comparte con ellas solo entrecortados comentarios acerca de la comida y los niños.

Guardando celosamente los pocos pesos que ha cambiado al llegar, y para ayudar al presupuesto familiar, comienza a tomar encargos de bordado para una modista del barrio, y así consigue ganar unos pesos mientras cuida a los niños.

Luis ha conseguido entrar en un taller de carpintería cercano, y aunque no es el tipo de trabajo al que está acostumbrado, gana un jornal que les permite comer y mantenerse, además de comprar algunos cacharros domésticos elementales.

Luis le ha narrado a Isabel la historia del polizón portugués, y le ha mostrado como una curiosidad la tarjeta que le entregara el fugitivo, cuando le ofreció que bajara en Brasil con él.

—Pues es una posibilidad que deberíamos pensar, ¿no te parece? —Ha preguntado ella en varias oportunidades—. ¿Cómo sabes que tu destino no está en Brasil? Tendrías trabajo fijo y seguro con esa familia.

Pero él se ha negado a considerarlo. Guarda la tarjeta como un recuerdo del viaje.

—Es que la idea tiene muchas desventajas —se excusa—. Primero el idioma. No quiero aprender otro idioma, y tampoco quiero pedir limosna a quien apenas conozco.

—No es limosna, Luis. Ese hombre estaría pagándote con gusto el gran favor que le hiciste.

—No fue gran cosa, no me costó un peso. Y él no me debe nada.

Se hace un silencio. Ella sabe lo que está pensando y él se encoge de hombros.

—Y bueno, tú sabes —por fin admite—. No quiero saber nada más con gente de la aristocracia, Isabel. Nuestro futuro está aquí. Y lo haremos nosotros. Ya verás.

Dos meses después la escalera está a punto de ser terminada y ellos resuelven que no quieren seguir en este barrio. Si bien disfrutan de las melódicas *canzonettas* y las alegres reuniones en el patio, añoran el cante flamenco, y el poder hablar fluidamente su idioma natal.

Luis compra el diario que llega desde el centro de la ciudad y va a cada aviso que puede, en las horas que tiene libres, para conseguir algo mejor. Si es posible, en una zona en la que haya españoles.

Por fin encuentra una pequeña fábrica de muebles de estilo, en Villa Del Parque, que aprecia un refinado trabajo de terminación como él sabe hacer y a donde lo toman inmediatamente. La Villa es un suburbio nuevo de clase media, al noroeste de la ciudad. Las casas de alquiler compartido son de mejor categoría que los multitudinarios conventillos de La Boca. Sin mucha dificultad consigue rentar la mitad de una casa en muy buen estado, recién blanqueada, con más comodidades de las que esperaba. Luis regresa a pie a la nueva estación de trenes del barrio, alrededor de la que se respira el entusiasmo y la pujanza de la gente de la zona, tanto por los pequeños comercios establecidos como por la limpieza y prolijidad de sus calles. Tiene adelante un largo camino hasta llegar al Riachuelo, primero en tren y luego en tranvía, pero se le hace corto formulando planes optimistas para el futuro.

Se mudan el siguiente fin de semana e Isabel respira aliviada. No más cuartuchos con paredes de chapa pintada a brocha gorda. Aquí hay algunos muebles y cuatro camas decentes, en vez de los rudimentarios *catres* que usaron hasta ahora, más apropiados para tiendas de campaña del ejército que para dormitorios. También hay vecinos nativos de la patria lejana, lo que augura una vida social un poco más activa que la que han podido llevar desde el arribo de Isabel y los niños.

Poco a poco –se dice ella una y otra vez, mientras desempaca las modestas pertenencias–. *Poco a poco saldremos de esto y vendrán tiempos mejores.*

En Villa Del Parque

Hace solo seis años que el barrio ha sido fundado oficialmente como parte del ejido municipal de la Ciudad de Buenos Aires. Cuando la familia llega, la zona está rodeada de quintas y pastizales, aunque ya tiene una activa vida cívica que se trasluce en proyectos de escuelas y clubes vecinales.

Los vecinos les cuentan que en sus orígenes era un loteo llamado Ciudad Feliz, sobre una parcela que fue parte de una extensa propiedad jesuita llamada la Chacarita de los Colegiales. En 1903 se creó el Instituto Superior de Agronomía y Veterinaria, que trajo consigo el cultivo y urbanización de las tierras universitarias. Las parcelas cercanas a la institución se lotearon y pusieron a la venta, anunciándose con gran despliegue la llegada del tranvía y el tren, además del alumbrado eléctrico.

En 1907 se inauguró el ferrocarril y la población fue desarrollándose en unas cincuenta manzanas alrededor de la nueva estación de trenes. A los pocos años ya se la identificaba simplemente como Villa del Parque. Luis se entera de la venta de terrenos a muy buen precio, a través del dueño de la carpintería donde trabaja.

–Dan hasta sesenta meses para pagarlos –le comenta a Isabel, esperanzado–. Quién te dice, tal vez en el futuro…

En marzo Paquito va a comenzar, con entusiasmo, la escuela primaria. Lo han registrado en un nuevo establecimiento cercano. Isabel le ha cosido dos pares de pantalones cortos y varias camisas, además de un abrigo de paño al que los locales llaman *saco*, y que ella ha copiado del estilo que visten los niños del barrio en días de fiesta.

–¿Te parece que se justifica tanto detalle para un chaval de seis años? – pregunta Luis con voz de duda–. ¿No estás exagerando un poco?

–¡Ay, y tú qué sabes de esto! –Responde ella riendo–. Nada es suficiente para que se integre a los niños de aquí–. Y con un gesto más serio y preocupado–: Luis, temo por Paquito, recuerda que muchos chavales hacen pulla de su acento español. Quiero que haga amiguitos pronto.

Luis asiente, pensativo. La ola inmigratoria es tan grande que los argentinos nativos se sienten amenazados, y hay un ambiente hostil hacia los extranjeros, incrementado por un real temor y dura competencia por los pocos trabajos disponibles.

En un negocio frente a la estación de trenes le han comprado una elegante boina de paño con visera, como usan los demás niños. Todos en casa esperan el inicio de las clases con anticipación. Incluso la pequeña María, quien tiene evidentes celos porque no podrá acompañarlo esta vez.

Paquito se siente importante. Sus padres le han hablado mucho de la escuela, de qué puede esperar, cómo debe comportarse con los señores maestros, cómo debe cuidar sus prendas y útiles y, sobre todo, qué no hacer. Le han transmitido un sentimiento de responsabilidad hacia lo que va a comenzar, de modo que el primer día de clases se despide de Isabel confiado y tranquilo ante la reiterada promesa de que ella regresará a buscarlo a la salida.

Las cosas marchan bien durante la primera hora en que los nuevos alumnos son ubicados en las aulas correspondientes. Paquito nota que la mayoría de los niños aquí son nativos de Buenos Aires, y tienen el acento local muy marcado, pero al menos él comprende lo que todos dicen y es una ventaja sobre el barrio que dejaron.

Desde la llegada a al país Madre le ha insistido en que socialice con otros chavales y en el conventillo de La Boca hizo varios amiguitos con los que jugaban sentados en el suelo a las canicas, unas coloridas bolitas de vidrio. Allí él era respetado por todos a pesar de entender a muy pocos pues sin necesidad de grandes conversaciones, él se había destacado en el juego.

Los niños de la cuadra también pateaban una pelota de trapo y correteaban en lo que llamaban *fúlbol*, o algo parecido, en un terreno baldío cercano. A él lo buscaban por su rapidez para correr empujando el firme lío de telas atadas con un hilo, hasta meterlo con un puntapié fuerte en un lugar llamado gol. Madre lo había castigado más de una vez por traer las alpargatas rotas en la punta después de alguna tarde de *fúlbol* particularmente movida. Si bien a veces él preferiría sentarse a ojear las revistas que circulaban en el patio, con grandes fotos y letras que ya podía leer, aceptaba patear el *fútbol* en la *canchita* vecina para compartir con los otros chavales y hacer amigos.

Recordando a los chiquillos de La Boca ahora siente nostalgia, pero Padre le ha prometido que aquí habrá niños tan buenos o mejores. Que la escuela es la oportunidad para conocerlos.

Aunque hoy no está tan seguro. A los pocos que se ha aproximado lo han ignorado o mirado con burla. Uno de ellos, mucho mayor, le ha dicho, mientras codeaba a otro:

—¿De dónde saliste vos? ¿Así que sos gallego?

—No. Soy español, de Cartagena.

—Da lo mismo. Aquí no queremos gallegos, che.

Ambos explotaron en una risotada y Paquito, confundido y ruborizado se alejó.

Las cosas no mejoran en el aula, cuando la maestra no puede contener la risa ante otra bufonada de un condiscípulo cuando él comienza a hablar. Por fin, tratando de controlarse, ella dice, fingiendo enojo:

—Silencio, no se rían de un compañero—. Y volviéndose hacia él, todavía de pie al lado del pupitre, confuso y con los ojos llenos de lágrimas, lo apremia, mientras las risitas todavía se escuchan en el aula—: ¡Niño García, contésteme la pregunta!

Paquito, sin entender por qué le pide que le discuta una pregunta, le responde lo que puede, atragantándose con las lágrimas, y esforzándose en mantener la cabeza en alto. Al final del día, después de las largas horas de clase se promete no abrir la boca si la maestra no le pregunta. Y aun así, decir solo lo imprescindible.

A la noche Luis le explica que en el lenguaje local, contestar no es discutir o desafiar, sino responder.

—¡Padre, y yo creía que aquí les iba a comprender mejor que en La Boca!

El año escolar para Paquito resulta un tormento. Encuentra un compañero de infortunio en otro españolito del segundo grado, pero ambos no pueden evitar que muchachos más grandes los corran a la salida, tirándoles piedras por un par de cuadras. O que los rodeen a la hora del recreo contra una pared, llamándoles nombres y burlándose de ellos. Los maestros no ven lo que pasa, o no tienen interés en cortar seriamente los atropellos. Y tanto Paquito como su amigo han decidido no dar detalles en casa, pues temen las represalias con que los han amenazado los bravucones si es que las madres vienen a la escuela a quejarse. En una oportunidad, corriendo delante de sus perseguidores, Paquito tropieza y se lastima la rodilla. Llega casa con la pierna llena de sangre y la ropa sucia de tierra. La explicación no convence a Isabel y él soporta el sermón y el castigo sin decirle qué pasó exactamente.

Se siente reivindicado cuando saca mejores notas que sus atormentadores, pero lo paga caro en los ratos libres o a la salida, cuando los otros se desquitan porque ese día él ha conjugado los verbos mejor que ninguno de ellos, no por estudiar más, sino gracias a que así se habla en casa, o porque la maestra exhibió sus dibujos como modelos a seguir por la clase.

El verano llega como una bendición del cielo para él. Ha hecho algunos amigos entre los hijos de los inmigrantes españoles del barrio con quienes se reúnen a menudo sus padres. Por su parte, los adultos han formado un grupo unido, en el que todos pueden compartir cosas afines. El largo y perezoso estío pasa muy rápido, jugando en la calle o leyendo a la sombra en el patio. La familia comparte reuniones con los amigos, organizando comidas los sábados a la noche en una u otra casa, veladas que invariablemente terminan con sesiones de *cante* flamenco. Luis suele participar con una guitarra prestada, e Isabel y otras mujeres a veces ensayan pasos al compás de las castañuelas, mientras los niños se duermen arrullados por las vocalizaciones calé que han escuchado desde la cuna.

Los fines de semana hay paseos al biógrafo, al zoológico o al jardín botánico. Cuando la familia encuentra actividades interesantes y económicas para entretenerse, suelen salir el domingo temprano hacia el centro. Toman frente a la estación de trenes un coche que algunos llaman *breque* y otros *volanta,* y que está compuesto de una caja montada sobre cuatro ruedas. En ella hay dos asientos enfrentados, con comodidad para seis pasajeros cada uno. Tirados por dos caballos y manejados desde un alto pescante por dos conductores, los breques cumplen con el servicio urbano de pasajeros entre Villa del Parque y la plaza de Primera Junta, en el barrio de Caballito. Allí está la terminal de la línea de Subterráneos A, que estaba en los tramos finales de construcción cuando Luis llegó a Buenos Aires.

El subterráneo es un vehículo rápido, moderno y Paquito no se cansa de viajar en los ruidosos trenes eléctricos. Los coches están revestidos en madera barnizada brillante, iluminados por lámparas eléctricas que se alinean en el techo. El tren los lleva hasta el mismo corazón de la ciudad, la Plaza de Mayo, alrededor de la que se encuentran la Catedral, el Cabildo y la Casa de Gobierno.

A lo largo de la elegante Avenida de Mayo se alinean los múltiples negocios que venden productos importados de España, tiendas administradas por coterráneos en las que consiguen especias para la cocina y prendas importadas de su tierra natal. La amplia avenida abarca doce cuadras desde la Plaza de Mayo hasta el nuevo Congreso Nacional. Luce imponentes y elaborados edificios de moderno estilo francés, con varios teatros que presentan artistas de la madre patria. Elegantes casas de comida y tabernas, que sirven platos típicos de todas las zonas de España, completan la cosmopolita y arbolada doble vía.

A veces Luis compra boletos para ver alguna zarzuela que llega desde Madrid y esos días son de fiesta para la familia. Sin decir nada, alienta la esperanza de que el elenco de su viejo amigo Narciso Ibáñez presente algún día una obra. De vuelta en el tren subterráneo, Luis tararea las canciones que han escuchado y rememora para los chavales historias de cuando él pertenecía a una banda de música en un pueblo cerca de Cartagena, llamado Pozo Estrecho. En esas ocasiones la nostalgia le nubla los ojos y todos conocen la razón.

—Padre, usted todavía lamenta haber perdido su bandurria, ¿no? —se atreve a preguntar Paquito un día de Carnaval, mientras están preparándose para salir a caminar, y Luis está tarareando un cuplé madrileño.

—Chaval, no hables de ese tema—, lo reprende Isabel—, sabes que a tu padre le duele.

—Deja, deja que pregunte, mujer —responde él, y luego de un instante—: Sí, hijo, lamento no tenerla. Pero venden otras, y algún día me compraré una nueva.

—Pero no será como la que trajo de Cartagena, ¿No?

—No, hijo, no. No será como aquélla.

—Cuénteme otra vez qué paso, Padre, y cómo la perdió después que Madre se la trajo en el barco.

—¡Ay, chaval, qué insistente! —lo riñe la madre mientras ayuda a María a calzarse las botitas nuevas.

—Está bien, Isabel —dice Luis, volviéndose hacia Paquito—. Tuve que llevarla a una casa de empeños para reunir dinero y pagar nuestro albergue apenas vosotros llegasteis, pero no pude ir a buscarla el día en que venció el plazo—. Hace una pausa como si le costara proseguir, pero continúa—: Alcancé a juntar el dinero al otro día, pero ya habían vendido mi bandurria, que estaba en muy buen estado y era de calidad para los pocos pesos que me dieron a cambio...

—Y no pudo encontrarla más porque Buenos Aires es muy grande...

—Sí. Quién sabe qué músico la compró... solo espero que la trate bien, y la valore, como yo a ella.

—Porque era un regalo del abuelo Francisco, ¿No?

—Así es, hijo. Era un regalo de mi padre.

—Y lo único del abuelo que le queda ahora es la caja de herramientas...ah, y el reloj de bolsillo de plata ¿No es cierto, Padre?

—Tú lo has dicho, Paquito, así es.

—Hale, hale, vamos que se nos hace tarde, chavales, — interrumpe Isabel, porque no quiere este tipo de conversaciones que los llenan a todos de tristeza—, que va a comenzar el corso en la calle y no queréis perderos las comparsas que pasan con disfraces de colores.

Salen hacia la gran fiesta pública de las noches de Carnaval, dispuestos a caminar y disfrutar del tibio sábado de febrero. Paquito y María llevan los pequeños pomos perfumados que les compraron para salpicar con un hilo de agua a los transeúntes, y también varios rollos de serpentina de colores para enrollar alrededor de los otros niños. Isabel lleva la bolsa de papel picado, porque no quiere que los chavales se la disputen y antes de salir desparramen los diminutos pedazos de confeti en el piso de la habitación.

A la vuelta de la casa se encuentran con el grupo de sus amigos españoles y charlando y riendo se integran a la multitud de vecinos que caminan hacia el concurrido corso.

Para Paquito las fiestas de Carnaval significan la despedida del verano, y el anuncio de otro año escolar de sufrimiento y de morderse los labios. Deberá estar alerta por partida doble ya que la pequeña María va a comenzar el primer grado. Tendrá que cuidar de ella, y teme que sufra las mismas discriminaciones con que los grandulones lo acosan. Pero está dispuesto a defenderla en lo que pueda. Aunque esta vez no podrá evitar que Madre se entere y arda Troya en la escuela cuando vaya furiosa, está seguro, a enfrentarse con las maestras apenas María regrese llorando a casa.

Sabe que las consecuencias son crueles para quienes acusan a los compañeros y los padres presentan quejas. Porque los maestros parecen no tener oídos para atender y corregir las injusticias, y cada cual tiene que arreglárselas como pueda. También María tendrá que aprender su lección, suspira resignado.

El año escolar transcurre más o menos como él temía, pero lentamente Paquito va perdiendo su acento español y adquiriendo el local, lo que le facilita en gran medida la socialización con otros compañeros, que parecen estar más cómodos cuando las diferencias son menores. La pequeña María, por su parte, se ha adaptado fácilmente al nuevo ambiente y nada parece amedrentarla.

La Gran Guerra sigue su curso inexorable, a través de una Europa en llamas. España sigue en su posición neutral hacia los países beligerantes, pero las esperanzas de regresar con la familia al terruño son cada vez más exiguas para Luis.

El 11 de enero de 1916, nace Amanda. Es una beba rozagante, con una pelusa rubia en la cabeza, y grandes ojos claros.

–Sale a mi madre –dice Isabel cuando la partera se la trae, limpia y llorando a gritos–, ven, ven a mis brazos, hijita, que te pareces tanto a los Benavidez.

Luis mira a su mujer con ternura, y a la niñita con adoración.

–Es un regalo para ti, mi amor –le dice, sabiendo que ella ha estudiado las facciones de los dos mayores buscando trazas de su familia y ha encontrado solo similitud a los García Muñoz en cada gesto y cada rasgo de Paco y de María–. Ahora tienes la familia completa.

Entre las novedades que reciben de la patria lejana ese año, llega el anuncio de la boda de Paco con Josefa, una muchacha del barrio. Cada tantos meses Luis envía una larga misiva y regularmente recibe una de ellas con las noticias familiares. Aunque España no participa en el conflicto armado, la situación económica no cambia en una Cartagena que languidece y sobrevive solo gracias a la continua actividad del astillero naval y la pequeña industria local que lo abastece.

Francisco y Consuelo le recuerdan con frecuencia que él puede volver y que será bienvenido en su antiguo trabajo. Luis guarda la carta en el cajón de la cómoda a donde tiene todas las fotos y correspondencia con una sonrisa tierna, pero sin haber cambiado de idea. Esta es su patria ahora, y aquí se quedarán. Hasta tienen una pequeña argentina nativa en la familia, ¿Cómo van a pensar en marcharse?

Un domingo de verano, mientras todos toman helados sentados a la sombra del amplio toldo en una de las *confiterías* de la Avenida de Mayo mirando pasar a los coches por la amplia vía, Luis escucha una voz llamándolo:

—¿Es que eres tú, Luisillo? — Al girar la cabeza se encuentra con un rostro familiar, si bien un poco más rollizo de lo que él recordaba. —Caramba, hombre, ¡Si es que ni me reconoces! Felipe López, del astillero naval, ¿Recuerdas?

Luis se sorprende, y después de un abrazo le presenta a la familia. Aunque Felipe está apurado porque lo están esperando, y se queda con ellos unos minutos, le anota en un trozo de papel sus datos.

—Llegué al país hace solo seis meses y ahora estoy viviendo en Córdoba. Trabajando muy bien. Ya tengo dos hijos, uno es argentino, como tu niña. ¿Conoces Córdoba?

—Sí, Felipe, y no me fue nada bien cuando intenté suerte allí unos años atrás.

—Pero las cosas han cambiado, es una ciudad que va a crecer, tenlo por seguro. Imagina, se han instalado allí los frailes y los militares, y para remate, es una ciudad universitaria de la época colonial.

—Es bien colonial, eso sí. ¡Si la habré caminado de punta a punta!

—Pero es que tiene un gran futuro, Luis. Aquí tienes mi domicilio. Si es que alguna vez viajas para allá, no dejes de verme.

Se despiden, y Luis guarda el trozo de papel en un bolsillo, mientras se vuelve hacia Isabel, quien está sentada con los críos y no ha perdido una palabra de la conversación.

—¿Piensas que alguna vez podríamos tentar suerte en Córdoba—pregunta ella.

—Ni lo pienses. No quiero volver allá. No hay nada para nosotros en esa ciudad.

—Si tú lo dices...

—Es que es así. Y no creo que veamos a Felipe otra vez. Esto ha sido pura casualidad.

Tragedias y comedias

A principios de 1917 nace en Cartagena el hijo de Paco y de Josefa, al que nombran Francisco, en honor al abuelo, y por supuesto, lo llaman Paco. Los chavales ahora tienen un primo que no conocen, así como la familia García Muñoz tiene una sobrina nacida en Buenos Aires.

–¿Crees que alguna vez podremos encontrarnos todos, para que los primos se conozcan? –Dice Isabel pensativa, mirando una fotografía en sepia del rozagante bebé español.

–Espero que sí. Algún día cuando pisemos más firme, mi sueño es comprar un boleto de barco y ver otra vez a nuestra gente. En especial, quisiera mirar otra vez el mar desde la costa.

–Al menos los primos se conocerán a través de retratos.

Quedan en silencio. Es un sueño lejano, pero no imposible.

Seis meses después llega la noticia de la enfermedad de Consuelo. Nada grave, les dice Francisco, esperanzado. Pero en julio reciben una página escrita por Paco, con letra apresurada, informándoles de la muerte de la madre a causa de una corta enfermedad pulmonar, que puede, o no, haber sido tuberculosis.

"Madre nunca se quejó de ningún dolor o molestia, –explica brevemente– hasta que se derrumbó un día, y de ahí en más todo fue cuesta abajo. La hemos enterrado ayer."

Isabel y Luis visten de luto, y por un año no habrá celebraciones ni fiestas para ellos.

El golpe ha sido demasiado duro para Francisco, les escribe Ginesa en noviembre. Ella lo ve muy desmejorado y triste.

"Antes de que Madre falleciera –dice en una de sus cartas–, Padre tenía la cabellera oscura, como lo conocisteis. Ahora le han salido algunas canas y ha bajado de peso. No quiere alimentarse. Deambula como un fantasma por los cuartos, y lo he encontrado hablando en voz alta con Madre más de una vez, Luis, me preocupa mucho."

Ellos responden dando aliento a los hermanos, y le escriben al padre contándole anécdotas graciosas de los chavales, y en especial, detalles de los progresos de la pequeña Amanda. También se extienden en curiosidades de Buenos Aires y de las costumbres locales. Pero conocen bien a Francisco y saben cuánto significó

Consuelo para él, como para pensar que esto va a distraerlo de su pena.

Por su parte Isabel ha mantenido un contacto más esporádico con la gente del casal, quienes son remisos para escribir. Para las Navidades ella envía largas cartas con fotos de los niños, y a cambio recibe alguna escueta página con un resumen de novedades de sus compañeros de trabajo. Con las niñas Fontes, sin embargo, ha intercambiado noticias con frecuencia y ellas siguen insistiendo en que si las cosas no mejoran en Buenos Aires, deberían regresar a Murcia. Estos reclamos afectivos son importantes para ella, ya que los considera parte de su familia, pero sabe que no volverán a la patria natal. Luis está decidido a quedarse y a hacer su camino, para bien o para mal, en esta nueva tierra con la que ambos se han encariñado, y en la que, a pesar de todo, tienen fe.

Sonríe para sus adentros al recordar a Luis, sentado en una ronda de amigos no hace mucho, aceptando un mate, esa especie de té tradicional argentino, y al que le puso mala cara la primera vez que probó.

−¿Desde cuándo tú tomas mate, Luis? −lo interpeló ella, medio en broma.

−Desde que hemos decidido que esta es nuestra patria. ¿O es que no lo sabías?

Ella se encogió de hombros.

−Tendré que aprender a hacerlos...

−¡A cebarlos! −interrumpió la amiga con una tetera con agua caliente en la mano−. Los mates no se hacen, mujer, se ceban. Si quieres ser argentina, empieza a hablar como ellos.

−Ay, es que jamás me acostumbraré a usar esa palabra, me suena fatísima...se ceban los animales para engordarlos, no *cebas* un té...desde el primer día que lo escuchó le había parecido muy mal eso−. ¡Es tan disparatado como llamarle *pava* a esa tetera!

−Pues mejor que te vayas acostumbrando... −Luis le sonrió, y leyó en su gesto la satisfacción que sentía porque ella le indica que también deseaba quedarse, y no hablara más de regresar, como antes.

Llega 1918 y con el nuevo año la esperanza de que la Gran Guerra termine por fin. El conflicto mundial ya ha devastado a Europa y a muchos países del resto del mundo, cobrando millones de vidas en una cruenta lucha cuerpo a cuerpo en las trincheras. El 11 de noviembre se firma el armisticio en Rethondes, Francia, con el triunfo de las tropas Aliadas. Durante los cuatro largos años del conflicto se estima que han muerto un promedio de más de seis mil hombres por día. España, aunque no participó, se vio beneficiada económicamente al ser proveedora de materiales y recursos a ambos bandos, aunque terminó simpatizando con los ganadores a consecuencia de las pérdidas de varias naves mercantes a manos de los submarinos alemanes.

Si es que se les cruzara por la cabeza regresar, Isabel y Luis no tendrían los medios. La Argentina ha obtenido ganancias durante estos años con la venta de cereales y carnes, pero todavía esos ingresos no se traducen en creación de industrias que den ocupación a la masa inmigratoria de las últimas tres décadas. La miseria, el desempleo y la delincuencia son el pan de cada día en Buenos Aires.

Aunque no todos los inmigrantes han corrido con la misma suerte. Los más afortunados, aquellos que llegaron con algunos ahorros en el bolsillo u otros que sin un cobre tuvieron relaciones que les ayudaron a adaptarse desde el primer momento, han progresado económicamente. Y hasta algunos, muy pocos, han logrado hacer fortuna a fuerza de ingenio y sagacidad. Pero Luis no es ni lo uno ni lo otro. Es un artesano que cobra exactamente lo que piensa que su trabajo cuesta y disculpa muchas excusas y dilaciones porque cree sinceramente en las excusas que le dan.

—Ay, Luis —le reprocha con frecuencia una frustrada Isabel, contando los centavos—, tú les crees todo lo que dicen. ¡Esos bribones te están demorando para no pagarte lo que te deben!

Él se encoge de hombros

—Te pasas todas las horas libres haciendo estos encargos, que nunca te pagan, o pagan mal. No les creas, Luis.

—¿Y por qué no he de creerles? —responde invariablemente él.

—Porque no todos son hombres de honor, como tú, ¿no te has dado cuenta? No estás lidiando con caballeros aquí, estos son muy veloces con las pesetas.

—¿Quién habla de adaptarse a lo nuevo, diciendo pesetas en vez de pesos? Ves, mujer, tú debes creer que estás en España, no yo. Y no sé por qué desconfías de todo el mundo.

—No es desconfianza, es la realidad. ¡Es como si te diera vergüenza reclamar lo que te has ganado y es tuyo!

Estos diálogos terminan invariablemente con ambos enojados, reprochándose cosas viejas, y con los chavales silenciosos en un rincón, esperando que el chubasco pase.

El taller de carpintería para el que Luis trabaja se ha sostenido el último año penosamente, con escasas órdenes. El propietario se ve obligado a despedir a casi todos sus empleados y Luis es uno de los últimos en partir antes de que, declarando bancarrota, cierre las puertas definitivamente.

La pérdida del jornal fijo con el que han contado hasta ahora pone otra vez en crisis a la familia. Isabel toma costuras pero tampoco son bien pagadas, y no quiere emplearse en un taller con horario fijo, con inexorables turnos de doce horas, ya que necesita atender a los niños.

Luis hace el peregrinaje de tranvía, subte, tren, breque, y regreso por la misma vía durante dos semanas. Va bien temprano a presentarse en los avisos que se publican en los diarios pidiendo carpintero. Para no gastar ni un centavo más de lo necesario se ha reunido con otros dos vecinos desempleados, y compran por turno los periódicos.

Lo único que consigue es un trabajo de peón para cargar bolsas en un distribuidor de alimentos. Lo toma, pero tres días después siente que tiene todos los huesos rotos. Luis es delgado, nunca ha desarrollado mucho músculo y sus compañeros de trabajo lo miran esperando el momento en que admita que es demasiado para él. Pero con la terquedad que lo caracteriza, sigue adelante.

—Tú no eres para ese trabajo bruto de estibador, Luis —le reprocha con cariño ella una noche en que él se derrumba en una silla, con un almohadón en la espalda.

—¡Qué quieres que haga! Es lo único que pude encontrar, tú sabes. Ya saldrá algo.

—Podrías anotarte para esos trabajos para reemplazar a los huelguistas, que la Asociación del Trabajo anda anunciando por todas partes —aventura con cautela.

—No, mujer. Ni me lo repitas. Que no soy un rompehuelgas. Esos hombres tienen sus razones pa' sus reclamos y yo no soy carnero de la patronal. Allá ellos con su rollo.

—Yo decía, no más. Son sueldos altos.

—Nada. Aquí se terminó esta historia.

Isabel parece tomar nota de su fastidio y cambia de tema.

—Vuélvete que te doy otro masaje en esa espalda maltrecha —le dice un poco ofendida, pero trayendo una botella de alcohol al que le ha echado unas ramitas de ajenjo del jardín. Hoy vamos a la cama temprano, así descansas más. Los chavales ya están durmiendo.

Durante los primeros días de 1919 la situación laboral explota en una serie de disturbios en las calles de Buenos Aires, al que se pliegan los obreros de la incipiente industria nacional. El primer estallido es una huelga realizada por los trabajadores de los Talleres Metalúrgicos Vasena.

El siete de enero Isabel está esperando a Luis en la puerta de calle, con otras vecinas, retorciéndose las manos, nerviosa, y ponderando los rumores de que han muerto algunos obreros en una refriega con la policía.

—Han llamado a una huelga general —le anuncia Luis cuando llega a casa al anochecer con las últimas noticias—. Esto no pinta bien. Hoy hubo una riña entre los obreros y los rompehuelgas, y la policía cargó contra la gente, a tiros. No se sabe cuántos han matado, pero hay varios.

—Estaba muerta de miedo, Luis, escuchando las nuevas.

—Por donde yo pasé no había nada. El jaleo es en algunas zonas de la ciudad, no te preocupes.

—Dicen que van a llamar a una huelga general —agrega ella con incredulidad—, en vez de dar gracias por tener empleo fijo, los ingratos, mira, van a echarse a las calles para arruinar lo que tienen. Nada les viene bien.

—¡Y dale tú con ponerte de parte de los patrones, niña! Lo que están pidiendo esos hombres es que les bajen la jornada a ocho horas, que once o doce es brutal para el trabajo que hacen. ¿Sabes lo que debe ser estar metido en una fragua once horas sin parar?

—Nada del otro mundo en Cartagena, y tú lo sabes bien, allá eran de doce horas o más.

—Son otros tiempos. Basta de esclavitud. Piden el domingo, para descansar como cristianos. Los patrones van a misa y a paseo el domingo, y los pobres no tienen derecho a echar un sueño en su mugriento jergón, si es que lo tienen. —Luis se está lavando las manos en la palangana sobre la mesa, y salpica agua por todos lados a causa de su excitación—. También piden que les limpien las pocilgas a donde pasan el día entero produciendo para el patrón y asfixiándose en la mugre. ¿Qué de malo tiene eso?

—No grites y no me hagas un chiquero aquí, Luis, que yo limpio todo el día para que esté prolijo.

–Tienes razón –se rectifica, enjugando el agua de la mesa con la toalla–, pero me saca de quicio lo que sucede. Están matando y golpeando gente sin lástima. Esto va a terminar mal con más peloteras en la calle, acuérdate lo que te digo.

El nueve de enero estalla la huelga general, organizada por las asociaciones obreras, grupos socialistas, comunistas, anarquistas y sindicalistas revolucionarios. Se hace un llamado para asistir al entierro de las víctimas de los Talleres Vasena y a las tres de la tarde se comienzan a reunir obreros en el Cementerio de la Chacarita. Mientras un orador habla durante el servicio fúnebre, policías y bomberos enviados por las autoridades de la ciudad abren fuego sobre el público asistente. Esta acción provoca un desencadenamiento de hechos violentos en las calles, entre los obreros enfurecidos por el ataque y los encargados del orden público, ayudados por un grupo paramilitar compuesto por integrantes de las clases altas y conservadoras. Sin tregua persiguen a los dirigentes obreros y a los anarquistas, pero también atacan sin piedad a todo el que parezca extranjero. La lucha en las calles es sangrienta.

El gobierno del Presidente Ypólito Irigoyen, forzado a controlar a los llamados extremistas acepta cualquier ayuda. En el Comité Capital de la Unión Cívica Radical se organiza una persecución sin control, durante la cual piquetes armados se dedican a atacar las barriadas en las que viven inmigrantes judíos y centro-europeos en general, definidos en la jerga porteña como *los rusos*.

Luis está obligado a quedarse en casa porque Isabel no le permite moverse. Espantada ante la posibilidad de que él pueda verse envuelto por accidente en alguna de las refriegas que estallan de continuo en las calles, ha llorado implorante y él ha accedido de mala gana, guardándose la curiosidad que siente por ver qué pasa. Camina como león enjaulado cuando no está con los vecinos escuchando noticias. También lo desespera la inevitable consecuencia de la forzada inactividad, varios días sin ganar el jornal.

En el barrio todos están pendientes de los diarios. El medio de las clases altas, el matutino La Prensa, se alarma ante la amenaza de una guerra revolucionaria, como eco de los sucesos europeos y la revolución Rusa. También informa que los miembros de la Liga Patriótica, un grupo de jóvenes de familias conservadoras porteñas, han recibido instrucción militar en el Centro Naval, y tienen órdenes de que *si los rusos y catalanes no se atreven a venir al centro, ellos irán a buscarlos a sus barrios.*

El vandalismo se desata en contra de familias enteras, y hay asesinatos a sangre fría en las calles. Las autoridades resignan el control de la situación a los piquetes paramilitares y el saldo es una semana de terror, con una indeterminada cantidad de víctimas. Los voceros de las fuentes obreras, el diario Crítica y el semanario La Vanguardia describen un panorama de pesadilla en todo Buenos Aires. Este último habla de ataques a bibliotecas y centros culturales, trato brutal a los detenidos en las comisarías, y muertos y torturados en las calles.

El diecisiete de enero se dan por terminados los disturbios cuando Pedro Vasena, dueño de la empresa a donde comenzó el conflicto acepta escuchar los reclamos obreros. A pesar de los pedidos formales de varios legisladores radicales, cuando el humo de los incendios callejeros se disipa y se lava la sangre de las aceras, no hay castigo para los responsables de la cruenta e indiscriminada represión. En los sectores oficiales se enfatiza como justificativo la rebeldía de los obreros en el levantamiento, y en particular los de nacionalidad rusa y judía.

Varios vecinos de Luis, indignados por las acciones del Comité Capital del partido destruyen las tarjetas que los acreditan como miembros de la Unión Cívica Radical. Luis por su parte, si bien no tiene nacionalidad argentina, de ahí en más se considera un independiente, desilusionado del radicalismo y de Irigoyen.

Durante los meses que siguen a lo que se ha dado en llamar *La Semana Trágica* de enero, la calma que le sucede provoca una especie de resurgimiento económico en la ciudad, ya que circula más efectivo y algunos pequeños negocios y empresas se ven beneficiados por él.

En julio la situación es más estable y Luis se encuentra trabajando en el centro de la ciudad, remodelando un puesto en el Mercado del Plata, en pleno centro. Es un encargo relativamente importante que paga bien y les permite un poco de holgura. Una tarde, de regreso a casa y cuando las luces de la ciudad ya están encendidas, algo llama su atención la marquesina del Teatro de la Comedia, una sala que está en la Calle de las Artes. El gran cartel anuncia el estreno de la obra *Los Granujas*, con la Compañía Teatral Ligero–León y de la Vega. Se detiene súbitamente, provocando que otro transeúnte tropiece con él. Murmura una excusa y mira otra vez los nombres de los actores anunciados: Narciso Ibáñez, Consuelo Menta y, con grandes letras, el niño prodigio recién llegado de España, Narciso Ibáñez Menta.

Lee una y otra vez los nombres y no puede creerlo. Los Ibáñez. Están aquí, y son exitosos, nada menos que en un teatro así, en pleno centro. Sin pensarlo dos veces, cruza la calle y tienta una puerta lateral que está entornada, asomándose a un corredor en penumbras. Un muchacho grandote, llevando unos rollos de papel en la mano aparece cruzando el pasillo y lo mira interrogante:

—¿Qué busca? El teatro está cerrado, están ensayando. No se estrena hasta el mes que viene. – Y se acerca, despidiéndolo.

—No vengo al teatro —se apresura Luis, levantando la mano— . Vengo a ver a unos amigos.

—¿Unos amigos? No, señor, lo siento, pero no puede pasar.

—Entonces, ¿No me harías un favor? ¿Conoces a Narciso Ibáñez Contada?

—Claro, es el padre de Narcisín. Todos lo conocen.

—¿Está aquí ahora?

—Ya le dije, están de ensayo—, y adelantándose, con los rollos bajo uno de los brazos, empuja la puerta para dejarlo salir—. Tengo que cerrar, no puede quedar abierto. Tiene que salir de aquí.

—Espera, espera un minuto —se apresura Luis—, es que yo conozco a Narciso desde hace años, fuimos amigos, me gustaría saludarlo. Por favor, dile que está aquí Luis García Pérez, de Cartagena, él sabe quién soy.

—Bueno, pero espere afuera, no puedo dejarlo pasar sin permiso.

—Está bien, anda, dile. Yo espero acá —dice mientras sale a la vereda, y el mocetón cierra la puerta con llave. Luis se dedica a mirar detalles de los anuncios, en los que está la foto del pequeño, nacido poco antes de que él se marchara de España, mientras la pareja de los Ibáñez ya comenzaba a cosechar triunfos en su tierra natal.

Se abre la puerta de golpe, de par en par y aparece el robusto físico de Narciso, con un gesto de asombro y una sonrisa inmensa.

—Luisillo, qué sorpresa, hombre —se estrechan en un abrazo lleno de palmadas afectuosas—. Pasa, pasa, estamos de ensayo, ven que te quiero presentar, no sabía que estabas en Buenos Aires, los muchachos de Pozo Estrecho me dijeron que vivías en Córdoba.

–No, es una larga historia, estamos viviendo aquí con Isabel y los chavales desde hace unos años.

Mientras hablan Luis lo sigue por el largo pasillo, y desembocan en un cuarto que lleva a un espacio detrás de las bambalinas. En el escenario están ensayando, y ellos se detienen a esperar a que termine el acto, y a que el director ordene un descanso. Mientras tanto, Narciso le susurra:

–Tu hijo Paquito debe tener unos pocos años más que Narcisín, si no me equivoco.

–Cuatro más. Y ya tengo dos niñas, una es argentina – responde él, en voz muy baja.

–¿Qué me cuentas?, una familia completa. ¿Y a dónde vives? ¿Cerca de aquí?

–No, hijo, vivo en un barrio lejos, llamado Villa del Parque. Es un buen lugar.

–Qué bueno. Me alegra tanto verte, casi no lo puedo creer – reitera, palmeándole el hombro. Se escucha un batir de palmas y aprovechando la interrupción agrega, tomándolo del brazo:

–Ven, que te presento a los otros. Oye, Consuelo, aquí traigo a un viejo amigo de Pozo Estrecho, no sé si lo recuerdas...

A las ocho, hora regular en que Luis llega a casa, Isabel ha tendido la mesa para la cena, pero cuando pasan las nueve y media de la noche, nerviosa y temiendo algún problema, sirve la comida a los niños, que ya están bostezando aburridos y hambrientos. Al día siguiente hay que levantarse temprano para ir a la escuela, de modo que ella limpia la mesa y los manda a lavarse para la cama. Deja la comida a un costado, y después de que los niños están acostados les pide que se duerman. Pero Paco y María no van a pegar un ojo, ella ya lo puede ver.

–Madre, ¿Por qué no viene papá–pregunta María, inquieta, por centésima vez.

–Pues que no lo sé, hija, ya te he dicho. Seguramente le han pedido que se quede a trabajar hasta más tarde. No te preocupes, no pasa nada –miente sin convicción y los niños, que la conocen, callan aunque comparten su temor.

–¿Puedo leer un poco en la cama–pregunta Paco, y ella accede.

Cerca de medianoche, con el estómago estrujado por los nervios, cansada de pasear de un lado a otro por la casa, Isabel se asoma al cuarto de los niños. Los tres están dormidos profundamente; ella apaga la luz del velador y sale en puntas de pie.

A la una de la mañana, cuando ya está decidiéndose a despertar a los del almacén vecino para pedir el teléfono y llamar, no sabe a quién, tal vez a la policía, escucha la llave de la puerta y salta hacia el pequeño zaguán de entrada.

—¿Luis? ¡Luis! —Casi grita, sofocándose con la mano para no despertar a los niños—. ¿Qué pasó? ¿Estás bien? ¡Gracias a Dios, estás bien!

—Claro que estoy bien, Shh —dice él, sonriendo, pero con la voz un poco vacilante, como cuando ha tomado un trago de más. Ella se enfurece de inmediato, pero él trata de calmarla —Shh, no grites, mujer. ¡No sabes qué sorpresa, con quién me encontré!

—¿Con quién te encontraste? ¿Te encontraste con alguno en la calle y por eso no viniste, haciéndonos morir de miedo? ¿Qué te piensas, Luis, cómo nos haces esto?

Tiene los ojos llenos de lágrimas, porque está desahogando la angustia de varias horas y no piensa prestar atención a lo que le está diciendo.

—Déjame hablar, no llores —reitera él, tratando de abrazarla mientras ella lo rechaza—, me encontré con Narciso Ibáñez y su compañía teatral, están de ensayo en el Comedia. No me dejaron venir, estuvimos en un restaurante vecino al teatro, a donde ellos cenan después de los ensayos.

Cuando finalmente presta atención a lo que él está diciendo, la certeza de que ninguno de los escenarios terribles que imaginó son ciertos, se calma. Luis le relata los detalles, mientras ella, todavía enojada, sirve dos platos de los que solo él come un poco, tal vez para no empeorar la situación. Por fin, toma cuatro billetes del bolsillo del abrigo y se los extiende sonriendo:

—Mira, estamos invitados a ver la obra cuando estrenen —dice con satisfacción—. No sabes la alegría de Narciso, me emocionó mucho. No pude negarme a compartir una copa con él y otros de la compañía. Después nos pusimos a rememorar viejos tiempos... —hace una pausa y agrega con culpa— perdóname, Isabel, pero no podía avisarte. No había forma.

—Está bien. Ya pasó —dice ella, recogiendo los platos, todavía poco convencida— me alegro que los encontraras y que eso te haga feliz, y me alegro por el éxito que tienen los Ibáñez. Son muy buenos en lo que hacen.

–Muy buenos, sí. Y no sabes lo que es ese chaval, Narcisín. Un actor hecho y derecho, lo vi ensayar. ¡Y apenas si ha cumplido los siete años! De tal palo, tal astilla. Me contaron que el quince de agosto, a poco de llegar la familia a Buenos Aires, dieron un gran festival benéfico en el teatro San Martín y que...

Oyen un ruido y descubren a Paco, escuchando detrás de la puerta entornada de la cocina. Isabel está a punto de mandarlo de vuelta al dormitorio pero Luis le sonríe y le abre los brazos.

–Ven, hijo, ven que te cuento a ti también sobre ese niño prodigio–. Y sentándolo en sus rodillas, continúa–: Te decía, vinieron desde España contratados por el empresario del Teatro de la Comedia, quien se negó a pagarles el pasaje de Narcisín, desconfiando de que el chaval pudiera actuar. Pues dice Narciso que en medio de la presentación en el San Martín, Consuelo y él lo hicieron entrar en escena, y allí recitó, cantó y bailó, y el teatro se vino abajo con los aplausos. Un éxito total. Con decirte que el empresario lo contrató para que formara parte del elenco en el Comedia de ahí en más. Una cosa increíble. Están orgullosos de él, imagínate.

Esa noche los tres van a la cama casi a las tres de la madrugada. Isabel y Paco fascinados con la historia de Luis les ha relatado, y felices ante la perspectiva de ir al teatro a verlos apenas estrenen. Al mes siguiente, cuando *Los Granujas* abre en el Comedia, la familia de Luis, de punta en blanco, ocupa butacas preferenciales, y se reúne con los actores al final del debut para saludar a la exitosa familia española.

Desde ese día y por muchos años, cada vez que los Ibáñez Menta estrenan una obra en Buenos Aires, Luis recibe entradas de invitación para ir a verlos.

Más de cuatro décadas después de aquel encuentro, y ya en Córdoba, Paco García Cintas y su esposa seguirán el ritual de ir a saludar en su camarín a Narciso cada vez que su compañía se presenta en la ciudad. Ibáñez Menta fue un hombre internacionalmente aclamado quien a pesar de la celebridad nunca olvidó sus orígenes, ni a los viejos amigos de su padre.

De regreso a La Docta

Una vez finalizado el encargo en el Mercado Del Plata, Luis recomienza el peregrinaje en busca de un trabajo permanente, pero una vez más solo encuentra cosas temporarias, mal pagas, de modo que acepta la seguridad de un puesto de peón de acarreo en el Mercado de Abasto.

Es enero de 1920 y el calor húmedo hace del rudo trabajo un esfuerzo físico agotador. Al cabo de algunas semanas de esta rutina, y después de una larga noche sin poder conciliar el sueño, decide hablar con Isabel para dar un corte a la situación. El mes próximo no podrán pagar el alquiler de la casa, y serán desalojados sin piedad, porque el jornal que gana no alcanza para la renta. Teme que un día les pongan todos sus enseres en la calle. Ya les ha sucedido a otros alrededor de ellos. Los desalojos son cosa de todos los días, y él no quiere ese disgusto y la consiguiente humillación para su familia.

Se levanta temprano y mientras Isabel va hasta el almacén a comprar la leche fresca y el pan para preparar el desayuno, él rescata de un sobre que tiene en el cajón de la cómoda un trozo de papel ajado.

Con los datos que le supiera escribir Felipe López una tarde soleada de verano, un año atrás, durante un encuentro fortuito en la Avenida de Mayo, espera a su mujer dispuesto a tener con ella una larga charla sobre el futuro.

En marzo el asfixiante calor del verano ha comenzado a ceder paso a un clima más benévolo en la húmeda Buenos Aires. Luis ha comprado los boletos más baratos que pudo encontrar para poder llegar a Córdoba y también transportar los pocos enseres que tienen en el vagón de carga. Se deshacen de los muebles y de todo lo que no es estrictamente necesario para sobrevivir los primeros tiempos en la nueva ciudad. Parten con dos baúles, varios bolsos, y algunos bultos que contienen los artículos domésticos que necesitarán al llegar, tales como ropa de cama, toallas, y las dos pequeñas bicicletas de segunda mano que los Reyes Magos les trajeron a los dos mayores el año pasado.

Hacen el viaje en el tren de trocha ancha, al que llaman *lechero* porque hace el transporte de mercadería y de pasajeros entre pueblo y pueblo, parando en todas y cada una de las estaciones del camino. Lo que es una tortura física para los adultos, resulta una aventura de inagotable interés para Paco y María. Amanda, a la que ahora llaman cariñosamente Ñata por su naricita respingada ya tiene tres años, y va a la zaga de los hermanos, no queriendo perder ninguna oportunidad de participar en cualquier cosa que hagan. María toma la batuta en estas excursiones infantiles con el aire autoritario de Isabel, lo que divierte a Luis, quien ve perfilarse claramente en sus dos hijos las personalidades de los padres.

Los asientos del tren son como los que él ya conoce, de madera y sumamente incómodos. Las butacas tapizadas en cuero son un lujo reservado para los coches de primera clase, que Luis atisbó de paso desde el comedor, cuando fue a comprar una botella de leche fresca. Para compensar han llevado mantas y frazadas que doblan sobre la dura superficie en la que deberán sentarse durante las largas horas del lento viaje.

Los pasajeros de segunda traen provisiones desde sus casas en canastas y bolsos, y en cada estación descienden a adquirir las necesidades más inmediatas, como agua fresca, café o frutas. También a caminar y estirar las piernas un rato por el andén, sin alejarse mucho. Los niños festejan cada parada, pues si no bajan, disfrutan desde las ventanillas el desfile de vendedores ambulantes y pasajeros ajetreados, arrastrando maletas y bolsos. Un personaje muy apreciado por los chiquillos es el guarda del convoy, quien en cada estación avisa que es hora de subir con el agudo silbido que produce un chifle que lleva colgado al cuello y en el que sopla con fuerza. El tren parte después de que la máquina emite su largo ulular, despidiendo nubes de vapor. Hasta la próxima estación.

A medio camino Isabel y Luis están agotados, y descansan un poco cuando al anochecer los chavales caen dormidos profundamente sobre el relativamente mullido colchón de las frazadas y mantas, arrullados por el sonoro traqueteo.

Mirando los campos que pronto se oscurecerán totalmente hasta que la luna los ilumine, Isabel suspira profundamente y le sonríe desde el asiento opuesto.

—¿Cuántas horas faltan para cumplir las veinticuatro o más de viaje?

—No te burles de mí, mujer. Trata de dormir un rato.

—Sabes que te amo mucho, ¿No? —le responde ella—. A pesar de lo cascarrabias que eres.

—Ah, ¿ahora soy yo el cascarrabias? ¿Quién estuvo de mal talante todo el día de ayer, porque debimos marcharnos?

—Vamos, que tú no te quedas atrás, Luisillo.

Él queda en silencio por un instante y suspira profundamente.

—Ya va a salir todo bien, estoy seguro. Tengamos un poco más de paciencia.

Ella se inclina y le palmea la rodilla con cariño.

—Tratemos de dormir un poco. Ya han bajado las luces y yo estoy que me muero de sueño.

Apenas llegan a Córdoba se dirigen a la Fonda España. El dueño los recibe con afecto. No ha olvidado a su viejo huésped y lo sorprende entregándole una carta fechada en Cartagena en mayo de 1914, que llegó después de su partida. Isabel se emociona visiblemente. Ese sobre amarillento es el que ella besó antes de echar al buzón de la oficina de correos una lejana tarde, en otro continente, varios años atrás.

Luis contacta a Felipe López, y a través suyo consigue trabajo en una carpintería no lejos del centro. La paga es buena, y después de unos meses comienza a buscar una vivienda para alquilar, que tenga un salón suficientemente grande como para poner su propio taller de ebanistería, y comodidad suficiente para la familia. El futuro parece sonreírles una vez más y ellos se entregan de lleno a la labor de alcanzarlo.

La noticia de la súbita muerte de Francisco hacia fines de 1920 los llena de congoja. La carta de Paco es escueta y solo indica que fue un ataque al corazón. También comenta que Ginesa no parece estar bien de salud desde hace meses, y que el fallecimiento del padre la ha empeorado aún más.

Luis llora amargamente a su padre. Se siente culpable por no haberlo visto en tantos años, frustrado por la imposibilidad de volver siquiera a visitar la casa natal.

—No te desesperes, Luis —lo consuela Isabel, no muy segura— aunque las cosas aquí no están bien, apenas mejoren trataremos de ir a verlos. No pierdas la esperanza, por favor.

Paco y María entran en la adolescencia en la década de los 20s. La escuela primaria ha terminado y con ella el infierno de pertenecer a los detestados extranjeros que ha señalado para ambos los años de estudiantes en la escuela pública de Córdoba. Han perfeccionado el acento argentino para integrarse y si bien no dominan el *cantito* cordobés, un marcado acento vagamente asociado con los andaluces que fundaron la ciudad más de tres siglos atrás, han hecho amigos en el barrio.

Por su parte, la pequeña Amanda es una niña feliz, apegada a Isabel y muy cariñosa. Al contrario de su hermana mayor, quien desdeña las tareas domésticas, colabora en la cocina y se entretiene con cosas simples, mientras conversa incansablemente con la madre. Isabel ve en ella el legado físico de sus padres en gestos y miradas, y siente una ternura especial por esta preadolescente que se perfila madura y calma.

La vida de los españoles emigrados se conmueve profundamente con los acontecimientos que suceden en la patria lejana. Después de terminada la Gran Guerra, la situación política y social de España se deteriora al punto que Alfonso XIII, en setiembre de 1923 capitula ante la insubordinación de un oficial jerezano, Miguel Primo de Rivera. El Capitán General de Cataluña se pronuncia mediante un telegrama, declarando estado de guerra y exigiendo que el poder pase a manos de los militares. El monarca, vacilante, en cuestión de horas le encomienda que forme un nuevo gobierno, aceptando de hecho una dictadura castrense. Luis e Isabel se horrorizan al leer las nuevas.

—Imagina lo que hubiese sufrido tu padre, que en paz descanse, Luis, si vivía para ver esto.

—Tienes razón —admite él— me alegra que haya sucedido después que él no está entre nosotros. Habría sido un golpe terrible. ¿A dónde irá a parar España? Las derechas en el poder, protegidas por las armas...

—Sabes, las revueltas de la gente eran demasiado para ellos, tienen miedo que prenda la semilla de la revolución rusa...una cosa increíble, porque eso nunca puede suceder allí.

Las noticias de Cartagena reflejan la situación general del país. Paco les cuenta en una larga misiva que la ciudad, el barrio y las familias están irremediablemente divididos en dos bandos, como toda España. Son dos facciones que están acumulando odios nunca vistos entre sectores con ideas políticas divergentes: nobles, conservadores y la Iglesia por un lado, y todos los sectores populares por el otro.

Luis, sentado a la mesa, sin palabras le tiende la hoja a Isabel que ha llegado a traerle un mate. Ella lee, interesada, la parte que él le señala.

"Con decirte, Luis, que nuestros primos García Muñoz nos niegan el saludo desde hace dos meses, cuando tuvimos una fiesta familiar y nos trenzamos en una discusión muy agria por lo que está pasando aquí. Me gritaron comunista, rojo, un montón de insultos. Ahora que Padre no está, muestran su verdadera cara. Nos marchamos dando un portazo. Esto se pone feo, te lo digo yo. Habrá represalias contra la gente en las calles, estoy seguro. Los monárquicos no tienen ningún empacho en insultar o vender a su propia madre, si les conviene."

Isabel deja la carta sobre la mesa y todavía de pie, mira a los ojos a Luis, quien después de tendérsela se ha quedado meditativo.

-Es tremendo lo que sucede, pero sabes, desde aquí, las cosas se ven distintas.

-Ah, ¿sí? ¿Y cómo las ves tú, entonces?

-Pues que para que haya una lucha tan empecinada, tiene que haber dos bandos que no cedan ni palmo de terreno, ninguno de los dos. Y los republicanos, con todo lo que yo los aprecio y valoro, y tú lo sabes, son de hacer llegar la sangre al río cuando se les pone algo.

-¿Y los monárquicos no?

-También, Luis, también ellos, claro. Pero no hay palomas blancas e inocentes en este asunto, te lo digo yo. Los monárquicos defienden su terreno, y a veces no será justo, pero los del otro bando van a sangre y fuego, sin tregua, y eso no lleva a nada bueno.

-No, claro que no —dice él, conciliador, y agrega con energía—: Pero no quiero que discutamos este asunto entre nosotros dos también, Isabel, adónde se ha visto, que la gente se ponga a pelear así, entre familiares... qué triste, que triste es esto.

-Tienes razón. Es un castigo que llevamos encima los españoles, digo, el ser tan empecinados...

Luis la toma de la mano y la atrae hacia sí. Ella acaricia el pelo y él reclina la cabeza, apoyándose en el delantal de cocina que ella lleva puesto. Quedan en silencio un par de minutos, que pronto son interrumpidos por Amanda, quien llega corriendo con una pregunta para completar su tarea de la escuela.

Con la situación económica estabilizada, Isabel y Luis se han mudado de vivienda buscando una mejor ubicación desde el centro de Córdoba al Barrio Alvariño, en San Vicente. Luis ahorra para dar el anticipo de un local e instalar definitivamente su taller de ebanistería y muebles de estilo en un lugar propio. Pero cuando logra juntar una cantidad, invariablemente surge alguna urgencia en la familia y la pequeña caja bajo el colchón se reduce otra vez a centavos, lo que no empaña su optimismo en el futuro.

Paco ha aprendido el oficio por seguir a su padre y tratar de imitarle en sus delicados encargos. Luis se ha opuesto, no quiere que sea carpintero. Le ha encontrado un trabajo de cadete ayudante en un puesto del cercano Mercado de Abasto, pero el hijo se rebela e insiste en aprender y ebanistería a su lado.

—Padre, es lo que me gusta hacer. Y es lo que sé. Déjeme trabajar con usted —insiste él, en un diálogo que se repite por muchos años en la casa.

—No, hijo, no quiero que sigas esta profesión que me ha dado tantos dolores de cabeza. El futuro no es para los artesanos. Los trabajos manuales no tienen valor ahora, las máquinas hacen cien veces más veloz lo que podemos crear nosotros. No tienen la misma calidad, pero a la gente no le importa. Casi nadie puede pagar un trabajo artesanal. Y el futuro será más mecanizado todavía, créeme. Las máquinas van a reemplazarnos, ya verás.

—Ay, padre, qué está diciendo. Nada va a reemplazar el detalle de la mano del artesano. Y aun así, no importa. Nos dedicaremos a buscar trabajo en los conventos y las bibliotecas. Hay muchas escuelas y universidades con muebles antiguos para reparar y restaurar en esta ciudad.

Luis niega con un gesto terminante.

—Eso es lo que yo también creía. Pero has visto lo mal pagado que es. Sabes que los curas quieren todo gratis y mezquinan los centavos, aunque tengan más de lo que les hace falta. No, hijo, búscate otra profesión.

Unos meses después Luis encuentra un local para alquilar en el barrio Talleres Oeste, a donde instala su carpintería. A lo largo de los años ha incrementado el inventario de herramientas y aspira a adquirir algunas máquinas para facilitarle tomar más trabajos, ya que ese es el futuro de su profesión. El salón que ha rentado está al noreste del centro de la ciudad, cruzando el río y él aspira a comprarlo algún día. Luis sabe que Córdoba crece. Y él piensa apostar a ese crecimiento.

En Talleres Oeste

En 1925 se mudan una vez más, a una casa cómoda y a buen precio. Uno de los atractivos de la cuadra es que hay varias familias españolas viviendo allí desde hace un tiempo. Hasta ahora han sido afortunados con los vecinos que les han tocado en suerte, gente de diversas nacionalidades. Aunque ellos sienten una preferencia inevitable por los que han nacido en la madre patria, con quienes comparten una historia común.

Estos sentimientos se confirman cuando dos meses después de mudarse, son invitados a una reunión de vecinos, organizada para celebrar la Fiesta de la Raza, o el *Día de la Raza*, como se le llama en este país a la gran festividad hispánica del descubrimiento de América. Lo hacen en la precaria sede del club barrial, que consiste en un patio cubierto de baldosas, un pequeño escenario construido en una esquina del terreno y un galponcito que sirve de cocina y despacho de bebidas. En el patio, que también sirve como cancha de pelota al cesto, se instalan sillas plegadizas y mesas metálicas para los bailes y representaciones artísticas.

Los vecinos han armado un conjunto al que Luis ha sido invitado a tocar en algunas ocasiones, reemplazando al guitarrista. Si bien no dispone de dinero para comprar un instrumento musical propio, disfruta cuando puede despuntar algunas notas con el grupo. La música está lejos de ser una prioridad ahora; hay muchas otras necesidades que se anteponen a ese placer. Sus dedos no son tan ágiles ya, y muchas veces, cuando toca la guitarra, recuerda con nostalgia aquella bandurria que tuvo que dejar en la casa de empeño.

La reunión del 12 de octubre es una buena oportunidad para hacer relaciones con los vecinos. Paco y María se unen a los más jóvenes, y Amanda encuentra varias niñas de su edad para entretenerse. Isabel y Luis los miran con orgullo. El primogénito a los diecisiete años es un muchacho esbelto, buen mozo y con abundante cabello castaño, como el abuelo Francisco. María es alta, delgada y bonita, con bucles aún más oscuros que los del hermano. Ñata tiene solo nueve años, juega todavía a las muñecas pero ya se perfila en ella la atractiva jovencita que será en unos pocos años, con el pelo y los ojos claros de los Cintas. Isabel encuentra en ella rasgos del querido hermano al que tal vez no vuelva ver, pero con el que todavía intercambia noticias una vez por año. También algunos gestos de la hija le recuerdan a su padre y a tío Rodrigo.

—Esos dos se pondrán de novios pronto, te lo digo yo —comenta Luis, mirándolos desde la mesa en que están sentados junto a una pareja vecina—. Paco está siempre rodeado de muchachas y María tiene una cantidad de admiradores que la siguen por todas partes, la muy pizpireta.

Isabel asiente pensativa, con un gesto de duda.

—No sé, estas muchachas argentinas que siguen a Paquito son distintas a las nuestras.

—Claro. Son de otro país, mi amor, ¿Qué esperas?

—Déjate de chascarrillos conmigo, Luis. ¿Qué espero? Que encuentre una buena niña, decente, hija de españoles, eso es lo que espero.

—Pero si aún son unos chavales, mujer, les falta rato para ponerse en serio con nadie.

En ocasión de la Fiesta de la Hispanidad han hecho varios amigos entre la gente de las cuadras aledañas, y se sienten más integrados. Los dos mayores tienen *filitos* con los que se encuentran por las tardes a tomar helados, y Paco desaparece con frecuencia para regresar tarde después de medianoche. Isabel suele quedarse despierta para controlar a qué hora llega y si es que trae aliento a bebida.

—Por las mañanas no quieres levantarte para ir a trabajar, después de pasar las noches quién sabe dónde —lo riñe—. Ten cuidado, hijo. Hazle caso a tu padre.

Él ríe de los temores de la madre. El alcohol es lo que menos le interesa, ocupado como está en salir con cuanta muchacha esté dispuesta. Y son varias. Se sabe buen mozo y emplea la caballerosidad que le han inculcado para tratar a las damas, como las llama él, con gran éxito en el vecindario femenino. Luis lo mira con aprobación, pero no pierde oportunidad de deslizar consejos paternales para evitarle dolores de cabeza que Paco escucha en silencio.

María, por su parte, es altanera y un poco vanidosa. Consciente de su belleza, la usa como un arma para ser el centro de atención en todas las reuniones, suscitando algunos celos entre las rivales, a las que ignora con la certeza de quien conoce sus atributos físicos. Isabel la llena de advertencias, pero como la ve tan exigente con los varones, confía en que sabrá maniobrar en las difíciles aguas de la adolescencia sin mayores contratiempos.

Los años veinte se acercan a su fin. Luis ha establecido un nombre para su ebanistería y carpintería en Barrio Talleres, y a fuerza de largas horas de trabajo ha conseguido comprar un par de máquinas, contratar dos empleados y por fin, aceptar que su hijo le seguirá los pasos en una artesanía que él sabe tiene poco futuro. Confía tanto en el progreso de su empresa que hace imprimir las facturas y recibos del taller con el nombre de *Luis García e Hijo – Ebanistería y Carpintería Fina,* en tinta azul marino sobre papel marfil.

Se mantienen informados de lo que sucede en España por las cartas que reciben de Paco y Ginesa y por los cables internacionales. En enero de 1930 renuncia Primo de Rivera al mando y Alfonso XIII trata de volver a poner a la monarquía en la ruta constitucional y parlamentaria, pero su debilitada autoridad lleva a que se nombre al jefe de gobierno a Juan Bautista Aznar.

Así como en la madre patria las simpatías políticas han dividido al país en dos irreconciliables facciones, los antagonismos también se manifiestan entre los emigrados en cada barrio y cada ciudad a donde viven los españoles. Los dos bandos se miran con ojos críticos, manteniendo cierta distancia, lo que suscita curiosidad entre los argentinos, quienes no comprenden el desorbitado antagonismo que sus vecinos tienen entre sí.

El año que inicia la década de los treinta es también clave para la política argentina. En setiembre, por primera vez en la historia del país el orden constitucional se ve suspendido gracias a un golpe de estado militar. El Presidente Hipólito Irigoyen, quien es apoyado en forma masiva por los sectores populares e inició su segundo término dos años antes, es derrocado por el General José Félix Uriburu, quien se presenta en la casa de gobierno con un grupo de cadetes armados. Con esa acción culmina la creciente influencia militar de los últimos tiempos en la vida pública, que ha sido alentada por los sectores conservadores y por la Iglesia Católica. Muchos intelectuales desilusionados con Irigoyen, apoyan el golpe. Pero Luis, por su parte, ve en estos sucesos la sombra de un inevitable avance de las tiranías antipopulares tanto en España como en su nueva patria.

Las tensiones a nivel personal crecen entre los emigrados. Una noche, después de asistir a una celebración en la cuadra, Isabel y Luis regresan a casa agitados y ofendidos por la actitud de algunos compatriotas que están llevando sus simpatías políticas a extremos inapropiados en situaciones sociales.

–No tengo sueño –dice Luis, de mal humor– ese pelmazo de Aguirre me quitó las ganas de quedarme en la fiesta, pero tampoco quiero irme a la cama.

–Claro que no, no así, enojado como estás –aprueba ella, con la voz tensa–. Cálmate, te traigo una limonada para que bajes la rabieta.

–Tienen mala leche, esos tipos, Isabel. Malditos conservadores. Es como si escuchara hablar a mis primos. Siempre pidiendo una mano fuerte para dar leña. ¡Qué poca fe tienen en la raza humana!

–Cálmate, Luis. No vale la pena.

–Ese tío es un fascista, te lo digo yo.

–Aunque Aguirre fue quien te levantó la voz –le recuerda ella– no te olvides que había varios que estaban de acuerdo con los disparates que él decía. También tienes que pensar que Aguirre estaba ebrio... Vas a tener que callarte la boca cuando estemos frente a esos hombres, porque un día te van a hacer pasar un buen disgusto.

–No, no me callaré. ¡Soy un republicano español, a mucha honra! –Y agrega, golpeando con el taco del botín en el piso– ¡Coño!

–Shh ¡No hables así, que Ñata te puede oír! –lo reprende ella– Ya se les pasará a esos cabeza dura. Y a ti también. No hablemos más de política en ninguna reunión, Luis. Los Aguirre viven en frente de casa. Y Severina tiene fama de mandamás. Sabes que tiene a toda la familia en un puño. Yo la saludo con amabilidad, pero los padres parecen dos cachorros apaleados cuando ella está presente. Tiene al hermano bajo el pie y es bien temida en el barrio, te aseguro. Mejor no mal disponerse con ellos.

–Pero aun así, con lo mandona que es Severina, él ha metido una mujer a vivir en el cuartucho del fondo, con un hijo ilegítimo a cuestas. ¿Qué hombre de honor hace eso? ¿Tiene un hijo y no se casa? Cobarde.

–Dicen que es porque la hermana no se lo permite. Me contaron que él nunca pudo tener una novia. Que eran tan unidos de niños que ella se muere de celos si alguien se le acerca. No quiero ni pensar cómo tratará a esa pobre mujer. No quisiera estar en su lugar–. Isabel recoge el vaso de limonada que él ha bebido casi de un golpe–. Por eso, Luis, mejor no tengamos roces con esa gente.

Isabel ha hecho un par de amigas, Rita y Teresa, a las que conoció en los encuentros de la colectividad hispánica. Teresa vive a la vuelta de la casa, y Rita a dos cuadras y ella comparte con ambas el gusto por los bordados. Para contribuir modestamente a la economía familiar, ella ha retomado las labores durante las horas de la siesta, mientras sus nuevas amigas también bordan. Ambas son hijas de españoles, y aunque nunca han visitado la tierra de sus padres, tienen mucha afinidad con ella.

Se reúnen un par de tardes a la semana mientras los críos están en la escuela o trabajando. A las tres les gusta leer y tienen largas charlas sobre asuntos generales. Los temas favoritos son las revistas de modas, la actitud dominadora de los varones y los frecuentes y jugosos chismes que corren sobre las bravuconerías de Severina Aguirre, la vecina. Son famosos sus desplantes en público, tanto sola como en el grupo de las amigas de la infancia que viven cerca de ella y con las que ha formado una especie de patota femenina. Fisgonean y se inmiscuyen en la vida de los vecinos, en particular vigilando de cerca y a veces inventando maledicencias contra las muchachas más jóvenes del barrio. Isabel se encoge de hombros y lo adjudica a la envidia de mujeres adultas sin nada en qué ocupar su tiempo.

Una tarde de diciembre Isabel termina con los platos del almuerzo y se encamina con su bolsa de labores hacia la casa de Teresa. Cuando llega al portoncito de la cerca del jardín la detienen fuertes voces que llegan desde los entreabiertos postigos de la sala. Adentro alguien llora y habla entrecortadamente. La dueña de casa abre la puerta de la galería antes de que Isabel se decida a llamar, y después de que entra la cierra rápidamente.

–Shhhh, Shhhh, pasá, pasá...

–¿Qué sucede, Teresa? ¿Quién llora?

–Es Juanita –responde con un susurro, ante la mirada intrigada de Isabel–, ya sabés, la concubina del pelmazo del Pedro Aguirre, pobre mujer, está deshecha.

–No entiendo, ¿Por qué vino a verte a ti?

–Es una historia larga, nos conocemos desde chicas, de la escuela. No importa ahora, después te explico –y agrega, bajando la voz aún más–: ahora está con Rita, en la sala. La maldita Severina la ha echado de la casa, a patadas, y se ha quedado con el chico, no se lo quiere dar.

Isabel queda muda por un momento, tratando de comprender.

–¿Pues por qué no le pide a su hombre que la defienda? ¿No es su chaval también?

–Que decís, Isabel... ese alfeñique no puede con la hermana. Ella los tiene a las trompadas. A él y a esta tonta... porque mirá que hay que ser tonta...

–Él parece tan bravo cuando toma un trago...

–Bravucón con los demás, pero no con la hermana.

Cuando entran en la sala Juanita está sentada en una silla, junto a la mesa y a su lado está Rita, de pie, tratando de consolarla. Es evidente que ha estado hablándole y calmándola. Isabel la conoce apenas de vista, ya que rara vez sale a la calle. La mujer tiene el rostro enrojecido e hinchado por el llanto y lo cubre parcialmente con un arrugado pañuelo con el que se ha estado secando las lágrimas. Es una mujercita menuda y poco atractiva, con ojos de ciervo asustado y una nariz prominente que no la beneficia.

–Pasá, Isabel –le dice Rita con evidente alivio.

La situación es un poco incómoda, pero Juanita la saluda con un gesto, sin palabras, y Teresa, levantando una jarra, llena el vaso que está sobre la mesa.

–Tomá, tomá más agua, veo que estás más tranquila.

Ella lo recibe con un gesto sumiso.

Es la perfecta víctima para una atropelladora como Severina, piensa Isabel, mirándola con pena. Parece mentira que haya sobrevivido como mujer de la calle, vendiendo su cuerpo, antes de que Aguirre la recogiera, si los rumores desparramados por Severina son ciertos.

–Es que el nene es débil –dice ahora la mujer, con un marcado acento santiagueño que a Isabel le suena melódico–. Si no lo cuidan bien se va a enfermar...no come casi nada.

–A ver, decime–, la increpa Teresa, autoritaria–: si vos pudieras arrancarle el chico a esa perversa, ¿a dónde lo vas a llevar a vivir? Él necesita un techo, y comida. Y vos no tenés ni a dónde caerte muerta, che.

La otra se cubre la cara, más roja aún, tal vez por la vergüenza de ser tan indigente, supone Isabel, y la pregunta se le escapa sin pensar:

—¿No puedes ir a vivir con algún familiar, hija? ¿No tienes a alguien que te reciba?

—No. Mi papá y mi mamá se han vuelto a Santiago del Estero, a donde viven mis abuelos, y no saben que tengo un hijo.

Las tres amigas suspiran profundamente, al unísono, y se miran sin saber qué hacer.

—Estás en la calle ahora, Juanita, con una mano atrás y otra adelante—. Dice Teresa, terminante—. Hacete a la idea. Él lo ha reconocido y le ha dado el apellido, no se lo vas a poder sacar.

—Y para peor te fuiste de la casa —agrega Rita, sin piedad—. Severina va a decir que hiciste abandono del hogar y les dejaste el chico. Ningún juez te va a dar bola.

—¡Pero ella me sacó a empujones, pues!

—Eso no importa, les van a creer a ellos, son cuatro contra una. Y tienen testigos, las chismosas de las amigas de Severina.

—¿A dónde vas a ir, entonces —pregunta Isabel con cautela, después de otro silencio.

Juanita la mira con ojos inciertos. Es evidente que no sabe qué hacer ni a dónde ir. Teresa, la más eficiente en casos así, ahora toma las riendas.

—Seguramente te vas a poder emplear con las monjas, aunque sea para lavar los pisos. Yo te acompaño a buscar por los conventos. ¿A dónde tenés tus cosas?

—En esa valija, pues —señala a un rincón.

Todas miran la ajada maleta de cartón prensado con muchos años de uso continuo que si bien es grande, no parece suficiente como para albergar todas las propiedades de una persona.

—Lavate la cara y vamos. Cuanto antes mejor.

—Decime —pregunta Rita con curiosidad—: ¿La Severina te vio entrar aquí? ¿Sabe a dónde estás ahora?

—No. Nadie me siguió. No puede saber.

—No te preocupés —dice Teresa dirigiéndose a Rita—, alguien le va a contar que la vieron conmigo y se va a enterar de que la llevé a algún lado en el tranvía. Esa maleva tiene muchos ojos detrás de muchas ventanas en este barrio.

Por la noche Isabel le narra a la familia la extraña escena que ha presenciado, y cuánta pena le da la pobre Juanita, obligada a dejar un chaval que no tiene ni dos años todavía en las manos de una mujer tan cruel. Pero Luis la amonesta:

—No te metas en esos líos familiares, mujer, que no hay comedido que salga bien.

—¿Y por qué crees que me meto? Yo llegué allí por casualidad—. Responde molesta ante la sugerencia—. Hoy es la primera vez que hablé con esa pobre desdichada, si apenas la conocía de vista.

—Sí, pero por la forma en que lo dices no me parece que va a ser la última. Tus dos amigas se van a meter en camisa de once varas si intervienen más. Los Aguirre tienen mala leche, ya te lo dije. Torcidos y autoritarios, como todos los puñeteros fascistas.

—Ay, Luis, ¡Qué cosas dices! Cuida esa boca, cada vez estás peor —y agrega, desafiante—: Si no servimos para darnos una mano cuando hace falta, ¿Para qué servimos entonces?

—Tú no intervengas en esa historia, te lo digo otra vez—. La voz de él es inesperadamente dura—. Y ni se te ocurra ver a esa tal Juana otra vez. ¿Me oyes?

Pero la tentación es muy grande, y cuando Teresa va a visitar a Juanita al convento en el que está trabajando como sirvienta cama adentro, ella la acompaña. Un poco para dar un paseo en tranvía hasta el centro, pero también para llevarle un par de cosas que ha reunido en una canasta, algunos encurtidos, dulce casero, y un par de panes recién horneados. Las monjas tienen fama de dar muy magra comida a la gente que trabaja en el convento.

Ella decide no mencionar la visita en casa hasta el día siguiente, porque sabe el sermón que él tendrá para ella. Y, tal como esperaba, Luis se enoja. La discusión llega a un punto en que Isabel decide no acompañar a Teresa otra vez.

Sabe que su amiga no lo va a tomar a mal, y no tiene sentido provocar más riñas domésticas.

Un par de meses después de que Severina Aguirre expulsara a Juanita de la casa, es la comidilla del barrio que ella se ha quedado con el hijo del hermano definitivamente. También las amigas de Severina corren el rumor de que Teresa, Rita e Isabel simpatizan con la madre del niño para dar la contra a los pobre Aguirre, que han sido abandonados por la mala mujer. Se dice que como son republicanas, y hasta quién sabe, anarquistas, las tres están en contra de la gente decente al defender a una cualquiera.

Las tres amigas se encogen de hombros. Nadie parece saber que Luisa sigue en contacto con Juanita, un secreto celosamente guardado por ellas. Por eso se sorprenden cuando una tarde de marzo, saliendo de la panadería, Luisa e Isabel se encuentran inesperadamente frente a frente con una desafiante Severina. Hay un momento de vacilación de parte de las tres, pero la agresiva mujer se recupera inmediatamente y, poniendo los brazos en jarra les grita frente a todos:

–¡Entrometidas, sois unas entrometidas! ¡Crees que no te he visto, Luisa, del brazo de esa puta, estás protegiendo a esa ramera que quiso llevarse a mi hermano! –Tiene la cara carmesí por el odio, y la voz aguda por el despecho al que está, por fin, dando rienda suelta, y el acento andaluz es más notable– ¡No os metáis en mi vida pues os costará caro, bribonas!

–Callate, Severina, ¡No tenés vergüenza! –responde Luisa con desprecio–. ¡Robarle el hijo a esa pobre mujer! ¡Sos una perversa!

Pero ella no escucha, y dirigiéndose a Isabel, le grita con saña:

–¡Y tú, tú y tu marido, sois un par de rojos, como si no lo supiera todo el mundo! ¡Y tú Luisa, eres una anarquista, lo dicen todos!

–¡Tú eres una loca, y una mala persona, Severina, inventando cosas sobre la gente! –responde Isabel, ofendida– ¡Dios te castigará!

Enceguecida, la mujer se acerca un paso:

–¡Os voy a mandar presas, qué os pensáis, víboras! ¡Mi hermano tiene amigos influyentes en la policía, y os mandarán al calabozo!

–Es una neurasténica, –murmura por lo bajo Luisa, mientras Isabel le aprieta el brazo, para hacerla callar. Miran a Severina con incredulidad, pero no responden, la dejan hablando sola en medio de la vereda y cruzan la calle tratando de mantener la frente alta, las mejillas rojas de vergüenza. Severina no se da por satisfecha, y hasta que ellas llegan a la otra esquina les sigue gritando invectivas y amenazas desde la puerta de la panadería.

Después de ese disgusto, Isabel y Luis no asisten a ninguna otra reunión organizada por sus coterráneos. No quieren encontrarse con los Aguirre. No quieren una confrontación por razones tan pueriles como las que están en juego. Tampoco las familias de Luisa y de Rita van a las fiestas y bailes de la comunidad española. Los ánimos políticos se han polarizado al extremo, como reflejo directo de las noticias y comentarios que cada cual recibe de su familia desde España. Una España que bulle como un caldero hirviente a punto de explotar.

En abril de 1931 el resultado de las elecciones peninsulares con el triunfo de los republicanos en los grandes centros urbanos precipita la proclamación de la República, y el Rey, perdido el apoyo con que contaba hasta ese momento, se exilia. El Gobierno Provisional inicia reformas importantes y los sectores populares tienen la firme esperanza de que la soñada democracia que modernizará al país ahora sí se encuentre al alcance de la mano.

Devastación

–Se rumorea que Severina está preñada, Isabel –dice Luisa levantando los ojos de la costura, mientras una brisa ya fresca mueve las cortinas de la salita a donde se sientan a escuchar la radio y hacer sus labores. Es la primera semana de mayo y el otoño ha menguado el implacable calor cordobés. La aludida alza los ojos con sorpresa.

–Pero, ¿qué dices? ¿Cómo va a estar....? ¿Pero, de quién? Si la mujer no sale con nadie, que yo sepa, vive encerrada en la casa, o rodeada de esas tres o cuatro amigas, las fisgonas.

–¿Estás segura de que es cierto, che? –dice Rita, mirando a Luisa, con burla en la voz. –¿Y quién puede querer a esa trastornada?, ¿Mefistófeles? Harían una buena pareja... los encuentros serían de noche, en ese patio lleno de trastos viejos de la Severina, rodeados de gatos negros que maúllan sin parar, bajo la luna llena.

–Calla, Rita, calla –la interrumpe Isabel, incómoda–, no hagas bromas con el demonio, no son graciosas.

–Perdoname, Isabel, me olvidé que vos sos tan creyente... no quise ofender, es que me da risa pensar que algún papanatas pueda fijarse en ese espantapájaros, siempre mal vestida, con un delantal sucio y con el ceño fruncido como preparada para gritarle a alguien.

–No sé, pero viene de buena fuente, doña Rosario, de la verdulería, que conoce la vida de todo el mundo, me lo dijo–. Y Luisa agrega sin convicción–: Pero claro, puede ser un invento también...

–El único hombre, bah, el único del género masculino que hay en esa casa es el hermano...porque el padre es muy viejo – aventura Rita, levantando una ceja–, eso explicaría el odio de esa loca por la pobre Juanita... Mmm...Entre hermanos... ¿Serían capaces?

–Shhhh... ¡Calla! Lo de la preñez debe ser calumnia –corta Isabel, escandalizada–, y si no lo es, ya nos daremos cuenta, ya aparecerá el galán responsable tarde o temprano–. Suspira, y después de un instante, agrega–: Ojalá sea verdad, niñas, ojalá se case y se vaya del barrio. O por lo menos, que cambie y se modere un poco. Ya estamos hartos de tanta mala leche, como dice Luis.

En la lejana Península Ibérica, España sigue viviendo momentos históricos. A mediados de mayo llega la noticia que las desavenencias entre republicanos y conservadores ha desencadenado una serie de huelgas y acciones callejeras que provoca la firme oposición de la Iglesia a las reformas del gobierno. Los pronunciamientos suscitan asaltos de parte de los extremos de izquierda hacia varias iglesias y conventos, algunos de los cuales son incendiados por los atacantes. Las divisiones se ahondan en la sociedad española y las interminables discusiones en los barrios de todas las ciudades del mundo que albergan hispanos se suceden sin descanso. También los rencores personales por motivos no relacionados con la política ahora parecen cobrar importancia vistos bajo la luz de las diferencias ideológicas.

Isabel termina de lavar y guardar los platos de la cena, ayudada por Amanda. Es una noche de junio y cae una fría y persistente lluvia que, según anuncia la radio, al pasar por las sierras altas cordobesas ha dejado una espesa capa de nieve. Con sus labores de bordado ambas se encaminan a reunirse en el comedor con Luis y María. Dan por supuesto que ellos habrán encendido la radio, preparándose a escuchar el radioteatro de los sábados, que siempre tiene alguna interesante obra grabada en Buenos Aires, y adaptada para las dos horas de transmisión.

Pero ante su sorpresa, el comedor está a oscuras, el volumen de la radio es muy bajo y las siluetas de Paco y María se destacan contra la ventana, por la que entra la luz de la calle. Están mirando hacia afuera en silencio.

–¿Qué pasa, Luis? –se interesa Isabel–. ¿Y qué haces todavía aquí, Paco, no te ibas a la casa de tus amigos?

–Venga, madre, venga....

–No sabemos qué pasa, pero no enciendas la luz –responde Luis en voz baja–. Hay un revuelo muy grande en casa de los Aguirre... la gente va y viene... Ven a ver.

Isabel se asoma sobre el hombro de María, y cuando varias vecinas cruzan la calle, María decide ir a preguntarles qué pasó. Cuando regresa, pocos minutos después, ellos ya han escuchado desde la ventana la conversación.

–Madre, no va a creerlo, el hijo de Aguirre, el niñito de enfrente, ha muerto.

–Ya escuchamos, María, –dice Luis–. ¿Dijeron de qué falleció?

–Dicen que tuvo una fiebre muy alta por dos o tres días, y esta tarde lo encontraron muerto en su camita. Qué cosa horrible, pobrecito, era tan menudo, y parecía enfermizo.

Isabel se persigna, pensando en la pobre Juanita, cuando se entere de que su hijo ha muerto, y ella sin poder verlo, y ahora sin esperanzas de decirle adiós. Luis parece leer su pensamiento, y en la penumbra se vuelve hacia ella y la mira de frente.

–Ni se te ocurra, mujer, ir a decirle a nadie lo que pasa. Deja que las cosas sigan su curso sin que nosotros intervengamos.

–Sí, tienes razón –vacila ella–, aunque me da pena esa desdichada. Pero tú sabes que yo no tengo forma de verla o mandarle a decir nada. Ya se ocupará de eso Luisa, que mantiene contacto con ella de vez en cuando.

–Madre, ¿no le parece raro que ese chaval haya muerto así, de golpe, justo cuando Severina está preñada? –pregunta María–. ¿Y con el odio que le tiene a la madre del pobre angelito?

Isabel se persigna otra vez, mientras Luis mira a su hija mayor con reprensión.

–Calla, niña, no digas más –mira de reojo a la hija menor, sentada a la mesa y agrega en voz baja–: No quiero que Ñata escuche cosas como ésa. ¿Estamos?

María se encoge de hombros, sin responder, mientras Luis corre las cortinas de cretona gruesa, que dan privacidad a la ventana sin necesidad de cerrar los pesados postigos exteriores. Isabel enciende la luz, levanta el volumen de la radio y Paco se marcha por fin después de escuchar los habituales consejos maternos. En silencio todos se ubican alrededor para la transmisión del teleteatro semanal que está a punto de comenzar.

–¿Qué ponen hoy en la radio, María –pregunta Amanda, instalando su bastidor e hilos.

–Es una historia criolla, –responde la hermana, abriendo la revista Antena, que trae todos los programas radiales y noticias sobre artistas–. Se llama *"La culpa la tuvo el zaino."*

–¿El zaino? ¿Y qué es un zaino?

–Es un caballo –explica Luis–, es un caballo de pelaje castaño oscuro.

–Shh, Shh, callate la boca, Ñata, dejanos escuchar…. –rezonga María a media voz.

Hay un rasgueo de guitarras criollas por unos segundos, y una voz grave y varonil entona desde el parlante de la voluminosa caja de madera lustrada:

La tarde va declinando
bajo un cielo gris–nublado;
las huellas están desiertas,
los pájaros se han callado.
En la Estancia de don Segundo
ya todos se han reunido,
desde temprano cayeron
arreados por el frío.

Durante las dos horas siguientes, interrumpidas en ocasiones por anuncios de varios productos, los García Cintas siguen con tal interés las vicisitudes gauchescas, que olvidan por el momento las idas y venidas de los vecinos a la casa de enfrente.

La víspera del entierro del hijo de Juanita, Luisa llega a la casa de Isabel cuando ya ha oscurecido, y toca a la puerta, entrando rápidamente cuando María le abre.

–¿Está tu mamá? Decile que quiero hablarle.

Isabel llega al comedor, y corre las cortinas, pues no quiere que nadie las vea hablando. Hay muchos curiosos que se dedican a llevar y traer chismes en el barrio, disfrutando el que haya un conflicto entre los dos grupos de mujeres.

–Isabel –la interpela con urgencia Luisa–. ¿Qué has decidido hacer?

–Pues sinceramente, no sé –suspira ella, mirando hacia atrás sobre el hombro, como cerciorándose de que Luis no anda cerca–. Ya te dije que mi marido no está de acuerdo con esto.

–No podés negarle ese favor a la pobre mujer –insiste en voz baja y apremiante– nadie tiene que verla, detrás de los visillos, nadie se dará cuenta. No sabés como llora, lo desesperada que está…

–Me lo figuro, no te quepa duda –vacila Isabel–. Déjame hablarle de nuevo. Ya regreso.

Pasan unos cinco minutos en los que Luisa se entretiene ojeando una revista de las varias que están apiladas en una mesita lateral. Finalmente, Isabel aparece, con los ojos rojos y un aire de resolución:

–Está bien, Luis no lo aprueba, pero me dijo que haga lo que me parezca mejor, y no puedo decirle que no a esa pobre. Mientras nadie la vea entrar a la casa. Confío en ti, en que seas discreta.

–Gracias, Isabel, no sabés el favor que le hacés a una pobre madre desesperada.

–Sí, ya me doy cuenta –responde Isabel, con vacilación–, pero tú entiendes lo que significa esto para mí, estoy en contra de la opinión de toda mi familia, Luisa. No es menudo desafío, te lo aseguro.

–Sos una buena amiga. Nadie se va a dar cuenta. Vamos a ser discretas.

A pesar de las buenas intenciones y aunque Juanita llega envuelta en una mantilla negra del brazo de Luisa, el martes, día del entierro, es identificada de inmediato por un par de vecinas que están en la calle, frente a la puerta de los Aguirre, esperando el cortejo fúnebre. Las mujeres demuestran una actitud beligerante, mirándolas abiertamente, mientras las dos caminan con celeridad hacia la casa de los García Cintas. Al notar que las han reconocido, Luisa se apresura aún más. Entran con la cabeza baja a la casa de Isabel, y ésta cierra la puerta de inmediato. Pero es tarde. Aunque nadie lo menciona, saben que pronto las entrometidas le dirán a Severina lo que han visto.

Luis y Paco están trabajando en el taller y, por órdenes de la madre, María y Amanda han desaparecido en la cocina de la casa. Isabel no quiere que estén en el comedor mientras Juanita y Luisa miran por la ventana la partida de la triste comitiva. Ella espía la calle por sobre el hombro de su amiga, mientras sostiene un vaso con agua del que, a sus instancias, y entre sollozo y sollozo, cada tanto la desesperada madre toma un sorbo.

Hay una crisis de llanto detrás del fino voile de la ventana cuando, a las dos de la tarde el cortejo con el pequeño cajón blanco llevando los restos del niño sale de la casa.

El grupo está compuesto por el padre del niño, quien va cabizbajo, la boina española en la mano, una ancha cinta negra en la manga del saco, y Severina, de luto. Isabel repara en su recién adquirida corpulencia bajo el abrigo. La mujer lleva la cabeza alta, con el gesto de fría soberbia que delata la falta de afecto que siente por el fallecido. Luego aparecen los abuelos, también sin una lágrima, vestidos de negro, calmos, y se detienen en la puerta, mientras los demás salen y se acercan a los coches. El pequeño féretro es ubicado en el aparatoso coche fúnebre, que está también pintado de blanco.

Detrás del carruaje lleno de penachos, están alineados varios mateos negros, de un caballo, para llevar a la familia y a los amigos más cercanos. A ellos suben las amigas de Severina, un par de las cuales echa acusadoras miradas a la ventana de enfrente, como si pudiesen ver a Juanita tras el voile blanco.

Isabel observa con asombro a los deudos. Ninguno de ellos manifiesta aflicción ni pena, y, mirándola de reojo, se pregunta qué sentirá la madre, si es que se da cuenta de ello. La mujer parece embrutecida por el dolor y la impotencia. Tal vez ni siquiera repara en la frialdad que acompaña al hijo en su última jornada. *Mejor así,* se dice.

Nadie habla en el cuarto y el silencio, lleno de los hipos y suspiros de Juanita, es pesado y terrible. Isabel se felicita por haberle prohibido a sus hijas estar presente. No es espectáculo para una niña tan joven como Amanda, de eso está segura.

Ruega para sus adentros que todo pase pronto y que esto termine, ya que tiene sentimientos encontrados al respecto. La mirada de reproche de Luis la noche antes todavía la hace sentir culpable. No quiere empeorar la situación en la que están, forzados a ver a los Aguirre diariamente, sabiendo la carga de odio que esos empecinados rezuman contra ellos. Tal vez por eso algo se rebela dentro de Isabel, algo así como oposición a lo que ocurre y a la abierta, hostil soberbia de Severina, que todos parecen aceptar sin cuestionamiento.

No se le puede negar a una madre que despida a su hijo, aunque sea de lejos, piensa, conmiserándose del dolor de la otra. Y se siente en paz consigo misma.

Más allá del pasillo, y en la parte trasera de la casa, María está sentada frente a la mesa de la cocina con sus limas, tijeras y esmaltes, pintándose prolijamente las uñas mientras tararea una canción de moda. Su abundante y oscura media–melena cae cubriéndole un costado de la cara mientras canturrea un tango de Carlos Gardel.

Amanda tiene la cabeza metida en los apuntes de aritmética; el lunes le darán una prueba y está estudiando. Ha regresado de la escuela al mediodía y cuando la madre despida a las mujeres que están en el comedor vendrá a hacerle preguntas del libro, y ella quiere salir airosa para poder ir a jugar con sus amigas el resto de la tarde.

—Papá no está de acuerdo con lo que hace Madre —comenta de pronto María.

Amanda levanta la vista interrogante.

—Digo, porque papá anoche le dijo que haga lo que quiera, pero que él no está de acuerdo con que la deje venir a casa.

—Madre tiene lástima de esa mujer. Es su hijo, María, y ella se quiere despedir.

—Ya se despidió el último día que estuvo en la casa de los Aguirre. Ahí fue la despedida. Cuando Severina la echó a empujones. El chico está muerto ahora, Ñata. No hay vuelta.

—María, no hablés así. Madre no pudo decirle que no a Luisa anoche.

Hay un silencio en el que se oye el ris-ras de la lima de uñas. Por fin, un suspiro:

—No sé para qué los Aguirre se quedaron con él. No lo querían, eso se veía de lejos. Pero si Severina se entera de lo que hizo madre, va a arder Troya—. Hace una pausa y como Amanda no responde, agrega—: Si por lo menos pudiéramos ver lo que pasa...

—¿Para qué? Los entierros de angelitos no me gustan. No quiero verlos.

Agitando con energía el frasquito de esmalte María la reprende:

—Volvé a los números, vos, que Madre te va a tomar una prueba y si no sabés los problemas te vas a pasar el fin de semana encerrada en casa con el libro.

El sábado amanece despejado y frío. Luis está en pie temprano para ir al taller, y como no hay mucho trabajo, Paco dormirá hasta más tarde. Las hijas tampoco se levantarán hasta las nueve, cuando Isabel despierte a todos para comenzar la limpieza semanal. Mientras toman el café con leche en la cocina ella anota en un papelito la lista de compras.

—Iré hasta el mercado, Luis. En la carnicería de la esquina no tienen la variedad de cortes que hay allá. Son solo cinco minutos de viaje en ómnibus.

—Dile a Paco que te acompañe, para ayudarte a traer las bolsas.

—No hace falta. No voy a comprar mucho. Solamente carne y el pan fresco, que es mejor que el de la panadería. Cuando necesitemos otras cosas le pediré que me acompañe, hoy puedo traerlo yo sola.

Luis le da un beso al pasar en la mejilla, despidiéndose.

—Te veo más tarde, guapa.

—¿Vienes a almorzar?

—No me esperes hasta la una, por lo menos. Quiero terminar lo que está pendiente.

—Tendré el almuerzo listo entonces. Hasta luego.

Cuando los hijos se levantan, Isabel le asigna tareas domésticas a cada uno y se viste para ir al mercado. Es un corto viaje en ómnibus que ella realiza solamente para algunas compras en particular.

—No dejen de entrar la barra de hielo cuando pase el carro del hielero —les recuerda antes de salir—. El otro día se derritió casi un cuarto de ella en la vereda.

Amanda sale a despedirla a la puerta de calle y mientras mira a su madre marcharse hacia la parada, nota que Severina está asomada a la ventana de su casa, mirándola también llegar a la esquina. Tan absorta está la mujer que no repara en Amanda hasta que ambas ven a Isabel subir al ómnibus y entonces la vecina se vuelve a mirarla, bruscamente, como sorprendida. Amanda inclina la cabeza para saludar, pero la otra cierra de un golpe la ventana.

—Esa Severina está llena de odio, cada vez más loca —le comenta al pasar a María, quien está terminando su taza de café con leche. Y después busca al hermano, al que encuentra llenando un balde con agua en la canilla del patio—. Paco, prestá atención a cuando vuelva mamá, así le ayudás con las bolsas al bajar del ómnibus.

—A la orden, mi general —sonríe él—. Estoy por baldear el patio, para que esté seco cuando ella regrese. Tú ocúpate del hielo, mocosa mandona.

A las once de la mañana Paco comienza a salir a la puerta cada media hora, a ver si Isabel llega. No quiere que camine toda la cuadra con el peso de las compras. Antes de las once y media le llama la atención ver a Severina salir a la calle y caminar hacia la esquina. Lleva un abrigo amplio, que le cubre el avanzado embarazo, y camina con paso ágil. Se detiene a unos metros de la parada del ómnibus, refugiándose en una puerta, seguramente para protegerse del fresco viento, piensa él.

Enciende un cigarrillo mientras repara en que hay gente frente al cartel de la parada, lo que indica que el ómnibus de las y media todavía no ha pasado.

–¿Todavía no pasó? –Amanda pregunta, saliendo a la puerta y asomándose hacia la calle. Y después de unos segundos agrega–: Me parece que lo veo venir, mira, Paco, atrás de aquel camión.

–Sí, chavala, así parece, ahí viene. ¿Terminaste las tareas que te dio Madre?

–Claro que sí –responde ella con un resoplido–: ¡Ufa! ¿Qué te creés? ¡Yo no me llamo Paco!

Él le da un coscorrón cariñoso en la cabeza.

–Te pasas de astuta, gurrumina. Un poco más de respeto para tu hermano mayor.

Ella ríe, contenta, pues le gusta cuando él la trata como una niñita, pensando que le molesta. Pero ella ya tiene trece años, es alta para su edad, lleva la melena corta con ondas a la altura de las orejas como María, y como las actrices de moda. Pronto será una señorita, se lo ha dicho madre y eso la hace sentir importante.

El ómnibus se acerca y pasa frente a la puerta, bajando la velocidad para detenerse en la parada, unos cincuenta metros más allá.

–¡Ahí viene madre! –dice Amanda, después de ver a Isabel parada frente a la puerta aún cerrada del ómnibus, para descender, y se adelanta caminando hacia la esquina.

Isabel baja del ómnibus, llevando dos bolsas de compras en las manos, y una vez que los tres o cuatro pasajeros de la parada suben al vehículo, éste se pone en marcha y se aleja de la esquina. Baja a la calle para cruzar, y en ese momento nota que Amanda y Paco se acercan

Severina, quien ha estado oculta en un zaguán, ahora la sigue, revolver en mano, a paso rápido. Paco y Amanda la ven y comprenden inmediatamente lo que sucede y ésta última grita, aterrorizada:

–¡Madre!, ¡Madre! –señalando hacia atrás de Isabel, pero ella no entiende qué le dice la hija, y hace un gesto para adelantar una de las bolsas de compras, pensando que quiere ayudarla, mientras observa sorprendida que Paco arroja el cigarrillo a un costado y corre hacia ella, gritándole algo con gesto alterado.

En ese instante los hermanos escuchan los dos disparos, hechos a pocos pasos de Isabel, y la ven detenerse, mirarlos con un gesto de extrañeza, soltar las dos bolsas que desparraman su contenido a los costados, y caer, primero de rodillas, para derrumbarse de inmediato sin una palabra sobre los adoquines de la calle. Cuando Paco llega, gritando desesperado, adelantándose rápido a una paralizada Amanda, los ojos fijos en el manchón que se agranda rápidamente en el pecho de la madre y que ahora parece una roja flor sobre la blusa color crema, ve que Severina, inmóvil, a unos metros del yaciente cuerpo y con gesto distorsionado en una mueca de odio, levanta el revólver una vez más, apunta con calma hacia él, y dispara.

Él instintivamente se mueve a un costado, mientras siente que algo caliente como un latigazo le cruza la espalda más arriba de la cintura, y sin detenerse, cae de rodillas con tanta velocidad sobre los adoquines al lado de la madre que siente rasgársele el pantalón y su piel desgarrarse, sin dolor, sobre la áspera piedra, mientras le llegan los gritos de Amanda, detrás de él, pidiendo auxilio. También escucha golpes en una y otra puerta vecina, y comprende que Ñata está buscando ayuda, aunque nadie se asoma, la calle está desierta y apenas un auto que viene de contramano parece haber parado en frente, aunque Paco no está seguro, mientras trata de levantar la cabeza de ella, y la llama, desesperado, para que abra los ojos. No sabe con qué voz, porque no se escucha, los latidos del corazón son ensordecedores, y comprende, en algún nivel de su conciencia, que ese cuerpo inerte no alberga más a su madre.

Algo ha cambiado de pronto, y bajo sus manos él ha sentido claramente que la vida ha huido de ella, y su mare ya no está más allí, en ese cuerpo exánime. Entonces sí, grita, grita con todas sus fuerzas, mientras busca alrededor a Amanda, y ve a Severina, que está detenida a pocos metros, sin moverse, con gesto estúpido, como si recién comprendiera la magnitud de lo que ha hecho.

La mira con horror.

–¡Asesina, asesina! –grita una y otra vez, enceguecido por la desesperación–. ¡Criminal! ¿Qué le has hecho a mi madre?

Dos vecinos se acercan con cautela, mientras la mujer baja el arma y queda esperando que uno de ellos se lo quite de la mano que lo aferra y el otro hombre la tome por un brazo. Enajenada, sigue ahí, con una mueca deformada, casi irreconocible, el protuberante embarazo asomando del abrigo oscuro, mientras la gente se acerca, cautelosa, rodeándolos.

Sacudida por sollozos convulsivos Amanda se arrodilla del otro lado del cuerpo yaciente y llama una y otra vez a la madre, hasta que comprende que es inútil, y con un lamento que es un aullido animal levanta una mano inerte para cubrirla de besos, de lágrimas, y la apoya con ternura sobre su mejilla, mientras la mece como si quisiera calmarla, como si no fuese ella, una niña todavía, la que necesita ese gesto que está brindándole a la querida mano de la madre.

Paco está inmóvil, bañado en transpiración, aterrorizado. Todavía no puede dejar a su madre, no sola ahí en el suelo, y continúa sosteniendo de alguna manera la cabeza inerte sobre sus rodillas, alisándole los cabellos que se han soltado del rodete, aturdido por los hechos y por un vahído que casi le hace perder el conocimiento. En ese instante escucha un alarido terrible, y ve a María caer a su lado, empapándose la pollera color beige con la sangre que ahora es un charco sobre las piedras, un charco rojo oscuro como la pesadilla que están viviendo.

Ahogando la náusea que amenaza invadirlo nota también que desde el latigazo que le arde en el costado, un largo hilo de su propia sangre ha bajado sin que él lo sienta hasta el suelo. Es una banda roja que serpentea y se une al charco que forma la sangre de la madre, en una comunión más allá de las palabras.

La década del treinta

El primer indicio de que la trágica y sorpresiva desaparición de Isabel de las vidas de su marido y sus hijos se convertiría en un inviolable tabú familiar se presenta temprano.

Durante las interminables semanas después de aquel terrible día de junio de 1931, no pueden referirse a ella sin ahogarse en sollozos. Los días transcurren en una especie de mundo paralelo, al que ellos, con esporádica sanidad mental, observan casi con sorpresa.

Así asisten al velatorio y al entierro, alucinaciones por las que desfilan los amigos sinceramente conmovidos pero también muchos curiosos, extraños atraídos por el despliegue periodístico. La inesperada humillación que sienten ante el cuestionamiento tácito que creen leer en los ojos de los otros se suma al terror que les produce la idea de una permanente, definitiva ausencia de la madre.

En el vértigo del vacío que sobreviene al cerrar la puerta tras el último visitante, vuelve una y otra vez a la mente de los tres la intolerable memoria de aquel día. La ignorancia del imberbe reportero del diario *La Voz Del Interior*, quien apenas arribado al lugar para cubrir la nota policial se dejó rodear por las amigas de Severina, ávidas de audiencia y preparadas para dar su versión, mientras ellos, a solo unos pasos más allá, atontados por el golpe, trataban de aceptar lo inaceptable. Les duele la inmadurez profesional de quien sin investigar se limitó a transmitir la versión malintencionada. Una versión que se selló con la indeleble tinta del matutino local, según la cual la víctima tal vez mereció lo sucedido, dada su conocida mala voluntad para con los vecinos, hecho confirmado por varias señoras del barrio.

Les duele todavía el recuerdo de Amanda, implorando alrededor para que alguien traiga una manta para cubrir el cuerpo inerte; la demora del Juez en presentarse para confirmar los hechos; el inenarrable dolor de Luis, quien después de bajar del ómnibus una cuadra más allá porque que el tránsito era desviado, a la vuelta de la esquina encontró el espectáculo que nunca podrá borrar de su mente. Los intrusivos trámites forenses; las declaraciones ante indiferentes oficiales de policía tecleando en negras, aparatosas Underwoods; las despiadadas fotos de la madre yaciendo en la calle, impresas en la primera plana de La Voz del Interior al día siguiente. Pero por sobre todo prevalece la sensación de lo absurdo, lo insensato de la tragedia. El que una mujer con un avanzado embarazo pueda haber perdido la razón a ese punto, la aberración incestuosa que se infiere de ello y la inevitable piedad que sienten por ese niño no nacido aún, engendrado en esas anómalas condiciones se confunden entre sí al tratar de encontrarle razón a la pesadilla.

Por fin llega la tardía e inútil reparación que significa saber que la culpable será encerrada entre rejas por largo tiempo. Ineficaz, ya que no cambia la realidad de que el hogar se les ha quedado sin alma, vacío y ellos no saben qué hacer con las horas, no pueden volver del todo a la rutina, no tienen meta y no tienen energía para seguir adelante.

Entonces nace entre los cuatro el pacto de silencio. No lo planean, ni siquiera saben que están creándolo. Simplemente sucede, porque así es más tolerable. Como si callando el dolor fuese menor, como si aplastándolo adentro lastimara menos. El hablar de las absurdas circunstancias de la muerte de la madre se convierte, de un día para otro, en férreo tabú familiar. Tácitamente se torna en un secreto celosamente guardado que los une y los conforta. Que protege la memoria de Isabel y los ampara a todos de esos poderosos sentimientos encontrados que no saben identificar.

Lentamente vuelven a sus actividades y la primera resolución que toma Luis es marcharse del barrio. Durante la semana de su ausencia, el carpintero de mediana edad que trabaja con él se ha encargado de abrir el taller todos los días, seguir con la tarea y entregar los encargos. Cuando por fin terminan los agotadores trámites, Luis se reintegra al trabajo intentando volver a un ritmo que ahora no tiene sentido, porque cómo va a seguir adelante sin ella. De dónde sacará las fuerzas, se pregunta una y otra vez, mirando a sus hijos y tratando de mostrarse entero mientras intenta volver a colocar en su lugar los trozos sueltos en los que se ha convertido su persona.

–Usted tiene razón, padre, estuve pensando en lo que nos dijo ayer. Tenemos que irnos de aquí –dice Paco un día, a la hora de la cena, intentando una conversación normal.

La hora de la comida es el peor momento. Esa silla vacía es un puñal que vuelve a clavarse en cada uno, y es así que los platos suelen volver casi intactos de la mesa al fregadero.

–Mañana vuelvo al taller, y voy a empezar a buscar otra casa –dice Luis–. Cualquier casa, lejos de aquí, pero no muy lejos de la carpintería.

–Veamos qué hay en los avisos del diario –ofrece Paco, pero calla de súbito.

Se hace un pesado silencio, provocado por la palabra diario. No pueden pensar en el matutino sin evocar las tremendas imágenes de aquellos días impresas en la primera plana.

Amanda interrumpe la memoria colectiva con su natural instinto y sentido común poniéndose de pie:

–María, vos ayudame a lavar los platos –dice autoritaria–. Y usted, Padre, vaya a leer su libro, que lo distrae bastante, yo le llevaré el café más tarde. Paco, tomá tu remedio, y ya es la hora de cambiarte el vendaje, prepará las cosas que ya voy.

Ella es la más joven pero ha asumido con naturalidad las funciones de ama de casa. Su precoz calma frente a los ataques violentos de llanto y rabia de María, a la impotencia muda de un Paco todavía convaleciente de la herida de bala que le cruzó superficialmente los tejidos de la espalda y a los heroicos esfuerzos que hace Luis por continuar a la cabeza del hogar mutilado, brinda un sosiego al que todos se aferran con agradecimiento. Cocina los platos tradicionales aprendidos al lado de la madre, manda a María a hacer las compras, cuida la herida del hermano y pone orden en los cuartos, mientras trata de levantar el ánimo del padre, al que con secreto temor ve derrumbarse inexorablemente.

Dos meses después se mudan a otra zona de Barrio Talleres. Luis sigue adelante con su carpintería, ayudado por Paco. Toma préstamos para cubrir los gastos de los últimos meses y para poner al día el atrasado alquiler del local. En los ratos libres ambos buscan nuevos encargos recorriendo una y otra vez conventos, bibliotecas y museos, y dejando tarjetas en las casonas del señorial barrio aledaño al Parque Sarmiento.

El paso de Luis, antes ágil y energético, ahora es un lento y abatido andar. Sus hombros han caído, como si un peso físico lo aplastara. Le cuesta levantarse por las mañanas. Apenas despierta, el diario aguijón de dolor que le produce saber que cuando abra los ojos el lugar de Isabel estará vacío otra vez, y para siempre se le hace insostenible. Pero como un par de copas de vino en la cena le hacen más tolerables las noches, toma el hábito de escamotear algunas copitas de licor durante el día, a escondidas, claro, para que los chavales no lo noten. Y así se arrastran las semanas sin sentido que está obligado a vivir con la abismal ausencia de ella.

Siguen siendo visitados, en forma esporádica, por algunos amigos del viejo barrio. Luisa y Rita han venido con frecuencia a verlos y suelen acompañar a María y Amanda al cementerio, cuando las hijas van durante la semana, ya que el religioso peregrinaje que hacen los domingos por la mañana con el padre y el hermano está reservado a la familia, cuando dan rienda suelta al dolor que han acumulado estoicamente los seis días anteriores.

Luisa ha sufrido una crisis nerviosa después de la muerte de su amiga, culpándose por lo sucedido y todavía no han podido convencerla de que Isabel decidió aceptar su pedido y que ella lo hizo por su propia voluntad. María siente hacia ella una mezcla de piedad, rencor y desprecio, pues a su juicio Luisa contribuyó a que sucediera la tragedia.

—Se sabe responsable —murmura al cerrar la puerta tras ella, la primera vez que la amiga de la madre viene de visita al nuevo domicilio—. Por eso siente culpa.

Luis y sus hermanos la miran con desaprobación.

—No, hija, no te llenes de odio —dice Luis, con la voz estrangulada por la emoción—. Demasiado resentimiento tenemos por esa infeliz de Severina, que ya tendrá su justo castigo. No más odios, hija, no más.

María baja los ojos con vergüenza, pero llora toda la noche por la impotencia y la rabia que no sabe todavía a donde descargar. Al día siguiente amanece con los ojos hinchados y un dolor de cabeza terrible, y Amanda le pone paños fríos en la frente hasta que se le calma.

Durante la primera semana de duelo Luis escribió cartas a la familia, sin dar mucho detalle, informándoles del fallecimiento. Envió misivas individuales a Paco y Ginesa, a los primos García Muñoz y también a José, el hermano de Isabel, allá en las Filipinas. Poco después envía otras líneas, notificándoles el nuevo domicilio, pero son notas escuetas, breves. Cada vez que levanta la pluma le cuesta muchísimo armar las oraciones. No sabe qué decir, porque no quiere decirles nada. Y cuando las condolencias de la familia lejana llegan después de su lento viaje a través del Atlántico, reavivan aún más la insoportable herida.

Cada dos semanas pasa por el viejo domicilio a recoger la correspondencia y las notas de pésame que sabe recibirá de los familiares, y es un esfuerzo gigantesco volver a caminar por la misma calle testigo de tantos años felices y también de su tragedia. No puede evitar mirar, hipnotizado, los adoquines de la calle que sostuvieron el cuerpo yaciente de Isabel. Le cuesta un gran esfuerzo sustraerse de las imágenes indelebles y seguir adelante, tratando de prestar atención a lo que lo rodea.

Los años de la década del treinta se suceden lentos y difíciles para la clase media, los jornaleros a destajo y la naciente clase obrera de la Argentina. Luis trata de mantener su independencia laboral, y con altibajos consigue hacerlo. La crisis mundial desatada por la Depresión, consecuencia de la caída de la bolsa de valores de los Estados Unidos en 1929, reverbera en la mayoría de los países del mundo. Es un efecto de globalización incipiente, que presagia la inextricable dependencia a la que van encaminados. La industria argentina comienza a asomar, en forma lenta, supliendo productos varios, pero el progreso no es registrado por los trabajadores todavía.

El arte popular refleja la dura experiencia y los temas a los que se refieren la música ciudadana y el teatro pasan de ser románticos en la letra e históricos en la temática de los libretos, a expresar las penurias cotidianas y el escepticismo general. El fraude político es rampante, y es habitual la claudicación de los dudosamente electos representantes ante los países industrializados, firmando acuerdos comerciales en detrimento de la economía nacional. La explotación y los ingresos que producen los principales bienes del país, cereales, carne y petróleo quedan en manos de monopolios extranjeros. Las leyes sociales son casi inexistentes para los asalariados y como autodefensa, una incipiente organización obrera nace a mediados de la década, la Fuerza de Orientación Radical de la Joven Argentina, conocida por todos como FORJA.

Paco intenta varios trabajos con distinta suerte, alentado por Luis, quien ha comenzado a vender sus máquinas para poder solventar los gastos e insiste en que ese no es un oficio del que puede vivir y mantener una familia. A través de un amigo, consigue que recomienden al hijo para un puesto en la oficina de investigaciones de la policía provincial. Paco prueba por unos meses, pero finalmente renuncia para volver a la carpintería, que es lo que realmente le gusta hacer.

–No tengo estómago para esas cosas policíacas, padre – confiesa–. No me interesa la investigación criminal, ni aún por la buena paga, qué voy a hacerle.

Los dos hermanos mayores tratan de mantener una vida social razonable en el tiempo libre, y alientan lo mismo en Amanda, quien ahora es una mujer muy atractiva, pero retraída y tímida.

Paco, siempre interesado en causas comunitarias y en el teatro, participa de comisiones vecinales que trabajan por el mejoramiento del barrio, y también forma parte de un elenco vocacional que presenta obras en la biblioteca local. Con soltura para expresarse y un timbre de voz grave y melodioso, es el obligado animador en las reuniones del club vecino. María ha hecho amigas en los alrededores y disfruta del cine y salidas al centro con ellas los fines de semana. Ha comenzado a trabajar como mucama en la fonda España, para los amigos de su padre, y Amanda ha entrado de vendedora de modas en una de las grandes tiendas del centro de la ciudad.

Las contribuciones de sus hijos suplantan los disminuidos ingresos de Luis, quien ahora parece deslizarse siempre en silencio y como un fantasma por la casa cuando regresa del trabajo o del ocasional encuentro con amigos. María ha notado su aliento a alcohol, y lo ha confrontado en varias oportunidades pero Luis termina cerrándose en sí mismo, sin responderle más que con monosílabos.

–Esta noche vamos a hablar seriamente con papá –dice ella un día, al llegar del trabajo y encontrar a sus dos hermanos en casa–. Esto no puede seguir así.

–María, tené cuidado –le advierte Amanda–, no empecés otra vez a decirle cosas a papá en la mesa, porque sabés que no vale de nada y nos saca las ganas de comer a todos.

–Es cierto –apoya Paco–, controlá la lengua, por favor.

–¡Es que estoy harta, harta de verlo irse barranca abajo, y nosotros sin hacer nada!

–¿Qué podemos hacer, más que decirle que se cuide?

–Ponernos firme de una vez por todas, por ejemplo. ¿No les parece?

–Sí –admite él–, tenés razón. Amanda, yo también creo que papá no puede seguir así.

–Decilo, decilo con todas las palabras –interviene María–, no puede seguir tomando como toma, porque se va a enfermar o le va a pasar algo. ¿Se dieron cuenta de que viene siempre con olor a alcohol concentrado? Toma vino o lo que sea todo el día, estoy segura. Eso que empezó con una copita de más, ha pasado a mayores. Hay que pararlo.

–¿Cómo lo vas a parar –pregunta con amargura Amanda–. ¿Cómo lo vas a obligar a hacer lo que no quiere hacer? Le hemos dicho varias veces, pero no quiere oír. No es el mismo padre que teníamos antes.

Los tres callan por un instante, no quieren completar el pensamiento.

–No sé qué vamos a hacer –dice por fin Paco–, pero esto no puede seguir así.

–Papá está enfermo de pena. No se le ha pasado la tristeza y no se le va a pasar, María, aunque le digamos que cambie –dice Amanda con los ojos llenos de lágrimas–. Nada va a curarle la pena, porque no tiene remedio.

Los tres hermanos se miran desolados. Lentamente han ido perdiendo al padre que conocían y ahora tienen a este hombre que solamente conversa en forma animada cuando ha bebido, y puede a veces reír con los amigos, pero que está triste y taciturno el resto del tiempo. Es una sombra de aquella figura paternal llena de vida, que disfrutaba de la música, del teatro y de las veladas familiares.

Lo único que saca a Luis de su estado casi indiferente son las noticias de España. La madre patria está viviendo momentos claves de su historia y él comprende la trascendencia y al mismo tiempo, juzgando a la distancia, puede evaluar lo destructivo de las fuerzas en pugna. Mientras ellos sobrevivían aquí esos momentos trágicos de junio, en las elecciones de las Cortes Constituyentes españolas se votaba un gobierno compuesto por una coalición republicano-socialista. Pero la oposición conservadora aparece cada vez más fuerte.

En diciembre de 1931 se aprueba una nueva Constitución, declarando la República democrática. Los cambios en los poderes ejecutivo y judicial y las reformas y leyes civiles sancionadas, en particular la separación de iglesia y estado, irritan a los conservadores. La coalición gobernante se ve enfrentada a extremistas de izquierda, con los partidos anarquista y comunista a la cabeza, y a los de derecha, representados por pro monárquicos y el clero. Forzado, el gobierno llama a elecciones en 1933. Los resultados dan el triunfo a una derecha que ahora está organizada, contra una izquierda que no puede superar sus diferencias. El resultado provoca más enfrentamientos armados.

Su hermano le escribe desde Cartagena con asiduidad, y evidencia en sus largas y descriptivas cartas el temor que siente porque su hijo está militando en el partido republicano y pertenece a un grupo de jóvenes apasionados y muy activos políticamente. Con el intercambio epistolar, Luis retoma la relación que había descuidado. Los hijos alientan el contacto con la familia y Luis siente que le ayuda en el lento proceso de recuperación que ha emprendido. Y se pregunta con temor, pero sin atreverse a ponerlo en palabras a su hermano, si es que el sobrino estará en algún grupo armado, participando de las riñas sangrientas que se producen a menudo.

En julio de 1936 llegan noticias aún más aciagas. Una insubordinación militar contra el gobierno triunfa parcialmente, y España queda dividida en dos facciones beligerantes; los nacionalistas, apoyados por los sectores conservadores, y los republicanos, en manos de comités obreros. Las fuerzas golpistas triunfan en Marruecos, Canarias, y desde África el general Francisco Franco trae sus tropas a la península, tomando Galicia, Castilla-León, Navarra, Andalucía Occidental, Oviedo, Granada y Zaragoza. La insubordinación fracasa en Asturias, Cantabria y parte del País Vasco, Cataluña, Levante, Madrid, Castilla, la Mancha, Murcia y el oriente de Andalucía. Esta división del país en dos zonas produce el estallido de la guerra civil. Los nacionalistas instauran un poder autoritario y militar, mientras que los republicanos mantienen un gobierno descentralizado, en mano de comités obreros. El estallido de la guerra fratricida conmueve a los españoles en el exterior, y repercute en todo el mundo.

Paco participa activamente en las reuniones culturales y artísticas que se organizan en distintos barrios de Córdoba para reunir fondos y ayudar a las zonas republicanas más castigadas por los bombardeos apoyados por Alemania e Italia. Hacen envíos de alimentos, ropa y dinero. Se organizan en muchos países las llamadas *brigadas internacionales*, compuestas por veteranos de la Primera Guerra Mundial, estudiantes y campesinos quienes convergen en España para sumarse a la lucha de los republicanos contra las tropas nacionales, fuertemente respaldadas por los regímenes alemanes e italianos.

Unos dos años después de iniciada la guerra, el correo trae una carta sellada en Barcelona, con una letra que no reconocen.

–Ábrela, hombre, está dirigida a ti –dice Luis, mientras Paco mira el sobre con duda.

–No dice ningún nombre, solo PG. No conocemos a nadie en Barcelona, padre.

–Paco García, tu primo –dice Luis con certeza–. Debe ser él. En la última carta que llegó tu tío decía que el chaval estaba en algún lugar de Cataluña, con las milicias republicanas. Debe ser suya. Ábrela.

Es, en efecto, de Paco. La carta pide con palabras desesperadas al primo que solo conoce por referencias epistolares que por favor trate de reunirle dinero para comprar un pasaje en algún barco o tren para salir de España. Está herido y no cree que le alcancen las fuerzas para huir a pie a través de los Pirineos hacia Francia, como casi todos sus camaradas de armas. Le da un domicilio en las afueras de Barcelona y le pide que sea discreto al enviarlo. Agrega que si no estuviese herido no se atrevería a pedirles semejante favor.

La angustiante misiva está fechada dos meses antes. No explica la gravedad de la herida, tampoco dice cuánto dinero necesita. Luis y sus hijos inmediatamente se organizan para recaudar fondos y convertirlos en pesetas suficientes para un pasaje. Hacen varias rifas entre los amigos y aprovechan las fiestas a beneficio para hacer colectas. Pero a mitad del esfuerzo Luis recibe una carta del hermano, diciéndole con pocas palabras que esconden la agonía que debe sentir como padre, que el cuerpo de su hijo ha sido identificado entre las víctimas de un choque armado entre tropas nacionales y republicanas.

Paco, María y Amanda lloran amargamente la muerte de un primo que, si bien no llegaron a conocer más que en fotografías, significó tanto para ellos durante los últimos meses.

En febrero de 1939, la ofensiva nacionalista contra Cataluña marca el comienzo del fin de la guerra después de tres años de combates, cientos de miles de muertos y más de medio millón de personas huidas a Francia a través de los Pirineos.

El 28 de marzo, las tropas franquistas entran en Madrid y el 1 de Abril de 1939 se da por terminada la guerra civil.

Luis recibe una larga carta del hermano, en la que reflexiona amargamente sobre el destino de España, y la opresiva noche que él intuye se avecina bajo el gobierno totalitario de Francisco Franco. También agrega que los primos García Muñoz están ensoberbecidos por el triunfo de los conservadores. Los sobrinos, militantes todos de la *falange nacionalista,* ahora han obtenido puestos políticos en Cartagena. Él no cree que los miembros de la familia, separados durante varios años por diferencias ideológicas, después de este despliegue de poder, puedan reconciliarse nunca. Las lúgubres meditaciones del hermano no sorprenden a Luis, quien conoce a sus primos y sabe de los extremos emocionales desmedidos a que pueden llegar sus compatriotas cuando se empecinan en algo.

En 1940 Paco entra a trabajar como maestro de grabado de madera y xilografía en la clase de actividades prácticas de la escuela Normal Superior Agustín Agulla. Con su buena disposición, afición por el teatro y un inagotable optimismo en el futuro, la clase que dicta pronto se convierte en una de las preferidas de los estudiantes. Mientras trabajan él abre los canales de discusión y debate con ellos, de modo que la hora pasa rápidamente y los progresos con la materia son evidentes.

Algunos maestros y profesores acostumbrados a un estilo educacional más rígido consideran al recién llegado una curiosidad y también se preguntan si es que conviene tanta libertad durante las horas de clase, en un ambiente académico serio como el que tiene *El Normal*. Pero como los resultados son positivos, no hay razón para queja, y la vaga antipatía no pasa de celos profesionales.

Consigue además un trabajo temporario con un contratista de carpintería para las vacaciones de verano, haciendo refacciones y construyendo muebles en Villa Rumipal, un poblado turístico en las márgenes del Embalse del Río Tercero, en las sierras cordobesas. El verano pasa muy rápido, entre viajes a visitar a la familia y una nutrida agenda social de salidas y paseos con las muchachas turistas y locales. Su éxito con las mujeres no disminuye, produciéndole a veces corridas y malentendidos de los que sale airoso con palabras amables y explicaciones casi increíbles. María se fastidia cuando tiene que lidiar con alguna jovencita ilusionada que golpea a la puerta, persiguiendo al hermano sin esperanzas.

—Ya tengo demasiado trabajo con los problemas que me trae papá, che, —le reprocha a menudo— no tengo tiempo para andar cubriéndote cuando te metés en camisa de once varas con las chicas. Arreglate tus problemas y que a mí no me vengan a preguntar sobre vos, porque les voy a decir lo que pienso. Algún día te van a descubrir con las manos en la masa y te van a hacer pasar un buen disgusto.

–Tené cuidado, Paco –le aconseja Amanda, riendo–, no te metás con chicas que tienen hermanos más grandotes que vos, porque un día te van a dar una paliza, por mentiroso y rompecorazones.

Él se encoge de hombros y no responde. La verdad es que le gustan casi todas, y no puede dejar de intentar acercarse si es que le dan una bienvenida, pero por otra parte no quiere dejar sus actividades teatrales y la junta vecinal con quienes pasa muchas horas de las que tiene libre. Esa independencia que mantiene le crea conflictos con la muchacha de turno.

–Paquito, te vas acercando a los treinta –le reconviene Amanda– y es hora de sentar cabeza. ¿No te parece?

Él le da un coscorrón afectuoso en la frente.

–Lo único que faltaría es que una mocosa me dé órdenes. Más respeto a los mayores.

Paco y Elvira

Cuando Paco llega a la casa después de un ensayo con el grupo de teatro, es evidente que María ha reñido con el padre otra vez. Está cansado de escuchar los rezongos de su hermana. A pesar de que le preocupa ver a Luis un poco bebido con demasiada frecuencia, comprende lo que su padre sufre y no quiere agregar más dolor al que ya lleva a cuestas. Los saluda fingiendo no entender el mutismo ni los gestos severos de ella que ya conoce tan bien, y se dirige a la cocina, a donde Amanda está atareada con la cena.

–Hola, Ñata –se acerca y le da un beso de costado en la mejilla–, ahora vengo a darte una mano con la mesa.

–Hola, Paquito, gracias–, y mirando con el rabillo del ojo hacia el comedor, le hace un gesto–: Ayudame a cambiar de tema, por favor. María está bien pesada hoy. Le ha rezongado a papá desde que llegó a casa.

–No te hagas problemas, ahora vuelvo. Seguramente ni te ayudó a cocinar…

Ella se encoge de hombros.

–Eso no importa ahora.

Cuando se sientan a comer Paco rompe el silencio.

–Hoy vine un poco tarde porque tuvimos una reunión con el grupo después del ensayo–. Los tres prestan atención porque Paco no cuenta muchos detalles de lo que hace fuera de casa–. Queremos representar *Las de Barranco* en un salón del barrio Alto Alberdi.

Luis se interesa pues todo lo que tiene que ver con el teatro. El amor por la escena que ha heredado su hijo los acerca y ha sido siempre un tema afín entre ambos. Asiente, palmeándole la mano.

–Es una obra muy cómica, Paco, buen material para levantar el ánimo de la gente en esta época. La risa es un buen remedio.

–Sí, especialmente por los personajes que tiene, ¿No? –interviene María, con un gesto burlón–. Son justo a la medida del público de Alto Alberdi… se van a sentir en su casa.

–¿Qué querés decir? –pregunta el hermano frunciendo el ceño, intrigado.

—Qué voy a querer decir, ¿Acaso no sabés la fama que tiene ese barrio?

—No. ¿Qué fama? Está cerca del Clínicas, lleno de estudiantes de medicina...

Amanda interviene, fastidiada:

—María, dejate de criticar lo que no conocés. Ahí vive gente igual a la de todos lados.

—Claro, como vos tenés una amiga de Alto Alberdi los defendés —dice con gesto burlón—, pero el lugar tiene mala fama, si hasta hace poco estaba lleno de prostíbulos y burdeles... y la mayoría de los vecinos son unos tanos ignorantes... es un arrabal cualquiera.

El sonido del tenedor de Luis golpeando en la mesa con fuerza los sorprende.

—Niñas, ¡Callaos la boca! —y volviéndose al hijo, agrega—: Continúa con lo que estabas diciendo, Paco, que estos cotorreos no tienen importancia.

—Gracias, padre —dice él, mirando con aire de triunfo a María—. Como dije, vamos a representar *Las de Barranco* a beneficio de los refugiados españoles en Francia. Las hermanas lo miran en silencio. Todos están pensando en el primo que no pudo cruzar los Pirineos a tiempo, y la ayuda que ellos nunca pudieron enviarle.

—Muy buena causa, hijo, muy buena —aprueba Luis, intentando distraer la atención—. Las obras de Laferrére son graciosas en la superficie pero tienen mucha crítica encerrada bajo las tonteras que se dicen.

—Me gustaría que ustedes vayan a vernos actuar.

—No, hijo, no creo que yo tenga ánimos para ir tan lejos de noche. Hay que tomar dos tranvías, y tú sabes cuánto me cuesta volver con el dolor de espalda que me da después de estar dos horas inmóvil en una silla...

Paco le devuelve la palmadita en la mano con ternura.

—Ya lo sé, padre, descuide, no importa, cuando representemos cerca de casa vendrá.

—Yo tampoco puedo hacerte los honores, Paquito —dice María sofocando la risa—, ya tengo un compromiso, justo para esa noche.

—Callate, María, ¡Qué embustera sos! ¡Si Paco no nos ha dicho todavía cuándo es la representación! —la voz de Amanda denota el disgusto que ha acumulado contra la hermana a lo largo del día. María la ignora, encogiéndose de hombros.

–Da igual, Ñata, yo sé que voy a tener el carnet de baile lleno para esa noche.

Paco mueve la cabeza desaprobando, pero no puede reñirla, la quiere demasiado para pelear con ella. Por otra parte está seguro de que, aún si él le responde, a persistente y tenaz él no va a ganarle.

Luis suspira hondo, sumergido ahora en sus pensamientos, y los hermanos continúan la cena también en silencio.

El viernes de la semana siguiente Paco se une a sus amigos en el bar y billares del barrio. Como de costumbre, algunos integrantes del elenco de teatro y de la pequeña orquesta que los acompaña en sus representaciones están sentados en la mesa del fondo. En su mayoría son hijos de europeos y aunque compenetrados de la situación en los países de origen de sus padres, siguen la política argentina con interés.

La Segunda Guerra Mundial azota a Europa, y ha comprometido a los países del Pacífico en un conflicto que amenaza directa o indirectamente a todos. Siempre surge una causa para que el grupo colabore desde el pequeño rincón que ocupa en Córdoba y ellos se saben afortunados por no tener que participar en un frente de batalla.

Cuando se acerca a la mesa, encuentra que un par de desconocidos están charlando animadamente con sus amigos. Se los presentan como Daniel Khan y Carlos Huerta, los principales organizadores de las fiestas y funciones a beneficio que se dan en Alto Alberdi. Están interesados en finalizar los detalles para la representación del grupo de teatro.

–Paquito, vamos a tocar en una fiesta que Daniel y sus amigos están organizando a beneficio de los republicanos el sábado próximo –le comenta el director de la orquesta–. Así vemos el lugar que ellos piensan alquilar para la obra, y nos pondremos de acuerdo en más detalles. Imagino que vendrás con alguno del elenco, ¿No?

–Por supuesto –responde él, mirando a su alrededor–, yo iré, cuenta conmigo y con quien quiera acompañarme...

Después que Daniel y Carlos se marchan, Paco no puede evitar un comentario.

–Me caen bien estos dos, se los ve muy activos y parece que saben lo que hacen.

–Sí que saben –le responde su amigo– ya vas a conocer a Helena, la hermana de Daniel. Es una generadora de energía. Todos en esa familia son así.

–Entonces, a trabajar –dice Paco dirigiéndose a los compañeros del elenco–. Yo traje un par de ideas, a ver qué les parece.

Paco dirige el grupo teatral y trabaja activamente para perfeccionar cada representación. Los actores aportan su vestuario y también corren con los gastos de maquillaje y transporte, ya que los fondos recaudados van en un total a la causa por la que han representado la obra. Como los presupuestos personales de los integrantes son exiguos, se planea al detalle cada programa, eliminando gastos innecesarios. Algunos familiares de los intérpretes contribuyen con sus talentos en diseño, dibujo y manualidades. Como han presentado ya varias obras de Laferrére, hay suficiente ropa de época en el vestuario para esta representación, de modo que Paco da énfasis a los ensayos y la calidad de las actuaciones.

El sábado del baile en Alto Alberdi Paco se encuentra con sus amigos en la parada del ómnibus que los llevará al centro de la ciudad, a donde tomarán el Tranvía Dos, que sube por la calle Colón y los dejará a una cuadra del salón de fiestas.

Es una noche tibia de primavera, y todos están de excelente humor. Los músicos llevan consigo sus instrumentos, y como esta vez la gente de teatro no carga con sus bolsos y trajes, pueden echarle una mano a sus amigos llevando algunos de los bultos.

Paco ha cumplido invitando a sus hermanas, como de costumbre, pero ellas tienen compromisos previos y si bien María no hizo un nuevo comentario ácido sobre el lugar de la reunión, él está secretamente agradecido porque ella no aceptó acompañarlo.

Para cuando llegan a la puerta, hay un grupo de gente en la calle y él nota que casi todas las mesas están ocupadas. Daniel sale a recibirlos:

–Pasen, pasen, por acá los lleva a través de un hall de entrada que se parece mucho al de un cine, con una puerta doble hacia el salón de baile y una lateral más pequeña, al lado del guardarropas. Abre a un cuarto que contiene un escritorio y algunas sillas, a donde hay un pequeño grupo de gente ultimando detalles y guardando guirnaldas de papel que es evidente han sobrado de la decoración.

Allí Daniel les presenta a sus hermanos, y mientras los músicos son guiados hacia el escenario para ubicar los instrumentos y prepararse, Helena se encarga de acompañar al resto hacia el salón de baile.

–Tenemos esta mesa reservada para ustedes –dice, indicando una aledaña al escenario, –así estarán a mano para atender a los muchachos de la orquesta, si es que necesitan algo. Espero que les guste el salón, tiene buena acústica. Cuando quieran pueden revisar detrás de las bambalinas los detalles para la representación.

–Gracias, Daniel, esto está perfecto.

Helena los interrumpe:

–Vengan –dice tomando a Paco por el brazo–, tengo que presentarles a unos amigos, todos están muy entusiasmados con los planes que tenemos. Vengan, hay tiempo toda la noche para hablar de la representación.

Helena guía al pequeño grupo a la mesa más cercana, a donde están reunidos otros integrantes de la comisión del barrio, y mientras conversan Paco no puede evitar fijarse en una bonita mujer, menuda, de ojos tristes y sonrisa amable, sentada con otras jóvenes en la mesa de al lado. La forma en que echa la cabeza hacia atrás cuando asiente a lo que una de ellas le dice, y el movimiento de las ondas del cabello castaño lo distraen por un momento.

Cuando vuelve su atención a Helena, ella está despidiéndose del grupo. Con grata sorpresa ve que se encamina hacia la mesa siguiente, seguida por sus amigos. Apresura el paso y se ubica al lado de ella, quien ya está buscándolo con los ojos.

–Elvira, este es Francisco García Cintas, todos le decimos Paco –dice Helena– es el director artístico del grupo de teatro que va a hacer la representación. Espero que salga todo bien. Daniel está arreglando los detalles.

Paco sabe el efecto que produce en las mujeres, y tiene interés de lucirse con esta chica en particular, porque si es que está sola, piensa acaparársela toda la noche. Se apresura a intervenir, mirándola:

–Justamente, tenemos una obra que ya presentamos en un par de lugares, *Las de Barranco*.

Ella comenta que no ha visto la obra, y él anota mentalmente que si ella no frecuenta el teatro será una buena oportunidad para introducirla a él. Nota que Elvira se sonroja fácilmente, y él no está acostumbrado a chicas que se ponen tan nerviosas frente a los desconocidos. Es tímida, lo que la hace aún más interesante a sus ojos.

–Estoy segura que va a ser un éxito –dice Helena, y volviéndose hacia los visitantes–: ¿Seguimos la ronda?

Después de estrechar algunas manos más, finalmente se sientan a la mesa cercana al escenario cuando la orquesta ya está en su lugar y han comenzado a tocar algunos temas. Ya hay dos parejas bailando, y él le pide al director de la orquesta que toquen *Abril en Portugal*. Quiere impresionar a la tímida Elvira, y un tema musical es una segura forma de hacerlo, que ya le ha dado éxito en otras oportunidades.

Ella acepta y caminan hacia el centro del salón, uniéndose a otras parejas que se acercan también a bailar. El anuncio llega y Paco observa la reacción de ella con una sonrisa.

–Esta pieza está dedicada al director artístico de nuestro grupo de teatro, Paquito García Cintas, quién está acompañado por una hermosa señorita en la pista de baile. Para ellos, *Abril En Portugal*.

Es evidente que Elvira se siente halagada por el inesperado gesto y el leve temblor que nota en su mano al tomársela para dar los primeros pasos le confirma que va por buen camino.

Bailan toda la noche juntos. A él le seduce la simpatía y el sentido común de ella. Es una brisa de aire fresco después de varias experiencias con muchachas demasiado coquetas, o que toman la iniciativa y lo buscan sin disimulo. Él prefiere el juego discreto de la búsqueda, la conquista y el romanticismo antes que la torpe aventura casual y breve. Aunque debe reconocer que estas últimas son las más frecuentes, ya que él no puede dejar pasar la oportunidad si es que se le presenta.

Cuando se despiden al terminar la fiesta queda sobreentendido que volverán a verse pronto, en la representación teatral, o tal vez antes. Paco medita todo el viaje de vuelta hacia el centro en cómo va a hacer para agregar, sin riesgo de ser descubierto, una más a las dos mujeres con las que ya está saliendo.

Es seguro de que María sufrirá otro disgusto cuando aparezca alguna de ellas en casa a quejarse, sonríe para sus adentros. Pero no puede dejar pasar la oportunidad de conquistar a esta italianita, se dice. Es demasiado dulce y atractiva para estar sola. Ella y la hermana menor eran sin duda las dos más bonitas en una mesa de chicas veinteañeras, y ambas sin pretendientes visibles. Interesante tema para explorar en profundidad.

El viernes siguiente, con el pretexto de que esa tarde fue con otros amigos al salón a ultimar detalles, Paco golpea la puerta cancel de la calle Colón 2077. Le abre la puerta una mujer rolliza, que lleva el pelo castaño claro entrecano levantado y anteojos redondos de marco plateado. Con una de las manos sostiene todavía una punta del delantal con el que es evidente estaba secándoselas. Tiene ojos claros vivaces y lo mira con interés. Cuando él se presenta, ella lo hace pasar al zaguán.

–Soy Inés de Aversa, la mamá de Elvira. Pase, tome asiento que ya la llamo.

Mientras él espera aparece Lusa, quien permanece con él hasta que la hermana llega sonriéndole al inesperado visitante, con las mejillas todavía arrebatadas por la sorpresa.

Esa tarde salen a caminar, y, después de un par de horas, cuando Paco regresa a Barrio Talleres comprende que de ahí en más tendrá que hacer el viaje hasta Alto Alberdi con mucha más frecuencia de lo que maginó al despedirse de ella una semana atrás.

Álbum Familiar

La familia García Cintas en Córdoba, 1925 – Adelante: Luis,
Amanda e Isabel. Atrás: María y Paco

Isabel Cintas - Córdoba, 1920

María Ginesa - Sin fecha

Amanda, 1940s

Paco y Elvira, Rio III, Agosto 1942

Fotos pertenecientes al álbum de la familia García Aversa.

LOS ARGENTINOS

Reivindicación

A pesar de que Elvira se propone mantener cierta distancia entre el tenaz pretendiente y ella, Paco gana su afecto con amabilidad, buen carácter e interesante conversación. Lee mucho, y le ha traído libros clásicos de su pequeña colección de ediciones de tapa blanda, que ella devora ávidamente.

El tiempo vuela charlando con él y riendo de sus originales ocurrencias y de las graciosas y disparatadas historias de la comunidad hispana, tan alejadas de la estrictez que la rodea constantemente. Su apertura mental a nuevas ideas, la falta de prejuicios en sus comentarios y la consideración para con ella y su bienestar son una brisa fresca. También admira secretamente su fortaleza, porque sabe la pena inmensa que debe llevar adentro.

Cuando alguno de la familia le pregunta acerca de él, evade las respuestas. No quiere que sus hermanos intervengan influenciándola de alguna forma en esta incipiente relación que la ha tomado por sorpresa. Porque lo que siente en presencia de Paco la desconcierta. Un súbito interés por la moda y las últimas novedades se ha despertado en ella, y espera con ansiedad los días en que va a verlo, eligiendo cuidadosamente sus prendas y ondulándose el cabello con bigudíes que estuvieron abandonados en el cajón de la cómoda por mucho tiempo.

Mamma, quien con su ocasional clarividencia intuyó desde muy temprano que él pertenece a la familia española víctima de la horrible tragedia sucedida una década atrás, no se equivocaba. Él nunca le ha mencionado nada, ni ella espera que lo haga, y tampoco se reitera el tema entre madre e hija. Pero Inés se siente incómoda por haber hablado con Elvira de la conexión que ha hecho entre él y lo que leyó en los diarios, y un día, sacando expresamente el tema con ella la previene:

—*Figlia mía*, creo que es mejor no hablar de este asunto con la familia. Sabés como son. Los comentarios de tus hermanos no van a terminar más, y no quiero que algún día Paco descubra que hablamos de algo tan personal a sus espaldas.

—Tiene razón, *Mamma*, yo tampoco quisiera que hablemos de eso —responde agradecida.

–Sabés Elvira –agrega la madre con inusual ternura en la voz–, me alegro mucho de que se hayan conocido. Parece un muy buen muchacho.

–Sí, lo pasamos muy bien juntos. Tiene muy buen corazón, y es muy considerado conmigo. Muy distinto a los otros. Nunca conocí a nadie así. Tiene ideas muy independientes.

Inés le sonríe por encima de sus anteojos redondos de marco plateado y Elvira sabe que aunque la madre no cuestionará su elección esta vez, hay una gran probabilidad de que la soltura y las ideas de Paco no encajen con su estricta ética conservadora. Lo que ya no tiene importancia para ella, harta de esas consideraciones hacia los demás que hasta ahora han guiado su existencia.

Ella disfruta de las salidas y las charlas, manteniendo la cautela, para no comprometerse demasiado. Sabe que es riesgoso enamorarse otra vez; hace muy poco que su herida ha cicatrizado en forma definitiva. Tratando de tomar distancia, explora con curiosidad el que Paco haya despertado en ella sentimientos que estuvieron dormidos por tanto tiempo y sensaciones físicas que ella creyó muertas para siempre. Y eso mismo acrecienta su precaución.

En casa todos se interesan por conocer quién es el pretendiente que ha derretido la autoimpuesta soledad. Una empecinada soledad que ella suspendía sobre sus cabezas como un mudo, prolongado y amargo reproche. Los hermanos y cuñados demuestran curiosidad por saber más y parecen complacidos, pero Elvira no se engaña con los auspiciosos gestos. Ellos son un campo minado por el cual hay que caminar en puntas de pie. Y así como Carmela lleva sus heridas a flor de piel lastimando a otros y Lusa carga con un defecto físico exacerbado en su mente, Elvira sabe que ella tiene asignado el rol de la que no sabe elegir por sí misma.

Ha notado con pena que Lusa no ve con buenos ojos el incipiente romance. En los últimos años han salido y socializado mucho juntas, ya que la hermana menor no tiene más que un par de amigas de su edad y ninguna muy íntima.

–¿Hoy viene aquél otra vez a visitarte? ¿No era que íbamos a salir al centro, vos y yo? –le pregunta un día con fastidio y Elvira trata de ignorar el tono de su voz.

–Sí, hoy viene otra vez–. Y agrega, fingiendo indiferencia: –Decime, Lusa, ¿Qué opinás de Paco?

Carmelo está sentado leyendo el diario en su sillón, cerca de la ventana y levanta los ojos, atento, aunque piensa que las hijas no han reparado en su presencia. Después de una desconfiada pausa, Lusa responde mirándola a los ojos.

–Bueno, si querés saber la verdad, me parece simpático, y muy buen mozo, pero también creo que es un mujeriego. Tené cuidado con ese hombre. Las chicas lo miran mucho, y él también a ellas. Te va a dar dolores de cabeza.

Elvira echa una carcajada sincera.

–No te preocupés. Yo no soy celosa. Tampoco él es celoso ni autoritario conmigo, y para mí eso es importante–. Y agrega, con énfasis deliberado–. Muy importante.

Lusa la mira sin comprender, y se encoge de hombros, deteniéndose en la puerta del comedor, antes de salir.

–No digás que no te avisé. Ese tipo es un Don Juan. Tené cuidado –le reitera con impaciencia en la voz, mientras se marcha.

Todavía sonriendo, Elvira mira al padre con gesto de interrogación después de que la hermana sale. Carmelo suspira hondo. Tiene todavía el diario apoyado sobre sus rodillas y no ha perdido palabra del diálogo.

–No le hagas caso, *figlia*. Si es un buen hombre, y vos te sentís bien con él, no hagas caso de los comentarios. Todos tienen su opinión, pero vos sabés bien lo que querés hacer.

Ella se acerca, con deseos de abrazarlo, pero hace muchos años que entre padre e hija no hay abrazos. Se detiene frente a él, sosteniendo su mirada.

–¿Sabe, papá, que usted es muy sabio?

Él se encoge de hombros sonriendo a medias y finge interesarse en el diario otra vez.

Luis es el primero en notar los cambios en Paco. Lo observa en silencio por días, y escucha sin hacer comentarios las conversaciones a media voz de las hijas acerca del hermano. Hace unos meses se han mudado, reduciéndose de una casa a algunas habitaciones. María y Amanda trabajan en el centro de la ciudad, y como Luis toma solo esporádicos trabajos de carpintería en un taller de un amigo cerca de la estación de trenes, a todos les conviene el cambio. Han alquilado tres cuartos grandes, en una vieja casa de inquilinato en la calle Obispo Salguero, entre San Jerónimo y Entre Ríos.

Por fin, una noche durante la cena, María no puede contenerse:

—Así es que la gringuita de Alto Alberdi te tiene agarrado de la oreja ahora, ¿no?

—María, hija, modera tu vocabulario —la reprende el padre.

—¿Qué? ¿Qué dije de malo? ¿Acaso no es una gringa? —Y agrega, riendo—: Me he enterado de que varias otras han quedado en el camino, llorando y pataleando, así que debe ser la italiana de Alberdi la que está en carrera ahora, ¿no?

Entonces Paco se decide a hablarles seriamente de lo que hace meses le ronda en la cabeza y le hace perder el sueño. A él, hasta hace muy poco un hombre sin compromisos ni deseos de tenerlos.

Luis lo mira alentándolo, mientras Amanda deja el tenedor sobre el plato, expectante.

—Bueno —se aclara la garganta y toma un trago de vino para darse valor—, quería contarles que desde hace una semana estoy visitando a Elvira en su casa, como novio oficial.

Los tres lo miran sorprendidos y Amanda es la primera en reaccionar, levantándose de la mesa y acercándose a revolverle la cabellera como si fuera un niño.

—¡Felicitaciones, Paquito, por fin! —exclama, y le planta un beso en la frente.

—Pucha, que sorpresa, che —dice María, acomodándose en la silla, indecisa entre mostrar un poco de alegría o decirle lo que piensa.

Luis lo mira en silencio, con una amplia sonrisa.

—Me haces muy feliz, hijo. ¿Entonces, cuándo podremos conocerla?

—Justamente, padre, iba a mencionarle que doña Inés me ha pedido que los invite a almorzar el domingo, Día de Ramos, ya que el domingo de Pascua va todo el resto de la familia, —y agrega, mirando a María de soslayo—, Elvira y yo queremos tener una comida más privada para presentarlos.

—Me parece una buena idea, hijo —dice, mirando hacia Amanda, porque teme que María ya esté preparada para responder en forma sardónica—. ¿Qué dices tú, Ñata?

—Claro que sí, es una buena idea, papá, no veo la hora de conocer a la chica que ha conseguido por fin enganchar a este Casanova.

—Sus encantos ocultos tendrá —reflexiona María, y no agrega más, porque siente los ojos de Luis sobre ella, y no quiere suscitar más enojos.

Durante el resto de la cena los tres se limitan a escuchar los comentarios de Paco acerca de la familia de Elvira. Es una tregua que todos tratan de mantener en los últimos tiempos. Luis ha aceptado no beber alcohol fuera de la hora de las comidas y sus hijos valoran el esfuerzo. En particular María, quien trata de contener su lengua en un gesto recíproco hacia él.

También los Aversa se han mudado de la calle Colón a una amplia casa al oeste del barrio, sobre Vélez Sur, a media cuadra de Duarte Quiroz. Está casi en los lindes de Alto Alberdi, cerca del antiguo camino a la Quinta Santa Ana. La parroquia de San José es el templo al que las mujeres de la familia asisten ahora. Carmelo y los varones las acompañan ocasionalmente en los tres o cuatro días relevantes del calendario católico, pero ya no asisten a misa como antes.

Una ventaja del nuevo domicilio para Inés es que su querida María vive no muy lejos de allí, a pocas cuadras de la iglesia, y tienen oportunidad de visitarse más a menudo, además de encontrarse a veces los domingos o en las frecuentes novenas que se dan en el templo.

La primera visita de los García Cintas transcurre sin inconvenientes, para alivio de la nerviosa pareja. Ese domingo, después de la misa de Ramos de las ocho de la mañana, a la que sin falta asisten todos, Elvira y Lusa colaboran en la cocina para terminar los detalles del almuerzo. En el menú hay ravioles caseros y postre de vainillas borrachas en vino moscatel, bañadas en crema pastelera, sustituto aceptable del tradicional *tiramisú*.

Luis simpatiza de inmediato con Inés y Carmelo, y a pesar de que María se limita a ser cortés pero distante, Amanda entabla conversación con todos. Inés ha organizado a su extensa familia de modo que estén presentes en el almuerzo sus hijos solteros. Después del mediodía, a la hora del café y los postres, llegan los demás. Apenas se estrechan las manos, las hijas mayores de ambas familias experimentan un muto e instantáneo rechazo, reconociéndose en forma tácita como ejes en las relaciones de sus respectivos núcleos.

Mientras ambas se estudian en silencio, los más jóvenes establecen una amable charla.

Al marcharse, entrada la tarde, han quedado de acuerdo en salir un par de semanas después a bailar a una *boîte* de moda. Mientras esperan el tranvía que los llevará al centro, comentan detalles de la visita. A pedido del padre, María contiene cualquier ácida crítica que pueda tener, y Amanda planea la salida que han organizado.

–Mery, podemos invitar a Porota y a Carla, porque Tano dijo que va a invitar a un amigo también, ¿Qué les parece?

–Me parece buena idea, –dice Paco, distraído, todavía pensando en Elvira.

–Y, si querés, invitalas –asiente María sin mucho interés– si es que pueden venir...

–Claro que pueden. No tenemos ningún plan para ese sábado. Elvira dijo que será lindo si armamos una mesa grande, con mucha gente. Me gusta la idea–. Y agrega con entusiasmo: –Ya sé qué me voy a poner.

–Ay, nena, cómo corre tu imaginación. Ahí viene el tranvía, estás muy cerca del cordón de la vereda, tené cuidado –dice María, tomando a su hermana por el brazo.

–Rezongona–, la reprueba Amanda con una sonrisa–. ¡No podés dejar de quejarte!

Cuando el grupo de Elvira, Nicolás con dos amigos, Roberto y Luisa llega a la *boîte Balneario Shore,* la música ya se escucha desde lejos. Han caminado la cuadra que la separa de la parada del tranvía y pasan bajo una arcada de luces que lleva hasta la puerta de entrada. Se trata de un salón grande, con ventanales que dan al Río Primero. Hay una taquilla a la entrada, y un recibidor con una ventanilla para el guardarropa a donde dejan los abrigos. Una pesada cortina da paso al salón. El ambiente es elegante, con mesas redondas de distintos tamaños cubiertas de manteles blancos. Coquetas lámparas de aceite con una tulipa color marfil están ubicadas en el centro de cada una. La luz del local es discreta y hay una tarima baja con instrumentos ya preparados. Una melodía está sonando por los altoparlantes, pero nadie baila. Varios mozos se atarean sirviendo tragos y platitos de copetín a los comensales.

Cuando llegan a la mesa reservada ya están sentados allí María, Amanda y Paco, acompañados por dos muchachas, una morocha y una rubia de pelo lacio, a las que presentan respectivamente como Carla López y Nilda Sánchez.

–Pero a Nilda le decimos Porota –aclara Amanda–. Si la llamás por su nombre no se va a dar por aludida, tan acostumbrada está al sobrenombre.

Ella se ruboriza intensamente frente a Nico y la mano le tiembla un poco al estrechársela, mientras él la aprieta por unos segundos más de lo acostumbrado.

Esa noche actúa una orquesta típica local y los pasodobles españoles y foxtrot americanos se alternan con tangos melódicos al estilo de Gardel. Pronto se arman las parejas y es evidente que Nicolás y Porota se sienten muy atraídos el uno por el otro, para gran satisfacción de Amanda, quien a su vez está bailando con varios amigos que casualmente están esa noche allí. Elvira y Paco están muy satisfechos con los resultados. Hasta María, quien suele ser tan exigente, ha bailado toda la noche con un muchacho que ninguno de ellos conoce.

Amanda la interroga apenas tienen un aparte.

—Se llama Marcos —explica, enrojeciéndose, lo que le produce mucha gracia a la hermana—. Vive en Alta Córdoba y es estudiante de abogacía. Le falta poco para terminar la carrera.

—Muy interesante. Supongo que se van a encontrar de nuevo, ¿No?

—Ay, Ñata, no sé. No me ha dicho nada todavía.

—Estoy segura de que te va a pedir una cita. No ha bailado con nadie más que con vos.

María se mira en el espejito de mano y se retoca el carmín de los labios.

—Vamos a ver... nunca se sabe.

Amanda le palmea la mano con cariño.

—Tengo un buen pálpito con éste.

María no ha tenido ningún novio formal por largo tiempo. En general sale dos o tres veces con algún muchacho para desecharlo invariablemente con cualquier pretexto. Amanda sospecha que nunca se repuso del todo de un romance frustrado hace muchos años, cuando ella era muy pequeña para que le contaran detalles. La idea se reforzó cuando le hizo un par de preguntas directas, y María lo negó terminantemente, enojándose con ella por mencionarlo.

—Es que te quiero ver feliz, hermanita, —ahora le confía por lo bajo.

—Gracias, Ñata —responde, mirándola con un poco de sorpresa— pero yo soy feliz, así como estoy, no te preocupés.

Y sin decir más, se pone de pie, porque Marcos se ha acercado a invitarla a bailar otra vez.

La salida resulta un éxito: unos meses después de que el grupo compartiera la mesa en el *Balneario Shore* hay dos romances que parecen ir en camino a formalizarse. Nicolás se muestra muy interesado en Porota. Tres veces por semana hace un peregrinaje hasta el barrio San Martín, a donde ella vive con su madre, a la que todos conocen como Doña Dora Sánchez, según le ha confiado a Roberto. Inés, ávida por saber más, se entera de los detalles a través de Lusa, quien le hace una minuciosa descripción de lo que pudo observar la noche del encuentro.

María ha comenzado a salir con Marcos. Se han encontrado varias veces en cafés del centro y han salido al cine. Él la ha presentado a sus amigos estudiantes de la facultad, y ella se siente cada vez más atraída por su erudición y halagada con los versos que le escribe. Un día, después de varios meses, le confiesa a Ñata que está pensando en presentárselo a Luis. La hermana la alienta a hacerlo, feliz de verla demostrar interés por alguien después de tanto tiempo.

Un año después de conocer a Paco, Elvira ha cambiado en forma notable. Lentamente el amor que siente por él la ha transformado y lo que ya no creía posible está sucediendo. Es feliz, completamente feliz, transportada a un mundo en que los hombres no dominan a las mujeres, ni esperan que estén a su servicio. Por el contrario, él vive pendiente de ella y eso la hace sentir valorada e importante. Cuando están en un grupo de amigos puede bailar y charlar con todos, y él hace otro tanto. Nunca se siente juzgada por él. Nunca le impone condiciones. Ella a veces se pregunta cómo hubiese sido su vida y la de sus hermanos con la independencia y la libertad que Luis les ha dado a sus hijos desde niños. Y comprende que así quiere vivir de ahora en más. Sin censuras injustas y avasalladoras como toleró hasta ahora. Así va a educar a sus hijos, se dice, si es que alguna vez llega a tenerlos.

También admira la libertad que gozan María y Amanda. Le recuerda la desenvoltura con que se mueven socialmente sus primas de Rosario. Tan distinta de la tiranía de *Mamma,* bajo la cual ninguna de las hijas ha podido tener una cita a solas sin estar acompañada continuamente por alguno de los menores de la familia. Ella no puede salir al centro o al cine sin llevar a Lusa o Roberto. A veces, hasta el pequeño Oscar suplanta a los tíos jóvenes en las caminatas por el barrio. Las hermanas de Paco, en cambio, se encuentran con sus novios o amigos y pueden sentarse con ellos en mesas de cafés en el centro de la ciudad, con naturalidad, sin pensar que alguien puede creerlas unas *libertinas perdidas,* como *Mamma* califica a las muchachas independientes. Ahora, conociéndolas de cerca, se compara. Y la comparación deja en evidencia una rigidez que ha soportado con estoicismo pero que ya no tiene sentido, y eso la subleva interiormente.

Esta percepción, claro, no es la de su familia, y aunque ella ha aprendido a ignorarlos, un domingo cualquiera saltan las diferencias a la luz. Ese día, como siempre, Elvira y Lusa ayudan con la preparación de la comida, mientras van llegando los familiares que se dirigen a sus actividades acostumbradas: Los hombres se sientan en el patio bajo la parra a charlar, fumar y tomar un vermut, comentando las novedades de la formación de los equipos del partido de fútbol que escucharán después del almuerzo, o las novedades políticas de la semana. Las mujeres preparan la mesa y completan los detalles para el almuerzo.

En esas ocasiones Paco se reúne con los demás. Como no le interesa el fútbol, ni sigue las peripecias de los campeonatos, escucha interesado pero no interviene en la conversación. Regularmente todos festejan los chistes de subido tono que trae Víctor de la oficina, mientras cuidan de que no haya alguna presencia femenina cerca. En ocasiones Roberto o Carlos también contribuyen con algún chascarrillo inapropiado. Carmelo y Paco ríen de las ocurrencias, pero nunca participan. Otra cosa es cuando se habla de temas generales, o de política. En muchas oportunidades ambos se han encontrado coincidiendo, y en total oposición a Carlos, Víctor y a veces hasta Roberto.

Ese domingo, después de un comentario que hace Paco sobre la conflagración que asola a varios continentes, Víctor le pregunta directamente si es que él es socialista o comunista. Paco lo mira con extrañeza.

—No. Ninguno de los dos. Soy republicano español, por si no te has dado cuenta, y simpatizo con los radicales de FORJA.

—Es que los republicanos son todos izquierdistas —observa Víctor, con su habitual aire de conocedor—. Son comunistas los que mandaron el tesoro español a Rusia.

—Pues estás equivocado —responde él, visiblemente molesto—. No todos están de acuerdo con ese saqueo del oro. ¿Por qué no te informás? Hay muchos grupos entre los republicanos, pero a los fascistas les conviene tildar a todos de comunistas, así pueden ponerse en el lugar de los bienhechores y salvadores. Pero no es así.

—¿Qué tienen de malo los fascistas? Ponen orden, y mirá los progresos que han conseguido —insiste Víctor.

—Depende de qué es progreso para vos. Algunos lo llaman retroceso.

Carmelo, inquieto por el giro que va tomando la conversación interviene:

—Desde acá no sabemos bien cómo es y cada uno tiene derecho sus ideas políticas. Por un lado lo que pasa en España es malo, pero por ejemplo, muchos piensan que es bueno cómo Mussolini ha reorganizado a Italia. Así que no hay una sola receta para todo el mundo, creo yo.

—Usted tiene razón, don Carmelo —asiente Paco, conciliador, aunque no convencido—, no hay verdades absolutas, solo lo que uno puede ver por uno mismo.

Víctor lo mira con desconfianza, y es evidente que no ha modificado su opinión sobre la extremista posición de todos los republicanos españoles. Él conoce el tema de cerca. Su familia viene de allí, y los que quedaron en la madre patria están muy conformes con el orden y la reimplantación del catolicismo conservador que ha traído el triunfo de Francisco Franco. En vez de banderas rojas, libertinaje y redistribución de riquezas, ahora imperan las tradiciones sociales y religiosas que hicieron grande a España.

Cuando Inés llama a la mesa, el áspero intercambio ideológico entre los dos está todavía en sus mentes mientras la conversación general, iniciada por Carmela, gira en torno a una historia que está sucediendo en el barrio. Los hombres se ubican en sus sillas y las mujeres comienzan a servir la comida.

—¿Y cuándo se casa, entonces? —pregunta Mena con interés, sentándose al lado de Carlos.

—Dentro de dos semanas, —responde la hermana mayor, con voz escandalizada—. ¿Podés creerlo?

Elvira llega de la cocina con una fuente.

—¿De quién están hablando?

—De la vecina de la otra cuadra, la hija de doña Cata, ésa que está embarazada —explica Carmela.

Ah, sí, yo también escuché que se casa con Mario, el muchacho de enfrente. ¡Qué sorpresa!

—¿Por qué—pregunta Carmelo—. Si esperan un hijo, es lo decente para hacer. Casarse.

Las hijas ríen de buena gana, e Inés le explica:

—Vos no conocés el asunto, *Carmé*, lo que pasa es que la chica se quedó embarazada de un noviecito que la dejó, y resulta que ahora el vecino de toda la vida, Mario, le ha propuesto casamiento para darle un nombre al chico y salvar la honra de ella.

—¿Qué hombre hace una cosa así? —Ríe Carlos—. Una mujer embarazada de otro...

—Imaginate —lo acompaña Víctor— ¿Qué clase de tipo es ese Mario? ¿De dónde salió?

—No sé —intercede Mena— se casan de apuro, pero el muchacho parece feliz. La quiere.

—Dicen que eran filitos cuando chicos —agrega Lusa—, y parece que él siempre la quiso...

Paco ha escuchado la conversación en silencio, y no puede contenerse.

—¿Y por qué tiene que ser una clase de tipo especial? ¿No será porque es lo decente para hacer, si es que él valora a esa mujer?

Elvira se mueve en la silla, nerviosa, y mira de reojo a sus hermanas, que tienen la vista fija en él.

—¡Vamos, che! ¿Vos te casarías con una mujer que fue preñada por otro? —pregunta Víctor, burlón.

—Si yo la quisiera, y supiera que con ella quiero pasar mi vida, por supuesto que sí —responde él con naturalidad, y sigue comiendo.

Todos se quedan en silencio, mirándolo. Paco levanta la vista, y sonríe ante los ojos incrédulos de la familia clavados en él. Se encoge de hombros, y agrega:

—¿Qué importancia tiene? Si el real padre no quiere hacerse responsable, y él la quiere. ¿Qué importancia tiene de quién es el hijo, después de todo?

Se hace un tenso silencio, lleno de miradas mordaces que se cruzan entre los hombres que Inés, incómoda, rompe:

—¿Alguien quiere más *macarrones*? —pregunta, y como no hay respuesta agrega—: *Carmé*, dame tu plato, que te sirvo más. Lusa, alcanzale el queso rallado a papá, *per favore*.

Elvira mira a Paco con creciente admiración. Nunca creyó que él se atrevería a decir una cosa tan independiente frente a su familia. En este momento lo valora aún más por la fuerza de sus convicciones y por el sentido común que tiene. Ella quiere pensar así, quiere tener esa libertad para opinar distinto de los otros, quiere ese valor de poder negarse a prejuzgar y poder evaluar las cosas con una escala de medidas distinta a la de su familia.

Un par de meses después de ese domingo, y cuando él le propone matrimonio aprovechando un rato a solas en el zaguán antes de despedirse, Elvira está preparada para ir al fin del mundo con ese hombre tan distinto de todos los que ha conocido hasta ahora. Busca sus ojos, emocionada, sosteniendo la ansiosa mirada de él por unos segundos.

–¡Claro que sí! –responde, y su *sí, acepto,* es el beso más atrevido, largo y apasionado que ha dado y recibido en su vida de mujer enseñada a contener y sofocar rígidamente las emociones.

Despedida de solteros

La boda se fija para el 18 de diciembre de 1943. Tiene cinco meses para preparar todo, y Elvira siente que los días transcurren como en un sueño. Sabe que ha dado un paso definitivo y que su vida va a cambiar, como planeaba, pero en forma muy distinta de lo esperado. Y la felicidad la inunda, pues nunca ha tenido una comunión espiritual con nadie como con él.

Por su parte, Paco no ha terminado el resto del trabajo en Rumipal ese invierno, y continúa viajando esporádicamente al complejo hotelero cuando las clases de la escuela se lo permiten. El fin de semana del 9 de julio, para celebrar la Independencia patria, el municipio de Río Tercero organiza un gran picnic y un festival folklórico. Actuarán grupos locales y también una escuela de danzas nativas tiene a cargo la coreografía de varios bailes.

Él se ha anotado para bailar el Pericón con un grupo compuesto por trabajadores de la hostería y de otros establecimientos de la zona turística. Elvira se entusiasma con la idea y acepta ensayar los pasos de baile con sus amigos. Helena y Daniel y sus dos parejas también han aceptado participar de la danza. Los varones deciden alquilar sus prendas gauchescas, y Elvira se ofrece para coser un par de trajes sencillos de paisana para Helena y para ella.

El domingo del festival parten todos al amanecer en el primer coche que sale de la estación de ómnibus hacia Río Tercero. Además de Lusa, Amanda, Nicolás y Porota se han sumado al grupo. María ha pretextado algo relativo a un compromiso previo con Marcos.

Al llegar a Rumipal son recibidos por los compañeros del hotel. A las diez, después de un refrigerio criollo de mate cocido con facturas, el público ya ha llenado la plaza a donde está el palco en que actuarán los conjuntos. La representación del tradicional e infaltable Pericón, a pesar de los pocos ensayos sale bastante aceptable y cosecha muchos aplausos. Después de un asado precedido por empanadas criollas y regado con abundante vino tinto, los participantes y el público se mezclan, algunos para tentar suerte en las competencias de destreza que se han organizado, y otros para disfrutar de los juegos y kioscos de tiros al blanco en el parque de diversiones ambulante que se ha instalado en el predio.

Paco les ha presentado a sus compañeros de trabajo, entre los que hay una muchacha bastante bonita, Irma, quien lo trata con mucha confianza y que al estrecharle la mano ha mirado a Elvira sin ninguna simpatía. Ella la ignora al principio, pero hacia la tarde Irma se las ha arreglado para hacerse ver por Paco y cruzarse con él en tantas oportunidades que finalmente Elvira termina más que intrigada.

—¿Por qué esa chica Irma ha estado revoloteando a tu alrededor toda la tarde?

Él se encoge de hombros, restándole importancia.

—Tiene confianza conmigo, somos amigos—. Después de una pausa agrega—: Hace un par de años salimos juntos por un tiempo, cuando yo empecé a venir a Rumipal —y la mira a los ojos —. No me vas a decir que estás celosa, ¿no? Fue una simpatía superficial, duró muy poco y nunca tuvimos nada serio.

—Está bien —responde, aún con duda—. Te creo, pero me parece raro cómo ella se las ingenia para estar cerca de vos todo el tiempo.

—No me había dado cuenta —dice él con aire sincero—. No tiene por qué estar alrededor mío, o nuestro. Ella tiene novio ahora, según me han dicho.

Cambian de tema, pero a Elvira le queda una pequeña espinita de duda que no puede quitarse fácilmente por el resto de la tarde. Gira en su mente un comentario que Lusa le hizo hace mucho tiempo, poco después de conocerlo, y eso la inquieta. De regreso, sentados en el ómnibus que los lleva a Córdoba y lejos del alcance de los oídos de los demás, él le dice, tomándola de la mano y con aire grave:

—Acerca de esa chica, Irma. Te quiero aclarar que lo que te dije es verdad, y que ella es parte de toda una historia vieja de amoríos que quedó atrás. Te lo aseguro. Quiero que me creas, y que estés tranquila.

—Te creo, aunque a veces no sé, las chicas te miran de una forma...

—¿No te diste cuenta de cómo te miran los muchachos a vos? —Sonríe él—. Imaginate si cada vez que alguien se da vuelta a mirarte voy a ponerme celoso...

—A mí no me miran tanto, sabés bien. Por lo menos no me miran tanto como ellas a vos.

—Vos sos la única para mí, creeme. Si no fuera así, yo no estaría aquí.

Ella sonríe, más tranquila. Hasta ahora él no le ha dado ninguna razón para tener celos o dudar de su cariño y sinceridad. No quiere juzgarlo a través de los ojos de otros. Paco no es convencional y fácil de ubicar en un casillero, como la mayoría de los hombres. Como los de su familia, por ejemplo.

Elvira hubiese querido que Carmelo fuera el padrino de bodas, pero el padre cede su puesto a Nicolás, ya que María ocupará el lugar que hubiera tenido Isabel al lado de su hijo en la ceremonia.

—Me gustaría mucho, *figlia*, pero será mejor que dos personas jóvenes sean los padrinos —dice Carmelo cuando ella le habla del tema.

Mamma también está de acuerdo con él, y Elvira, como de costumbre, acepta el deseo de los demás sin objeciones. Será original, pues los padres de ambos novios cumplen ese rol, pero no le disgusta la idea.

Para sorpresa de Luis y de Amanda, y gran felicidad de Paco, María se ofrece para acompañarla a comprar la tela para el vestido de novia, y quedan de encontrarse en el centro. Lusa y Mena se encargarán de coser del traje.

—Quiero algo sencillo —dice Elvira cuando comienzan a mirar modelos—, pero no sé qué tipo de tela elegir.

—Se usa el satén —dictamina María con aire terminante—. Es lo más moderno.

Elvira no está convencida, pero María la intimida, y aún más en este momento. Están a solas, y al no tener otra persona para contrapesar la categórica opinión, no se opone. Eligen un satén color blanco marfil, y comienzan a buscar modelos, entre la cantidad de figurines que la casa de telas tiene disponibles.

—Me gusta éste —dice Elvira, mirando un traje con falda amplia.

—Te va a hacer gorda, es muy ancho abajo —objeta María, y aunque Elvira sabe que por lo delgada que es ella ese modelo la beneficiaría en vez de perjudicarla, no dice nada.

—Este te va a quedar mejor —agrega, levantando otro modelo impreso— ¿No te parece?

Elvira tiene sus dudas, pero le da vergüenza decirle que no está convencida del todo. María parece saber exactamente qué le hace falta. Tampoco quiere mal disponerse con su futura cuñada, ya que se ha ofrecido a ayudarla con tanta buena voluntad en muchos detalles, algo inesperado pero que ella ve como un buen augurio.

Es así que acepta la opinión de la otra y sus hermanas terminan cosiéndole un vestido que no la convence mucho pero que parece satisfacer a todos. El satén es pesado y cae recto sobre su delgada figura. El efecto es elegante, no puede negarlo, aunque ella hubiese preferido algo con más volumen, con más cuerpo, como algunos de los trajes de novia que ha visto llevan las actrices de Hollywood en los últimos tiempos. Pero por un detalle menor como ese no quiere arruinar las incipientes relaciones con su futura hermana política.

Dos meses antes de la fecha fijada, Elvira y Paco se encuentran por primera vez a solas en el centro de la ciudad. Deben elegir los anillos de boda y deciden ir al Trust Joyero Relojero.

Ella baja del tranvía en la esquina de la Avenida Ancha y Colón, a la hora convenida, y él ya está esperándola. Como la tarde es tibia y agradable, caminan lentamente, del brazo, mirando vidrieras hasta la esquina del Trust, en San Martín y 25 de Mayo. Elvira se siente extraña, caminando sola por el centro con él y sin acompañante. Cuando Lusa declaró que esa tarde ella tenía un encuentro con sus amigas en el barrio y que no podría acompañar a los novios, *Mamma* no hizo ninguna observación, dando por sentado que ella podía ir de todos modos. Y así quedó decidida la primera cita de los novios a solas, que, Elvira reflexiona ahora mientras caminan, resulta un poco vergonzoso que suceda recién a esta altura, cuando ella tiene casi veintinueve años.

Eligen dos anillos de oro dieciocho quilates, no demasiado gruesos ni anchos. Ella sabe del magro salario de él en la escuela, y no quiere provocar gastos innecesarios. Cuando llega el momento de decidirse por la alianza de compromiso, Elvira opta por un cintillo de pequeños brillantes, cinco en fila, que luce muy bonito y va con su sobria personalidad.

Salen a la calle, satisfechos con la compra y como es temprano, Paco la invita a tomar algo en un café. Cruzan la plaza San Martín, que a esa hora está llena de chiquillos corriendo a las palomas, y él elige el elegante bar del hotel Crillón, sobre San Jerónimo, a donde la mayoría de las mesas ya están ocupadas.

– Yo voy a pedir un *chop de cerveza*. ¿Te pido una cervecita a vos también?

—No, ya sabés que no tomo nada alcohólico a esta hora del día —lo reprende ella.

Elvira está por pedir una Chinchibirra pero se decide por una Coca–Cola, la nueva bebida norteamericana que anuncian por todas partes. Él enciende un cigarrillo y aunque ella no fuma, ya está tan acostumbrada al humo y al olor del tabaco que no le molesta en absoluto. Por el contrario, es un signo varonil, pues casi todos los hombres fuman. Paco es muy atractivo, se parece a Don Ameche, el actor de Hollywood, y más aun así, con la cabeza inclinada y el cigarrillo en la mano.

El mozo les trae una pequeña picada y ellos charlan por más de media hora, con las manos enlazadas por arriba de la mesa, mirándose a los ojos, diciéndose requiebros que ella disfruta inmensamente.

—Me gusta esto de salir sola con vos —dice sonriendo, y suspira—. ¿Te diste cuenta de que es la primera vez que estamos solos en una cita?

—Claro que me di cuenta —dice él con un guiño picaresco—. Qué distinto es estar tranquilos, así, ¿no?

—Sí, este es uno de los días más felices de mi vida. Los anillos son hermosos.

—Hubiera querido poder comprarte algo más caro, más valioso...

—Están perfectos. Son valiosos para mí. El cintillo es hermoso.

Él la mira con ternura. Y después de un momento agrega:

—Decime, ¿Qué te parece si te pido que pasemos un rato a solas, los dos?

Ella frunce el ceño, confundida, pero intuyendo qué camino sigue el diálogo.

—Estamos a solas. ¿Qué querés decir?

—Bueno, estamos en una confitería, llena de gente... —duda un momento y luego la mira a los ojos, con aire decidido. Carraspea y le dice en voz baja pero bien clara—: Te estoy pidiendo que vengas conmigo arriba, a una habitación, a que estemos solos los dos, por fin.

Hay un silencio en el que Elvira lucha para que el habitual e inoportuno rubor adolescente no le suba a la cara, mientras busca las palabras para decirle lo que piensa sin herirlo.

—Paco, no me vas a creer si te digo que no sé qué decirte porque es la primera vez que me piden una cosa así. Siempre pensé que si un momento así llegaba con alguien, iba a dejarlo plantado a donde fuera. No puedo ni quiero hacer eso, pero tampoco voy a ir a una habitación sola con vos antes de la noche de boda. No me lo pidas nunca más, y no hables de esto nunca más, por favor – concluye, ruborizada y con el corazón latiéndole aceleradamente.

Él la mira en silencio mientras ella habla, serio, hasta que por fin, sonríe con un aire culpable y suspira hondo.

–Es que te adoro y no veo la hora de estar con vos a solas, negrita querida.

Ha usado el diminutivo cariñoso con el que la llama cuando están abrazados, diciéndose mimos en el zaguán, y ella se enternece. Cómo va a comprenderla él, se dice, si los hombres son libres de actuar de acuerdo a sus impulsos y cuando se les ocurre. Pero ella es una mujer honesta, y no puede ceder.

–Yo también, y vos lo sabés, siento cosas, pero no quiero hablar de eso ahora–. Hace una pausa y dice con un tono conciliador–. Si no te parece mal, ¿podés pedir la cuenta?

–Perdoname, Elvira, no quise ofenderte.

–No me has ofendido –ella sonríe con cariño mientras se echa hacia atrás en la elegante silla tapizada–. Pero creo que es hora de volver a casa.

Salen a la calle y él pone su brazo sobre los hombros de ella. Así caminan, muy juntos, despacio, hasta la parada del tranvía que los llevará hasta Alto Alberdi. Porque él siempre la acompaña hasta la puerta de su casa.

Entre amigos y hermanos se organiza una despida de solteros. Como todos guardan muy buenos recuerdos de la noche pasada en el *Balneario Shore* el año anterior, se decide por unanimidad que ese es el lugar ideal para la celebración. Lusa y Mena se encargan de avisar a los amigos que ya no frecuentan como antes, y así también contactan a Lidia, la vieja amiga de Elvira que se ha casado hace ya un par de años pero todavía vive en Alberdi.

Por su trabajo de referí oficial, Nicolás va a menudo al Club Belgrano a arbitrar encuentros provinciales. Un domingo después del partido se cruza, como en tantas otras oportunidades, con Roberto Cisneros en los vestuarios de los jugadores. Cisneros es parte del personal técnico estable del club y asiste a los deportistas con las lesiones que sufren en el campo de juego. Por falta de un nombre profesional, todos los que realizan esa labor son llamados familiarmente masajistas o *hueseros*.

Tano está vistiéndose frente a las duchas y como en ocasiones ambos han intercambiado comentarios de las jugadas, se saludan. Pero esta vez Cisneros se detiene y le comenta:

—Me han dicho que Elvira se casa pronto...

Sorprendido, Nicolás finge tener dificultades para calzarse una manga de la camisa, mientras piensa en qué responder, cómo es que se habrá enterado y por qué le interesa, después de tantos años en que ninguno de ellos mencionó el nombre de la hermana.

—Sí, es cierto, se casa en diciembre —dice por fin.

—Así me comentó Lidia. ¿Sabías que somos vecinos ahora? Ella y el marido compraron una casa cerca de la mía.

—Ah, claro, ella te contó, entonces —dice él, por cortesía y para decir algo.

—Así que les hacen la despedida de solteros en el *Balneario Shore*, ¿no?

—Sí, en dos semanas. Lidia te habrá dicho, nos juntamos un grupo de amigos y familiares, nada formal. No es una fiesta, es solo un grupo grande.

—Es una buena chica, tu hermana, espero que sea muy feliz.

—Yo también. Se casa con un buen muchacho—. Y después agrega, para poner las cosas en su lugar—: ¿Vos te casaste ya hace unos años, no?

—Sí. Con una excelente mujer, y felizmente andamos muy bien —sonríe ampliamente, con un brillo sincero en los ojos verdes que no deja dudas.

Se hace un silencio en el que Nicolás aprovecha para poner una excusa y despedirse. Camino a casa se promete no mencionar el extraño intercambio a Elvira o a nadie de la familia, y todavía no se explica bien por qué ha sucedido.

Amanda ha llamado a la *boîte* por teléfono y ha reservado cinco mesas grandes. Tiene unas treinta personas confirmadas. Para esa noche está programado un grupo de músicos con dos vocalistas, y se anticipa que el salón va a estar lleno desde temprano.

En efecto, las mesas se ocupan pronto y para cuando llegan Elvira y Paco al salón todos los participantes de la despedida los festejan con vivas y aplausos. Han ordenado una picada especial que resulta deliciosa. Las bromas y comentarios son muy halagadores y Elvira se siente completamente feliz. Como de costumbre, cada dos o tres piezas ellos bailan un par de temas con sus amigos, para luego danzar juntos nuevamente por un rato.

Después de un intervalo de la orquesta Paco saca a bailar a María, quien está acompañada por Marcos y ha bailado con él toda la noche. Marcos se ha enfrascado en una charla con dos amigos y Elvira está sentada al lado de Mena, conversando. De pronto ésta fija los ojos en algo por encima de la cabeza de su hermana, quien se vuelve para ver qué es. Frente a ellas está parado Roberto Cisneros, sonriente, invitándola a bailar. Elvira necesita un par de segundos para reponerse de la sorpresa, y finalmente se pone de pie.

Temblando un poco por los nervios, camina hacia la pista seguida por él. Mira a su alrededor para ver si alguien ha reparado en lo que está sucediendo, pero no encuentra a nadie conocido entre tantas parejas que giran al compás de la música.

No entiende bien cómo es que él está allí, ni y por qué están a punto de bailar juntos.

Cuando él pone la mano en su cintura y dan los primeros pasos ella se siente más calma. El silencio que hay entre ambos le permite analizar qué es lo que está sintiendo, quiere saber qué pasa dentro de ella en este momento, y no encuentra nada más que curiosidad y extrañeza.

Pensar que años atrás hubiese dado cualquier cosa por estar así, cerca de él, una vez más, se dice. Nota que él ha cambiado. Subió de peso, ya no es el delgado y atlético muchacho de hace una década. *Yo también debo haber cambiado mucho. ¿Cómo me verá ahora?*

Por fin él la aleja un poco y la mira a la cara, sonriendo. Son los mismos ojos llenos de vida que ella conoce y eso la hace sentir en paz. Es el mismo de siempre, lo intuye.

—Te preguntarás por qué estoy aquí y por qué te invité a bailar...

—Sí, es cierto, no entiendo por qué. ¿Cómo es que viniste aquí justo esta noche?

—Porque sabía que les hacían la despedida de solteros hoy. Me lo dijo Lidia.

—¿Lidia sabe que estás aquí?

—No le dije que vendría. Pero me debe haber visto cuando recién te saqué a bailar. Estaba sentada en una mesa al lado de la tuya, ¿no? —Y agrega, como si quisiera aclarar el tema—: Yo estoy con mi señora y otra pareja de amigos, en una mesa cerca de la puerta de entrada.

Ella lo mira, todavía interrogante. Él suspira hondo, y después de unos segundos vuelve a mirarla a los ojos.

–Si te preguntás si mi señora sabe que estoy bailando con vos, te digo que sí. Y si me preguntás si es que ella sabe quién sos y que pasó entre nosotros, también te digo que sí.

–¿Estás seguro? ¿No es celosa? –pregunta sin pensar.

–No, no es celosa. Por lo menos no con esto. Me conoce bien. Sabe que la quiero muchísimo y que nada va a cambiar eso. Pero también sabe bien lo que pasó entre nosotros y que es un recuerdo que vale mucho para mí. Nada puede cambiar eso tampoco. Va a estar ahí para siempre.

La música ha cesado y todos aplauden a la orquesta, que se prepara a encarar el próximo tema. Mientras él busca algo en el bolsillo interior del saco, ella involuntariamente mira a su alrededor. Se cruza por un instante con los ojos interrogantes de Lusa, sentada a la mesa, no muy lejos. Finge no verla y vuelve su atención a Roberto, quien está abriendo su billetera de la que extrae, a medias, una pequeña fotografía de ella. Es una vieja foto carnet, pequeña, que Elvira le dedicó cuando salían juntos y que había olvidado totalmente. Turbada, levanta los ojos hacia él, mientras lo escucha decirle, con voz calma:

–¿Ves esta foto? La llevo conmigo siempre. Y mi señora sabe que está ahí.

–¿Por qué? ¿Cómo es que la tenés todavía? Ya no me acordaba...

Comienza otro foxtrot y Elvira suspira reanimada. Lo que menos quisiera ahora es que toquen un bolero u otro tema lento. Está tratando de procesar mentalmente lo que él ha dicho, y no está segura de entenderlo bien. Él ha guardado la billetera y la toma por la cintura nuevamente, sonriendo como antes.

–Mirá, Elvira, quiero desearte toda la dicha del mundo. Sinceramente. Que seas tan feliz como soy yo, porque la verdad es que encontré una mujer que vale oro. Y también quería despedirme de vos–. Se hace un silencio y él continúa–: Lo que pasó entre nosotros se terminó hace mucho, pero eso no quiere decir que no tengamos que recordarlo con cariño. Fue muy lindo y nos costó mucho recuperarnos cuando se terminó. Guardémoslo en la memoria porque tiene mucho valor.

Elvira necesita unos segundos para responderle.

–¿Sabés que tenés razón? –dice con sinceridad, conmovida. Porque él ha dado en la tecla justa, es exactamente lo que ella está sintiendo y no hubiera podido expresar jamás de esta forma–. Yo también soy muy feliz con Paco, es un hombre muy especial, y estoy muy contenta porque voy a casarme con él. Pero es cierto, lo que nosotros tuvimos hace tanto tiempo es un lindo recuerdo...

—Guardémoslo así, entonces —dice guiñándole un ojo, con ternura, como amigo, y ella se siente agradecida porque él sea como es—. La próxima pieza la voy a bailar con mi señora. Gracias por acompañarme, Elvira, y otra vez, te deseo todo lo mejor.

La escolta hasta la mesa, y de paso saluda con la cabeza a Lusa, quien está evidentemente ansiosa por averiguar qué pasa. Otros comensales se sientan también, pero como Paco sigue bailando, ahora con otra amiga del grupo, Elvira le hace señas a su hermana para que la acompañe al baño.

Cuando están a solas, Lusa la toma del brazo.

—¿Qué pasó? ¡Contame!

Elvira sonríe, en paz consigo misma y con el mundo.

—Nada. No pasó nada. Quería desearme que sea muy feliz. Y contame que él es feliz también—. Hace una pausa ante la sorpresa de la hermana—. Sabés, Lusa, yo no lo sabía hasta ahora, pero también necesitaba este ratito con él. Es como si hubiéramos cerrado del todo una puerta que estaba todavía entornada.

Y mientras lo dice, comprende que ahora él está libre para deshacerse de la vieja foto.

—Mirá que sos loca, las cosas que se te ocurren —interrumpe la hermana, haciendo un gesto de incredulidad—. Suerte que Paco no es celoso, que si no...

—Los celos son una estupidez, Lusa. Solo sirven para arruinarle la vida a la gente. Yo he tenido la suerte de que los únicos dos hombres que se me acercaron de veras no estén en esa pavada.

—No sé, che —responde la hermana con dudas—. No sé si es una pavada. Hay gente que llega a matar por celos.

—Bueno. Ahí tenés. Eso te lo dice todo.

Los García Aversa

Apenas los novios fijan la fecha Inés es la primera en preguntar en qué iglesia van a casarse. En una fresca tarde de otoño están sentados en el comedor, escuchando algunos 78rpm de pasta que Roberto pone en el nuevo tocadiscos que reemplazó a la vieja victrola de Carmelo.

Elvira responde sin dudarlo:

—En María Auxiliadora, claro. ¿No te parece, Paco? La Iglesia de San José es linda, pero no la siento tan mía como a la otra.

Él se encoge de hombros. Si hubiese sido su elección, hubiera firmado en el Registro Civil y dado por terminada la cosa. Las ceremonias religiosas siempre le parecieron superfluas, pero no puede decirlo en voz alta frente a esta familia. Como tampoco se hubiera atrevido a decirlo frente a su madre, que en paz descanse, por lo piadosa que era.

—Lo que vos elijas me parece perfecto, Elvira —responde cortésmente.

—Entonces será en los Salesianos nomás —dice ella, dando por finalizado el tema—. Tenemos que reservar la fecha apenas podamos.

La basílica de María Auxiliadora es a donde los Aversa Yanicelli han bautizado a todos sus hijos y en la que las dos mayores contrajeron nupcias. Ahora es el turno de Elvira, y la emociona la importancia del momento. Se siente afortunada cuando los aceptaran para el sábado 18 de diciembre aunque por un momento y al ver la larga lista de parejas registradas, temió que no hubiese más turnos libres.

De vuelta en casa, Carmelo les hace notar, en una de sus ocasionales pero agudas observaciones, que el precio de la ceremonia ha subido notablemente desde que Mena se casó hace tres años. Y agrega, con tono mordaz:

—No creo que los padres salesianos dejen de anotar a ninguna pareja si es que eso baja sus ganancias. Aunque tengan que oficiar casamientos hasta la media noche.

—*Carmé* —lo recrimina Inés—, vos siempre encontrándole el lado malo a todo.

–Bueno, eso es lo que he visto siempre de esos señores. Lo más importante es cuánto van a ganar. Todo lo demás viene después.

–Elvira, no le hagas caso a tu padre.

Carmelo mira a la hija con una sonrisa cómplice, mientras ella le hace un gesto cariñoso de regaño a espaldas de *Mamma*.

Noviembre ha llegado con el calor que anticipa otro largo verano para Córdoba. Inés está preparando el mate de media mañana mientras Carmelo lee *La Voz del Interior*, sentado a la mesa de la cocina.

–*Añé*, mirá, aquí está el aviso que pusieron Elvira y Paco.

–A ver, dejame ver... sí –dice, ajustándose los anteojos de marco plateado–. Cuando ella venga del taller le voy a decir que lo recorte, para guardarlo de recuerdo.

Toma la página que Carmelo le extiende, y lee en voz alta:

"Compromisos:

El 4 de diciembre próximo será formalizado el compromiso matrimonial de la señorita María Elvira Aversa Yannicelli con el señor Francisco García Cintas.

Hará la visita de estilo el señor Luis García".

¿Te diste cuenta que escribieron mal mi apellido? Con dos enes. Pobre *Tata*, no solo le cambiaron la inicial I por una Y cuando llegó al puerto, sino que siguen escribiéndolo mal.

–Es porque no saben italiano y se confunden. Además él no sabía leer ni escribir.

–Tengo que pensar qué voy a cocinar para ese día –Continúa ella, sin prestarle atención–.¿Te parece que se habrán cansado de comer pastas? Son españoles... comen muchos mariscos, pero yo les tengo desconfianza a los mariscos acá, con este calor...

–Cociná lo que quieras. Todo lo que hacés es muy rico... los novios ni se van a dar cuenta de qué preparaste.

–Yo lo hago para Don Luis, que es tan amable y la aprecia tanto a Elvira. No como la hija mayor, que es bastante odiosa. No creo que esté muy contenta con el casamiento.

–Dejalos, que se arreglen ellos. Cada uno en sus cosas, no te metas.

–Claro que no –responde ofendida–. Vos sabés que yo no intervengo más en la vida de Elvira.

–Hmm, espero que no.

–Si ya tomaste ese mate, devolvémelo. Y dejá de criticarme, haceme el favor.

Paco se pone de pie, alisándose los pantalones, y sale a la galería con rumbo a la puerta cancel.

Inquieta, después de mirar la hora en el reloj de la cocina, Inés se asoma a la puerta para llamar.

–Está bien, doña Inés, tenemos tiempo –dice Paco, sonriendo.

–Apurate, Elvira, te estás demorando mucho, hija–, llama ella, sin escucharlo.

Elvira termina de acomodarse los bucles en el espejo del baño y responde desde el pasillo:

–Ahora salgo, *Mamma*, dígale a Paco que ya estoy lista.

–Está esperándote en el zaguán desde hace rato, ya se aburrió de tomar mate.

Doblando un cárdigan de hilo sobre su brazo, y con la cartera todavía abierta, Elvira pasa corriendo por la puerta de la cocina, desde donde Inés la ha estado llamando.

–No es tarde, el tranvía demora cinco minutos en llegar a la plaza Colón –dice al pasar frente a la madre.

Paco, vestido con un traje de hilo color crema, camisa y corbata formal la mira llegar y le sonríe. El día es caluroso y ella lleva el abrigo liviano porque no puede entrar a la iglesia sin cubrirse los brazos. El vestido de verano que ha elegido para hoy tiene mangas muy cortas.

–Estás preciosa –la recibe él, cariñoso, dándole un beso muy ligero para que el carmín de los labios de ella no quede impreso en los suyos.

–Vos parecés un actor de cine con ese traje. Te queda pintado.

Paco está por agregar algo pero Inés llega con una pregunta.

–Elvira, ¿llevás la mantilla?

–Pero sí, *Mamma,* no se preocupe, ni que fuera la primera vez que voy a la iglesia.

–Vayan, vayan –los apresura la madre. Cuando salen a la vereda se queda un rato mirándolos caminar hacia la esquina y luego cierra la puerta satisfecha.

Bajan del tranvía en la esquina de Colón y Nicolás Avellaneda, frente María Auxiliadora y suben los peldaños que lleva a la imponente puerta de entrada de la iglesia.

—Estoy un poco nerviosa —murmura Elvira después de persignarse al entrar en la inmensa nave, casi vacía a esa hora.

—Yo tendría que estar nervioso, no vos —responde él también en voz muy baja—. Hace una ponchada de años que no hablo con un cura.

Y no agrega más, porque recuerda que la última vez que lo hizo fue en malos términos, con un fraile prepotente, allá por la época en que enterraron a su madre.

Avanzan hacia los confesionarios cercanos del altar y después de arrodillarse unos minutos toman asiento, muy juntos, esperando a que alguien aparezca. Una señora de mediana edad se marcha después de la confesión, y ellos se ponen de pie, indecisos.

Por fin un sacerdote robusto y de gesto amable sale de la puerta de la sacristía y baja los pocos peldaños del altar mayor hacia ellos.

—¿Elvira y Francisco? — pregunta, no muy seguro.

—Sí, padre —se apresura ella.

—Síganme.

Los precede hasta que llegan a una oficina anexa a la sacristía, a donde toman asiento frente a él. Durante una media hora, con aire paternal, les habla de la importancia de los votos que van a tomar y del valor de una vida matrimonial cristiana. Paco está un poco aburrido con la arenga, pero Elvira no pierde palabra, ni su gesto denota otra cosa que interés y reflexión.

Cuando el cura da por terminada la exposición, que él imagina tiene memorizada para todos por igual por la forma monótona en que la ha recitado, los guía nuevamente hasta la gran nave de la iglesia y les pide que esperen turno frente al confesionario. Pero antes de despedirse les dice sonriendo:

—Cuando viene a buscarlos no estaba seguro de que eran ustedes los novios—. Hace una pausa y agrega con una risita cómplice—: Ustedes parecen dos estudiantes jovencitos, y como están tan nerviosos, pensé que venían a confesar algún mal paso que habían dado. Me alegro que no sea así.

Elvira se ha ruborizado hasta la raíz del cabello y mira a Paco de reojo, buscando apoyo. Nerviosa, nota que él tampoco sabe qué decir. Pero es evidente que el religioso no espera nada, pues ya está bendiciéndolos con un distraído gesto de la mano antes de volverse hacia la sacristía.

Después de la confesión, salen de la iglesia en silencio.

—¿Qué fue ese comentario? —pregunta ella.

—No sé.

—Nos confundió con un par de chicos jóvenes...

—Es porque vos parecés una adolescente —dice él, rozándole la mejilla con los labios.

—Vos tampoco parecés casi treintón... —ella también ríe ahora, aliviada porque no sabe cómo categorizar el comentario del sacerdote, que la ha tomado por sorpresa, pero agrega—: ¡Shh, no me besés en medio de la calle!

El día de la boda llega por fin, soleado y caluroso. El bello vestido de satén, con su discreta cola que se arrastra solo un metro sobre el suelo está colgando de una percha en el dormitorio. Elvira ha pasado toda la tarde preparándose prolijamente. Mena llega después del almuerzo para ayudar en lo que haga falta. En un par de horas se marchará para vestirse y salir con Carlos de su casa.

Las hermanas están en el comedor y mientras Mena repasa prolijamente con la plancha el vestido que llevará *Mamma* esta noche, Elvira, con los ruleros puestos y la cara brillante de crema nutritiva, se pinta las uñas de un pálido color rosa.

—Lusa ¿cómo está tu vestido? —pregunta Mena—, ¿necesitás que lo retoque un poco?

—No, está bien. Lo preparé anoche. Yo tengo todo listo, gracias.

La hermana mayor ha estado mirando de reojo a Elvira, y por fin se atreve a preguntar:

—Decime ¿adónde va a comprar María el ramo de novia? ¿En qué florería era?

—No sé —responde con dudas— la verdad es que no me dijo. No quiso darme ningún detalle. Solo sé que te lo va a dar a vos, Lusa, para que lo tengas hasta que lleguemos Tano y yo. Vas a tener que esperarme en la puerta de la iglesia...

—Sí. No te preocupes. Yo te lo doy y entro a la iglesia. Papá y *Mamma* me van a guardar un lugar al lado de ellos.

Mena, que ha quedado pensativa, pregunta de pronto:

—Elvira, ¿no te parece raro que no te haya pedido que lo elijas vos?

–Bueno, sí, yo hubiera querido elegirlo, pero como se empecinó... No quiso saber nada–. Suspira y concluye, excusándose–: Mirá, Mena, yo puedo ponerme en contra de ella. Es un poco caprichosa y resiente mucho que el hermano se case, ya hablamos de esto antes vos y yo.

–Y sí –interviene Lusa–, por eso mismo Mena te lo pregunta. Porque es raro como se porta esa mujer con vos. Ni que fueras a robarle el hermano...

–Yo le pregunté a Paco y él me dijo que la dejara elegirlo, que eso la hace feliz, así participa en algo.

–Ya participa siendo la madrina, ¿no te parece? –comenta Mena con un gesto.

–Bueno, no sé–. Elvira trata de esquivar dar explicaciones en algo que ella misma no tiene claro todavía–. Supongo que Paco quiere tenerla de nuestro lado, en vez de que tenga celos.

–Qué contraste con la otra hermana. Ñata es tan buena, siempre amable y simpática. Pero ni ella ni Paco parecen darse cuenta de lo antipática que es esa María... O no quieren darse cuenta.

–Es cierto. Ella tiene una personalidad muy fuerte y ellos la dejan hacer. No creo que sea tan grave.

–Sí, supongo que sí –concede Mena, para no inquietar más a la hermana, y cambia de tema–. ¿Cómo es que arreglaron entonces para ir? ¿A qué hora los vienen a buscar?

Desde las seis de la tarde todos comienzan a prepararse y a las ocho y media en punto llega el auto que han alquilado para llevar a Elvira y Nicolás a la iglesia. También llegan los tres autos contratados para el resto de la familia, quienes partirán detrás de la novia pero que en el camino se anticiparán para llegar antes a María Auxiliadora.

Un grupo de vecinos está esperando a la novia en la vereda, frente a la puerta para saludarla y desearle felicidad. Ella, sale sonriente, sosteniendo la cola del vestido sobre un brazo y luciendo una pequeña toca con tul corto, en la cabeza y fijada casi a un costado. Está dispuesta a que las cosas marchen sobre rieles, como hasta ahora. Hoy es su día y va a disfrutarlo en lo que pueda. No importará si el ramo que le ha elegido María no es muy bonito. Va tener buena voluntad con todos y con todo.

El auto se pone en marcha con las luces encendidas adentro, como se estila, para que se sepa que lleva una novia, y es saludado por los que se cruzan con ellos y por las bocinas de otros automóviles en la calle. Pasan por la puerta de la iglesia, que luce imponente, profusamente iluminada y con la alfombra roja cubierta por la banda blanca que baja los peldaños hasta la vereda. El chofer baja la velocidad al acercarse, y un empleado de la parroquia, quien está organizando la entrada y salida de los distintos casamientos, les avisa con una seña que deben dar un par de vueltas más. Están atrasados con las ceremonias y como hay tantas bodas esa noche, a ellos les toca esperar un poco.

Nicolás la toma de la mano, y la palmea con afecto.

—No te preocupés. Ya vamos a entrar.

—Ya sé —dice ella— pero no me extraña, había tantos anotados para hoy que yo me imaginé que no iban a tener tiempo de casarnos a todos en horario.

Finge tranquilidad pero tiene las manos frías y transpiradas; está nerviosa, y un nudo en el estómago se empecina en no querer aflojar, a pesar de que trata de respirar hondo varias veces. Sin darse cuenta, estruja entre sus manos el pequeño pañuelo de seda bordado que *Mamma* le diera.

Después de un par de vueltas más, por fin, el empleado les señala que paren.

A los costados de la alfombra se amontonan grupos de gente que ha venido a ver a alguna novia conocida, y otros vecinos que en forma habitual curiosean las bodas los sábados por la noche como entretenimiento.

Suben lentamente la escalinata y cuando llegan al atrio se detienen a esperar a que las puertas del templo se abran para ellos. Entonces Lusa se adelanta. Elvira suspira con alivio al verla pero cuando comprende qué es lo que trae en las manos la mira perpleja.

—¿Y el ramo de flores? —pregunta con incredulidad. Lusa tiene en sus manos tan solo algunas calas, intercaladas con otras flores blancas que Elvira no identifica pero que parecen silvestres. La hermana sostiene los tallos con un pequeño papel.

—¿Dónde está el ramo de novia? —insiste con voz tensa.

Lusa está ruborizada, Elvira no sabe si de furia o de vergüenza.

—No sé, Elvira, esto es lo único que me dio para vos. Dice que no tuvo tiempo de encargar un ramo y que hoy cuando fue a comprarlo no había nada preparado en la florería…

Ella sigue mirando las simples calas en las manos de la hermana y no se atreve a tomarlas. Se escuchan las notas de la marcha y en cualquier momento las puertas se abrirán y ella tendrá que caminar hacia el altar... sin un ramo de novia formal. Trata de reponerse, mientras el corazón le late aún más fuerte que antes, cuando bajó del auto y creía que se le iba a saltar del pecho.

Nicolás levanta el brazo y lo pone en posición para que ella se tome de él.

—Elvira, tenemos que entrar pronto —le murmura, conmovido, sin saber qué más decir.

—Sí, sí, —repite ella, mientras repara en el pequeño pañuelo de seda banco que está apretando con fuerza en su mano, y comprende que tiene que actuar ya, porque estas pocas calas y florcitas silvestres serán su ramo, para bien o para mal.

Despliega el pañuelito, tratando de estirar las arrugas y toma los largos tallos verdes de las temblorosas manos de Lusa. Los envuelve de alguna manera con él y respira hondo, mirando a Tano con ojos húmedos de lágrimas que de ninguna manera va a permitir que salgan y arruinen su prolijo maquillaje.

—Gracias, Lusa —alcanza a decirle a la hermana quien la mira angustiada, señalándole la puertita lateral—: Andá nomás, entrá a la iglesia ahora. Así está bien.

Las puertas se abren lentamente y, mientras ella endereza los hombros y respira hondo, le dice al hermano:

—Vamos, Nico, entremos.

La iglesia está colmada de gente. En las primeras filas están los familiares, amigos y vecinos. Ella apenas los reconoce, tras el velo húmedo de lágrimas que realza las luces y las flores con un brillo particular. Allá al frente, a ambos lados del sacerdote, Paco y María están esperándolos. Él está más buen mozo que nunca. María, bella como siempre, lleva un elegante y moderno vestido claro, zapatos a la moda y le está sonriendo afectuosamente, como si nada hubiese sucedido.

En estos pocos pasos que le quedan hasta el pie del altar Elvira se dice que no va a permitir que esta mujer les robe la noche, convirtiéndose en la primera actriz. Y premeditadamente fija los ojos en él, en la tierna mirada con que su futuro marido la está recibiendo. Y eso, comprueba con asombro, es suficiente para que las sencillas calas, que en Córdoba no tienen más valor que una flor barata que crece en todos los jardines, se conviertan en las flores más bellas y elegantes que ha visto hasta ahora.

Porque ellas componen *su* ramo de novia.

El sacerdote que va a oficiar la boda parece ansioso por iniciar la ceremonia, y apenas se ubican frente a él, comienza a recitar su texto a toda velocidad. Paco la mira de reojo y ella no puede contener una sonrisa incrédula. Casi ni comprenden lo que está diciendo. Es así que de golpe escuchan que ha llegado a la inevitable pregunta:

–...entonces, María Elvira Aversa, aceptas por esposo a Francisco García Cintas... sí...

–Sí –alcanza a decir ella, sobre el *sí* del sacerdote, quien ahora está mirando a Paco, y ella no está segura de que su respuesta siquiera haya sido audible para él.

–Francisco García Cintas, ¿aceptas por esposa a María Elvira Aversa?

–Si...

Y el breve monosílabo, como el de Elvira, queda perdido en el torrente de palabras memorizadas con las que el apresurado oficiante concluye la ceremonia.

Cuando comprenden que ya ha terminado, pues el *ved con Dios* es acompañado por un gesto de las manos, y ya se escuchan las sonoras notas del órgano, ambos se miran, giran, y dándole la espalda al altar, comienzan a caminar con paso lento hacia la salida, seguidos por María y Nicolás. Atinan a sonreír y agradecer a la gente que los saluda y bendice al pasar por el largo camino hacia las bellas e imponentes puertas que ahora se abren.

Unos pasos antes de llegar al atrio vuelven a mirarse y no pueden contener una sincera carcajada. Elvira siente incredulidad de que su boda, esa ceremonia que ella imaginó tantas veces como algo solemne y prolijo, haya sido así, tan inesperada y llena de tropiezos.

Pero es *su* boda.

Mientras la lluvia de arroz desciende sobre ellos, bajan tomados de la mano y casi corriendo las escalinatas de María Auxiliadora, hacia el iluminado automóvil que los espera con las puertas abiertas al final de la elegante alfombra roja y blanca.

Suben, riendo felices, y no pueden dejar de reír hasta que una vez en marcha, y fuera del alcance de miradas ajenas, cae uno en brazos del otro.

Álbum Familiar

Boda Aversa Yanicelli-García Cintas, Diciembre 18, 1943
Nicolás, Elvira, Paco y María

Córdoba, Parque Sarmiento: Luis, Amanda, María, Isabel,
Rosita y Elvira - Primavera de 1947

Fotos pertenecientes al álbum de la familia García Aversa

Epílogo

Los Aversa Yanicelli

Elvira y Paco tuvieron dos hijas, Isabel Inés, nacida en 1944 y Rosa Amanda, en 1946.

En 1945 Nicolás Cayetano contrajo nupcias con Nilda Sánchez y al año siguiente tuvieron su primera hija, Silvia Estela. La segunda, Susana, llegó en 1958.

También en 1946 nació el tercer primo de la rama Aversa Yanicelli que llegaría ese año, Carlos Alberto, único hijo de Mena y Carlos.

Carmelo Aversa falleció en noviembre de 1952 de un derrame cerebral. Inés fue diagnosticada con un cáncer en el pecho tres meses después de su muerte y falleció en enero de 1956.

A comienzos de la década de los '50s Roberto conoció a Dive Abud y contrajeron matrimonio. De su unión nacieron, en 1956 Jorge Alberto, y algunos años más tarde María Inés.

Carmela y Victorino solo tuvieron a Oscar Víctor.

Lucía Aversa nunca se casó.

Los dos hijos de la familia fallecieron antes de llegar a los cincuenta años: Roberto en 1965 y Nicolás en 1970. María Elvira los siguió en 1977, Carmela en 1995, Lusa en 2006 y Mena, casi centenaria, en 2010.

Los García Cintas

Luis falleció a raíz de un accidente automovilístico el penúltimo día del año 1947.

Hacia fines de la década de los '40s, Amanda conoció a Humberto Del Ré, y en 1951 se unieron en matrimonio en la Capital Federal. Al año siguiente nació Carlos Alberto, y en 1955 Laura Rita, quien sobrevivió solo unos pocos meses. En 1960 llegó Humberto Fabián, el segundo varón de la familia.

María Ginesa García nunca se casó. Falleció en 1989, Francisco en 1995 y Amanda en 2009.